U0794223

城市轨道交通职业教育系列教材——城市轨道交通车辆

城市轨道交通
车辆电气设备

杨翠青　张伟华　赵柏阳　◎　主编

本书课件

视频资源

西南交通大学出版社
·成　都·

图书在版编目（CIP）数据

城市轨道交通车辆电气设备 / 杨翠青，张伟华，赵柏阳主编. —成都：西南交通大学出版社，2023.6
ISBN 978-7-5643-9316-8

Ⅰ. ①城… Ⅱ. ①杨… ②张… ③赵… Ⅲ. ①城市铁路－铁路车辆－电气设备－教材 Ⅳ. ①U239.5

中国国家版本馆 CIP 数据核字（2023）第 102233 号

Chengshi Guidao Jiaotong Cheliang Dianqi Shebei
城市轨道交通车辆电气设备

杨翠青　张伟华　赵柏阳/主编

责任编辑/黄淑文
封面设计/何东琳设计工作室

西南交通大学出版社出版发行
（四川省成都市金牛区二环路北一段 111 号西南交通大学创新大厦 21 楼　610031）
发行部电话：028-87600564　028-87600533
网址：http://www.xnjdcbs.com
印刷：四川玖艺呈现印刷有限公司

成品尺寸　185 mm × 260 mm
印张　18.25　　字数　399 千
版次　2023 年 6 月第 1 版
印次　2023 年 6 月第 1 次

书号　ISBN 978-7-5643-9316-8
定价　55.00 元

课件咨询电话：028-81435775
图书如有印装质量问题　本社负责退换
版权所有　盗版必究　举报电话：028-87600562

前　言

随着我国城市化进程的加快，城市轨道交通以其大载客量、快捷、准时、环保等优点成为缓解日益严重的城市交通堵塞问题的最有效手段。城市轨道交通车辆电气技术日益成熟、安全可靠，并且形式多样、用途广泛。

编者依据教育部办公厅印发的关于《“十四五”职业教育规划教材建设实施方案》的通知及《高等职业学校专业教学标准》，通过对城市轨道交通行业岗位的充分调研、分析和整合，优化已经取得的教育教学成果，借鉴项目教学法、基于过程教学法等多种先进教学方法，将校企合作、工学结合教育理念深度融合在教学中，采用“互联网＋”的信息化模式并结合高等职业教育的特点编写本书。

“城市轨道交通车辆电气设备”是服务于城市轨道交通车辆专业的核心课程，教学对象为三年制高职城市轨道交通车辆专业学生。本书在重点叙述基本专业知识的基础上，注重实际操作技能的培养，层次分明、通俗易懂、图文并茂，便于读者掌握和实际应用。

本课程的目标是培养具有城轨车辆驾驶、检修岗位所需的城轨车辆电气系统知识和专业技能的人才。本书主要内容包括城市轨道交通车辆电气控制系统的组成及原理、电气系统检查与故障分析等。

全书分 5 部分，系统地介绍了城市轨道交通车辆电气设备的相关知识，包括城市轨道交通车辆低压电器、牵引系统电器、辅助电源系统电器、空调系统电器和车门系统电器等内容。

本书不仅可以用作城市轨道交通大专院校、职业学校学生的教学参考用书，也可以作为城市轨道交通职工培训教材。

本书在编写过程中，得到了沈阳地铁、成都地铁、广州地铁等公司的大力支持，在此表示衷心感谢。

由于我国城市轨道交通发展迅速，技术设备也在不断改进更新，书中资料和相关数据与现场车辆设备难免存在差异，再加上编者水平所限，书中不妥之处，敬请读者给予批评指正。

编　者

2023 年 5 月

目　录

项目一 城市轨道交通车辆低压电器

项目描述

低压电器是城市轨道交通车辆最重要的组成部件。城市轨道车辆要在既安全又简便的操纵下获得不同工况下的良好运行性能，就需要一系列不同性能、不同作用、不同型号的电气设备可靠地工作。电器部件的工作贯穿于车辆的整个操纵过程。例如，对电路实行通、断控制，对电动机实行启动、制动、正转和反转控制，对用电设备进行过载、短路、过电压等故障的保护，在电路中传递、转换、放大电或非电的信号，自动检测电气设备的电压和电流值，以及控制车门开、关等，都需要用不同的电器来完成。

本项目主要介绍城市轨道交通车辆电器的基础理论，以及城市轨道交通车辆典型低压电器的作用、分类、结构以及使用维护等内容。相信通过本项目的学习后，同学们会对城市轨道交通车辆电器的认识提升到更高层次。

知识目标

1. 掌握电器的定义、分类、组成等基础理论知识。
2. 掌握接触器、继电器的用途、分类、基本组成。
3. 掌握各类接触器的结构及工作原理。
4. 了解接触器、继电器选用的原则。
5. 了解接触器、继电器检修维护的工作内容。
6. 掌握各类型继电器的结构及工作原理。
7. 掌握低压断路器的结构及工作原理。
8. 掌握司机控制器的结构及工作原理。
9. 掌握司机控制器的操作方法。
10. 了解司机控制器检查维修的工作内容。
11. 掌握各主令电器的用途和结构。

能力目标

1. 能识读典型低压电器的图形符号。
2. 能够运用所学知识进行接触器的选用与检修。
3. 能够运用所学知识进行继电器的选用与检修。
4. 能够完成司机控制器的操作。
5. 能够运用所学知识进行司机控制器的维护与检修。

素养目标

1. 树立民族自豪感和爱国情怀。
2. 培养安全责任意识和工匠精神。
3. 培养分析问题、解决问题的能力。
4. 培养严谨的工作态度。
5. 培养语言表达能力、数字技能和团队协作意识。

项目索引

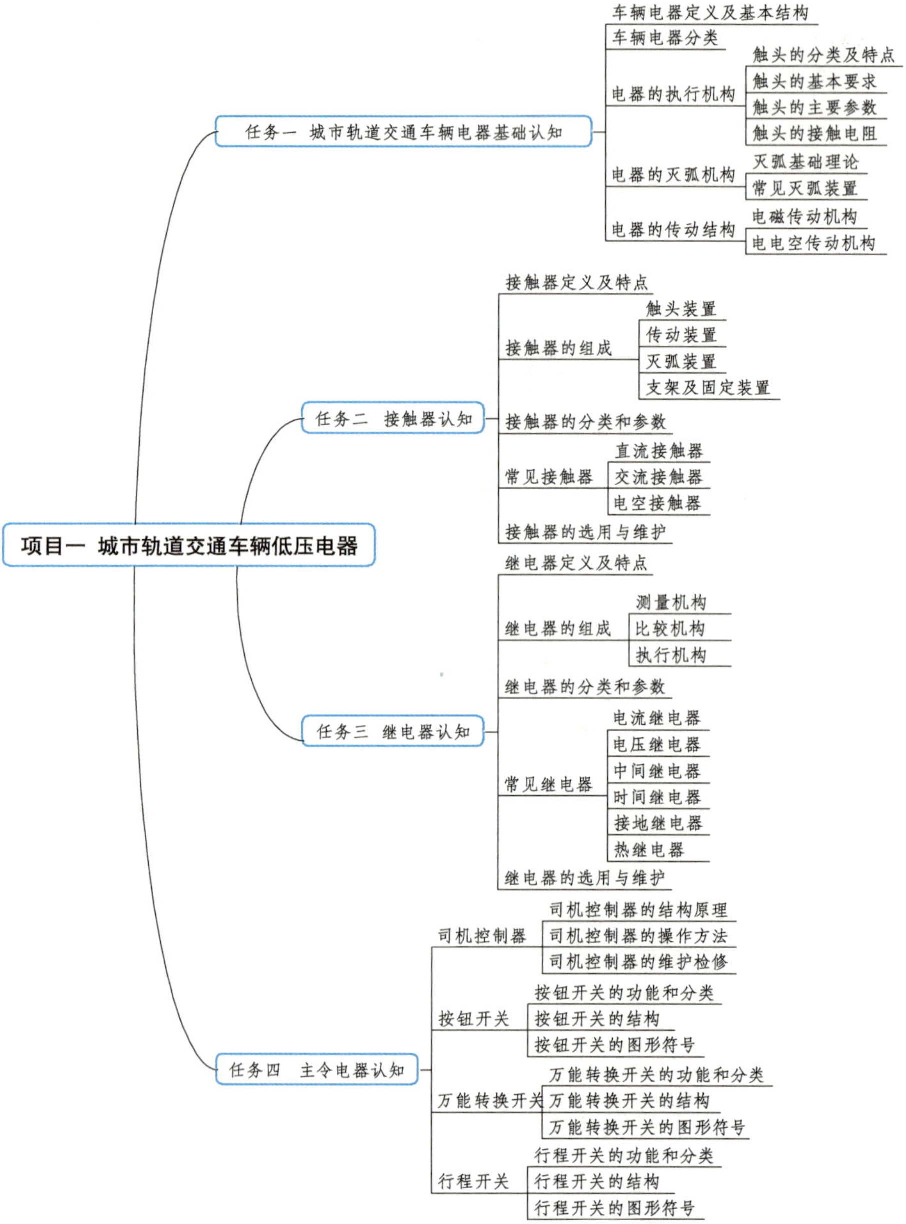

图 1-1 项目一索引

岗位达成目标

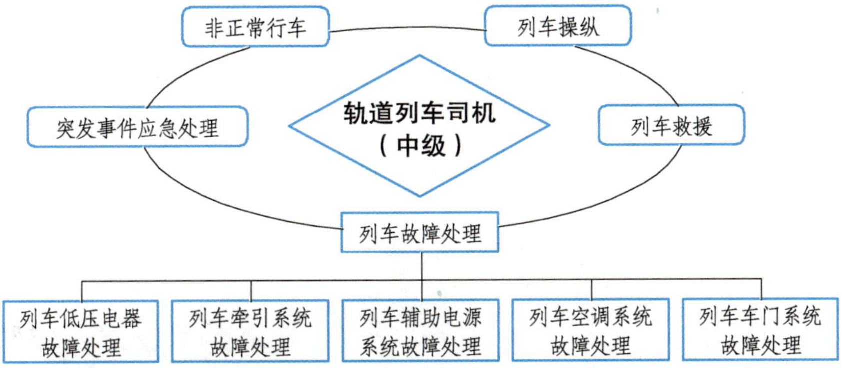

图 1-2　岗位达成目标

职业技能大赛达成目标

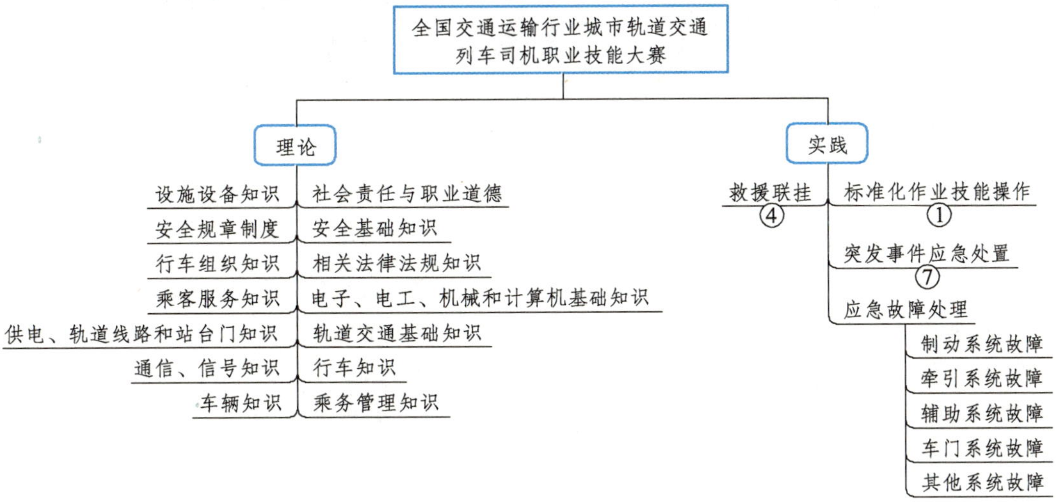

图 1-3　职业技能大赛达成目标

1＋X 证书达成目标

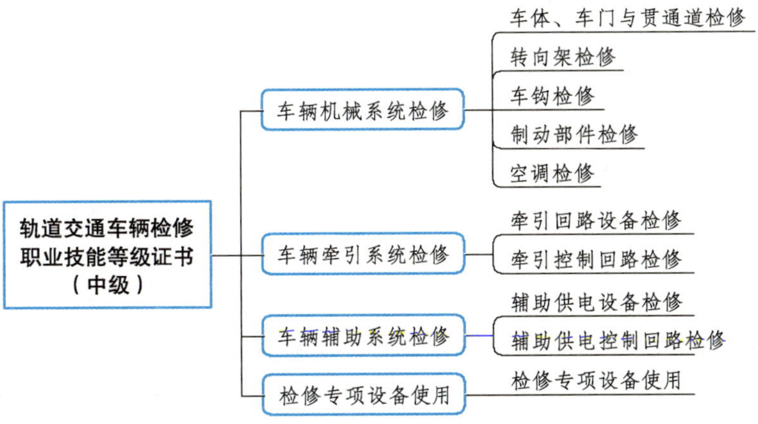

图 1-4　1＋X 证书达成目标

任务一　城市轨道交通车辆电器基础认知

任务导入

国内首条无人驾驶列车运行线——上海轨道交通 10 号线，如图 1-1-1 所示。

图 1-1-1　国内首条无人驾驶列车运行线——上海轨道交通 10 号线

上海轨道交通 10 号线是国内第一条以无人值守下的列车自动运行（Unattended Train Operation，UTO）模式为设计目标的全自动运行地铁线路，全长约 46 km。该线路于 2010 年 4 月 10 日以“有人驾驶模式”开通运营，2014 年 8 月 9 日进入有人值守下的列车自动运行模式（Driverless Train Operation，DTO），2016 年 12 月 30 日实现了国内首条驾驶室无人值守全自动运行列车的载客运营。

10 号线投用全自动运行系统后，已实现在无司机操作的情况下，每列车从早晨起车、检车出库、载客运行，直至运营结束后的列车回库、收车、洗车等全日自动化运营。采用自动运行模式的列车平均出入库时间可缩减 50%，每公里配员数减少约 10 人，平均旅行速度提高 12.6%。全自动运行的 6 年时间里，列车兑现率、正点率均在 99% 以上，实现了全自动运行线路运营可靠、减员增效的目标。

上海地铁充分积累 10 号线全自动运行宝贵经验，逐步形成一系列标准与规范，并向国内规划和在建的全自动运行线路分享，不断提升城市智慧化建设和精细化管理能级，促进相关产业链向高端发展，大大推进了全国城市轨道交通全自动运行的发展进程。而上海轨道交通 10 号线能够在不同工况下安全、稳定地运行，就需要一系列不同性能、不同作用、不同型号的电气设备可靠地工作。电气设备的工作贯穿于车辆的整个行驶过程。例如，对电路实行通断控制，对电动机实行启动、制动、正转和反转控制，对用电设备进行过载、短路、过压等故障的保护，在电路中传递、转换、放大电或非电的信号，自动检测电气设备的电压和电流值，以及控制车门的开、关等，都需要用不同的电器来完成。本次任务我们来学习一下城市轨道交通车辆电器的基础理论。

学习任务

电器是应电能的运用而产生的。与其他形式的能相比，由于电能具有易转换和便于控制、调整、输送等优点，在生产、生活及一切科学领域中获得了广泛的应用。然而，电能从产生、输送到应用，并不是一个简单的过程，而是需要一系列的控制、调整、保护装置的作用才能很好地完成的过程。例如：对电力电路实行通、断；对电动机实行启动、停止、正转、反转控制；对用电设备进行超载、过压、短路、断相等故障的保护；在电路中传递、变换、放大电或非电的信号，从而达到自动检测和调节作用等。

电器的用途广泛、功能多样、工作原理各异，因此产品种类繁多。凡是根据外界特定信号，自动或手动地接通或断开电路，对电路或非电对象起开关、控制、保护与检测作用的电工设备，统称为电器。低压电器通常是指工作在交流 50 Hz、额定电压 1 000 V 以下或直流额定电压 1 200 V 以下的电器。

一、概　述

（一）车辆电器的基本结构

车辆电器的种类众多，由于它们的作用和条件不同，其外形、尺寸、质量以及结构都有较大差异，但基本结构主要包括以下 3 部分：

（1）执行机构（触点系统）。

执行机构的主要任务是接收感应机构传来的信号并进行相应的动作，以实现变换、控制、保护、检测电路等功能。

（2）灭弧机构。

灭弧机构主要任务是尽快熄灭电器触点在分断电路时产生的电弧，从而保护电器触点不受损伤，以延长电器的寿命。

（3）感应机构（电磁机构）。

感应机构的主要任务是接收输入信号，如电压、电流、功率等电信号，也可以是压力、速度、温度等非电信号。

（二）车辆电器的分类

电器产品种类繁多，应用十分广泛，由于其功能多样，工作原理各异，所以有多种不同的分类方法。为了方便地了解和记忆这些电器，可按下列方法进行分类。

1. 按电器所接入的电路分

（1）主电路电器：接在动力回路中的电器，如受流器、高速断路器、避雷器等。

（2）辅助电路电器：接在辅助回路（如辅助机组、空气压缩机、通风机等）中的电器，如交流电磁接触器等。

（3）控制电路电器：用于控制和操作主、辅电路的电器，如驾驶人控制器、各种继电器及其相应的自动开关等。

2. 按电器的用途分

（1）控制电器：用于各种控制电路和控制系统的电器，如接触器、各种控制用继电器以及各种高低压隔离开关等。

（2）保护电器：用于保护电路和用电设备的电器，如熔断器、热继电器、自动开关、过载继电器、接地继电器及避雷器等。

（3）检测电器：用于监测各种电压、电流信号的电器，如传感器、互感器等。

（4）受流器：用于在接触网或第三轨上受取电流的电器，如受电弓、集电靴等。

3. 按传动方式分

（1）手动电器：如各种手动开关、按钮、驾驶人控制器等。

（2）电空传动电器：靠压缩空气推动触点动作的电器，如电控阀、电空接触器等。

（3）电磁传动电器：靠电磁铁带动触点动作的电器，如电磁接触器和电磁继电器等。

4. 按执行机构分

（1）有触点电器：利用动、静触点的接触和分离来实现电路的通、断。

（2）无触点电器：主要利用功率晶体管的开关效应，即导通或截止来控制电路的阻抗，以实现电路的通、断与保护。

5. 按电压高低和工艺特点分

（1）高压开关电器：如高压断路器、隔离开关、电抗器、电压互感器、电流互感器等。

（2）低压开关电器：如接触器、自动开关、熔断器、继电器和驾驶人控制器等。

（3）自动电磁元件：如阀用电磁铁、电磁离合器、磁放大器、磁性逻辑组件、传感器等。

二、电器的执行机构

触点是电器的执行机构，用来直接接通或断开被控电路。

在电路中通过触点相互接触的地方称之为电接触。电接触用以使电流由一个导体流到另一个导体上，完成电路接通任务，因此又称为接触连接。触点是接触连接的一种形式。

（一）触点的定义和特点

在有触点电器中，直接接通和断开电路的零件称之为触点。

触点是有触点电器完成其职能的执行机构。触点是成对出现的，固定不动的叫静触点，可以活动的叫动触点。电路是依靠动触点的动作来实现接通和断开的。触点性能的好坏，将直接影响电器工作的可靠性，甚至会影响电动车辆的安全运行。

（二）触点的分类

触点的形状及接触形式多种多样，其具体分类方法如下。

1. 按触点的工作情况分

（1）有载开闭触点：触点的分断、闭合过程中允许有电流通过。

（2）无载开闭触点：触点的分断电路过程中不允许有电流通过，在接通后才允许有电流通过。因为无电分断不产生电弧，所以有利于触点的工作，可延长触点的使用寿命。

2. 按触点在电路中的用途分

（1）主触点：用来接通或断开主要工作电路，如地铁车辆的主电路和辅助电路。

（2）辅助触点：通常用在小电流的控制电路中，用以控制其他分支电路，实现地铁车辆所要求的某种电气联锁作用。辅助触点又称为联锁触点，有常开联锁触点和常闭联锁触点两种。

3. 按工作状态分

（1）常开触点：电器线圈无电时，触点处于断开状态；电器线圈有电时，触点处于闭合状态。

（2）常闭触点：电器线圈无电时，触点处于闭合状态；电器线圈有电时，触点处于断开状态。

4. 按结构形式分

（1）指形触点：形状像大拇指。

（2）桥式触点：形状像桥。

5. 按接触形式分

（1）点接触：点与点的接触或点与面的接触。适用于电流在 10 A 以下的场合，一般用于控制电路。

（2）线接触：适用于电流在几十安培至几百安培的场合。

（3）面接触：适用于电流较大的场合。

图 1-1-2 所示为触点的 3 种接触形式。

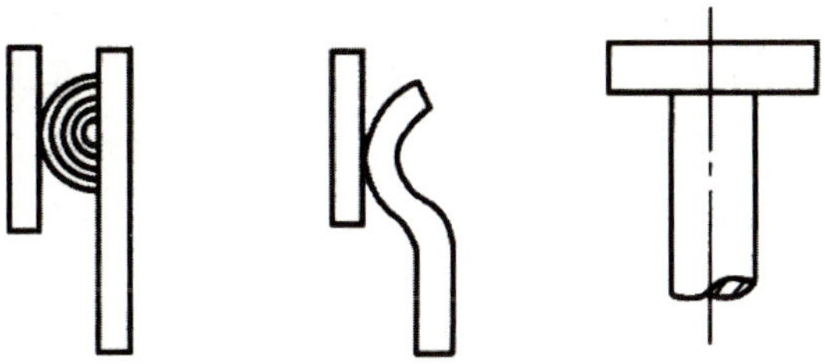

（a）点接触　（b）线接触　（c）面接触

图 1-1-2　触点的接触形式

（三）对触点的基本要求

根据触点的工作特点，为确保电器可靠工作并有足够的使用寿命，对触点必须有较高的要求。具体要求如下：

（1）动、静触点要可靠接触，接触电阻要小。

（2）有足够的电动稳定性与热稳定性。电动稳定性是指当大电流通过电器时，在其产生的电动力（载流导体处在磁场中会受力的作用，载流导体间相互作用也会受到力的作用，这种力就称为电动力）的作用下，电器有关部件不产生损坏或永久变形的能力。热稳定性是指电器部件在一定时间内能承受短路电流的热作用而不发生热损坏的能力。

（3）导电性好。

（4）结构简单、紧凑，动作灵敏准确。

（5）耐磨损。

（6）连续工作时，不应超过规定的允许温升。

（四）触点的主要参数

触点的参数主要有开距、超程、压力和研距。下面以线接触触点为例说明触点的主要参数。

1. 开距 s

触点处于断开位置时，动、静触点之间的最小距离称为触点的开距，如图 1-3（a）所示。

开距是触点的一个重要参数。它不仅要保证在分断正常电流时能很快灭弧，而且要使触点间具有一定的绝缘能力，经得起过电压的冲击。它不仅影响触点与灭弧系统的尺寸，而且影响到电磁传动机构的尺寸。

2. 超程 r

触点的超程是指触点闭合后，如果将静触点移出，动触点能继续向前移动的一段距离，如图 1-1-3（b）（c）所示。触点的超程用来保证触点有一定的压力，并在允许磨损范围内仍然能可靠地工作。一般触点在磨损 1/3 或 1/2 之前仍能工作，因此设计制造上必须要有一定的超程。

（a）开距　　（b）闭合　　（c）超程

图 1-1-3　触点的开程及超距

3. 压　力

触点压力是指两触点闭合后，其接触处所具有的压力。触点压力主要是由触点弹簧产生的。触点弹簧有一预压缩量，使得动触点和静触点刚开始接触瞬间就有互压力，称为触点的初压力。触点的初压力可以防止刚开始接触时的碰撞振动及电动斥力使两触点弹开。初压力的大小取决于触点弹簧预压缩量的大小。动触点与静触点接触终了时的压力称为终压力，其作用是使动、静触点实际接触面积增加，以减小接触电阻。

4. 研磨过程及研距

如图 1-1-4 所示，一般线接触触点的动、静触点开始接触时，其接触线在 a 点处。在触点闭合过程中，接触线逐渐移动，最后停在 b 点处，以导通工作电流。由于动触点上 ab 和静触点上 $a'b'$长度不一样，因此，在动、静触点接触过程中，不仅有相对滚动，而且有相对滑动，整个接触过程称为触点的研磨过程。由研磨所产生的距离称为研距。

研磨过程的作用是可以擦除触点表面的氧化层及脏污，减小接触电阻。通过研磨过程所产生的研距，可使正常工作的接触线与开始接触线错开，从而避免电弧烧损正常工作的接触线，保证正常工作接触线接触良好。

触点的开距、超程和压力在检修中都是必须进行检测的重要参数。在电器的使用和维修中常用这些参数来反映触点的工作情况及检验电器的工作状态。

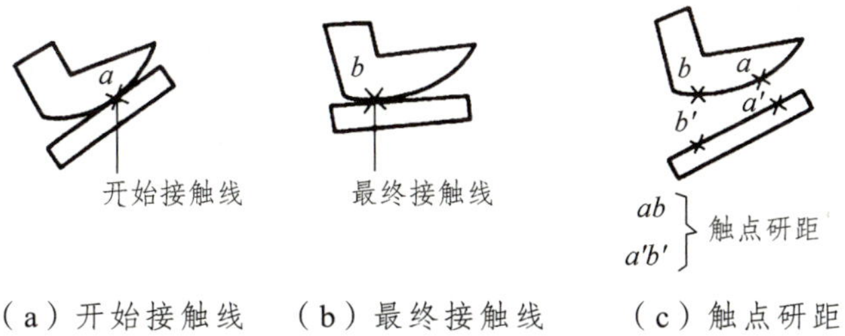

图 1-1-4　触点的研磨过程及研距

（五）触点的工作情况

1. 触点的闭合过程

触点在闭合过程中会因碰撞而产生机械振动，这个过程需要解决的主要问题是减小机械振动，从而减小触点的磨损，避免触点熔焊。

2. 触点处于闭合状态

触点处于闭合状态时的主要任务是保证规定的电流能通过，且触点温升不超过允许值。此时需解决的主要问题是控制触点的发热，提高热稳定性和电动稳定性。触点的发热是由接触电阻引起的，所以应设法减小接触电阻。

3. 触点的分断过程

触点的分断过程是触点最复杂的工作过程。当触点分断电路时，一般会在触点间产生电弧，这个过程需要解决的主要问题是熄灭电弧，减小由电弧而产生的触点电磨损。

4. 触点处于断开状态

触点处于断开状态时，必须有足够的开距，以保证可靠地熄灭电弧和分断电路。

（六）触点的接触电阻

当动、静触点接触时，除两触点的电阻外，还在它们的接触处产生一个附加电阻，这个附加电阻就是接触电阻。接触电阻由收缩电阻和表面膜电阻组成。

1. 电阻的产生

1）收缩电阻的产生

接触表面无论经过多么精细的加工处理，从微观角度分析，其表面总是凹凸不平的，接触面不是整个面积接触，而只有若干小的突起部分相接触，实际接触面积比视在面积小得多。当电流通过实际接触面时，电流只从接触点上通过，在这些接触点附近，迫使电流线发生收缩。这种由于接触面积骤然减小引起电流线收缩而产生的附加电阻称为收缩电阻，通常用 R_s 表示，如图 1-1-5 所示。

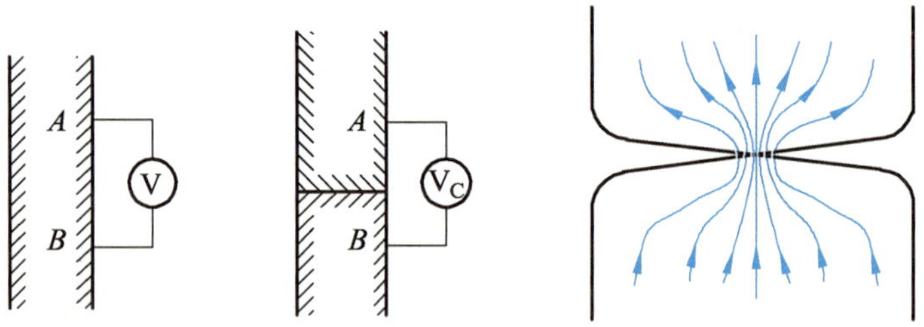

图 1-1-5　接触电阻

2）膜电阻的产生

触点导体的接触表面因暴露在空气中而受到氧化作用，在接触处形成的氧化膜以及落在接触表面上的灰尘、污物或夹在接触面间的油膜、水膜等，都会使触点导电性下降。当接触面加以互压力后，有些接触点的氧化膜被挤掉，可以导通电流，而有些接触点的氧化薄膜仍存在。所以接触面有效导电面积更小，使有效电阻增加。这种由于氧化作用或脏污而产生的附加电阻称为膜电阻，通常用 R_m 表示。膜电阻还与薄膜的厚度有关，薄膜越厚，电阻越大。

由于收缩电阻和膜电阻是由接触体之间直接产生的电阻，故称为接触电阻。

2. 影响接触电阻的因素

通常人们希望得到低值且稳定的接触电阻，以保证触点的可靠工作。影响接触电阻的因素有接触压力、温度、化学腐蚀、触点表面情况和触点材料等。

1）接触压力

加大压力可使接触电阻减小。当压力很小时，接触压力的微小变化都会使接触电阻值产生很大的波动；但当压力达到一定值后，接触电阻受压力变化的影响甚微。这是因为在压力作用下，两表面接触处产生弹性变形，压力增大，变形增加，有效接触面积增加，收缩电阻减小。而当压力达到一定值后，收缩电阻几乎不变，这是因为材料的弹性变形是有一定限度的，因而接触面积的增加也是有限的，故接触电阻不可能完全消除。

2）温度

接触点温度升高后，金属的电阻率会有所增加，但材料的硬度会有所降低，使得有效接触面积增大。前者使收缩电阻增大，后者使收缩电阻减小，互相补偿，所以接触电阻变化甚微。但是，当触点电流长期超过额定值时，温度升高，引起接触面氧化，接触电阻则急剧上升，发热加剧，形成恶性循环。为保证接触电阻稳定，电接触的长期工作允许温度规定得较低。

3）化学腐蚀

单纯由化学作用引起的腐蚀称为化学腐蚀，如金属与干燥气体接触时，在金属表面生成相应的化合物，如氧化物、硫化物、氯化物等。

暴露在空气中的接触面（除铂和金外）都将会被氧化。空气中的铜触点在室温下（20～30 °C）即开始氧化，但其氧化膜很薄，在触点彼此压紧的过程中就被破坏，故对接触电阻影响不大。而当温度高于 70 °C 时，铜触点氧化加剧，氧化铜的导电性能很差，使膜电阻急剧增加。因此，铜触点的允许温升都是很低的。银被氧化后的导电能力与纯银差不多，所以银或镀银的触点工作很稳定。

为减少接触面的氧化，可以将触点表面镀锡或镀银，以获得较稳定的接触电阻。

采用不同的金属作为触点对时，由于金属接触处有电位差，当湿度大时，在触点对的接触处会发生电解作用，引起触点的化学腐蚀，使接触电阻增加。

常用金属材料的电化顺序是金（Au）、铂（Pt）、银（Ag）、铜（Cu）、氢（H）、锡（Sn）、镍（Ni）、镉（Cd）、铁（Fe）、铬（Cr）、锌（Zn）、铝（Al），规定氢的电化电位为 0，在它后面的金属具有不同的负电位（如 Al 的电化电位为 – 1.34 V），在它前面的金属具有不同的正电位（如 Ag 的电化电位为 + 8 V）。选取触点对时，应选取电化顺序中位置靠近的金属，以减小电化电势，例如不宜采用铝和铜作为触点对。

4）接触表面粗糙度

接触表面粗糙度对接触电阻有一定的影响。接触表面可以粗加工，也可以精加工，至于采用哪种方式加工更好，要根据负荷大小、接触形式和用途而定。

对于大、中功率电器，触点电流较大，其表面不要求精加工，最好用锉刀加工，重要的是平整。两个平整而较粗糙的平面接触在一起，接触点数目较多且稳定，并能有效地清除氧化膜。相反，精加工的表面，当装配稍有歪斜时，接触点的数目明显减小。

对于某些小功率电器，触点电流小到毫安以下，为了保证接触电阻小而稳定，则要求触点表面粗糙度小。粗糙度小的触点不易受污染也不易形成膜电阻。为达到这样低的粗糙度，往往采用机械、电或化学抛光等工艺。

5）触点材料

触点材料的电阻系数大，则接触电阻大。触点材料抗压强度越小，在同样接触压力下得到的实际接触面积就越大，接触电阻就越小。因此在接触连接处，常用较软的金属覆盖在硬金属上，以获得较好的工作性能，如铜触点搪锡等。

银的电阻率小于铜，但银比铜贵，所以采用铜表面镀银的工艺。

铝在常温下几秒钟内就被氧化，氧化膜电阻较大。铝一般只用作固定连接，并常在其表面覆盖银、铜、锡等以减小接触电阻。

金、铂、铱等化学性能稳定，但价格昂贵，一般只用于小型电器的弱电流触点。

3. 减小接触电阻的方法

根据接触电阻的形成原因，减小接触电阻一般可采用下列方法：

（1）增加接触点数目。为此，应选择适当的接触形式，用适当的方法加工接触表面，并在接触处施加一定的压力。

（2）采用本身电阻系数小且不易氧化、膜电阻较小的材料作为接触导体，或作为接触面的覆盖层。

（3）触点在开闭过程中应有研磨过程，以擦去氧化膜。

（七）触点的振动

1. 产生振动的原因

触点从刚开始接触到完全闭合，是有一个过程的，这个过程称为触点的闭合过程。触点闭合过程中由于动静触点间的碰撞、衔铁和铁心的碰撞和电动斥力的作用，都可能引起触点的机械振动。

对于电磁传动的电器来说，在触点闭合过程中，衔铁会以一定速度冲向静铁心，磁系统同样会发生振动，以致触点又发生第二次振动，这种振动所引起的触点磨损常比上述触点碰撞引起的要大。在闭合过程中，通常是触点先接触，然后衔铁才完全闭合。因为触点刚接触时，回路中总具有一些电感，电流不是立即达到稳定值，而是当衔铁完全闭合时，电流才达到稳定值，如果此时由于衔铁振动而引起触点振动，则此时触点分断的电流就比较大，以致电磨损也增大，所以电磁铁所引起的触点振动更有害。

除上述原因外，在触点带电接通时，由于实际接触的只有几个点，在接触点处便产生电流的密集或弯曲，畸变的电流线相互作用便产生试图将触点分开的有害电动力。在工作电流或短路电流较大的场合，电动斥力的作用尤为显著，这也是触点产生振动的原因。

在触点的振动过程中，若碰撞后触点不会分开，这样的振动不会产生电弧，因而称之为无害振动。若碰撞后触点分开，在触点间隙中会出现金属桥，造成触点磨损或熔焊，甚至产生电弧，严重影响触点寿命，由此产生的振动称为有害振动。

2. 减小振动的方法

振动次数越多，时间越长，则触点磨损越大。为了减少振动次数和减小振幅，延长触点使用寿命，可采取以下措施：

（1）增大触点的初压力；

（2）增大触点弹簧的刚度；

（3）减小动触点的闭合速度；

（4）减小动触点系统的质量。

三、电弧及灭弧装置

（一）电弧的特点及分类

电器在切断负载电流或短路电流时，只要加在动、静触点间的电压大于 10 ~ 12 V，其间的电流大于 80 ~ 100 mA，在动、静触点间就会出现电弧（耀眼的白光）。切断的电流越大，触点间出现的电弧就越强烈。电弧的产生是电器在切断或接通电路过程中不可避免的一种客观的物理现象。

电弧对电器具有一定的危害，如产生的高温足以融化触点、烧损绝缘材料或烧伤触点表面，使触点表面形成弧坑和尖刺。当电弧不能及时熄灭时，不仅使电路的切断时间延长，妨碍电路的正常分断，严重时会烧坏电器部件及附近的电气设备，还会引起短路事故，甚至引起火灾。为了保证电器安全可靠工作，必须采用灭弧装置使电弧熄灭。

电弧的存在说明电路中有电流，只有当电弧熄灭，触点间隙成为绝缘介质时，电路才算断开。

电弧电流的主要特征如下。

（1）电弧能量集中，温度极高，亮度很强。

（2）电弧由阴极区、阳极区和弧柱区组成。阴极区和阳极区的电压称为极旁压降，处在大气中的铜触点上的电弧，其极旁压降为 10 ~ 15 V；若为碳触点，其极旁压降为 20 ~ 25 V。弧柱区的电压称为弧柱压降，弧柱处的温度最高达几千甚至上万摄氏度。弧柱周围温度较低，亮度明显减弱的部分叫弧焰。

（3）电弧的气体放电是自持放电。维持电弧燃烧的电压很低，在大气中 1 cm 长的直流电弧的弧柱电压仅为 15 ~ 30 V。

（4）电弧是一束游离的气体。电弧质量很小，在气体的流动作用或电动力作用下，能迅速移动、伸长、弯曲和变形。

电弧按其外形分为长弧和短弧。长短之别取决于弧长与弧径之比。一般把弧长小于或等于弧径的电弧称为短弧，而弧长大大超过弧径的电弧称为长弧。对于只有几毫米的短弧，电压以极旁压降为主，而长弧电压则以弧柱压降为主。

（二）电弧产生的物理过程

触点之间电弧燃烧的区域叫弧隙。触点断开后，当弧隙中有电弧燃烧时，电路仍然导通，说明此时触点弧隙的气体由绝缘状态变成了导电状态。气体为什么会呈现导电状态呢？这是由于原来为中性的气体分解为电子和离子，即气体被游离，此过程称为气体的游离过程。气体游离出来的电子和离子在电场的作用下各自向对应的电极运动，便形成电流，使触点分断后电路并未切断。

弧隙中电子和离子的产生主要有以下几种形式。

1. 电子热发射

高温炽热的阴极表面会向空间发射电子。在电器的动、静触点分离时，触点间的接触压力减小，接触面积逐渐减小，接触电阻逐渐增大，使接触部位发热，导致阴极表面温度急剧升高而发射电子，形成了电子热发射。

热发射电子的多少与阴极表面温度及阴极的材料有关。阴极表面温度越高，则发射电子的数目就越多；阴极温度越低，则发射电子的数目就越少。

2. 强电场发射（阴极冷发射）

在动、静触点分离的瞬间，由于间隙很小，触点间的电场强度就非常大，使触点材料内部的电子在强电场作用下被拉出来，从而形成了强电场发射。

这种发射与阴极材料和阴极表面附近的电场强度有关。电场强度越高，则发射电子的数目越多；反之越少。

由此可见，阴极发射电子既有热作用引起的热发射电子，又有强电场作用下的冷发射电子，它们同时作用的结果是使阴极表面积累大量的电子。

3. 碰撞游离

从阴极表面发射出来的电子，在电场力的作用下向阳极高速运动，在运动过程中不断地与中性气体分子或原子发生碰撞。当高速运动的电子积聚足够大的动能时，使这些原子和分子最外层电子脱离原子核的束缚而成为自由电子，失掉电子的那些原子和分子成为正离子，即气体被游离，这一过程称为碰撞游离。新产生的电子将和原来的电子一起以极高的速度向阳极运动，当碰到其他中性气体质点后，将再次发生碰撞游离。这样连续不断地碰撞游离，使得气体介质中带电质点大量增加，在外加电场作用下，气体介质被击穿，形成电弧放电。

4. 热游离

弧隙间电弧燃烧，温度很高，弧柱中的气体分子在高温作用下产生剧烈热运动。动能很大的中性气体分子相互碰撞时，被游离而形成电子和正离子，这种现象称为热游离。弧柱导电就是靠热游离来维持的。

综上所述，电弧由碰撞游离产生，靠热游离维持。而阴极则借强电场或电子热发射提供传导电流的电子，因此，维持电弧稳定燃烧的电压就不需要太高。

在电弧的形成过程中，起主要作用的是热发射和碰撞游离；电弧形成后的维持过程中，起主要作用的是热游离。所以要使电弧熄灭，必须加强对电弧的冷却，这样既可以抑制游离过程，又可加强消游离作用，有利于电弧熄灭。

（三）电弧熄灭的物理过程

电弧中发生游离的同时，也存在着相反的过程，即消游离。若消游离作用始终大于游离作用，则电弧电流减小，电弧熄灭。因此，要熄灭电弧，就必须加强消游离作用。

消游离过程主要包括复合和扩散两种形式。

1. 复　合

复合是带异性电荷的粒子相遇后中和，变成中性粒子的过程。由于弧柱中电子的运动速度很快，所以电子直接与正离子复合的概率很小。如果在游离过程中出现的电子和正离子接近时就互相吸引而形成中性粒子（速度较小时），这种复合称为直接复合。如果电子和正离子的运动速度较大时，它们不能直接复合，速度较高的电子撞击中性分子时，可能附在中性分子上，形成负离子。负离子的质量比电子大得多，因此运动速度会减慢，它在与正离子接近时，就可中和形成中性粒子，这一过程称为间接复合。

冷却电弧是加强复合作用的重要手段。此外，加入大量的新鲜气体分子，也可增强复合作用，如压缩空气吹弧。

2. 扩　散

扩散是电弧表面的带电粒子从电弧区转移到周围冷却介质中去的现象。电弧是一个电子和离子高度密集的空间，其温度很高。扩散的方向是从密度大、温度高的区域向密度低、温度低的区域。扩散出来的带电粒子因冷却而互相结合，形成中性粒子。电弧表面与周围介质的温度差越大，扩散作用就越强，越有利于电弧的熄灭。

从电弧产生和熄灭的物理过程可见，电弧中的游离和消游离作用是同时存在的。电弧的燃烧情况就取决于这两个方面。当游离作用占优势时，电弧就产生并扩大；当消游离作用占优势时，电弧就趋于熄灭；当游离作用与消游离作用相等时，电弧就稳定燃烧，弧隙间保留一定量的电子流，处于动态平衡状态。

可见，要使电弧熄灭，就必须增强消游离作用，而抑制游离作用。

（四）直流电弧及其熄灭

1. 直流电弧的伏安特性

电弧的伏安特性说明了电弧电压与电弧电流之间的关系，是电弧的重要特性之一。电弧的伏安特性实质上反映了电弧内的物理过程。

直流电弧的伏安特性是指当直流电弧稳定燃烧时，电弧两端电压与电弧中通过的电流的关系。

影响电弧伏安特性的因素主要有以下两个方面。

（1）电弧长度的影响（在相同冷却条件下）。当电弧长度改变时，其伏安特性也相应变化。在同一电流下，电弧的长度增加时，电弧单位长度的电阻不变，拉长后的总电阻增加，维持电弧燃烧所需要的电压增大。所以，在相同的冷却条件下，电弧越长，越易熄灭。

（2）冷却条件的影响（在电弧长度相同的条件下）。电弧的伏安特性还与周围的介质温度和本身的冷却条件有关。在良好的冷却和通风条件下，电弧中的复合与扩散就会加强，使消游离作用加强，弧隙间的带电粒子密度减小，弧电阻增加，维持电弧燃烧所需要的电压就提高。所以在电弧长度相同的条件下，冷却条件越好，电弧越易熄灭。

2. 直流电弧的熄灭

直流电弧最常见的熄灭方法是采用机械力使电弧拉长，再利用磁吹、气吹或电动力等方法，使电弧拉长的同时迅速冷却，这样就加强了消游离作用，从而使电弧熄灭。

（五）交流电弧及其熄灭

1. 交流电弧的特性

在交流电路中，电流的瞬时值随时间变化，每个周期内有两次过零点。因此，电弧的温度、直径及电弧电压也会随时间变化，电弧的这种特性称为动特性。由于弧柱的受热升温和散热降温都有一个过程，跟不上电流的快速变化，所以电弧温度的变化总滞后于电流的变化，这种现象称为电弧的热惯性。

交流电弧在交流电流自然过零时将自动熄火，但在下半周随着电压的增高，电弧又会重燃。如果电流过零后，电弧不发生重燃，电弧就此熄灭。由于热惯性的作用，电弧电阻的变化总是滞后于电流的变化。

2. 交流电弧熄灭条件

交流电流过零后，电弧是否重燃取决于弧隙介质强度和弧隙电压的恢复过程。

1）弧隙介质强度的恢复过程

能够承受外加电压而不致使弧隙击穿的电压称为弧隙介质强度。交流电弧过零熄灭后，由于外部条件的变化，弧隙内消游离作用加强，使得原来的导电状态要向绝缘介质状态转变，这个转变过程就是介质强度恢复过程。这个过程的快慢与许多因素有关，如温度、散热情况等。在靠近两极的区域，由于金属材料的传热性好，所以此区域的温度要比弧柱区的温度低，故此处的介质强度恢复要比弧柱区快。因此，介质强度恢复快慢主要取决于开关电器灭弧装置的结构和灭弧介质的性质。

2）弧隙电压的恢复过程

在交流电路中，电流过零后，弧隙电压从后峰值逐渐增长，直到恢复电源电压，这一过程中的弧隙电压称为恢复电压。触点两端电压从熄弧电压恢复到电源电压的过程称电压恢复过程。电压恢复过程与线路参数和负荷性质等有关。

3）交流电弧熄灭的条件

在电弧电流过零时，电弧自然熄灭；电弧电流过零后，弧隙中同时存在两个作用相反的恢复过程，即弧隙间介质强度的恢复和电压的恢复。

如果弧隙介质强度在任何情况下都高于恢复电压，则电弧熄灭；反之，如果弧隙恢复电压高于弧隙介质强度，则弧隙就会被击穿，电弧重燃。因此交流电弧的熄灭条件是：弧隙介质强度的恢复速度大于弧隙电压的恢复速度。

在交流电弧熄灭过程中，有以下两个方面的因素需要加以考虑：

（1）交流电弧电流过零是最有利的灭弧时机，这时输入弧隙的功率趋近于零，如果此时电弧散失的功率大于由电源输入的功率，电弧就会熄灭。

（2）对交流电弧的电路参数而言，电源电压越高，恢复电压峰值也越高，熄弧越困难。

（六）常见的灭弧方法

通过前面的一系列理论分析，我们可以找出很多加速电弧熄灭的方法，如拉长电弧、降低温度、将长弧变为短弧、将电弧放置在特殊介质中、增大电弧周围气体介质的压力等。为了减少电弧对触点的烧损和限制电弧扩展出空间而采用的装置称为灭弧装置。

1. 机械力拉长

在电器触点分断过程中，电弧实际上就被不断地拉长，该长度即触点的开距。拉长电弧可以沿电弧的轴向（纵向）拉长，也可以沿垂直于电弧的轴向（横向）拉长。

2. 回路电动力拉长

载流导体之间会产生电动力，如果把电弧看作是一根软导体，那么受到电动力作用，它就会发生变形，即被拉长。

图 1-1-6 所示的桥式双断点触点在一个回路中有两个产生电弧的间隙。当触点打开时，在断口中产生电弧，动、静触点在弧区内产生磁场，根据左手定则，电弧电流要受到一个指向外侧的力 F 的作用而向外运动，迅速离开触点而熄灭。电弧的这种运动，一方面会使电弧本身被拉长，另一方面会使电弧穿越冷却介质时受到较强的冷却作用，这都有助于熄灭电弧。另外，两断口处的每一个电极近旁，在交流过零时都能出现 150 ~ 250 V 的介质绝缘强度，也有利于电弧的熄灭。这种结构主要用于小电流场合，如继电器触点、接触器的辅助触点等。

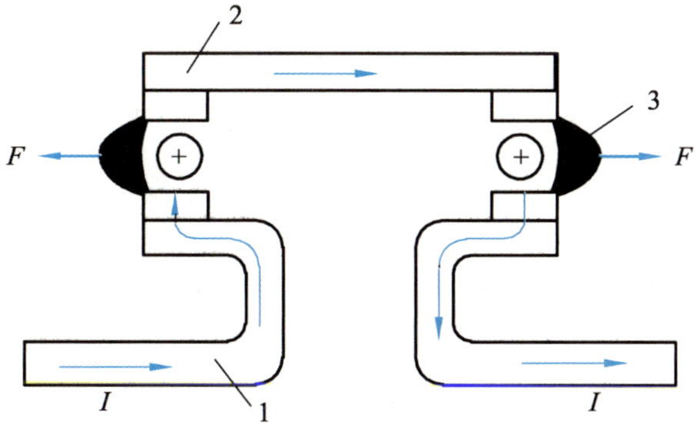

1—静触点；2—动触点；3—电弧。

图 1-1-6　桥式双断点电动力吹弧

3. 磁吹灭弧

当需要有较大的电动力来拉长电弧时，可以让电弧在一个专门设置的磁场中受力的作用，这个产生专门熄弧磁场的装置，称为磁吹线圈。这种利用电磁场力来使电弧被拉长而熄灭的方法称为磁吹灭弧，所用的装置称为磁吹灭弧装置。直流电器一般采用磁吹灭弧装置。

磁吹灭弧装置的结构如图 1-1-7 所示，它主要由磁吹线圈、磁吹铁心、导磁夹板、导弧角及灭弧罩等组成。磁吹线圈与触点串联，电弧在磁吹线圈的作用下受力拉长，从触点间吹离，加速了冷却而熄灭。

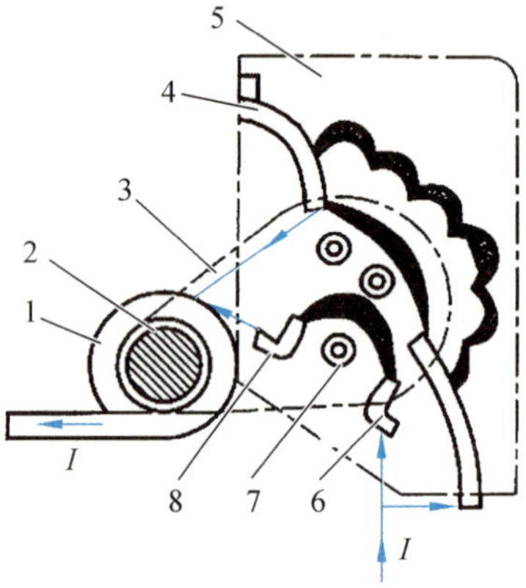

1—磁吹线圈；2—磁吹铁心；3—导磁夹板；4—导弧角；5—灭弧罩；
6—动触点；7—磁场方向；8—静触点。

图 1-1-7　磁吹灭弧装置的结构

4. 灭弧罩

灭弧罩是用来拉长和冷却电弧，并将电弧限制在一定范围内燃烧和熄灭的装置。灭弧罩主要起着增强消游离因素，限制游离因素的作用，从而加速电弧的熄灭。灭弧罩都是装在分断大电流的电器触点上。

为了限制弧区扩展并加速冷却，通常采用耐弧陶土、石棉、水泥或耐弧塑料制造灭弧室。有些灭弧室还设有狭窄的纵缝，使电弧进入后与缝壁紧密接触，从而冷却。

1）纵缝灭弧罩

纵缝多是下宽上窄，以减小电弧进入时的阻力。纵缝灭弧罩有纵向窄缝式、纵向宽缝式和纵向曲缝式 3 种。纵向窄缝的缝隙很窄，且入口处宽度是骤然变化的，所以，只有当电流比较大时才有效。纵向曲缝兼有逐渐拉长电弧的作用，故灭弧效果比较好。纵向窄缝式、纵向宽缝式和纵向曲缝式灭弧罩分别如图 1-1-8 ~ 图 1-1-10 所示。

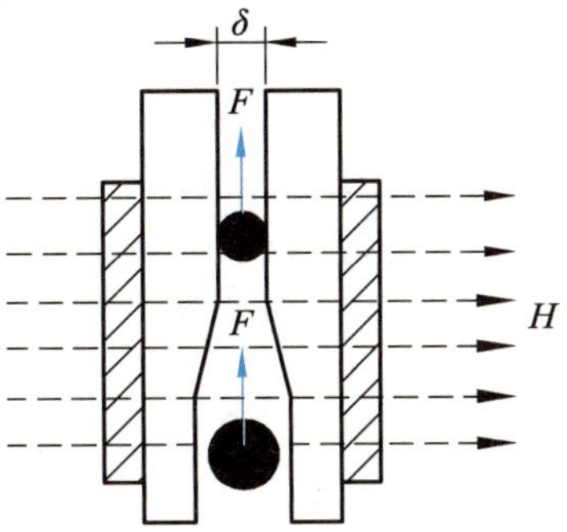

图 1-1-8　纵向窄缝式灭弧罩

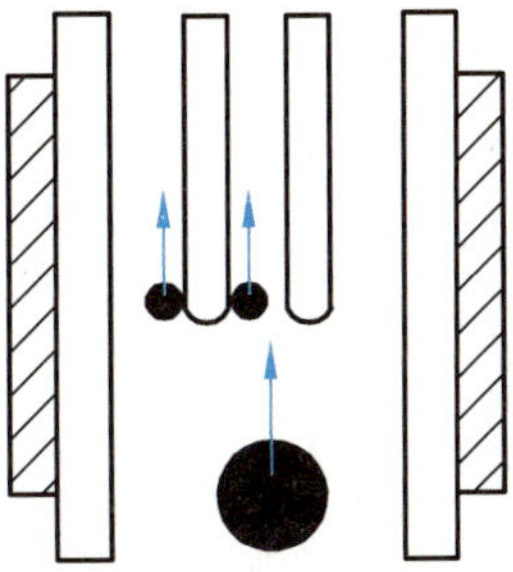

图 1-1-9　纵向宽缝式灭弧罩

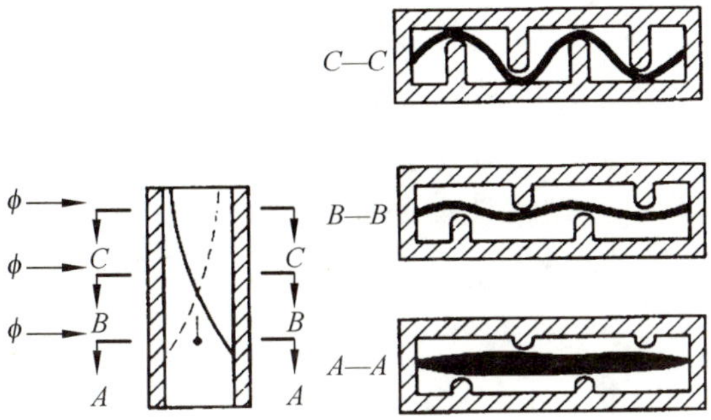

图 1-1-10　纵向曲缝式灭弧罩

2）横向栅片灭弧装置

横向栅片由磁性材料的金属片制成，它是利用短弧灭弧原理进行灭弧的。当电弧进入灭弧栅后，被分成若干短弧，横向金属栅利用交流电弧的近阴极效应或直流电弧的极旁压降来达到熄灭电弧的目的。

对于容量较大的交流电器，可采用灭弧栅灭弧，也可采用纵缝灭弧，如城市轨道交通车辆上的高速开关的灭弧罩就采用栅片灭弧装置。

3）气吹灭弧装置

气吹灭弧是利用压缩空气来熄灭电弧的，如图 1-1-11 所示。压缩空气作用于电弧，可以很好地冷却电弧，提高电弧区的压力，很快带走残余的游离气体，所以有较高的灭弧能力。由于气吹灭弧的灭弧能力较强，故一般用于高压电器。

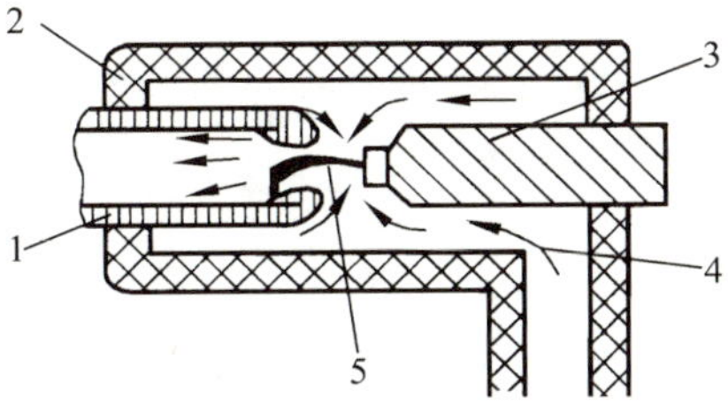

1—动触点；2—灭弧室瓷罩；3—静触点；
4—压缩空气；5—电弧。

图 1-1-11　气吹灭弧装置

4）真空灭弧装置

真空灭弧装置是真空断路器的核心部分，外壳大多采用玻璃和陶瓷。在被抽成真空的玻璃或陶瓷容器内，装有静触点、动触点、电弧屏蔽罩、波纹管等。动、静触点连接导电杆，当动、静触点分离时，弧隙可以在几微秒之内由导电状态恢复到真空间隙的绝缘水平。因此，在真空中触点有很高的介质恢复速度、绝缘能力和分断电流能力。

在城市轨道交通车辆上，交流电器的灭弧方法主要采用金属灭弧栅灭弧、绝缘灭弧栅灭弧、吹弧灭弧和真空灭弧。

四、电器的传动装置

传动装置是有触点电器，是用来驱使电器运动部分按照一定要求进行动作的机构，可接收外界的信号，作出有规律的反应，使电器的执行部分（触头）动作，输出相应的指令，实现控制的目的。在城市轨道交通车辆电器中，主要采用电磁传动装置和电空传动装置。

（一）电磁传动机构

1. 电磁机构的组成

电磁机构是有触点电器的主要部件，主要由吸引线圈、铁心和衔铁组成，吸引线圈是电磁机构产生磁通的核心部件。吸合式电磁铁结构如图 1-1-12 所示。

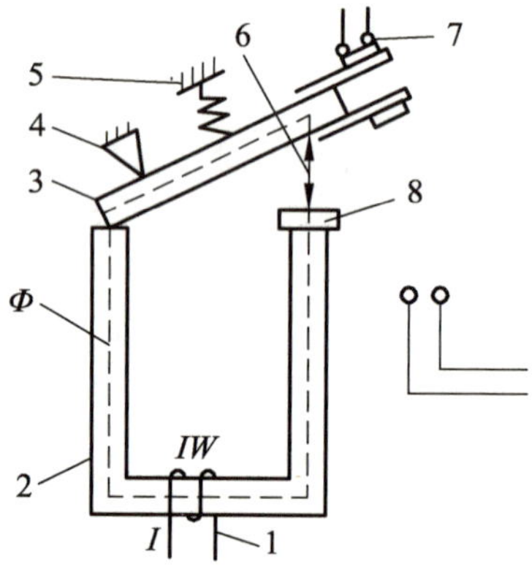

1—线圈；2—铁心；3—衔铁；4—止挡；5—反力弹簧；6—工作气隙；7—常闭触点；8—常开触点。

图 1-1-12　吸合式电磁铁结构示意图

2. 电磁机构的工作原理

当线圈通入电流后，将产生磁场，磁通经过铁心、衔铁和工作气隙形成闭合回路。在铁心和衔铁端面上出现不同极性的磁极，彼此吸引，即产生的电磁吸力将衔铁吸向铁心。同时，衔铁还要受到复位弹簧的反作用力，只有当电磁吸力大于弹簧的拉时，衔铁才能可靠地被铁心吸住。

3. 电磁机构的分类

虽然电磁机构的原理及基本组成相同，但由于具体用途不同，电磁机构也有不同的形式。

1）按吸引线圈供电形式分

直流电磁机构：直流电使电磁力、主磁通不变化，故可将导磁部分做成整体。

交流电磁机构：交流电会引起电磁力和主磁通的变化，所以有涡流、磁滞损耗，故多用叠片式。

2）按衔铁的运动方式分

直动式电磁机构：衔铁进行直线运动。

转动式电磁机构：衔铁进行旋转运动，图 1-12 所示的吸合式电磁铁就属于转动式电磁机构。

3）按电磁机构的结构分

E 形或 U 形电磁机构和螺管形电磁机构。

图 1-1-13 所示为几种常见电磁机构的结构示意图。

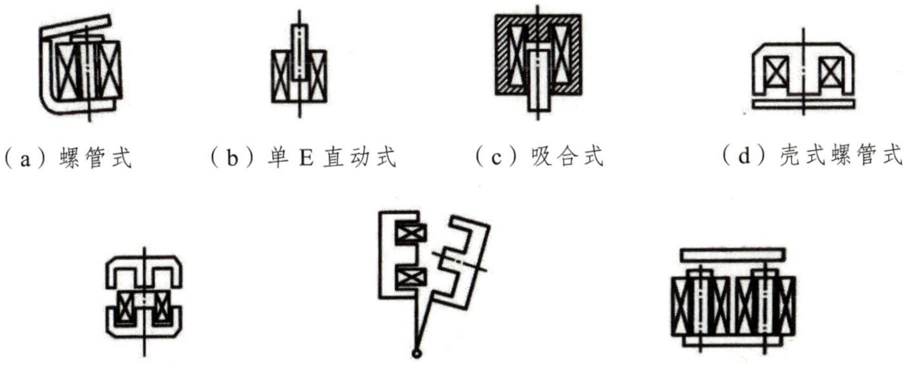

（a）螺管式　（b）单 E 直动式　（c）吸合式　（d）壳式螺管式

（e）单 U 直动式　（f）单 U 转动式　（g）双 E 转动式

图 1-1-13　常见电磁机构的结构示意图

最常用的电磁机构有吸合式、E 形和螺管形电磁机构。

4. 直流电磁机构

直流电磁机构的特点是：电磁线圈中通直流电，产生恒定磁通，铁心中没有涡流和磁滞损耗，只有线圈本身的涡流损耗。所以，铁心采用整块钢或工业纯铁制造，线圈无骨架，且做成细长形，为了加工方便，套线圈的那部分铁心一般做成圆柱形。

电磁机构线圈通电后，产生电磁吸力。当电磁线圈磁势一定时，作用在衔铁（或动铁心）上的电磁吸力与工作气隙的关系，称为直流电磁机构的静吸力特性。当电磁式电器工作时，线圈磁势是一定的。电磁机构的衔铁由释放状态到吸合状态的过程或由吸合状态到释放状态的过程中，作用在衔铁上的电磁吸力和工作气隙都在变化。为了使电磁机构能可靠吸合，必须保证电磁力大于反作用力。这种工作可靠性是对直流电磁机构最基本的要求。此外，如果电磁继电器作为保护、自动检测和自动控制用，还有更严格的要求。

5. 交流电磁机构

1）交流电磁机构的特点

交流电磁机构的励磁线圈由交流电源供电，其励磁电压是按正弦规律变化的，所以气隙中的磁通也按正弦规律变化。

为了减少涡流和磁滞损耗，交流电磁机构的铁心、磁轭、底铁及衔铁均用薄的硅钢片冲压叠压后铆成。为了制造方便，静铁心及衔铁的截面为矩形，因此线圈也是矩形的。线圈有骨架，线圈与铁心之间的间隙也较大，以增加散热面积，利于线圈散热。

2）分磁环的功能

交流电磁铁的静铁心在靠近工作气隙处装有分磁环，分磁环是一个用纯铜或黄铜制成的短路环。

交流电磁铁磁通是交变的，当磁通过零时，电磁铁的吸力为零，吸合后的衔铁在反力弹簧的作用下被拉开。磁通过零后电磁吸力又增大，当吸力大于弹簧反力时，衔铁又吸合。这样反复动作，使衔铁产生强烈振动和噪声，甚至使铁心松散。因此交流电磁铁铁心端面上都装一个铜制的短路环。短路环包围铁心端面约 2/3 面积。短路环把铁心中的磁通分成两个部分，即不穿过短路环的磁通 Φ_1 和穿过短路环的磁通 Φ_2，且 Φ_2 滞后于 Φ_1。使合成吸力始终大于反作用力，从而消除了振动和噪声。

（二）电空传动机构

1. 电空传动机构的基本概念

电空传动机构是用压缩空气推动活塞（或传动薄膜）运动，以操纵电器触点的分合。电空传动机构由压缩空气驱动装置和电空阀（电磁阀）组成。空气驱动装置包括气缸、活塞等部件。压缩空气进入和排出气缸，是由电空阀控制的。电空阀相当于一个气路开关，控制电空阀即可控制气缸工作。它是用电路来控制气路的元件，由于电磁力的作用，电空阀使气路开通，压缩空气可以进到所控制的设备中，从而达到远距离控制气动器械的目的。

电空阀在轨道交通车辆中已成为比较重要的车辆电器，在制动系统中大量采用，车辆上的车门系统、空调系统也都是用电空阀控制的。车门系统中，电空阀负责控制进入车门驱动气缸压缩空气的多少，从而达到调节开门速度、关门速度以及开门缓冲和关门缓冲的目的。

2. 电空阀的结构及作用原理

电空阀类型较多，但其结构相似，均由电磁机构和气阀两部分构成，工作原理也基本相同。

电磁机构由铁心座、磁轭、衔铁、线圈、接线座等组成。衔铁下压心杆将吸力作用到气阀部分。气阀部分由阀座、上阀门、下阀门、弹簧、阀杆等组成。下阀门控制传动气缸与压缩空气气源间的通路，上阀门控制传动气缸与大气间的通路。

按电磁铁的形式可将电空阀分为吸合式和螺管式；按作用原理又可分为开式和闭式。

闭式电空阀是线圈无电时压缩空气气源与传动气缸间被阻断的阀，如图 1-1-14 所示。当线圈未通电时，在弹簧及压缩空气的作用下，下阀门封闭，上阀门打开，压缩空气不能进入传动气缸，此时传动气缸与大气相通。当线圈通电后，在电磁吸力的作用下衔铁带动心杆下移，使上阀门封闭，下阀门打开，此时传动气缸与大气间的通路被截断，压缩空气进入传动气缸。

开式电空阀是线圈无电时压缩空气气源与传动气缸相通的阀。其电磁部分与闭式阀完全相同，仅气阀部分的作用与闭式阀相反，如图 1-1-15 所示。电空传动机构常用于大功率、高电压、大电流的场合。

电空阀是电空传动机构中的一个重要元件，在使用中要经常检查和维护。当电空阀在运行中发生故障时，应分清是电磁方面的原因，还是气阀方面的原因。电磁方面的故障常表现在衔铁不吸合，此时应检查衔铁动作是否灵活，是否有卡住现象，线圈是否断路，吸合电压是否正常等。气阀方面的故障经常表现为漏气，原因可能是有污垢、沙子等。

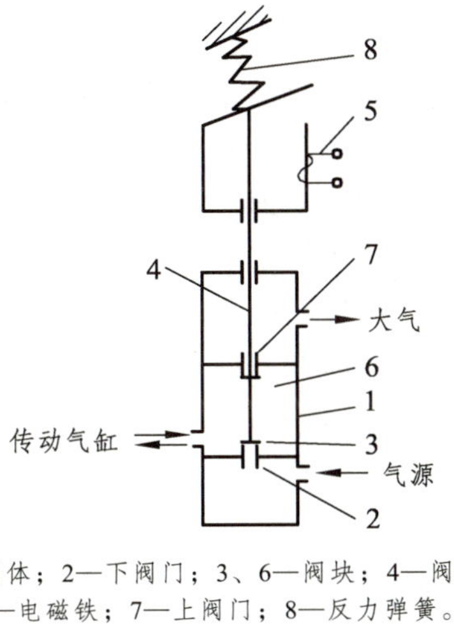

1—阀体；2—下阀门；3、6—阀块；4—阀杆；
5—电磁铁；7—上阀门；8—反力弹簧。

图 1-1-14　闭式电空阀示意图

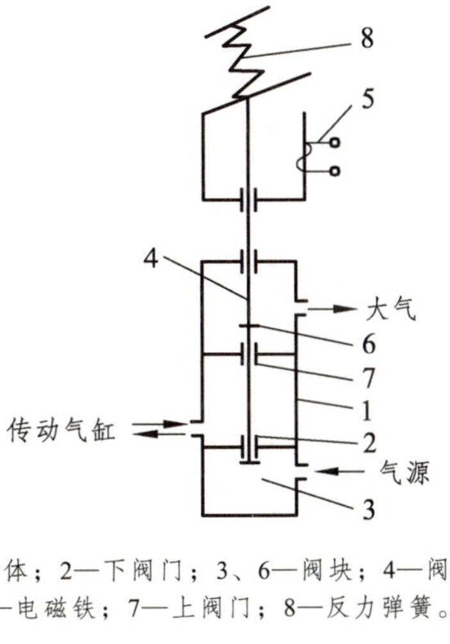

1—阀体；2—下阀门；3、6—阀块；4—阀杆；
5—电磁铁；7—上阀门；8—反力弹簧。

图 1-1-15　开式电空阀示意图

3. 薄膜传动装置

在城市轨道交通车辆上也使用薄膜传动装置，其原理结构如图 1-1-16 所示，实际结构如图 1-1-17 所示。

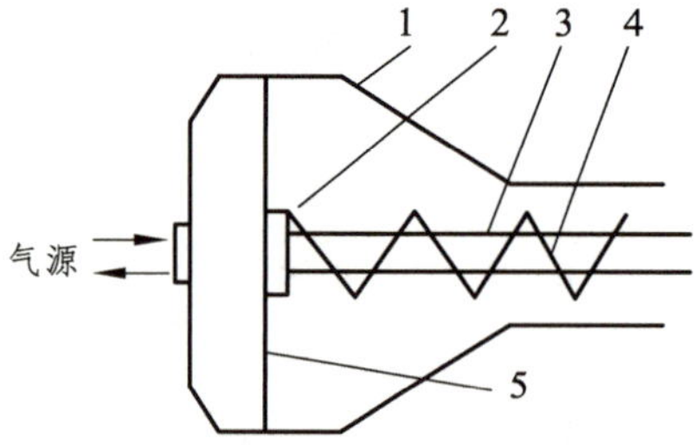

1—阀体；2—活塞；3—活塞杆；4—分断弹簧；5—橡胶薄膜。

图 1-1-16　薄膜传动装置原理结构

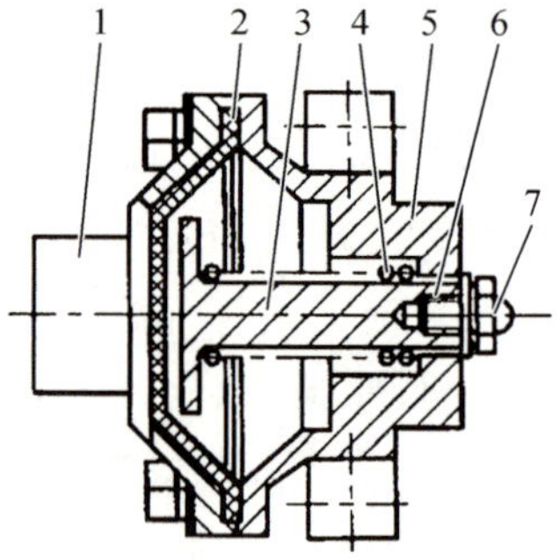

1—气缸盖；2—弹性薄膜；3—活塞杆；4—复原弹簧；5—气缸座；6—衬套；7—杆头。

图 1-1-17　薄膜传动装置实际结构

当压缩空气进入气孔时，压迫薄膜，克服弹簧张力，使活塞右移，带动触点动作。反之，触点在弹簧的作用下打开。

薄膜传动装置具有动作灵活、摩擦力和磨损较小、维修方便等特点。但活塞杆行程小，在低温条件下薄膜易开裂，需要经常更换。

知识拓展

一、触点的磨损

（一）触点磨损的原因

通电流的触点在多次闭合与分断之后，它的接触表面会逐渐产生磨耗和损坏，这种现象称为触点的磨损。触点磨损达到一定程度后（约为超程的一半），其工作性能便不能保证，此时，触点的寿命即宣告终结。经过规定的带电操作而达到触点寿命终结的操作次数，称为其电器寿命。继电器和接触器的寿命主要取决于触点的寿命。

触点的磨损分为机械磨损、化学磨损和电磨损。机械磨损是由于触点的研磨和机械撞击所致；化学磨损是由于氧化及电腐蚀等所致；电磨损主要发生在触点的闭合和分断过程中。在触点接通电流时产生的电磨损，主要是由于触点碰撞引起的振动所造成的；在触点分断电流时产生的电磨损，是由高温电弧所造成的。在 3 种磨损中，前两种磨损很小，约占全部磨损的 10%，后一种占 90%。

触点分断过程中，触点刚分离时，触点间的接触面积越来越小，接触电阻越来越大，触点表面的温度剧增，在一定的电参数下，足以使触点熔化，并且在最后的接触点形成液态金属桥。在电动力的作用下，金属桥的移动致使触点磨损。随着触点的继续分离，金属桥最后被拉断，在一定的电参数下，触点间便产生了电弧。刚出现电弧时两触点间的缝隙很窄，电弧运动阻力很大，电弧在触点面上运动的速度很小，使触点继续熔化而产生电磨损。为了减小此过程的电磨损，应采用各种不同的灭弧装置，同时采用耐电磨损的触点材料。

（二）触点电磨损的形式

触点在分断与闭合电路过程中，在触点间隙中产生金属桥、电弧等现象，引起触点材料的金属转移、汽化，使触点材料损耗和变形，这种现象称为触点的电磨损。电磨损直接影响电器的寿命。

触点的电磨损有两种形式：液桥的形成和金属转移；电弧对触点的影响。

（三）减小触点电磨损的方法

减小触点电磨损，可以从减小触点在分断过程和闭合过程中的磨损两方面着手。

1. 减小触点分断过程中的磨损，即减小触点分断时的电弧

（1）选择合适的灭弧系统参数，如磁吹线圈的磁感应强度 B。B 值过小，吹弧电动力太小，电弧在触点上停留时间较长，触点电磨损增加；B 值过大，吹弧电动力过大，会把触点间熔化的金属液桥吹走，电磨损也增加，因此，应选择适当的 B 值。

（2）对于交流电器（如交流接触器）宜采用去离子栅灭弧系统，利用交流电流通过自然零点而熄弧，从而减小触点的电磨损。

（3）采用熄灭火花电路，以减小触点的电磨损。该方法是在弱电流触点电路中，在触点上并联电阻、电容，以熄灭触点上的火花。这种火花熄灭电路对分断小功率直流电路很有效。

（4）正确选用触点材料。例如，钨、钼的熔点和汽化点高，因此，钨、钼及其合金有良好的抗磨损性能：银、铜的熔点和汽化点低，其抗磨损性能较差。

2. 减小触点闭合过程中的磨损

触点闭合过程中的磨损主要由触点在闭合过程中的振动引起，所以，减小触点闭合过程中的电磨损，必须减小触点的机械振动。

二、触头的材料

触头所选用的材料对于减小触头接触电阻，降低触头温升，减小触头振动振幅，减少电磨损，提高电器寿命，提高电器工作可靠性都有很重要的意义。因此，合理选用触头材料，是改进电器性能的主要途径。

根据电器的工作情况以及各种电器的任务和使用条件的不同，人们对触头材料提出以下要求：

（1）热特性：熔点要高，传热性能要好。

（2）电特性：材料本身电阻系数要小，接触电阻要小，且在长期工作中能保持稳定，产生电弧的最小电流和最小电压要大。

（3）机械特性：要有一定的强度，耐磨性好，有良好的加工性能。

（4）化学特性：在常温下和高温下不易氧化，或者氧化物的电阻尽量小。

（5）价格低廉。

城市轨道交通车辆电器中的触头材料，最常用的是铜和银，以及以铜或银为基本材料制成的铜基合金或银基合金。

触头材料一般分为 3 种，即纯金属、金属合金材料和粉末冶金（金属陶冶）材料。

用在电器上的纯金属材料主要是银、铜、钨和铂。银和铜既可以单独作为触头材料，也可以组成合金。钨则要与银和铜分别组成粉末冶金材料。铂是贵金属，虽然化学性能和接触电阻稳定，也不易生弧，但导电性和导热性差，硬度低，价格昂贵。所以，一般不采用铂作为触头材料，如果要用，也是以合金的形式出现，用于小功率继电器的触头。

常用的金属合金材料有银-铜和银-钨。由于纯金属本身性能的差异，将它们以不同的成分相配合，构成合金材料，可以使触头的性能大大改善。

粉末冶金材料是由两种或两种以上的彼此不相熔合的金属组成的机械混合物。其中一种金属有很高的导电性（如银、铜等），作为材料中的填料，称为导电相。另一种金属有很高的熔点和硬度（如钨、氧化镉等），在电弧的高温作用下不易变形和熔化，称为耐熔相。这类金属在触头材料中起着骨架的作用。这样，就保持了两种材料的优点，克服了各自的缺点，构成了比较理想的触头材料。常用的粉末冶金材料有银-氧化镉、银-氧化铜、银-钨、铜-钨和银-石墨等。

下面仅介绍城市轨道交通车辆上常用的两大类金属触头材料。

1. 纯铜、铜合金及其粉末冶金材料

纯铜的导电性能及导热性能都较好，价格也便宜，是一种广泛应用的触头材料。纯铜的缺点是易氧化。经过长时间工作后，氧化膜接触电阻的增加，使触头温度升高，而温升又使氧化膜继续增厚，这样恶性循环，使触头的接触电阻和温升超过允许范围。为了保持铜触头能正常工作，触头之间一定要保持较大的压力，并且在触头闭合过程中一定要有研磨过程，以经常清除尚未增厚的氧化膜。

铜-钨触头是一种粉末冶金材料，因此它具备铜及钨的特点。钨的加入可以大大提高触头的耐电磨损和抗熔焊的能力，因为钨的熔点高、硬度大、热传导性好、抗熔焊、耐弧性好。但由于钨的导电性差，因此铜-钨触头导电性较铜低。在实际应用中，一般的接触器采用纯铜作为触头材料，较为重要的接触器和大电压电器则采用铜合金或粉末冶金作为触头材料。例如，高压断路器和真空开关多采用铜-钨触头。

2. 纯银、银合金及其粉末冶金材料

纯银有很好的导电性及导热性，不易氧化，即使氧化，其导电性能仍然很好。因为其氧化后的氧化膜接触电阻稳定，对接触电阻几乎没有影响，所以触头间所需压力较小。纯银触头的缺点是耐电磨损能力以及抗熔焊性差，且价格贵，因此纯银触头一般用在电流不太大的场合。

对于银-铜合金材料，适当提高其含铜量，可提高其硬度和耐磨性。但是含铜量不宜过高，否则会和铜一样易氧化，接触电阻不稳定。银-铜合金的特点是熔点低，故一般不用作触头材料，而主要用作焊接触头的银焊料。

银-钨触头采用的是一种粉末冶金材料，它既具有银的导电性、导热性，又具有钨的高熔点、高硬度、耐电弧腐蚀、抗熔焊、金属转移小等特性。随着含钨量的增加，其耐电弧腐蚀性能和抗熔焊性能也逐渐提高，但其导电性能下降。银-钨材料的缺点是接触电阻不稳定，随着开闭次数的增加，接触电阻增大，因此其常用作电器的弧触头材料。

银-氧化镉触头采用的也是一种粉末冶金材料，它的特点是像银一样具有良好的导电性和导热性能，氧化后接触电阻稳定，耐电磨损能力和抗熔焊性能与铜-钨触头相仿。在电弧作用下，氧化镉突然分解为气态的氧和蒸气状的镉，气态镉在触头近旁瞬间有大量的气体产生，既能除去接触表面的氧化膜，又起到吹弧的作用，有助于电弧的熄灭。这是银-氧化镉触头的一个最显著的特点。

银-氧化铜：与银-氧化镉相比，银-氧化铜耐磨损、抗熔焊性能好、无毒，在高温下触头硬度更大，使用寿命长，价格便宜。试验结果表明，银-氧化铜触头比银-氧化镉触头在接触处具有更低且稳定的接触电压降，导电性能更好，发热情况较轻，温升较低。因此，近年来银-氧化铜材料得到了广泛的应用。

银-石墨：其优点是导电性好，接触电阻低，抗熔焊，耐弧能力强，在短路电流作用下也不会熔焊；其缺点是电磨损大。

在实际应用中，小容量的继电器采用纯银作为触头材料，其原因是触头接触面积小，接触电阻大；大、中容量的接触器和高压电器一般选用银-氧化镉、银-钨作为触头材料。

任务二　接触器认知

任务导入

全自动运行的市域快轨线——北京大兴国际机场线如图 1-2-1 所示。

图 1-2-1　全自动运行的市域快轨线——北京大兴国际机场线

北京大兴国际机场线，简称大兴机场线，于 2019 年 9 月 26 日与北京大兴国际机场同步开通运营，其主要功能是提供新机场与中心城之间快速、直达、大运量的公共交通服务，实现“半小时”到达中心城目标。一期工程北起丰台草桥，南至北京大兴国际机场，全长 41.36 km，共设草桥站、大兴新城站和大兴机场站 3 座车站。

大兴机场线是全国首条最高运行速度 160 km/h 的全自动运行市域快速轨道线路，既具备载客量大、快起快停、快速乘降等地铁车辆的优点，又拥有较高速度等级、乘坐舒适性高等动车组的优势，特别适合“快速、大运量、公交化、乘坐舒适”的运营需求。在草桥站上车，只需 19 min 即可到达北京大兴国际机场。北京大兴国际机场线轨道交通车辆的全自动运行离不开在电气系统中广泛应用的一种能够接通或切断电路的自动切换电器，也就是接触器。本次任务我们来学习一下接触器。

学习任务

一、接触器的定义及特点

接触器在工业控制中应用非常广泛，是一种用于频繁地、远距离地接通或分断带有负载的较大容量电路的自动切换电器。其主要控制对象是电动机，也可用于控制其他电力负载，如电热器、照明灯、电焊机、电容器组等，在城市轨道交通车辆中可用于频繁地接通或切断正常工作情况的主电路和辅助电路。

与其他开关电器相比较，接触器具有以下特点：

（1）动作次数频繁，每小时开闭次数可达 150 ~ 1 500 次。

（2）能通、断较大电流，即有一定过载能力，但一般情况下只能开断正常额定电流，而不能开断短路或故障电流。

（3）具有失压保护功能，即电压降低很多时，能自动关断。

（4）可以实现一定距离的远程控制。

二、接触器的组成

接触器的结构种类很多，但对于任意一种接触器，一般由以下 4 部分组成。

1. 触头装置

触头装置一般由主触头和辅助触头（又称联锁触头）两部分组成。

主触头一般由动、静主触头和触头弹簧支持件等组成。它是接触器的执行部分，用于直接实现电路的通断。主触头接通和分断的是主电路，额定电流比较大，一般为数安到数百安，甚至可能高达数千安。

辅助触头通常由两对以上常开联锁触头和两对以上常闭联锁触头组成，用于控制其他电器、信号或电气联锁等。它接通和分断的是控制电路，额定电流只有 5 ~ 10 A。

常开联锁触头指的是接触器的吸引线圈失电时处于断开状态的触头。与此相反，常闭联锁触头指的是接触器吸引线圈失电时处于闭合状态的触头。

辅助触头与主触头是联动的，在接触顺序上要求：主触头闭合前常开联锁触头应提前闭合，常闭联锁触头应滞后分断；主触头分断时常开联锁触头应同时或提前分断，常闭联锁触头应同时或稍滞后闭合。

2. 传动装置

传动装置包括驱使触头闭合的装置、开断触头的弹簧机构以及缓冲装置，用于可靠地驱使触头按规定要求动作，完成接触器通断功能。

3. 灭弧装置

灭弧装置一般与主触头配合使用，主要用于熄灭触头开断电路时产生的电弧，减少电弧对触头的破坏作用，保证触头的可靠工作。而辅助触头与灭弧装置通常在产品上要分开安装，以防电弧弧焰的危害。根据电流的性质、灭弧方法和原理，可以制成各种灭弧装置。

4. 支架和固定装置

支架和固定装置包括各部件间的连接、固定、支持和传动部分。它属于非工作部分，用于安装和布置电器各部件，使接触器构成一个整体。这类装置要求应有足够的机械强度，并能对内部部件起到保护作用，保证接触器达到一定的寿命。

三、接触器的分类

接触器用途广泛，种类繁多，一般有以下 4 种分类方式。

1. 按通断电流的种类分

接触器按通断电流的种类不同，可分为直流接触器和交流接触器，对于某些在触头系统中控制的是交流电路，而线圈接入的是直流电路的接触器，又称交直流接触器。

2. 按传动方式分

接触器按传动方式不同，可分为电磁式接触器和电空式接触器。电磁式接触器采用电磁机构传动，在电磁式接触器中，按所采用的电磁铁线圈接入电路的方式不同，又可分为串联接触器和并联接触器。电空式接触器是以电空阀控制的压缩空气传动的接触器。电磁接触器一般应用于辅助电路中，而电空接触器适用于主电路中。

3. 按主触头所处的介质分

接触器按主触头所处的介质不同，可分为空气式接触器、真空式接触器和油浸式接触器。空气式接触器的主触头敞在大气中，采用的是一般的、常用的灭弧装置。而真空式接触器的主触头却密封在真空装置中，它利用的是真空灭弧原理，具有很高的切换能力。油浸式接触器是将接触器的主触头置于变压器油中来提高灭弧能力。

4. 按同一传动机构所传动的主触头数目分

接触器按同一传动机构所传动的主触头数目不同，可分为单极接触器和多极接触器。单极接触器只有一对主触头，多极接触器有两对以上的主触头，它们分别用于控制单相和多相电路。

四、接触器的主要技术参数

1. 额定电压

额定电压指主触头的额定工作电压。交流接触器的额定电压为 220 ~ 1 140 V，直流接触器的额定电压为 24 ~ 1 200 V。此外，还应规定辅助触头和线圈的额定电压。

2. 额定电流

额定电流指主触头的额定工作电流。它是在一定条件下规定的，保证电器正常工作的电流值，如果改变使用条件，额定电流值也随之改变。目前生产的接触器，额定电流范围为 6.3 ~ 4 000 A。

3. 额定发热电流

额定发热电流指在规定条件下试验时，电器在 8 h 工作制下，各部件的温升不超过极限值时，所能承受的最大电流。

4. 动作值和释放值

对于电磁接触器，主要指电压和电流的动作值和释放值。对于电空接触器，主要指电空阀的动作电压和释放电压（或气缸相应的气压值）。

5. 切换能力

切换能力又称开闭能力、通断能力，指接触器的主触头在规定条件下能可靠地接通和分断的电流或电压值。在此电流（压）值下接通和分断负载时，不应发生熔焊、飞弧和过分磨损等现象，以保证接触器在较坏的条件下仍能可靠地工作。

6. 操作频率

操作频率指接触器在每小时内允许操作的次数。接触器的操作频率越高，每小时开闭的次数就越多，触头的工作任务也就越重，对交流接触器来说，其吸引线圈所受到的启动电流冲击次数和衔铁铁心受到的冲击次数也越多。操作频率直接影响到接触器的电气寿命和灭弧室的工作条件，对于交流接触器还影响到线圈的温升。对常用的交、直流接触器来说，操作频率有每小时 150 次、300 次、600 次和 1 200 次等几种规格。

7. 机械寿命和电气寿命

机械寿命指的是接触器在无负载操作下无零件损坏的极限动作次数。电气寿命指的是接触器在规定的操作条件下无零件损坏的极限动作次数。目前，接触器的机械寿命一般可达数百万次到千万次以上，而电气寿命则按不同的使用类别和不同的机械寿命级别有一定的百分比，一般为机械寿命的 1/5 左右。

8. 动作时间和释放时间

动作时间（即闭合时间）是指从电磁铁吸引线圈通电瞬时起到衔铁完全吸合所需要的时间。释放时间（即开断时间）是指从电磁铁吸引线圈断电瞬时起至衔铁完全打开所需要的时间。

为了准确而可靠地控制有关电路，对接触器的动作时间也有一定要求，如：直流接触器的闭合时间一般为 0.04 ~ 0.11 s，开断时间为 0.07 ~ 0.12 s；交流接触器的闭合时间一般为 0.05 ~ 0.1 s，而开断时间为 0.1 ~ 0.4 s。

9. 额定工作制

接触器的工作制有 4 种：长期工作制、8 h 工作制、短时工作制和反复短时工作制。同一台接触器在不同工作制时，可以有不同的额定工作电流。

接触器除应满足以上基本参数的要求外，还应满足在 85%额定电流时能吸合且 105%额定电流不会烧坏吸引线圈的要求。

五、常用接触器

（一）直流电磁接触器

1. 直流电磁接触器基本结构

直流电磁接触器的基本结构和图形符号如图 1-2-2 和图 1-2-3 所示。

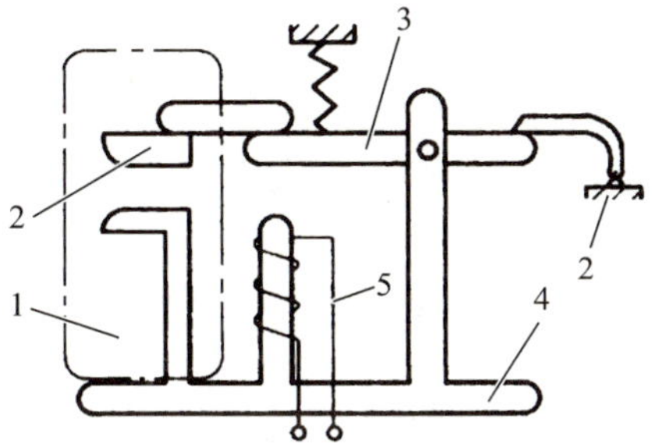

1—灭弧罩；2—主触点；3—衔铁；4—铁心；5—线圈。

图 1-2-2　直流电磁接触器的基本结构

（a）线圈　（b）主触头　（c）辅助触头

图 1-2-3　直流电磁接触器的图形符号

该接触器的传动装置为直流吸合式电磁铁，衔铁和铁心均采用整块钢制作，线圈中通直流电。触点系统包括主触点和辅助触点。灭弧系统由灭弧罩及灭弧装置组成，只设在主触点上。

地铁车辆在辅助电路和控制电路中使用的接触器均为电磁接触器，直流电磁接触器应用在控制电路中，交流电磁接触器主要应用在辅助电路中。

2. 直流电磁接触器工作过程

当吸引线圈未通电时，衔铁在反力弹簧的作用下处于释放状态，使常开触点打开，常闭触点闭合；当吸引线圈通电时，铁心与衔铁之间产生电磁吸力，当电磁吸力大于弹簧的反力时，铁心将衔铁吸下，同时带动常开触点闭合，常闭触点打开；当吸引线圈失电时，电流减小，若反力弹簧反力大于铁心与衔铁间的电磁吸力，则衔铁返回，同时带动常开触点打开，常闭触点闭合。在主触点打开过程中产生电弧时，由灭弧系统进行灭弧。

（二）交流电磁接触器

1. 交流电磁接触器基本结构

交流电磁接触器主要由电磁系统、触点系统、灭弧系统和其他部分组成，其结构和图形符号如图 1-2-4 和图 1-2-5 所示。

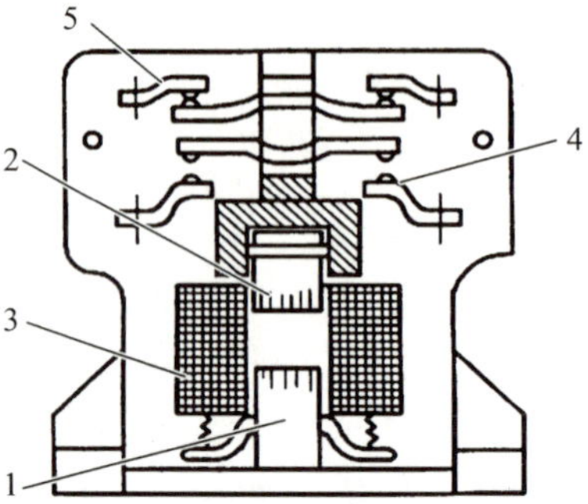

1—铁心；2—衔铁；3—线圈；4—常开触点；5—常闭触点。

图 1-2-4　交流电磁接触器结构

图 1-2-5　交流电磁接触器的图形符号

电磁系统包括电磁线圈和铁心，一般为单 E 直动式。交流接触器的铁心由硅钢片叠压而成，以减少铁心中的涡流损耗，避免铁心过热。在铁心上装有短路环，以减少吸合时产生的振动和噪声。电磁线圈一般制成粗而短的圆筒形，并与铁心之间有一定的间隙，以免与铁心直接接触而受热烧坏。电磁线圈的额定电压一般有交流 380 V、220 V、110 V、36 V 等。

触点系统包括主触点和辅助触点，主触点用于接通和分断主电路，控制较大的电流；辅助触点用于控制电路中，起电气联锁作用。交流接触器一般有 3 对主触点、2 对常开辅助触点及 2 对常闭辅助触点。交流接触器的触点大部分采用直动式双断点桥式触点。

灭弧系统用来迅速熄灭主触点在分断电路时所产生的电弧，以保证主触点不受电弧灼伤，使分断时间缩短。对于较小容量的接触器，采用双断点桥式触点，主要是利用电动力灭弧。对于大容量的接触器，则采用纵缝灭弧罩及灭弧栅（短弧灭弧方式）。

2. 交流电磁接触器工作过程

交流电磁接触器的工作过程与电磁铁的工作过程类似。通电和断电后的工作过程分别如下：

线圈通交流电→线圈电流建立磁场→静铁心产生电磁吸力→吸合衔铁→带动触点动作→常开触点闭合，常闭触点断开。

线圈断电→电磁吸力消失→反作用弹簧使衔铁释放→各触点复位。

电动列车上的交流电磁接触器一般用在三相 380 V 电路上，如空调单元压缩机控制接触器。

（三）电空接触器

电空接触器是用来通、断带有负载的主电路和大容量的控制回路的自动电器，主要用于通断正常工作电流，而不通、断故障电流，特别是短路电流。它的主要特点是能实现远距离的自动控制，操作频率较高（每 1 h 通、断次数达 150 ~ 1 500 次），通、断电流大，应用范围广。

在轨道交通车辆中，电空接触器主要用于控制牵引电动机接入电源、短接电阻及进行磁场削弱等。

采用电空接触器通、断主电路的电路特点如下：

（1）主电路电流大（一般在几百安培以上），触点闭合时需要很大的压力。

（2）主电路的电压较高，触点的开距要大，故需较大的行程。

（3）基于上述情况，如果采用电磁接触器，就必须有较大的电磁功率，而电磁装置体积较大，因而将导致控制功率增大。采用压缩空气作为动力，仅需功率不大的电空阀控制气路即可。

电空接触器主要由触点系统、灭弧系统、传动系统和支架构成，其中触点系统由主触点和联锁触点组成；灭弧系统由磁吹线圈、导磁极板、导弧角和灭弧罩组成；传动系统由电磁阀、传动气缸、传动杆组成。其结构如图 1-2-6 所示。

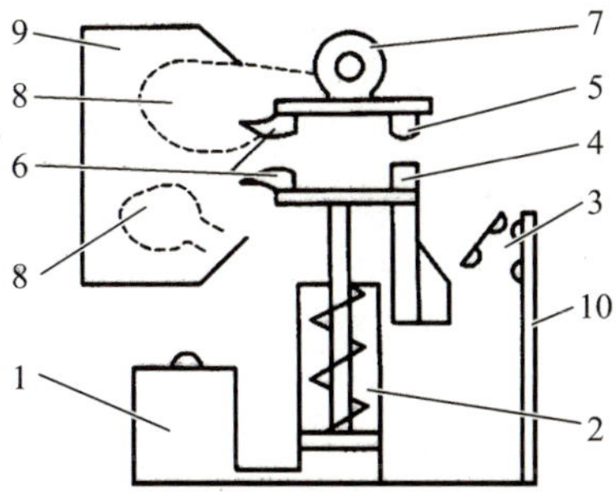

1—电空阀；2—气缸；3—联锁触点；4—动触点；5—静触点；6—弧触点；
7—磁吹线圈；8—导磁极板；9—灭弧罩；10—支架。

图 1-2-6　电空接触器结构

电空接触器的动作原理如下：

当电空阀线圈无电时，电空阀的下阀门关闭，压缩空气不能进入气缸，电空接触器处于释放状态。

当有外来指令信号后，电空阀线圈得电，动铁心被吸下，使下阀门打开，上阀门关闭，切断通大气的通路，电空阀控制的压缩空气进入气缸，使压缩空气克服反力弹簧的反力，推动活塞向上顶起，经活塞杆带动传动杆向上运动，从而带动触点运动，完成它的闭合任务。

当电空阀线圈失电时，气缸排气，活塞杆及传动杆、触点等在反力弹簧的作用下复原，使动静触点分离。触点间的电弧在灭弧系统的作用下，沿导弧角进入灭弧室，经强烈的冷却和消游离作用，使电弧熄灭。

实践任务

一、接触器的选用

接触器是现代工矿企业电力拖动和自动控制系统中使用量最大的一种电器。由于接触器的可靠性及其使用寿命与使用的电压、电流、控制功率、操作频率的大小密切相关，所以，使用场合及控制对象不同，其操作条件和工作的繁重程度也有很大差异。因此，选用时不能只按铭牌数据，而应全面地了解被控对象的工作情况和接触器的使用类别及产品性能，这样才能正确地选用相应品种和规格的接触器，以保证接触器在控制系统中长期可靠运行，充分发挥其经济技术效益。

（一）选用接触器时主要考虑的因素

1. 切换能力

接触器的主触头虽然不要求开断短路电流，但它还是有可能在大于额定电流的情况下接通或切断负载电路的，此时触头可能引起严重烧损，甚至发生熔焊等故障。因此，必须规定接触器在一定的条件下接通和切断高于额定电流和电压的具体指标，也就是说必须规定它的切换能力。

2. 动作值和释放值

动作值和释放值，是指接触器的动作电压（或电流、气压等）和释放电压（或电流、气压等）。电磁式接触器的动作电压应不低于线圈额定电压的 80%；释放电压要有较低的上限值（不高于线圈额定电压的 70%）和较高的下限值（交流接触器不低于线圈额定电压的 20%，直流接触器不低于线圈额定电压的 5%）。

3. 操作频率

操作频率，是指接触器在每小时内允许操作的次数。接触器的操作频率越高，每小时开闭的次数就越多，触头及灭弧室的工作任务也就越重；对交流接触器来说，线圈受到的冲击电流及衔铁铁心受到的冲击次数也就越多。

操作频率直接影响接触器的电气寿命和灭弧室的工作条件，对于交流接触器来说还影响其线圈的温升，所以，这是一个重要的技术指标。目前，常用的接触器操作频率有每小时 150 次、300 次、600 次和 1 200 次等几种规格。

4. 机械寿命和电气寿命

机械寿命指的是接触器在无负载操作下且无零部件损坏的极限动作次数。电气寿命指的是接触器在规定的操作条件下（带负载操作）且无零部件损坏的极限动作次数。由于接触器的操作频率较高，为了保证一定的使用年限，应有较长的机械寿命和电气寿命。目前，接触器的机械寿命一般可达数百万次以至一千万次以上，而电气寿命则按不同的使用类别和不同的机械寿命级别有一定的百分比，一般为机械寿命的 5% ~ 20%。

5. 动作时间、释放时间

动作时间（又称闭合时间）是指从电磁铁吸引线圈通电瞬时起到衔铁完全吸合所需要的时间。释放时间（又称开断时间）是指从电磁铁吸引线圈断电瞬时起到衔铁完全打开所需要的时间。为了能对有关电路能进行准确可靠地控制，对接触器的动作时间也有一定的要求。如直流接触器的闭合时间一般为 0.04 ~ 0.11 s，开断时间为 0.07 ~ 0.12 s；交流接触器的闭合时间一般为 0.05 ~ 0.1 s，而开断时间为 0.1 ~ 0.4 s。

6. 控制电压要求

电磁接触器应满足在 85%额定控制电压下能保证接触器正常工作。另外，在选择接触器时还应考虑工作制的要求。

（二）选用接触器时一般应遵守的原则

1. 按一般任务选用

所谓一般任务使用条件，是指接触器只需要在额定电压下接通或分断较小倍率的额定电流，其操作频率不高，只伴有少量点动。接触器在整个寿命周期内，大部分工作于这种工作状态。

接触器在该使用条件下操作时，其触头磨损较轻，寿命较长。所以，选配接触器时，只要选择额定电压和额定电流等于或大于电动机的额定电压和额定电流的接触器即可。

2. 按重任务选用

所谓重任务使用条件，是指接触器需要接通或分断较额定电流大很多倍的电流，并频繁运行于点动、反接制动、反向和在低速时断开的使用条件。

接触器在该使用条件下操作，其触头会发生严重的电磨损。所以，必须选用适应重任务工作的接触器才能满足其要求。

3. 按降容量选用

按降容量选用一般有两种情况：第一种是操作频率高、工作相当繁重、可靠性要求很高的场合，可以适当地选用大“马”来拉小“车”，以延长使用寿命，提高可靠性；第二种是按轻任务使用类别设计的接触器用于繁重任务使用类别时，也应降容量使用。

在接触器的选用中，原则上要以可靠性为前提，因为运行中的安全可靠包含着经济因素。而经济性则要根据使用条件、设备的设计要求，以及用户的重要程度等诸多因素综合考虑，只有兼顾才能做到合理，主要应根据实际情况而定。

二、接触器的日常维护

接触器在使用时应经常或定期地检查其运行情况，并进行必要的合理维护，以延长其使用寿命，保证其安全可靠地运行。维护、检修时应首先断开电源，再按照如下步骤进行操作：

1. 外观检查

用压缩空气清除接触器各部件的灰尘，铁心极面上的灰尘也可以用毛刷清除。若有油污，可先用棉布蘸少量酒精擦拭，然后再用干布擦净，并仔细观察接触器外观是否完好无损，注意拧紧所有紧固件。

2. 灭弧室维护

取下灭弧罩，用毛刷清除罩内落物及金属颗粒，如发现有破裂或严重烧损及零部件（如灭弧栅片）变形、松脱或位置变化等现象而不易修复时，应及时更换新灭弧室。重新安装时，应装回原位，不能随意更换到另一极上，以免影响其灭弧效力。

3. 触头的维护

定期检查触头的温升是否超过标准（主触头温升 75 °C），银或银基粉末冶金制成的触头表面有烧毛发黑的现象是正常的，不会影响其实际工作能力，一般可不必清理。如触头接触处有金属颗粒或毛刺，可以用细锉轻轻锉平，但不能用砂纸或纱布擦拭。对于具有铜触头的转动式接触器，若长时间没使用或连续工作 8 h 以上，在使用前应先开闭 1 ~ 2 次，以便除去触头的氧化膜。触头如有开焊、裂缝或磨损到原厚度 1/3 的情况时，则应更换新触头。

4. 吸引线圈的维护

观察线圈外表层有无过热变色，定期检查线圈温升是否超过所规定的值（一般规定，当环境温度为 40 °C，A 级绝缘的线圈用温度计测得的表面温升不得超过 60 °C），引线与导线是否有松动、开焊或将断的情况，线圈骨架有无碎裂、磨损或固定不正常现象。此外，还应注意缓冲件是否完整。

5. 铁心的维护

观察铁心极端面有无变形、松开现象。可用棉纱蘸少量汽油擦拭极面上的污垢。注意交流电磁铁的分磁环有无断裂，中柱气隙是否保持在 0.1 ~ 0.3 mm（如发现过小，可略锉去一些）。观察直流电磁铁铁心的非磁性垫片是否磨损或脱落，缓冲件是否完整，位置是否正确。

6. 接触器转轴的维护

经常注意接触器的转轴转动是否灵活，在转轴与轴承处可注入少量润滑油，以保持转动灵活。

三、接触器常见故障及原因

（1）不吸合或吸合不到位。故障原因主要有：机械可动部分被卡住，气隙有阻塞，磁极表面积尘太厚，电空接触器漏气或气压不足。

（2）通电后不能完全闭合。故障原因主要有：电源电压低于线圈额定电压，触点超程过大，触点反力弹簧反作用力过大。

（3）线圈过热或烧损。故障原因主要有：电源电压过高或过低，交流线圈操作频率过高，线圈匝间短路，交流电磁可动部分卡住，铁心极面不平或去磁气隙过大。

（4）断电后不释放。故障原因主要有：反力弹簧反作用力过小，剩磁过大，触点熔焊。

知识拓展

一、安全用电原则

（1）不靠近高压带电体（室外、高压线、变压器旁），不接触低压带电体。

（2）不用湿手扳开关，插入或拔出插头。

（3）安装、检修电器应穿绝缘鞋，站在绝缘体上，且要切断电源。

（4）禁止用铜丝代替熔断丝，禁止用橡皮胶代替电工绝缘胶布。

（5）在电路中安装漏电保护器，并定期检验其灵敏度。

（6）功率大的用电器一定要接地。

（7）不能用身体连通火线和地线。

（8）使用的用电器总功率不能过高，否则引起电流过大而引发火灾。

（9）任何电器线路、设备未经本人验电以前一律视为有电，不准触及。需接触操作时，应切断该处电源，并经验电（对电容性设施还应放电）确认，方能接触作业。对与供、配电网络相联系部分，除进行断电、放电、验电外，还应挂接临时接地线，开关上锁，防止停电后突然来电。

（10）动力配电盘上的闸刀开关，禁止带负荷拉、合闸，必须先将用电设备开关断开方能操作。手工合（拉）闸刀开关时，应一次推（拉）到位。处理事故需拉开带负荷的动力配电盘上闸刀开关时，应戴绝缘手套和防护眼镜，或采取其他防止电弧烧伤和触电的措施。

二、电工安全操作规程

（1）电工必须熟悉车间的电气线路和电气设备的种类及性能，对电气设备性能未充分了解，禁止冒险作业。

（2）电工每日应定期检查电缆、电机、电控制台等设备情况，检查中发现问题，必须及时处理。检查电机温度时，先检查无电后，再以手背试验。

（3）除临时施工用电或临时采取的措施外，不允许架临时电线，不允许乱挂灯、乱接仪表工具和电焊机等，应使用安全的开关和插座，原电器线路不得擅自更改。

（4）按规定，对电气设备定期检修保养，不用的电气设备线路要彻底拆除。

（5）部分停电作业，当临近有电体距检修人员 0.9 m 以下者，须用干燥木材、橡皮或绝缘材料作可靠的临时遮拦。

（6）使用电动工具时，有防触电保护。

（7）发现设备任何导电部分接地时，在未切断电源前，除抢救触电者外，无关人员一律不允许靠近，离开周围 4 m 之外，室内离开 1.8 m，以免受跨步电压损伤。

（8）在修理设备时，拉下开关和闸刀，必须在开关和闸刀处挂上“禁止合闸，有人工作”的警示牌，在带电设备遮栏上和禁止通行的过道处，应挂上“止步，高压危险”的警示牌，工作地点应挂上“正在工作”的警示牌。

（9）电器操作人员应思想集中，在未经测电笔确定电器线路无电前，应一律视为“有电”，不可用手触摸，不可绝对相信绝缘体。

（10）工作前，应详细检查自己所用工具是否安全可靠，穿戴好必需的防护用品，以防作业时发生意外。

（11）维修电器线路时，应采取必要的措施，在开关手把上或线路上悬挂“有人工作、禁止合闸”的警告牌，防止他人中途送电。

（12）使用测电笔时，要注意测试电压范围，禁止超范围使用，电工人员一般使用的测电笔，只许在 500 V 以下电压使用。

（13）工作中所有拆除的电线要处理好，带电线头应包好，以防发生触电。

（14）所用导线及熔断丝，其容量大小必须合乎规定标准，选择开关时，必须大于所控制设备的总容量。

（15）工作完毕，必须拆除临时地线，并检查是否有工具等物件遗忘在电杆上。

（16）发生火灾时，应立即切断电源，用四氯化碳粉质灭火器或黄沙扑救，严禁用水扑救。

（17）工作结束后，全部工作人员必须撤离工作地段，拆除警告牌，所有材料、工具、仪表等随之撤离，及时安装好原有防护装置。

（18）操作地段清理后，操作人员要亲自检查，如要送电进行试验一定要和有关人员联系好，以免发生意外。

三、人体触电方式

电流对人体的伤害可以分为两种类型，即电伤和电击。电伤是指由于电流的热效应、化学效应和机械效应引起人体外表的局部伤害，如电灼伤、电烙印、皮肤金属化等，电伤在不是很严重的情况下，一般无生命危险；电击是指电流流过人体内部造成人体内部器官的伤害，这是触电事故后果中最严重的，绝大部分触电死亡事故都是由电击造成。

人体触电方式主要分为单相触电、两相触电、跨步电压触电 3 种。

1. 单相触电

单相触电，指人体的某一部分与一相带电体及大地（或中性线）构成回路，当电流通过人体流过该回路时，即造成人体触电，如图 1-2-7 所示。

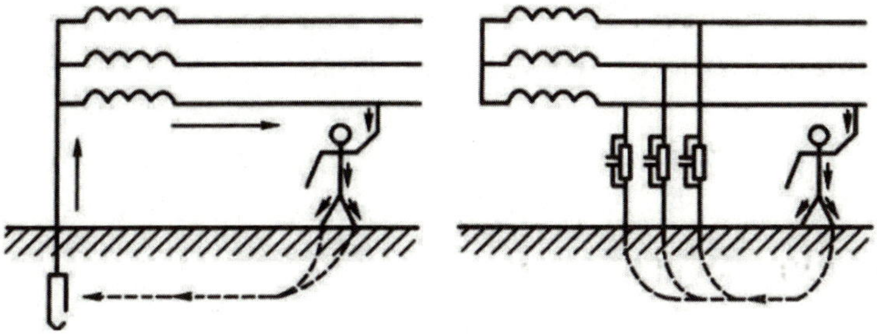

（a）中性点直接接地　　（b）中性点不直接接地

图 1-2-7　单相触电

2. 两相触电

两相触电，人体某一部分介于同一电源两相带电体之间并构成回路所引起的触电，称为两相触电，如图 1-2-8 所示。

3. 跨步电压触电

跨步电压触电，是指人进入接地电流形成强电场时的触电。由于场内地面上的电位分布不均匀，人的两脚间电位不同，这两个电位差称为跨步电压。跨步电压的大小与人和接地体的距离有关。当人的一只脚跨在接地体上时，跨步电压最大；离接地体越远，跨步电压越小；与接地体的距离超过 20 m 时，跨步电压接近于零，如图 1-2-9 所示。

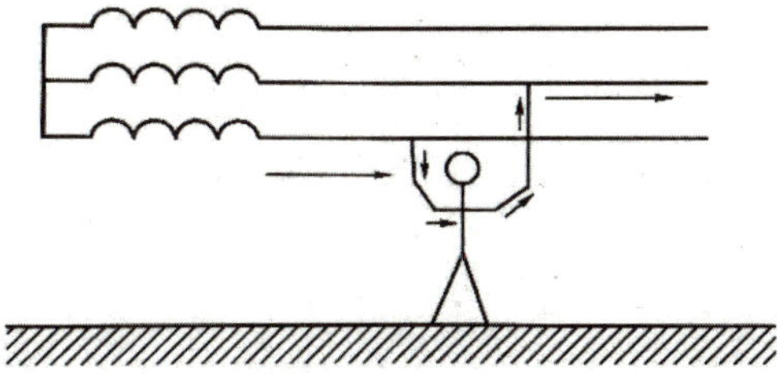

图 1-2-8　两相触电

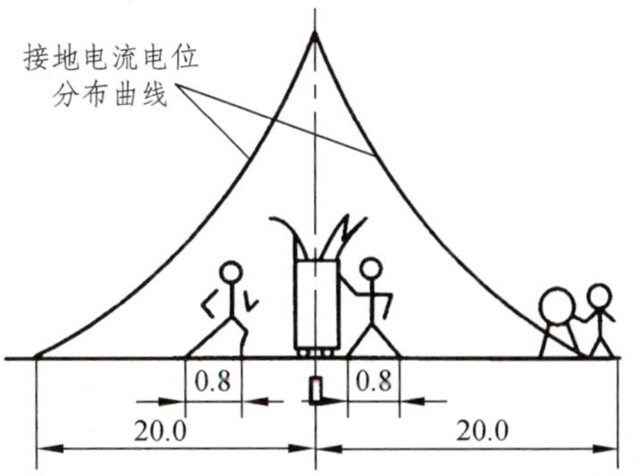

图 1-2-9　跨步触电（尺寸单位：m）

4. 悬浮电路上的触电

220 V 工频电流通过变压器相互隔离的原、副绕组后，从副边输出的电压零线不接地，变压器绕组间不漏电，即相对于大地处于悬浮状态。例如某些彩色电视机，它们的金属底板是悬浮电路的公共接地点，在检修这类电器的故障时，如果一只手接触电路的高电位点，另一只手接触低电位点，即用人体将电路连通造成触电，这就是悬浮电路触电。所以在检修这类电器时，一般要求单手操作，特别是电位比较高时更应该如此。

四、电流伤害人体的因素

触电时电流对人体的伤害程度与以下几个因素有关。

1. 电流的大小

人们通过大量试验证明，通过人体的电流越大，对人体的损伤越严重。

2. 电压的高低

人体接触的电压越高，流过人体的电流越大，对人体的伤害越严重。

3. 频率的高低

实践证明，40 ~ 60 Hz 的交流电对人体最危险，随着频率的增高，触电危险程度将下降。高频电流不仅不会伤害人体，还可以用来治疗疾病。

4. 时间的长短

触电电流越大，触电时间越长，电击能量越大，对人体的伤害越严重。

5. 电流通过的路径

电流通过心脏时，最容易导致死亡，因此电流从右手到左脚的危险性最大。

6. 人体状况、人体电阻的大小

电流对人体的作用，女性较男性敏感；小孩遭受电击较成人危险；同时与体重有关。人体电阻因人而异，与人的体质、皮肤的潮湿程度、触电电压的高低、年龄、性别以及工种职业有关系，通常为 1 000 ~ 2 000 Ω，当角质外层被破坏时，则降到 800 ~ 1 000 Ω。人体电阻除人的自身电阻外，还应附加上人体以外的衣服、鞋、裤等的电阻。影响人体电阻的因素很多，如皮肤潮湿出汗、带有导电性粉尘等情况，均能使人体电阻降低。

五、安全电压等级

1. 人体允许电流

人体允许电流是指发生触电后触电者能自行摆脱电源，解除触电危害的最大电流。通常情况下，男性为 9 mA，女性为 6 mA。在设备和线路装有触电保护设施的条件下，人体允许电流可达 30 mA。

2. 安全电压

安全电压是指不致使人直接致死或致残的电压。国家标准《安全电压》(GB 3805—83)规定我国安全电压额定值的等级为 42 V、36 V、24 V、12 V 和 6 V，应根据作业场所、操作员条件、使用方式、供电方式、线路状况等因素选用。

通常流经人体电流的大小是无法事先计算出来的。因此，为确定安全条件，往往不采用安全电流，而是采用安全电压来进行估算。一般情况下，干燥而触电危险性较小的环境，安全电压规定为 36 V；潮湿而触电危险性较大的环境（如金属容器、管道内施焊检修；矿井、隧道等使用的手提照明灯），安全电压规定为 12 V。这样，触电时通过人体的电流被限制在较小范围内，可在一定程度上保障人身安全。根据生产和作业场所的特点，采用相应等级的安全电压，是防止发生触电伤亡事故的根本性措施。

任务三　继电器认知

任务导入

国内首条自主研发全自动运行线——燕房线如图 1-3-1 所示。

图 1-3-1　国内首条自主研发全自动运行线——燕房线

燕房线是国内首条采用自主化全自动运行技术的线路，是全自动运行系统自主创新示范工程。该线路以 UTO 标准完成建设，并以 DTO 模式开通初期运营，是国内第一条以 DTO 模式开通载客运营的线路。

相比传统线路，燕房线全自动运行系统以行车指挥为核心进行综合监控，提供更全面的列车监控、乘客服务、综合维修调度和辅助决策功能，解决了多专业高效协同作业的问题。

燕房线作为国内首条自主研发的全自动运行示范线路，代表了世界领先水平，填补了国内空白，对抓住人工智能发展的重大战略机遇，构筑中国人工智能发展的先发优势，加快建设交通强国具有重要意义，标志着我国轨道交通全自动运行技术不再依赖进口，其技术探索和宝贵经验将为后续线路指明方向。在燕房线运行过程中，各种高质量的国产继电器起到了至关重要的作用。继电器是电气系统中常用的一种控制器件，在城市轨道交通车辆控制电路中，继电器具有控制、保护或转换信号的作用。本次任务我们来学习一下城市轨道交通继电器的基础理论。

学习任务

一、继电器概述

（一）继电器的定义及组成

继电器是一种传递信号的电器，主要用于控制电路，它是一种根据某一输入量来换接执行机构的电器。在城市轨道交通车辆控制电路中，继电器具有控制、保护或转换信号的作用。

任何一种继电器，不论继电器的动作原理、结构形式、使用场合如何千差万别，都是根据外界输入的一定信号来控制电路中电流的“通”与“断”的，也就是实现输出量的“跃变”。继电器一般由测量机构、比较机构和执行机构 3 部分组成，如图 1-3-2 所示。

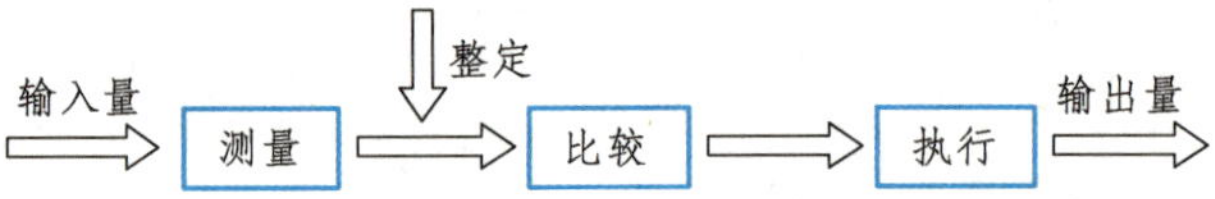

图 1-3-2　继电器原理组成方框图

对于大部分继电器来说，输入量可以是电量，如电压、电流、功率等，也可以是非电量，如压力、光、声温度、机械力等。输入量可以是一个量，也可以是两个或是多个量。

测量机构是反应继电器输入量的装置，用于接收输入量，并将其转换成继电器工作所必需的物理量。

比较机构是将输入量与其预设的整定值进行比较，根据比较结果决定执行机构是否动作。

执行机构是反应继电器输出的装置，它根据比较的结果进行动作，作用于被继电器控制的相关电路中，以得到必需的输出量。

输出量是根据比较结果来决定有无的。不管输入的是什么量，输出的往往是电量。

（二）继电器的分类

继电器的用途很广，种类繁多，对不同类型的继电器要求不同，有时对同一种类型的继电器也需要从不同的方面去说明它的特性。

继电器常用的分类方法如下：

（1）按用途分，可分为控制继电器和保护继电器。

（2）按作用原理分，可分为电磁式继电器、电子式继电器和机械式继电器等。

（3）按输入电流性质分，可分为直流继电器和交流继电器。

（4）按执行机构的种类分，可分为有触点继电器和无触点继电器。

（5）按作用分，可分为电流继电器、电压继电器、时间继电器、中间继电器、压力继电器等。

（三）继电器的特点

继电器一般不直接控制主电路或辅助电路，而是通过接触器或主电路及辅助电路中的其他电器对主电路及辅助电路进行控制。与接触器相比较，继电器具有以下特点：

（1）继电器触头容量小，采用点接触形式，没有灭弧装置，体积和重量也比较小。

（2）继电器的灵敏度要求极高，输入、输出量应易于调节。

（3）继电器能反应多种信号（如各种电量、速度、压力等），其用途很广，外形多样化。

（4）继电器不能用来开断主电路及大容量的控制电路。

（四）继电器的继电特性

继电器最基本的输入-输出特性也称为继电特性，如图 1-3-3 所示。

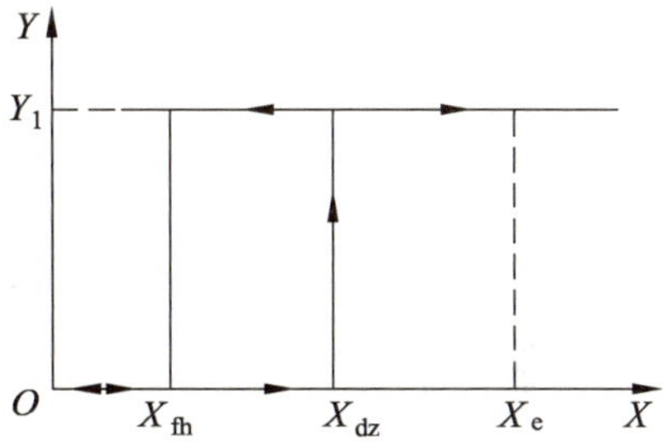

图 1-3-3　继电特性

继电特性可以通过下面继电器工作过程的分析来得到：

图 1-3-3 中输入量用 X 来表示，输出量用 Y 表示。当输入量从零增加时，在 $X<X_{dz}$ 的过程中，衔铁不吸合，常开接点保持打开，继电器不动作，输出量 $Y=0$；当 $X=X_{dz}$ 时，衔铁吸合，常开接点闭合，输出量即 $Y=Y_1$，继续增加 X 到 X_e（额定输入量），输出仍保持 Y_1（常开接点继续闭合）。当输入量 X 从 X_e 减少时，在 $X>X_{fh}$ 过程中，常开接点继续闭合，输出保持 Y_1 不变。当 $X=X_{fh}$ 时，输入量产生的吸力不足以吸合衔铁，衔铁释放，常开触头打开，继电器返回，输出量 Y 为零，继续减少输入量 X 到零，输出均保持在 $Y=0$ 的状态。

可见，继电特性由连续输入、跃变输出的折线组成，图中 X_{dz} 称为接点动作值，X_{fh} 称为接点的返回值。

（五）继电器的基本参数

（1）额定参数：输入量的额定值及触点的额定电压、额定电流等。

（2）动作值：继电器吸合动作所需要的最小输入量的数值，如电流继电器的动作电流、电压继电器的动作电压、风压继电器的动作风压等，也称为整定值。

（3）返回值：触头打开所需要的最大输入量的数值。需要注意的是，衔铁的释放值不一定是继电器的返回值（对常闭触头来说）。

（4）返回系数：继电器输入量的返回值与动作值之比，用 K_f 表示。

返回系数是继电器的重要参数之一，对继电器来说，一般 $K_f<1$。K_f 越接近于 1，继电器动作越灵敏，但抗干扰能力就越差。所以，返回系数也不完全是越高越好。对控制继电器来说，返回系数要求不高；对保护继电器来说，要求有较高的返回系数。

（5）动作值的调整：继电器动作值（或返回值）的调整，也称继电器参数的整定。对电磁继电器的整定，可通过改变反力弹簧和工作气隙来实现。对电子继电器来说，可通过改变比较环节电位器的阻值等来实现。

（六）继电器的特点

在城市轨道交通车辆上，继电器一般不直接控制主电路或辅助电路，而是通过接触器或主、辅电路中的其他电器对主电路及辅助电路进行控制。同接触器相比较，继电器具有以下特点：

（1）继电器触头容量小，采用点接触形式，没有灭弧装置，体积和质量也比较小。

（2）继电器的灵敏度要求极高，输入、输出量应易于调节。

（3）继电器能反映多种信号（如各种电量、速度、压力等），用途很广，外形多样。

（4）继电器不能用来开断主电路及大容量的控制电路。

二、电磁式继电器

电磁式继电器的测量机构是电磁铁，执行机构是触点，如图 1-3-4 所示。它具有工作可靠、结构简单、易于制造等特点，所以得到了广泛的应用。电磁式继电器可分为电压继电器、电流继电器、中间继电器、时间继电器和信号继电器等。按照电流的不同，电磁式继电器还可以分为直流电磁式继电器和交流电磁式继电器。

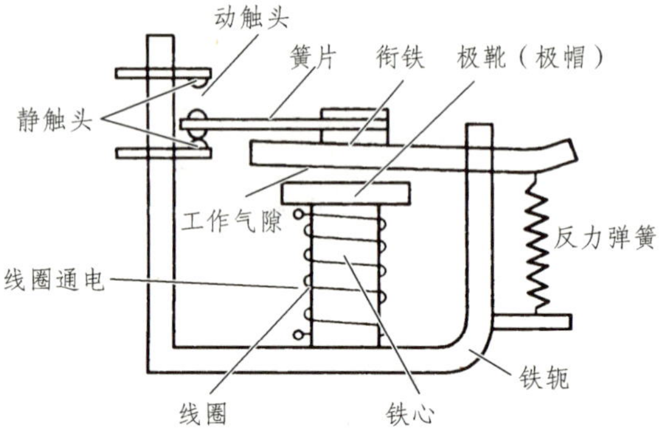

图 1-3-4　电磁式继电器

（一）电流继电器

根据线圈中的电流大小，接通和断开电路的继电器称为电流继电器。电流继电器的输入量是电流信号，使用时电流继电器的线圈与负载电路串联，特点是线圈匝数少而线径较大，阻抗小，分压小，不影响电路正常工作。电流继电器一般接在主回路中，起过电流保护作用。

在地铁车辆中由于主回路中有牵引电动机这样的负载，虽然在工作过程中发生短路的情况是比较少的，但是过电流故障却是常有的。如牵引电动机在大的启动电流下缓慢启动，电动机在反复短时工作制时的操作频率过高，牵引电动机长期带负载欠电压运行，电动机经常反接、制动等，都易引起电动机过载。而过载的出现会对电动机的工作及绝缘性能产生较大的影响，甚至会引起重大火灾事故，所以必须加以防护。

电流继电器的结构如图 1-3-5 所示。

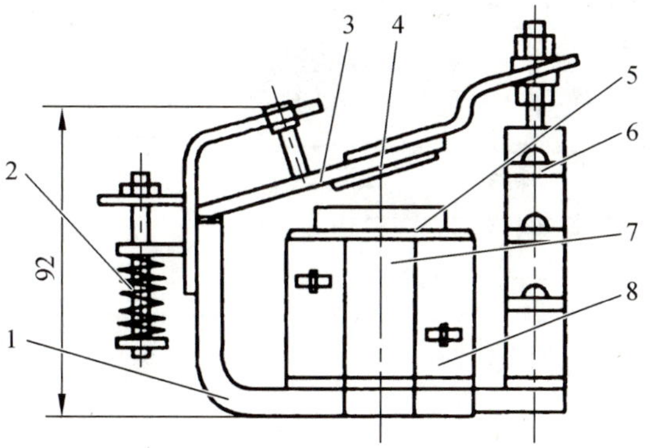

1—磁轭；2—反力弹簧；3—衔铁；4—非磁性垫片；5—极靴；6—触点组；7—铁心；8—线圈。

图 1-3-5　电流继电器结构

电流继电器的测量机构为一个吸合式电磁铁，铁心上套装有匝数较少而线径较大的线圈，此线圈接于主回路中。当主回路正常工作时，由于工作电流远小于过流继电器的动作整定值，故正常情况下，此继电器处于释放状态，其常闭触点闭合，常开触点断开，主回路正常工作。当主回路出现过载时，主回路电流会迅速上升，使此继电器线圈中电流上升，当达到或超过此继电器的动作值时，继电器的衔铁和铁心之间产生较强的电磁吸力使衔铁吸合，带动其上的常闭触点动作，切断主回路，以保护电器零部件及电路。此时会有信号提示过电流故障，驾驶人可及时处理，以便恢复正常运行。

（二）电压继电器

电压继电器的线圈匝数多而线径小，输入量是电压信号。使用时，电压继电器线圈与负载并联，主要用于控制。常用的有过电压继电器和欠电压继电器。

过电压继电器在电路电压为额定电压的 105%～120%时吸合，对电路实现过电压保护。

欠电压继电器在电路电压正常时吸合，当电路电压减小到额定电压的 50%左右时释放，对电路实现欠电压保护。

（三）中间继电器

中间继电器主要用来传递信号、扩大信号功率以及将一个输入信号变换成多个输出信号等。就工作原理而言，它属于电磁式电压继电器，但动作参数无须调整。中间继电器的基本结构如图 1-3-6 所示，其文字代号为 KA，图形符号如图 1-3-7 所示。

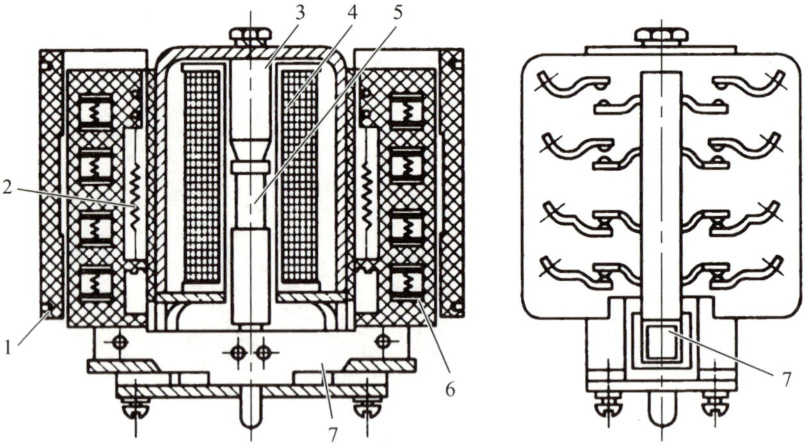

1—外壳；2—反力弹簧；3—挡铁；4—线圈；5—动铁心；6—动触点支架；7—横梁。

图 1-3-6 中间继电器基本结构

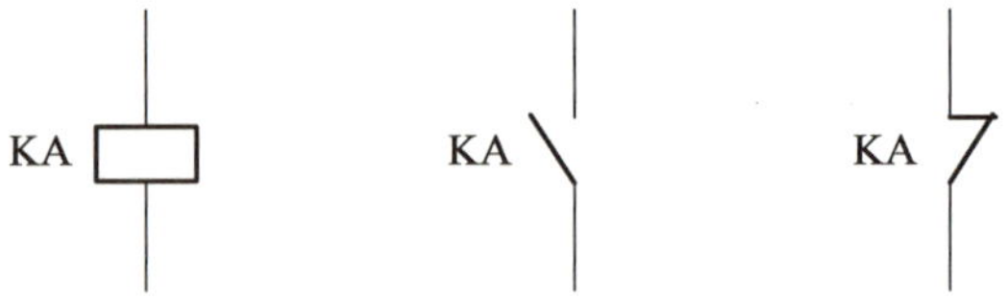

图 1-3-7 中间继电器图形符号

中间继电器的电磁机构采用螺管式电磁铁。线圈通电时，动铁心被吸向锥形挡铁，带动横梁运动，两侧的动触点支架向上运动，使触点动作，即常开触点闭合，常闭触点断开。当线圈断电后，在反力弹簧的作用下，动铁心和动触点支架恢复原位，即常开触点断开，常闭触点闭合。

（四）接地继电器

1. 制动工况下的接地保护用接地继电器

接地继电器主要用于制动工况下主回路中的接地保护。接地继电器的结构与过电流继电器基本相同。在制动工况下，当主回路某处发生接地故障时，电流达到 0.2～0.3 A，接地继电器吸合，常闭触点打开，从而保护主回路不受故障的影响。

在北京地铁列车上使用的接地继电器的代号为 DJ，其保护原理如图 1-3-8 所示。

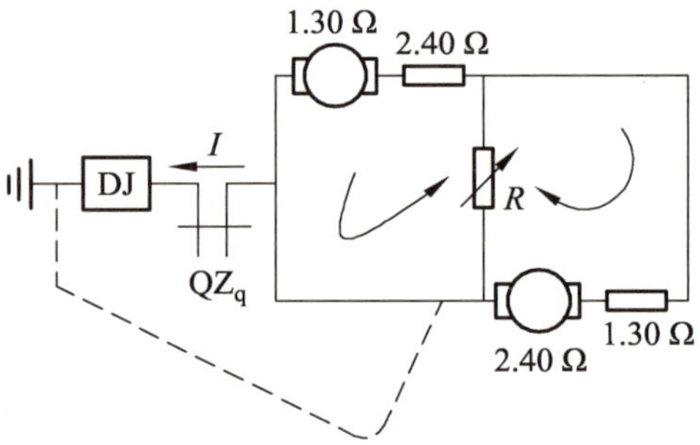

图 1-3-8 接地继电器的保护原理

在制动工况下，主回路构成交叉励磁独立回路，两组电动机稳定地给电阻供电。电动机发出的电能消耗在电阻上，从而实现制动。当主回路无接地故障时，DJ 支路无电流通过，接地继电器处于释放状态。当主回路某处发生接地故障时，接地点将与 DJ 的接地端构成回路，使 DJ 支路有电流通过。当此电流达到 0.2 ~ 0.3 A 时，DJ 吸合，与其共用触点的过载继电器 GJ 的常闭触点打开，切断主回路接触器受电回路，主回路接触器断开，将主回路切断，从而保护主回路不受故障的影响。过载继电器 GJ 与 DJ 属于一个系列，结构基本相同但 GJ 自身不带线圈，它的吸引线圈就是穿过铁心窗口的一根牵引电动机的电枢母线。GJ、DJ 以及恢复继电器 VJ 之间是有机械联锁的，即联锁杆，如图 1-3-9 所示。此杆使上述继电器的电磁传动机构（衔铁）连于其上（不是固定连接），经此杆的动作，带动它们共用的触点动作，完成不同的保护作用。

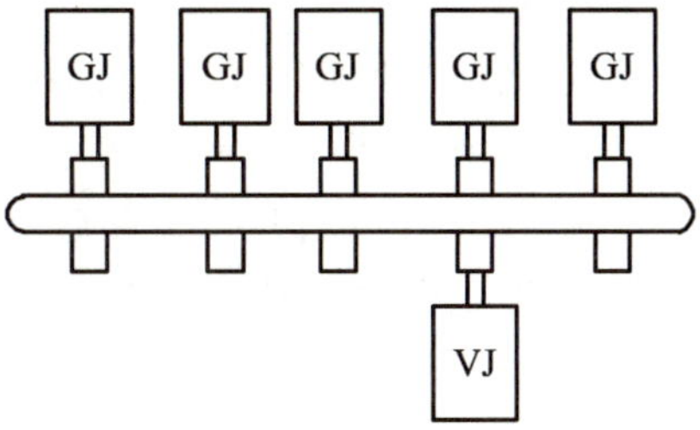

图 1-3-9　DJ、GJ、VJ 机械联锁图

当上述保护继电器中的某一个或多个动作（吸合）时，都将联锁杆搬动一个位置，从而带动触点动作。这不仅保护主回路，同时使驾驶台上以信号灯的形式显示故障。当故障排除后，需要将线路恢复正常，驾驶人只要按动恢复按钮就会使恢复继电器带电动作，带动联锁杆恢复到初始位置上，其他故障下动作的继电器也随之恢复原位，为下次保护做好准备。联锁杆的恢复也使共同的常闭触点恢复，接通线路接触器 KC 线圈电路，主回路中 KC 主触点吸合，电路接通，为电动机工作做好准备。

2. 牵引工况下的接地保护用差动继电器

主回路在牵引工况下的接地保护一般使用的是差动继电器（用于所有牵引电动机串联的情况）。差动继电器属于吸合式电磁机构，它有两组线圈，即低压线圈和电流线圈（只有两匝）。电磁铁属于吸合式，它是利用两组线圈的电流差工作的。

差动继电器工作原理如图 1-3-10 所示。正常工作时，2 匝电流线圈通过的电流方向相反，产生的磁场方向相反，因此电磁吸力相互抵消，差动继电器不动作。

牵引工况中，当主电路出现接地故障时，电流有泄漏（$I_{地}$），$I_1 = I_2 + I_{地}$，使 $I_1 > I_2$，电流线圈产生的电磁吸力不相等，在铁心周围产生的磁场吸力克服了弹簧的拉力，衔铁吸合，差动继电器动作（动作值为 80 A），常闭联锁打开，切断了主回路，达到了保护主电路的目的。

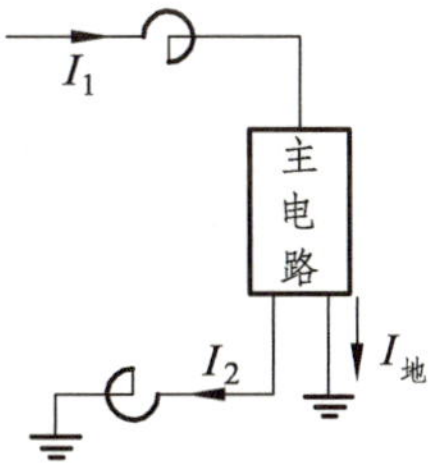

图 1-3-10　差动继电器工作原理图

（五）时间继电器

时间继电器是接收信号后，经过一定时间才输出信号（即触点动作）的继电器，用以实现触点延时接通或断开。

1. 时间继电器分类

时间继电器种类很多，除电磁式外，还有空气阻尼式和电子式时间继电器。

电子式时间继电器按构成分为晶体管式和数字式两种，按输出形式分为有触点型和无触点型两种，按延时方式分为通电延时型和断电延时型。

通电延时型时间继电器：接收输入信号（线圈通电）后，延时一定时间输出信号才发生变化，即延时一定时间后常开触点闭合，常闭触点断开。当输入信号消失后，输出信号瞬时复原。

断电延时型时间继电器：接收输入信号（线圈通电）后，瞬时产生相应的输出信号，即常开触点闭合，常闭触点断开。当输入信号消失后，延时一定时间输出信号才复原，即常开触点断开，常闭触点闭合。

时间继电器的结构及图形符号如图 1-3-11 所示。

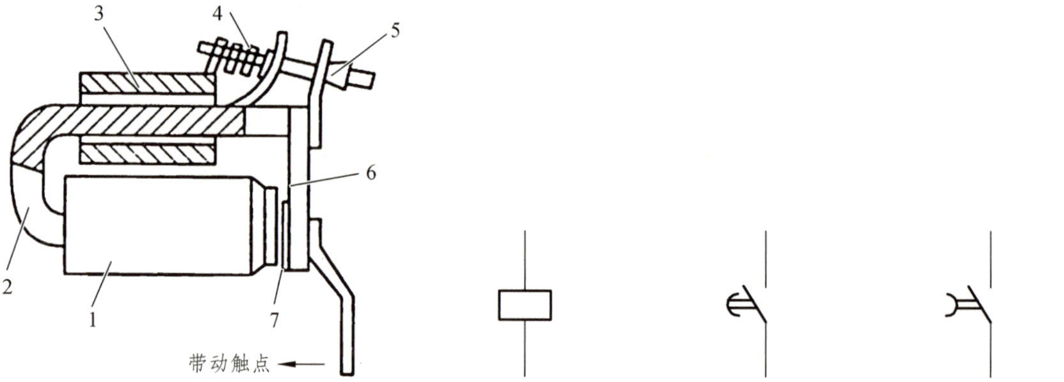

（a）结构图　（b）时间继电器线圈符号　（c）通电延时型时间继电器图形符号　（d）断电延时型时间继电器图形符号

1—线圈；2—铁心；3—阻尼套筒；4—反作用弹簧；5—调节螺钉；6—衔铁；7—非磁性垫片。

图 1-3-11　时间继电器的结构、图形符号

2. 电磁式时间继电器的结构及延时原理

时间继电器为直流电磁式，其铁心和磁轭采用圆柱整体电工钢，使铁心与磁轭成为一体，再用铝基座浇铸，可降低磁阻，有利于提高继电器的灵敏度。另外，在磁轭上还加装了一个阻尼套筒。

下面以断电延时型时间继电器为例说明其延时原理。

当继电器线圈通电时，在磁路中产生磁通。当磁通增加到能使电磁铁吸动衔铁的数值时，衔铁开始动，随着衔铁与铁心之间的气隙的减小，磁通也增加。当衔铁与铁心吸合后，磁通最大（此时的磁通大于将衔铁吸住所需的磁通）。在线圈通电时，因为磁通的增长和衔铁的动作时间很短，所以联锁触点的动作几乎是瞬间完成的。

当继电器线圈断电时，电流将瞬间下降为零，相当于电流的主磁通也应迅速消失。但因其变化率很大，根据楞次定律，在铜套内部将产生感应电动势，并流过感应电流。

此电流产生的磁通与主磁通方向相同，将阻止主磁通下降，这样就使磁路中的主磁通缓慢衰减，直到磁通衰减到不能吸住衔铁时，衔铁才释放，于是就得到所需要的延时。延时时间的长短与铜套的电阻有关。电阻越小，延时越长。

3. 空气阻尼式时间继电器

空气阻尼式时间继电器是利用空气阻尼原理获得延时的，它由电磁机构、延时机构和触点系统 3 部分组成。电磁机构为直动式双 E 形铁心，触点系统借用 LX5 型微动开关，延时机构采用气囊式阻尼器。

空气阻尼式时间继电器可以做成通电延时型，也可做成断电延时型；电磁机构可以是直流的，也可以是交流的，如图 1-3-12 所示。现以通电延时型时间继电器为例介绍其工作原理。

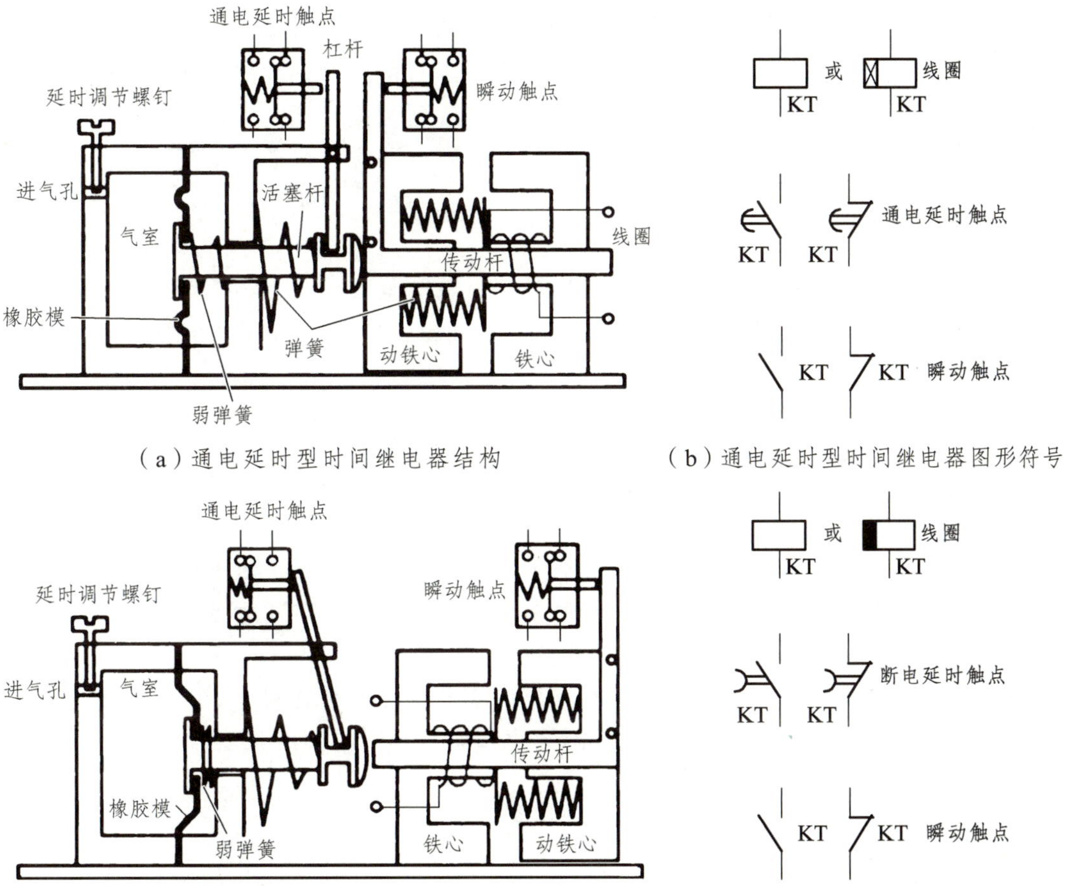

（a）通电延时型时间继电器结构　（b）通电延时型时间继电器图形符号

（c）断电延时型时间继电器结构　（d）断电延时型时间继电器图形符号

图 1-3-12　空气阻尼式时间继电器结构及图形符号

如图 1-3-12（a）所示通电延时型时间继电器为线圈不通电时的情况，当线圈通电后，动铁心吸合，带动 L 形传动杆向右运动，使瞬动接点受压，其接点瞬时动作。活塞杆在塔形弹簧的作用下，带动橡胶膜向右移动，弱弹簧将橡胶膜压在活塞上，橡胶膜左方的空气不能进入气室，形成负压，只能通过进气孔进气，因此活塞杆只能缓慢地向右移动，其移动的速度和进气孔的大小有关（通过延时调节螺钉调节进气孔的大小可改变延时时间）。经过一定的延时后，活塞杆移动到右端，通过杠杆压动微动开关（通电延时接点），使其常闭触点断开，常开触点闭合，起到通电延时的作用。

当线圈断电时，电磁吸力消失，动铁心在反力弹簧的作用下释放，并通过活塞杆将活塞推向左端，这时气室内的空气通过橡胶膜和活塞杆之间的缝隙排掉，瞬动接点和延时接点迅速复位，无延时。

如果将通电延时型时间继电器的电磁机构反向安装，就可以将其改为断电延时型时间继电器，如图 1-3-12（c）所示。线圈不通电时，塔形弹簧将橡胶膜和活塞杆推向右侧，杠杆将延时接点压下（注意：原来通电延时型的常开接点现在变成了断电延时型的常闭接点，原来通电延时型的常闭接点现在变成了断电延时型的常开接点）。当线圈通电时，动铁心带动 L 形传动杆向左运动，使瞬动接点瞬时动作，同时推动活塞杆向左运动。如前所述，活塞杆向左运动不延时，延时接点瞬时动作。线圈失电时动铁心在反力弹簧的作用下返回，瞬动接点瞬时动作，延时接点延时动作。

时间继电器线圈和延时接点的图形符号都有两种画法，线圈中的延时符号可以不画，接点中的延时符号可以画在左边，也可以画在右边，但是圆弧的方向不能改变，如图 1-3-12（b）（d）所示。

空气阻尼式时间继电器的优点是结构简单、延时范围大、寿命长、价格低廉，且不受电源电压及频率波动的影响；其缺点是延时误差大、无调节刻度指示，一般适用于延时精度要求不高的场合。

4. 电子式时间继电器

我国地铁车辆上采用由单片机控制的电子式时间继电器，它由晶体管或集成电路和电子元件等构成，故又称为半导体时间继电器。它用微型大功率密封中间继电器作为执行单元，集成电路和元器件封装于一个金属盒内，具有延时范围广、精度高、体积小、耐冲击和耐振动、调节方便及寿命长等优点。半导体时间继电器的输出形式有两种：有触点式和无触点式。

电子式时间继电器主要是利用电容的充、放电特性，通过调节 RC 电路的电阻或电容的大小，即改变充、放电时间常数的大小来调节延时时间的长短，实现延时功能。

三、热过载继电器

热过载继电器实际上是一种过电流继电器，具有反时限保护特性，广泛用于电动机的过载保护及其他电气设备的过载保护。它是利用负载电流在其金属元件上产生热而引起动作的电器，属于非电量继电器。由于是过载发热而引起动作的电器，其动作值自然要低于回路中主要电器零部件的允许温度值，这样就可以限制过载电流而起到保护的作用。热过载继电器在地铁车辆中的主回路、电动发电机组、空压机等工作回路中均有应用，其基本结构及图形符号如图 1-3-13 和图 1-3-14 所示。

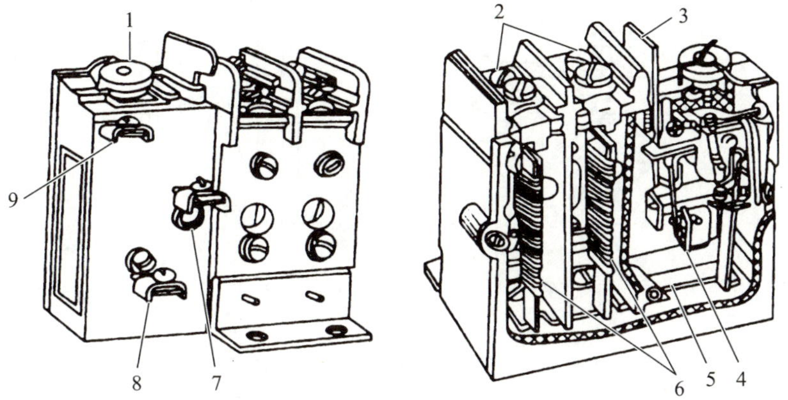

1—整定电流装置；2—主电路接线柱；3—复位按钮；4—常闭触点；5—动作机构；
6—热元件；7—公共触点接线柱；8—常闭触点接线柱；9—常开触点接线柱。

图 1-3-13　热过载继电器基本结构

（a）热元件　　（b）常闭触点

图 1-3-14　热过载继电器图形符号

（一）热过载继电器基本结构

热过载继电器主要由热元件、双金属片和触点系统 3 部分组成，此外还有执行机构、整定调整装置和温度补偿元件。双金属片作为感测元件，可将热能转变为机械能。它是由两种热膨胀系数不同的金属用机械碾压而成（或焊接而成）的，一端被固定，另一端为自由端。

受热后双金属片向线胀系数小的金属一侧弯曲，如图 1-3-15 所示。

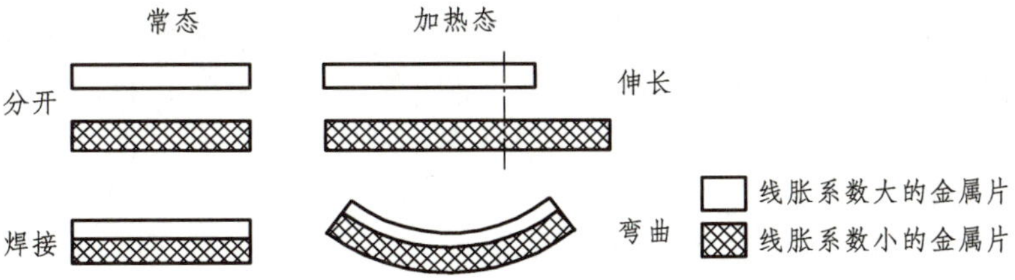

（a）热元件　　（b）常闭触点

图 1-3-15　双金属片工作原理

（二）热过载继电器工作原理

热过载继电器的工作原理如图 1-3-16 所示。

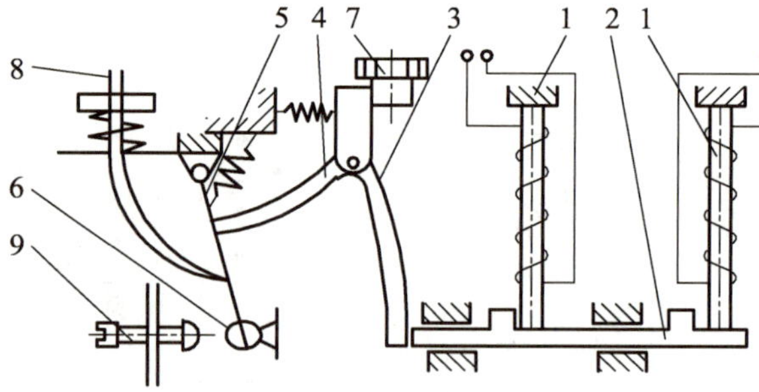

1—主双金属片；2—导板；3—补偿金属片；4—推杆；5—弹簧；6—动静触点；
7—电流调节旋钮；8—恢复按钮；9—手动、自动复位螺钉。

图 1-3-16 热过载继电器工作原理示意图

当该继电器所在线路流过过载电流时，经过一定时间，主双金属片 1 受热向左弯曲，推动导板 2 向左移动，导板又推动补偿金属片 3 并带动推杆 4 绕轴顺时针转动，推杆克服了弹簧 5 的反作用力带动触点动作，常闭触点打开，将所控电路切断，从而切断故障电流。

改变电流调节旋钮可以改变补偿金属片 3 和导板 2 的距离，即改变了热过载继电器动作时主双金属片 1 弯曲的距离，也就是改变了热过载继电器的整定电流值。按恢复按钮 8 可使触点复位，并使弹簧 5 退回到原位，即继电器动作后，可自动或手动复位。

由于热惯性，当电路短路时热过载继电器不能立即动作使电路立即断开，因此不能用作短路保护。同理，在线路短时过载时，热过载继电器也不会动作，这可避免线路不必要的断电。每一种电流等级的热元件，都有一定的电流调节范围，一般应调节到与线路额定电流相等，以便更好地起到过载保护作用。

实践任务

一、继电器的选用

继电器是现代工业生产中不可缺少的自动化组件，它广泛应用于工业、农业、国防和交通运输等各个部门，其品种多、用量大。因此，充分了解各继电器的性能、参数和使用条件，正确地选择和使用继电器，是确保继电器及其被控制或保护对象可靠工作、正常运行的重要环节。

选用继电器的一般方法如下：

（1）根据被控制或保护对象（可以是电量，也可以是非电量）的具体要求，确定采用的继电器的种类，并进行电路设计。

（2）确定控制和被控制电路的基本参数，如控制电路（继电器线圈电路）的线圈数量，电流种类，继电器动作、释放和工作状态的电流、电压或功率值以及它们的变化范围；被控制电路的常开和常闭触头的数量，电路中的电流种类（直流或交流）及其大小，负载的电阻和电感量（R 值和 L 值）等。

（3）根据控制和被控制电路对继电器的要求，在考虑使用寿命、工作制、使用条件、继电器各主要技术参数及质量和尺寸的基础上，从产品目录中选择合适的继电器。

二、继电器的常见故障

（一）触头故障

（1）由于触头的机械咬合（触头上形成的针状凸起与凹坑相互咬住）、熔焊或冷焊而产生无法断开的现象。

（2）由于接触电阻变大和不稳定使电路无法正常接通的现象。

（3）由于负载过大，或触头容量过小，或负载性质变化等引起触头无法分、合电路的故障。

（4）由于电压过高，或触头开距变小而出现触头间隙重新击穿的故障。

（5）由于电源频率过高，或触头间隙过大而产生无法准确开断电路的故障。

（6）由于不满足环境条件要求而造成触头工作的失误。

（7）由于没有采用熄弧线路或措施，或参数选用不当而造成触头磨损，或产生不必要的干扰。

（二）线圈故障

（1）由于环境温度的变化（超过技术条件规定值）导致线圈温升而引起线圈绝缘的损坏；由于潮湿而引起绝缘水平的严重降低；由于腐蚀而引起内部断线或匝间短路。

（2）由于线圈电压超过 110% 额定电压而导致线圈损坏。

（3）在使用维修时，可能由于工具的碰伤而使线圈绝缘损坏，或引起线折断。

（4）由于线圈电压接错，如额定电压为 110 V 的线圈接到 220 V 的电源电压上，或将交流电压线圈接到同样等级的直流电压上而使线圈立即烧坏。

（5）交流线圈可能是由于线圈电压超过 110% 额定电压，或操作频率过高，或当电压低于 85%额定电压时因衔铁吸合不上而烧坏。

（6）当交流线圈接上电压时，可能由于传动机构不灵或卡死等原因，使衔铁不能闭合而使线圈烧坏。

（三）磁路故障

（1）棱角和转轴磨损，导致衔铁转动不灵或卡死。

（2）在有些直流继电器中，由于机械磨损或非磁性垫片损坏，使衔铁闭合后的最小气隙变小，剩磁过大，导致衔铁不能释放。

（3）交流继电器铁心上分磁环断裂，衔铁或铁心极面生锈或侵入杂质时，将引起衔铁振动，产生噪声。

（4）交流继电器 E 形铁心中，由于两侧铁心磨损而使中柱的气隙消失时，将使衔铁粘住不放。

继电器产生故障的原因很多（如各种零件产生变形或松动，机械损坏，镀层裂开或剥落，各带电部分与外壳间的绝缘不够，反作用力弹簧因疲劳而失去弹性，各种整定值调整不当，产品已达额定寿命等），除了要求生产厂确保产品的质量以外，正确使用和认真维修也是减少故障、保证可靠工作的重要环节。

三、继电器的维修

（1）继电器活动部分的动作应灵活、可靠，外罩及壳体应无损坏或缺少零件等情况。

（2）继电器线圈引出端子及外部连接线必须牢固、可靠，电磁继电器吸引线圈的阻值必须符合有关的技术规定。

（3）有指示件的继电器应检查指示件的自锁和释放作用，保证其正确、可靠。

（4）绝缘状态良好，磨耗件及易损件（包括胶木件、外罩、分磁环、非磁性垫片等）有缺损时应更新，各连接部分的紧固状态应良好。

（5）测量继电器触头厚度、开距、超程及终压力等技术参数，必须符合有关规程和工作文件的要求。

（6）调整继电器动作参数的整定值，并加漆封固定。有特殊要求时，还应测量继电器的返回系数。

继电器整定值的调试应由专职人员在专用的试验台上进行。电磁式继电器可借调整反力弹簧、初始气隙及非磁性垫片等措施来调整动作值。一般地，调整初始气隙可改变其动作值，调整非磁性垫片可改变其释放值，而调整反力弹簧则动作值和释放值都可改变。应当注意的是，各继电器整定完毕后应铅封或漆封，以防错动而影响整定值。必要时，某些继电器在检修后还应做振动试验、触头压力及接触电阻测试。

知识拓展

一、传感器的定义

国家标准对传感器下的定义是：能感受规定的被测量件，并按照一定的规律转换成可用信号的器件或装置。

二、传感器的作用

传感器的作用是将来自外界的各种信号转换成电信号。

传感器所检测的信号近来显著地增加，因而其品种也繁多。为了对各种各样的信号进行检测、控制，就必须获得尽量简单易于处理的信号，这样的要求只有电信号能够满足。电信号能较容易地进行放大、反馈、滤波、微分、存储、远距离操作等。因此，作为一种功能块的传感器也可狭义地定义为：“将外界的输入信号变换为电信号的一类元件。”

传感器的功能常常与人类 5 大感觉器官相比拟：

光敏传感器——视觉；

声敏传感器——听觉；

气敏传感器——嗅觉；

化学传感器——味觉；

流体传感器——触觉。

三、传感器的组成

传感器一般由敏感元件、转换元件、转换电路 3 个部分组成，如图 1-3-17 所示。

图 1-3-17　传感器的组成

（1）敏感元件。直接感受被测量，并输出与被测量呈确定关系的某一物理量的元件。

（2）转换元件。以敏感元件的输出为输入，把输入转换成电路参数的元件。

（3）转换电路。将电路参数接入转换电路，便可转换成电量输出。

实际上，有些传感器结构比较简单，仅由一个敏感元件组成，它感受被测量时直接输出电量，例如后续项目会学习到的热电偶；而有些传感器由敏感元件和转换元件组成，没有转换电路；还有些传感器，转换元件不止一个，要经过若干次转换。

四、传感器的分类

（1）按被测量不同分类，可分为力学量、光学量、磁学量、几何学量、运动学量、流速与流量、液面、热学量、化学量、生物量传感器等。这种分类有利于选择和应用传感器。

（2）按照工作原理不同分类，可分为电阻式、电容式、电感式、光电式、光栅式、热电式、压电式、红外、光纤、超声波、激光传感器等。这种分类有利于研究、设计传感器，有利于对传感器的工作原理进行阐述。

（3）按敏感元件的材料不同分类，可分为半导体传感器、陶瓷传感器、石英传感器、光导纤维传感器、金属传感器、有机材料传感器、高分子材料传感器等。

传感器中敏感元件可根据其基本感知功能分为热敏元件、光敏元件、气敏元件、力敏元件、磁敏元件、湿敏元件、声敏元件、放射线敏感元件、色敏元件和味敏元件等 10 大类型。

（4）按传感器输出量的性质不同分类，可分为模拟传感器、数字传感器。其中数字传感器便于与计算机联用，且抗干扰性较强，例如脉冲盘式角度数字传感器、光栅传感器等。传感器数字化是今后的发展趋势。

（5）按应用场合不同分类，可分为工业用、农用、军用、医用、科研用、环保用和家电用传感器等。若按具体使用场合还可分为汽车用、船舰用、飞机用、宇宙飞船用、防灾用传感器等。

（6）按使用目的不同分类，可分为计测用、监视用、位置检查用、诊断用、控制用和分析用传感器等。

五、磁电式速度传感器

磁电式速度传感器是利用电磁感应原理将被测量转换成电信号的一种传感器，可用于速度检测。它不需要辅助电源，要实现转速测量，只需对传感器输出脉冲信号进行计数即可。

转速测量中，根据传感器的安装方式不同，可分为接触式和非接触式测量。

在城市轨道交通车辆上，每个牵引电动机带一个速度传感器，安装在牵引电动机轴端，以供控制系统进行信号的选取、转换和传输，其原理如图1-3-18所示，这是一种非接触式传感器。

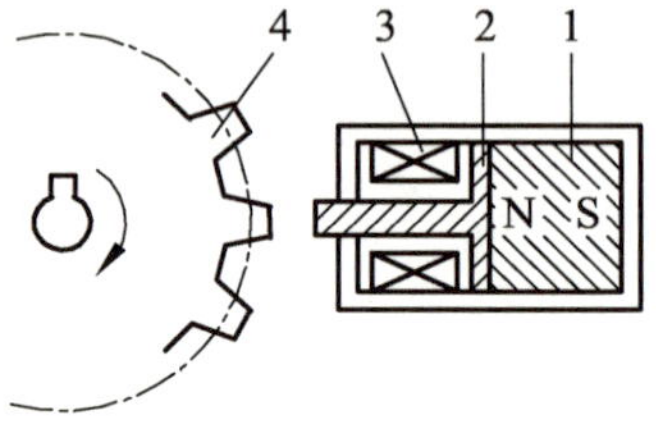

1—永久磁铁；2—软磁铁；
3—感应线圈；4—铁齿轮。

图 1-3-18　变磁通式磁电传感器

磁电式传感器的外壳、永久磁铁和感应线圈固定不动，齿轮则安装在车轴端部随车轴一起旋转，传感器安装于轴箱盖上。当车轮转动时，齿轮随着一起旋转，齿顶和齿谷交替通过传感器，切割磁力线，即在传感器的输出线圈上感应出相应的电脉冲信号，且产生电脉冲信号的频率正比于运行速度。

另外，当齿轮与软铁磁轭之间的气隙距离因转动而变化时，气隙磁阻和穿过气隙的主磁通变化，在线圈中感应出电动势。每转一圈，传感器发出 N（齿数）个脉冲信号，由此可计算出脉冲信号的频率 f。脉冲信号经整形和放大后输出整齐的矩形波信号，经定时计数器，把频率转换成转速。

这种传感器结构简单，工作可靠。在编组车辆的控制车上每根轴装有一只单通道式传感器，为空气制动的滑动保护系统提供速度信号。在动车上，每轴装有一只双通道式传感器，分别为牵引与电制动系统的空转与滑动保护系统及空气制动的滑动保护系统提供速度信号。

任务四　主令电器认知

任务导入

首条拥有完全自主知识产权的磁浮线路——长沙磁浮快线如图1-4-1所示。

长沙磁浮快线是我国首条具有自主知识产权的中低速磁浮列车线路，它的建成和运营，标志着我国具有自主知识产权的中低速磁浮交通系统已实现工程化应用。

图 1-4-1　首条拥有完全自主知识产权的磁浮线路——长沙磁浮快线

1. 采用精度控制技术保证乘坐舒适性

创新运用动力仿真计算等手段，确立了桥梁、低置结构刚度、自振频率、工后沉降控制、跨度桥梁轨道接头等标准，以及轨道铺设精度和接触轨安装精度控制技术，确保列车满足悬浮间隙在 2 mm 范围内波动，乘客乘坐平稳舒适。

2. 创新“精益修”模式，完善运营检修维护体系

长沙磁浮快线在国内无中低速磁浮运营先例，无专业磁浮司机和专业维护检修人员的实际困难面前，发扬铁路的艰苦创业精神、实干精神，创新解决各项难题。如结合地铁运营的成功经验，通过内培内训，自主培养磁浮司机和专业维护检修人员，创新了长沙磁浮车辆“精益修”模式，完善运营检修维护体系，提高了车辆上线运用率、延长车辆寿命、确保车辆安全运行，同时减少了运营维护成本。

长沙磁浮快线搭建了集投资、设计、建设、运营于一体的中低速磁浮交通系统产业链，完善了中低速磁浮交通系统设计、建设、验收和运营的成套技术标准体系，是我国城市轨道交通 7 种制式中的重要组成部分。该线路被交通运输部评为“中国运输领袖品牌”，获得了 2018—2019 年度第一批国家优质工程金质奖、庆祝中华人民共和国成立 70 周年经典工程等荣誉。

在城市轨道交通车辆控制系统中，主令电器是专门用来发出控制指令或信号，接通或断开控制电路，改变控制系统工作状态的电器。因而，主令电器在长沙磁浮快线列车的运行过程中起着至关重要的作用，本次任务我们来学习一下城市轨道交通车辆主令电器这部分内容。

学习任务

主令电器可以直接作用于控制电路，也可以通过电磁式电器的转换对电路实现控制。主令电器按其作用可分为司机控制器、按钮开关、万能转换开关和行程开关等。

一、司机控制器（主控制器）

地铁车辆司机控制器（也称司控器或主控制器）是用来操纵列车运行的主令电器。它是利用控制电路的低压电器间接控制主回路的电气设备。通过司机控制器，司机可以控制列车的牵引、制动工况以及运行方向。此外，司机控制器还具有司机警惕功能。因此，司机控制器质量的好坏直接影响到列车控制的操作平稳性以及各种工况的实现。

司机控制器是一种典型的组合电器，它采用凸轮触点式控制方式。根据操作需要和习惯，司机控制器有多种不同的形式，通常分为双控制手柄型和单控制手柄型，使用较多的是双控制手柄型。

（一）司机控制器的主要结构

地铁车辆用的司机控制器的结构如图 1-4-2 所示，司机控制器手柄位置如图 1-4-3 所示。

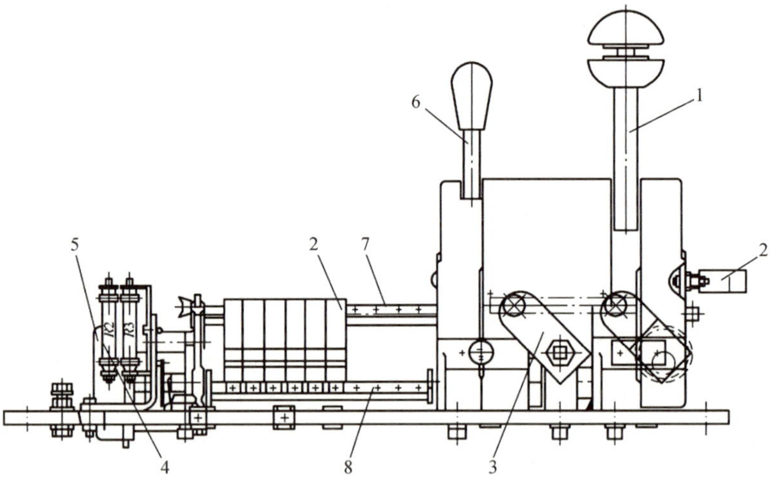

1—司机控制主手柄；2—微动开关；3—联锁机构；4—电阻；5—电位器；6—方式/方向手柄；7—带凸轮装置的传动轴（方式/方向手柄用）；8—带凸轮装置的传动轴。

图 1-4-2　司机控制器结构

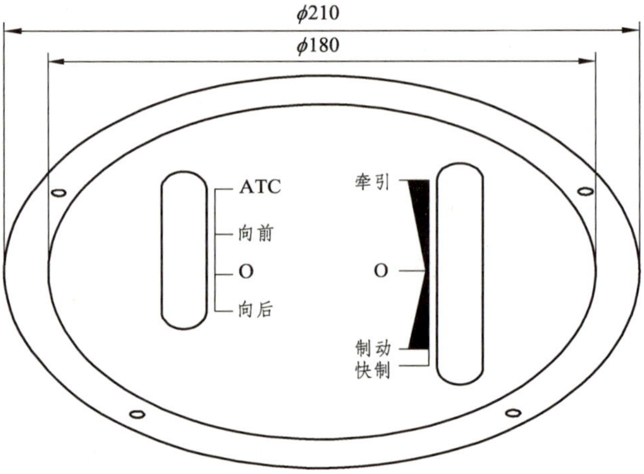

图 1-4-3　司机控制器手柄位置

1. 主控制手柄

主控制手柄设四个位置："牵引"位、"0"位、"制动"位、"快速制动"位。

其中"牵引"位为无级加速、"0"位为惰性运行、"制动"位为无级减速（电气制动）、"快速制动"位为空气制动。

2. 方式/方向手柄

方式/方向手柄设四个位置："向前"位、"0"位、"向后"位、"ATC"（自动控制）位。

3. 组合开关

组合开关包括动、静触头。

4. 凸轮及传动轴

凸轮及传动轴的作用是使触头按要求开闭。

5. 电位器

主控制手柄底部连接有一个电位器，当控制手柄从"0"位移向"100% 牵引"和"100% 制动位"时，该电位器相应输出 0 ~ 20 mA 电流，向控制电路发出指令信号，以控制车辆运行速度。

6. 钥匙开关

钥匙开关用于激活司机台，作为气动车辆的电源开关。它设置了"ON"位和"OFF"位两个按钮。

7. 警惕按钮

为了保证列车的安全，通常在主控制手柄顶部安装有警惕按钮，驾驶员只有按下该按钮后方能向列车发出指令。在列车运行过程中，如果驾驶员放开警惕按钮一定时间后不能及时再次按下，列车将实施紧急制动。自动驾驶模式下，驾驶按钮不起作用。

（二）司机控制器手柄与钥匙开关之间的控制关系

为了确保车辆设备的运行安全及运行中操纵的安全，在主控制手柄、方式/方向手柄与钥匙开关之间设有机械联锁装置。其联锁关系如下：

1. 司机控制器手柄与司机钥匙开关之间的联锁

钥匙开关未打开时，司机控制器手柄处于锁闭状态，无法扳动；司机控制器手柄处于工作状态时，钥匙不能被拔出。

2. 主控制手柄与方式/方向手柄之间的联锁

主控制手柄处于"牵引"位或"制动"位时，方式/方向手柄被锁住，无法改变状态；

方式/方向手柄在"0"位时，主控制手柄被锁定，无法移动到"牵引"位或"制动"位上。

（三）司机控制器工作原理

列车司机在操作司机控制器之前，必须先插入钥匙开关并转动到“ON”位。通过操纵司机控制器手柄，可使列车按司机意图运行。司机通过扳动手柄使两根不同的轴移动，控制凸轮及与组合开关相应的触点分合，然后通过控制电路控制列车的运行方向，实现列车牵引、制动和惰行工况的转换。

司机控制器有自动驾驶功能和人工驾驶功能，库内动车只能人工驾驶。为了实现自动驾驶功能，列车安装了 ATC 系统（列车自动控制系统）。自动驾驶时，主控制手柄在“0”位，方式/方向手柄在“前进”位，ATP（列车自动防护系统）钥匙开关处于“合”位。

（四）操作司机控制器的操作方法

在使用时，先打开司机钥匙，再由方向手柄选定列车的行车方向（“前”或“后”），操作主手柄来控制列车的速度。在行车过程中，如需要改变列车的方向时，必须将主手柄放回“0”位后，才可进行方向手柄的操作。如司机需要进行换端操作时，必须将本端司机控制器的主手柄置“0”位，且将方向选择手柄置“0”位，锁闭司机钥匙，拔出钥匙，方可进行换端操作。

（五）电位器的调节

控制手柄的调速主要是通过调节电位器的电阻大小来实现的。其工作原理参见图 1-4-4，其中的电阻 R 代表的是“牵引”区域或“制动”区域的单边电阻，两边的结构以“0”位为中心对称。

两个电位器的公共端接地，另一端经限流电阻接 +15 V 直流电源，滑动端随控制手柄转动而移动，从而改变滑动端和 15 V 电源端之间的电压，如图 1-4-4 所示，这 3 点电位信号由 X2-2、X2-3、X2-5 输出到控制主机，控制主机根据这一电压信号判断控制手柄的级位设定值。

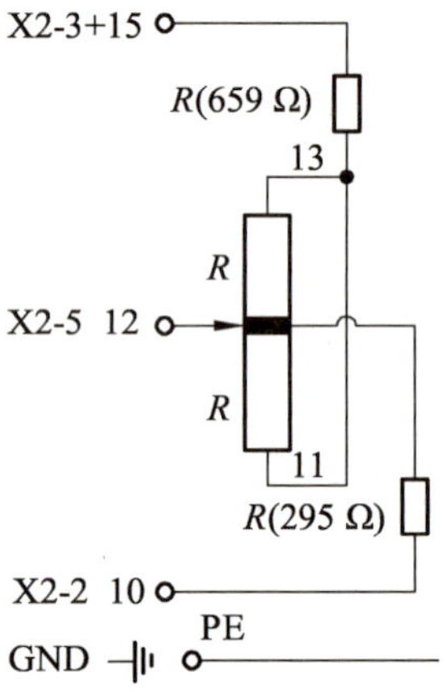

图 1-4-4 调速电位器原理图

二、按钮开关

（一）按钮开关的功能及分类

按钮开关是一种手动的、可以自动恢复（即自复式）的主令电器，应用非常广泛。通过按钮之间的电气联锁，可实现对其他电气设备的控制和保护，主要用于远距离操作接触器和继电器，以切换自动控制电路。

按结构形式可将按钮开关分为旋钮式（用手动旋钮进行操作）、指示灯式（按钮内装有信号灯）和紧急式（装有蘑菇形钮帽）。

在城市轨道交通车辆上设置的按钮开关有：开、关门按钮（侧门带灯按钮），发车按钮，停放制动按钮和紧急制动蘑菇按钮等。紧急制动蘑菇按钮即“警惕按钮”，形状呈蘑菇状，表面呈红色，安装在驾驶室里。当用力拍打此按钮时，它会自锁，使其触点保持断开状态，主要用来提醒驾驶人，保持注意力。

（二）按钮开关的基本结构

按钮开关基本结构及图形符号如图 1-4-5 和图 1-4-6 所示，它一般由按钮帽、复位弹簧、动触点、静触点、外壳及接线柱组成。

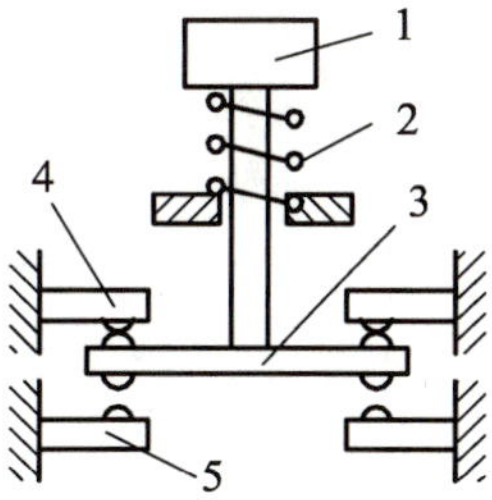

1—按钮帽；2—复位弹簧；3—动触点；4—常闭触点；5—常开触点。

图 1-4-5　按钮开关的基本结构

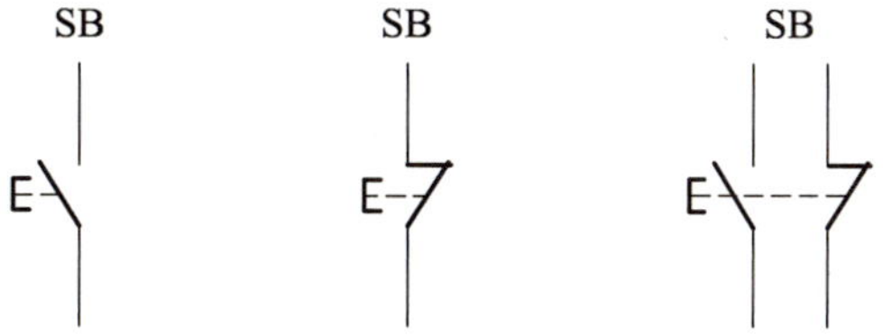

（a）动合按钮　（b）动断按钮　（c）复合按钮

图 1-4-6　按钮开关的图形符号

为了表明各种按钮开关的作用，避免误操作，通常将按钮帽做成不同的颜色，以示区别。常用的颜色有红、绿、黑、黄、蓝、白、灰等。国标 GB 5226.1—2005 中对按钮帽的颜色做了如下规定：

（1）“停止”和“急停”按钮必须是红色的。当按下红色按钮时，必须使设备停止工作断电。

（2）“启动”按钮必须是绿色的。

（3）“启动”与“停止”交替动作的按钮必须是黑色、白色或灰色的，不得使用红色和绿色。

（4）“点动”按钮必须是黑色的。

（5）“复位”（如保护继电器）按钮必须是蓝色的。当“复位”按钮还有“停止”作用时，则必须是红色的。

三、万能转换开关

万能转换开关又称为转换开关，是一种多挡式、控制多回路的主令电器，也是一种由多组相同结构的触点组件叠装而成的手动电器，由于其触点挡数多、换接电路多，故称为万能转换开关。它一般用于电动机的故障隔离、电气联锁、电源控制等远距离控制。车辆中的照明开关、故障转换开关、头灯开关等也用到万能转换开关。

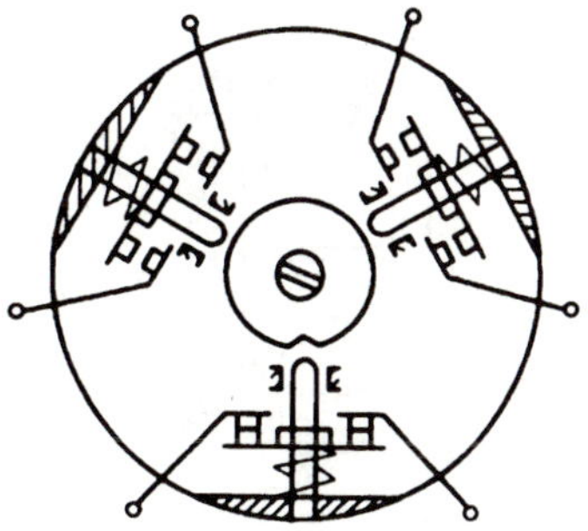

图 1-4-7　万能转换开关某一层的触点示意图

图 1-4-7 所示为万能转换开关某一层的触点开闭情

况，当手柄转到不同位置时，通过凸轮的作用，使触点按需要接通或断开电路。

万能转换开关由 N 层组成，每一层的结构及原理都是一致的，主要由操作机构、定位装置（凸轮）、触点、接触系统、转轴、手柄等部分组成。触点在绝缘基座内，为双断点桥式结构。人们在使用万能转换开关时依靠凸轮和支架进行操作，控制触点的闭合和断开。

万能转换开关的文字、图形符号以及触头接线表如图 1-4-8、图 1-4-9 所示。

图 1-4-8 中用虚线表示操作手柄的位置，用有无“·”表示触点的闭合和打开状态。图 1-4-9 显示了开关的挡位、触头数目及接通状态，表中用“×”表示触点接通，否则为断开。

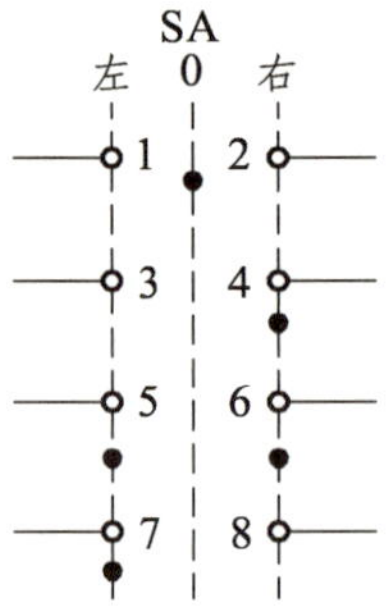

图 1-4-8　万能转换开关的文字、图形符合

触点	位置		
	左	0	右
1-2		×	
3-4			×
5-6	×		×
7-8	×	×	

图 1-4-9　触头接线表

四、行程开关

行程开关又称限位开关或位置开关，其作用和按钮开关相同。它是利用运动部件的行程位置来实现控制的一种电器元件。

行程开关的基本结构由操作头、触点系统和外壳组成，其中操作头是开关的感应测量部分。常用行程开关有直动式、单轮旋转式和双轮旋转式等。单轮旋转式和双轮旋转式行程开关外形如图 1-4-10 所示。行程开关的文字、图形符号如图 1-4-11 所示。

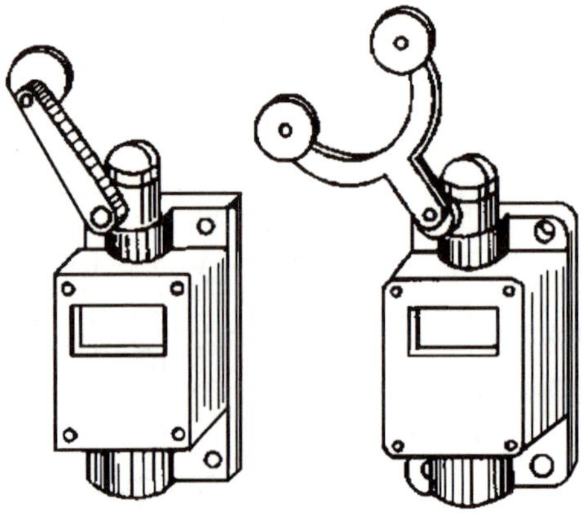

（a）单轮旋转式　　（b）双轮旋转式

图 1-4-10　行程开关的外形

（a）常开触点　　（b）常闭触点

图 1-4-11　行程开关的文字及图形符号

直动式行程开关结构如图 1-4-12 所示，当运动机械的挡铁撞到行程开关的顶杆 1 时，顶杆受压使常闭触点 3 断开，常开触点 5 闭合；当顶杆上的挡铁移走后，顶杆在弹簧 2 作用下复位，各触点又恢复原始通断状态。

旋转式行程开关结构如图 1-4-13 所示。当运动机械的挡铁撞到行程开关的滚轮 1 时，行程开关的杠杆 2 连同转轴 3、凸轮 4 一起转动，凸轮将撞块 5 压下，当撞块被压至一定位置时便推动微动开关 7 动作，使常闭触点断开，常开触点闭合；当滚轮上的挡铁移走后，复位弹簧 8 又使行程开关各部件恢复到原始位置。

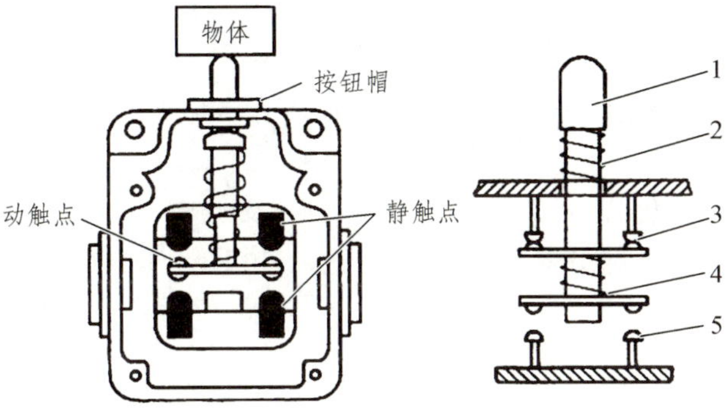

1—顶杆；2—弹簧；3—常闭触点；
4—触点弹簧；5—常开触点。

图 1-4-12　直动式行程开关结构

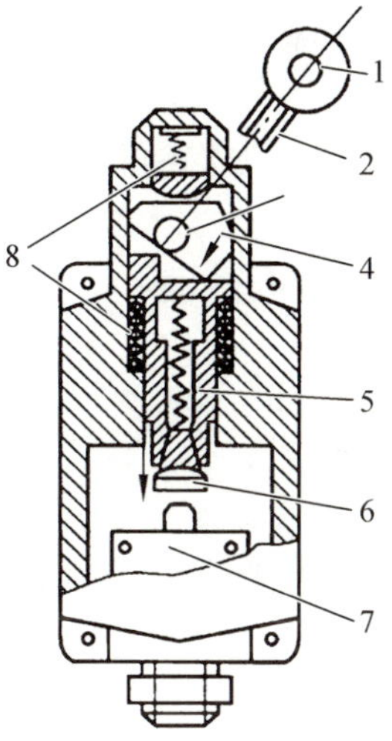

1—滚轮；2—杠杆；3—转轴；4—凸轮；
5—撞块；6—调节螺钉；7—微动开关；
8—复位弹簧。

图 1-4-13　旋转式行程开关结构

在实际应用中，行程开关利用运动部件的碰压而使触点动作，从而接通或断开控制电路，达到控制的目的。在城市轨道交通车辆中，行程开关主要用于检测车门开关状态。车门进行开、关动作时，行程开关把机械动作传递给触点系统，触点系统再将机械信号转变为电信号，反应到车门的监控回路，使驾驶人随时了解车门的开、关状态。

实践任务

按以下内容和要求对司机控制器进行检查与维护。

一、司机控制器的日常检查工作内容

（1）司机控制器的铭牌及标识符号应齐全、完整、清晰、正确。

（2）司机控制器各部件应清扫干净，绝缘性能良好，对外连接插座连接正确，零部件齐全、完整。

（3）各紧固件齐全，紧固状态良好。

（4）控制手柄在各个挡位之间应转动灵活，无机械卡阻；相邻两挡位之间不应出现停滞现象。

（5）方向手柄在各个挡位之间应转动灵活，无机械卡阻；相邻两挡位之间不应出现停滞现象。

（6）当方向手柄在“0”位时，控制手柄被锁定。当方向手柄在“向前”位时，控制手柄可以在“牵引”“最大速度”“快速制动”位移动。

（7）当方向手柄在“0”位时，机械锁应转动灵活。机械锁在锁定位置的时候钥匙方可拔出。

（8）司机控制器的闭合表和对外连接线应符合规定。

（9）在司机控制器的各个转动部位加注机油，在机械联锁处加润滑脂，在钢丝绳和对外接线处加汽油和机械油。

二、司机控制器的绝缘检查要求

（1）相互绝缘的带电部分之间及对地的绝缘电阻不小于 10 MΩ（用 500 V 兆欧表）。

（2）检修后应进行绝缘介电强度试验。

司机控制器电位器回路带电部分对地施以 50 Hz、500 V 的正弦交流电 1 min，应无击穿、闪络现象。司机控制器的其余带电部分对地及相互间施以 50 Hz、1 100 V 的正弦交流电 1 min，应无击穿、闪络现象。

三、司机控制器触头的检修要求

（1）司机控制器日常检修时，应注意检查触头内部及滚轮架（包括滚轮滚动）的动作是否灵活可靠。否则，应在触头滚轮轴心及滚轮架轴心部分加少许机油，以增加触头动作的灵活性。

（2）司机控制器触头如有严重烧损和动作不灵活者，应及时更换。更换时，要注意触头型号和触头滚轮的安装方向。

（3）应定期检测触头的接触电阻。采用低电阻测试仪测量，测量电流不小于 1 A。触头的接触电阻应小于 500 mΩ。

四、司机控制器拆装注意事项

若是由机械原因造成的故障，需要对司机控制器进行解体时，应注意以下几点：

（1）控制侧和换向侧的弹片组件安装的倾斜程度，可通过调整控制手柄和方向手柄的操作力大小来完成，在保证司机控制器动作可靠的情况下，两手柄操纵应轻便、灵活。

（2）控制侧和换向侧的凸轮是产品出厂前整定好的组件，在拆装时请不要随意拆开。

（3）为了保证司机控制器对外连接无误，在检修、拆装时，应注意司机控制器的对外连接。

（4）由于司机控制器的控制凸轮组件和换向凸轮组件有机械联锁关系，在拆装时，应注意做好标记，必须按照闭合表进行。

知识拓展

自动开关又称低压断路器，是一种结构较为复杂，动作性能较为完善的配电保护电器。它能自动切断短路、严重过载、电压过低等故障电路，有效地保护接在它后面的电气设备；同时亦可用它来手动非频繁地接通和分断正常电路。

一、自动开关特点

与其他电器相比较，自动开关具有以下特点：

（1）能开断较大的短路电流，分断能力较强。

（2）具有对电路过载、短路的双重保护功能。

（3）允许操作频率低。

（4）动作值可调，动作后一般不需要更换零部件。

二、自动开关的分类

（1）按用途分，有保护配电线路用自动开关、保护电动机用自动开关、保护照明电路用自动开关和漏电保护用自动开关等。

（2）按结构形式分，有框架式（亦称万能式）自动开关和塑料外壳式（亦称装置式）自动开关。

框架式自动开关为敞开式结构，一般为快速自动开关，特别是大容量自动开关多为此种结构。它主要用作配电网络的保护开关。

塑料外壳式自动开关的结构紧凑、体积小、质量小，且具有安全保护的塑料外壳，使用安全可靠，适于单独安装，它除了可用作配电网络的保护开关外，还可用作电动机、照明电路以及电热器电路等的控制开关。

（3）按极数分，有单极自动开关、两极自动开关、三极自动开关和四极自动开关。

（4）按限流性能分，有一般不限流型自动开关和快速限流型自动开关。

（5）按操作方式分，有直接手柄操作式自动开关、杠杆操作式自动开关、电磁铁操作式自动开关和电动机操作式自动开关。

三、自动开关的基本结构

根据各类自动开关的共同功能，它们在结构上必然具备以下几个基本部分。

1. 触头系统

触头系统是自动开关的重要部件，主要承担电路的接通、分断任务。

对触头系统的一般要求是：能可靠接通和分断一定次数的极限短路电流及额定电流以下的任何电流；具有一定的电寿命，不需要经常更换触头；有足够的热稳定性和电动稳定性，不会因长期使用后触头接触不良导致温升过高，或不能经受极限短路电流的冲击而自动弹开。

因此，自动开关比接触器的触头结构和触头材料的要求要高得多。

2. 灭弧系统

灭弧系统主要有纵窄缝灭弧装置和去离子栅灭弧装置两种。

各类灭弧装置的灭弧方法可概括为长弧熄弧法（将电弧拉长、冷却）和短弧熄弧法（将电弧分割成串联短弧，利用直流电弧的极旁压降或交流电弧的近阴极效应来熄弧）等。

对灭弧系统而言，一般应具备下列功能：短时间内应可靠熄弧，并保持良好的绝缘性能；喷出的电弧火花距离小，以免造成相间飞弧；有足够的热容量，使之在电弧高温作用下不致产生变形、碎裂或灭弧室及栅片严重烧伤；有足够的机械强度，保证在受高温、合闸或冲击振动及运输情况下不会碎裂、缺损。

3. 传动机构

传动机构用于操纵触头的闭合和断开。传动机构有手操纵直接传动式、手操纵弹簧传动式、电磁铁传动、电动机传动、压缩空气传动等几种。

4. 自由脱扣机构

“自由脱扣”是指人为操纵手柄处于闭合位置，当手还未离开手柄就发生短路、过载和欠电压等故障时，保护装置作用于自由脱扣机构，自动开关也能自动断开，起保护作用。自由脱扣机构与触头系统和保护装置是相联系的，通过自由脱扣机构的作用可使触头自动断开。

5. 脱扣器

脱扣器用于检测故障并作用于操作机构，使其脱扣，带动自动开关的触头断开。

自动开关通常采用电磁脱扣器和热脱扣器两种。

电磁脱扣器分为过电流脱扣器和欠电压脱扣器，它们实际上是一个小型电磁机构：欠电压脱扣器装有电压线圈，过电流脱扣器装有电流线圈。

现以过电流脱扣器为例说明其动作原理。当被保护电路发生过载或短路故障，电流增加并达到整定值时，衔铁吸合，使脱扣杆钩子与主杠杆脱扣，自动开关断开，切除过载或短路故障，保护电气设备不受损坏。电磁脱扣器的动作电流值可根据需要调整反力弹簧来整定，它具有动作电流大、调节范围宽、动作时间短（一般为 10 ~ 40 ms）的特点，可用作短路保护。

热脱扣器是由热组件和双金属片等组成。电流通过热组件产生电阻损耗而发热，其温度升高，加热双金属片。双金属片是一个将热能转换为机械能的组件，如图 1-4-14 所示。它由两种不同膨胀系数的金属片焊接而成，其中，膨胀系数较大的金属片贴近热元件。双金属片一端固定，另一端处于自由状态。当热组件由于间接加热或直接通电流加热时，即将热能传递给双金属片，双金属片受热后温度升高。由于两种金属片膨胀系数不同，结合面的伸长要相同，迫使双金属片向着膨胀系数较小的一侧弯曲。双金属片弯曲时产生作用力，作用于脱扣杆的钩子上，使之脱扣，自动开关断开，即可保护电气设备不因过载而损坏。由于双金属片是因受热而弯曲，所以双金属片弯曲时作用于脱扣机构的动作时间与过载电流大小有关：电流大，动作时间短；电流小，动作时间长，即动作时间与电流大小近似成反比。

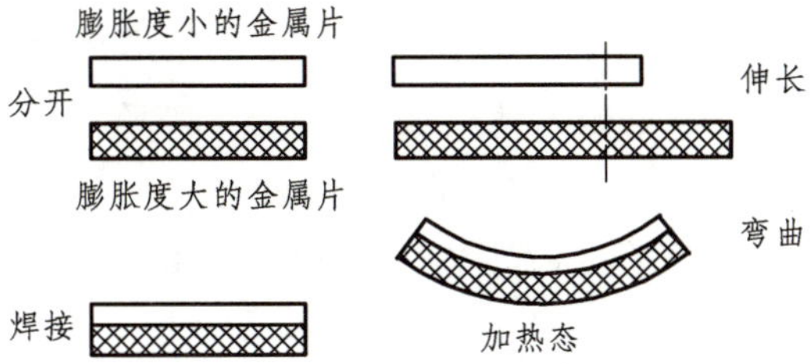

图 1-4-14 双金属片工作原理

四、自动开关的工作原理

自动开关的工作原理如图 1-4-15 所示。

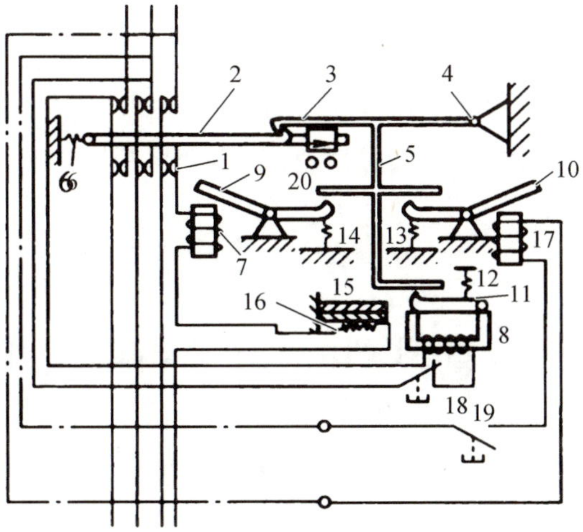

1—主触点；2—锁键；3—搭钩；4—转轴；5—杠杆；6、12、13、14—弹簧；7—过电流脱扣器；8—欠电压脱扣器；9、10、11—衔铁；15—热脱扣器双金属片；16—热元件；17—分励脱扣器；18、19—按钮；20—合闸电磁铁。

图 1-4-15 低压断路器的工作原理

1. 正常接通和分断

主触点 1 串联在被保护的三相主电路中，通过操作机构合闸后，主触点 1 由锁键 2 保持在闭合状态，锁键由搭钩 3 支持着，电路接通正常工作。当需要断路器正常分断时，通过操作机构由杠杆 5 将搭钩顶开（搭钩绕轴 4 转动），锁键和主触点被弹簧 6 拉开，电路分断。

2. 远距离分闸

分励脱扣器 17 能通过按钮 19 实现远距离分闸。正常工作时，分励脱扣器的线圈没有电流。当需要远距离操作时，按下按钮使线圈通电，电磁铁带动自由脱扣机构动作，使断路器跳闸，切断电路。也可由继电保护装置动作来实现自动跳闸。

3. 欠电压保护

欠电压脱扣器 8 线圈并联在主电路上，相当于一个电压继电器。正常工作时，脱扣器线圈的电压是额定电压，电磁力使衔铁 11 吸合，断路器保持合闸状态。当电路电压过低或消失时，电磁吸力小于弹簧 12 的拉力，衔铁 11 被弹簧 12 拉开，衔铁撞击杠杆 5，顶开搭钩，使主触点断开，从而实现欠电压保护功能。

4. 过电流保护

过电流脱扣器 7 相当于一个电流继电器，脱扣器的线圈串联于电路中。正常工作时，脱扣器线圈的电流是额定电流，断路器保持合闸状态。当电路发生短路或产生很大的过电流时，过电流脱扣器产生的电磁吸力将衔铁 9 吸合，衔铁撞击杠杆 5，顶开搭钩，使主触点断开，从而将电路分断。

5. 过载保护

热脱扣器相当于一个无触点的热继电器，脱扣器的线圈串联于电路中。正常工作时，断路器保持合闸状态。当电路发生过载时，过载电流流过热元件电（阻丝）16，使热脱扣器双金属片 15 受热弯曲，通过杠杆 5 顶开搭钩，使主触点断开，从而起到过载保护的作用。

分组训练

请同学们以小组为单位，由组长统筹安排相关知识学习和任务实施，团队协作，利用校内外实训基地、线上教学资源等学习资源，通过实训实践、调研参观、查阅资料、咨询专家等途径掌握城市轨道交通车辆低压电器的相关知识，并完成以下任务。

（1）学习任务一“城市轨道交通车辆电器基础认知”的课程内容，制作 PPT，以小组为单位汇报任务一中电器的基础理论、触头、灭弧装置以及传动装置等内容。

（2）学习任务二“接触器认知”的课程内容，制作 PPT，以小组为单位汇报任务二中接触器的定义、分类、结构原理以及典型接触器等内容。

（3）学习任务三“继电器认知”的课程内容，制作 PPT，以小组为单位汇报任务三中继电器的定义、分类、结构原理以及典型继电器等内容。

（4）学习任务四“主令电器认知”的课程内容，制作 PPT，以小组为单位汇报任务四中司机控制器、按钮开关、转换开关及行程开关等内容。

（5）进行小组成绩核定并计入题表 1.1 中。

题表 1.1　项目一小组成绩核定表

组别	第 1 题	第 2 题	第 3 题	第 4 题	合计
1					
2					
3					
4					
5					
6					
…					

项目二 牵引系统电器认知

项目描述

城市轨道交通车辆牵引系统是列车实现运行的重要系统，其主要作用是完成列车的牵引、制动和控制，主要设备包括受电弓、高速断路器、熔断器、浪涌吸收器（避雷器）、制动电阻器、牵引逆变器和接地装置等。

那么，列车如何获得牵引力呢？其实城市轨道交通车辆在牵引状态时，由受电弓从接触网上接收直流 1 500 V 电压，经过高速断路器、滤波器、牵引逆变器等设备进行电量变换后，驱动并联的 4 台三相交流牵引电机工作，从而带动列车前进。牵引主回路原理图如图 2-1 所示。

而当制动时，牵引电机快速旋转产生的交流电，经过牵引逆变器变换为直流电，向接触网供电或消耗在制动电阻上，以达到制动的目的。

本项目依次按照从牵引受流的电器顺序展开讲解，主要介绍受电弓、避雷器、高速断路器、牵引逆变器、牵引电机、制动电阻、接地装置等部件的功能、安装位置、分类、工作原理等；同时在实践任务中开展牵引各设备的日常检修及维护保养的介绍。

知识目标

1. 了解城市轨道交通车辆牵引系统构成和主要设备电器元件组成。
2. 掌握受电弓、避雷器、高速断路器、牵引逆变器、牵引电机、制动电阻、接地装置的安装位置、分类、结构、功能及工作原理。
3. 掌握受电弓、避雷器、高速断路器、牵引逆变器、牵引电机、制动电阻、接地装置日常维护保养程序。

能力目标

1. 对标城市轨道交通车辆检修岗和乘务岗位技能要求，能正确识别牵引系统各主要部件；并能够叙述出牵引主系统的结构组成。
2. 对接 1+X 总体要求，能识读牵引系统电路图和气路图，叙述各部件的工作原理。
3. 对接全国职业院校轨道车辆技术项目的技术文件，能够按照作业指导书完成牵引系统各部件的日常维护保养。

素养目标

1. 培养发现问题、分析问题、解决问题的能力。
2. 培养严谨的工作态度和精益求精的工匠精神。
3. 培养学生认真，仔细的学习态度。
4. 树立安全意识，做到安全第一。

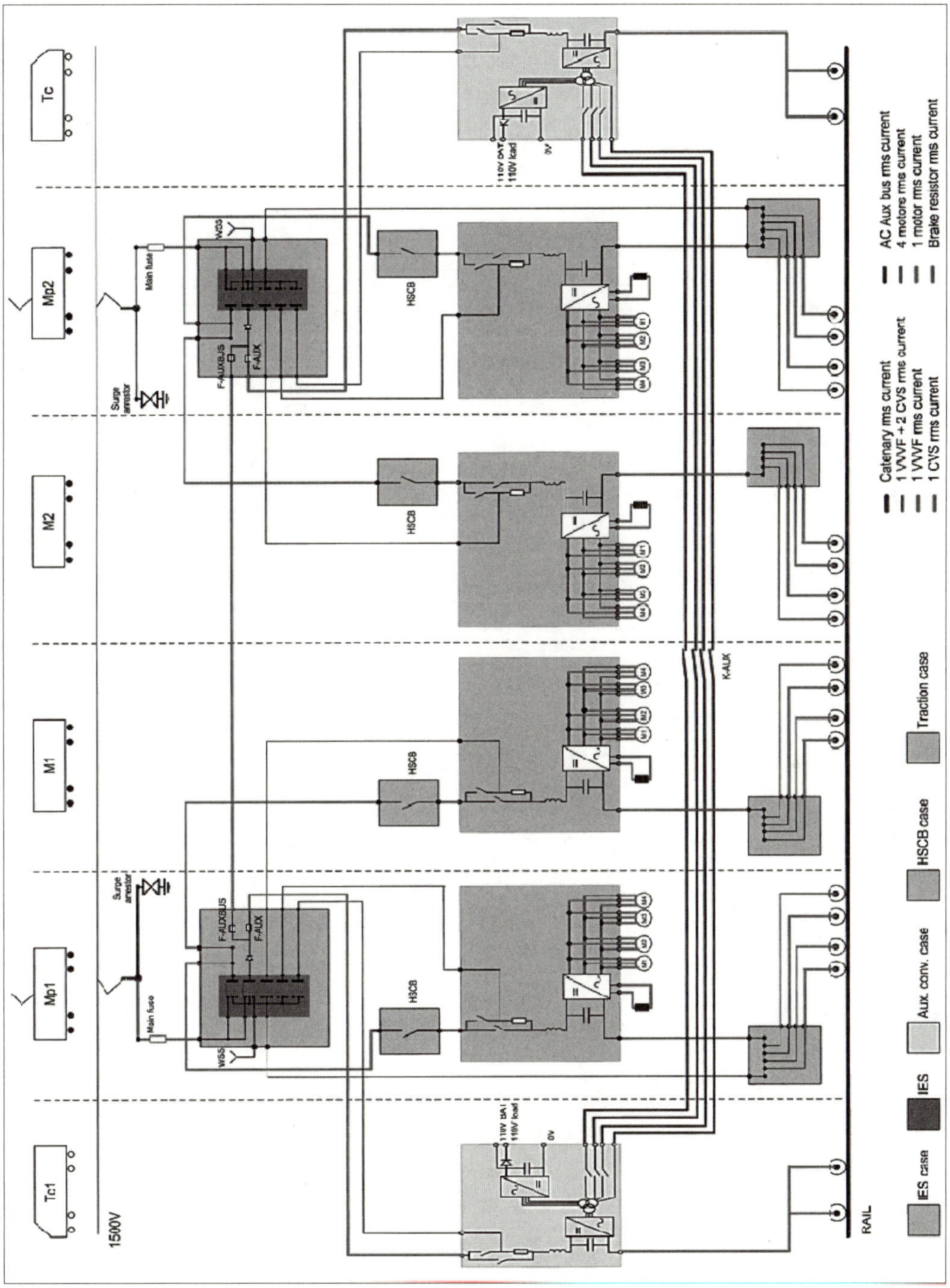

图 2-1　牵引主回路原理图

项目索引

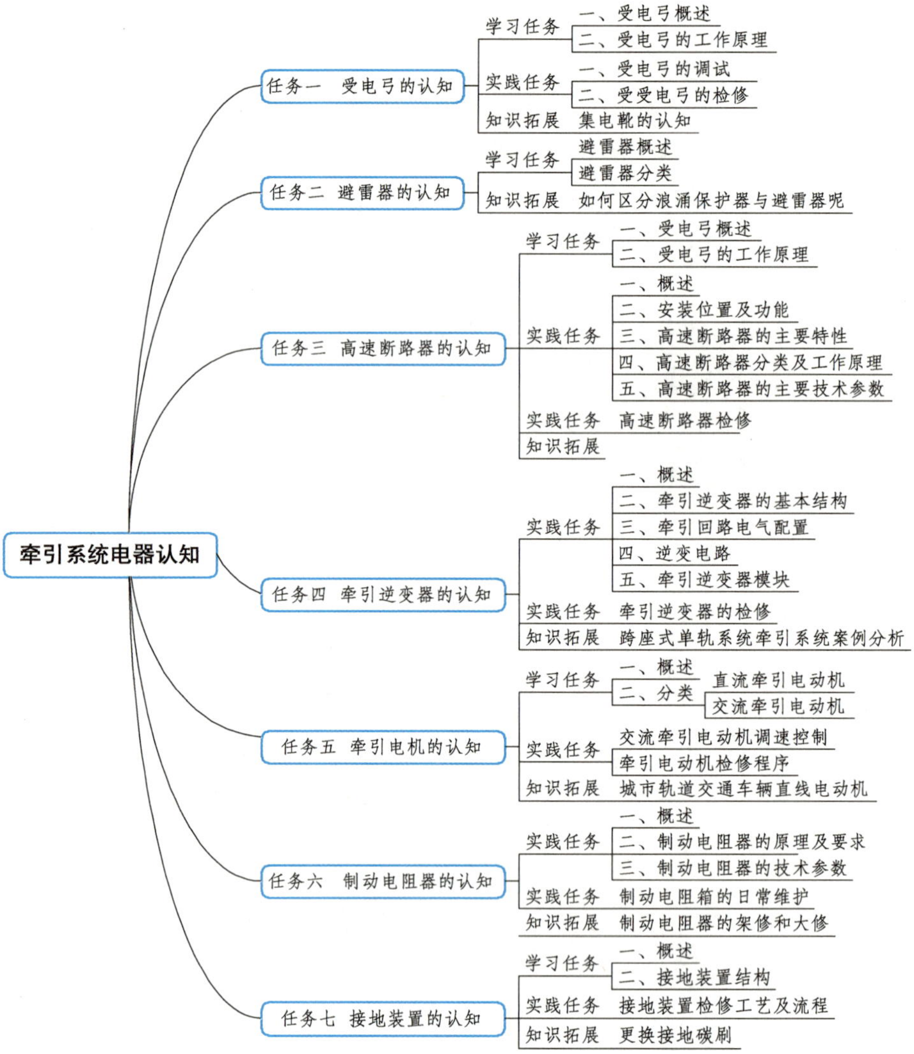

图 2-2　项目二索引

岗位达成目标

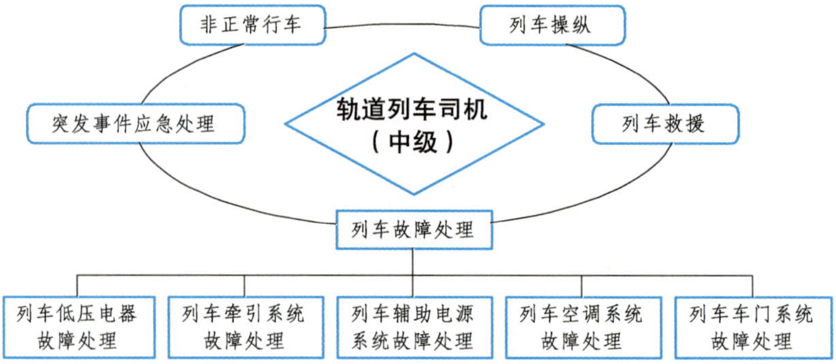

图 2-3　岗位达成目标（1）

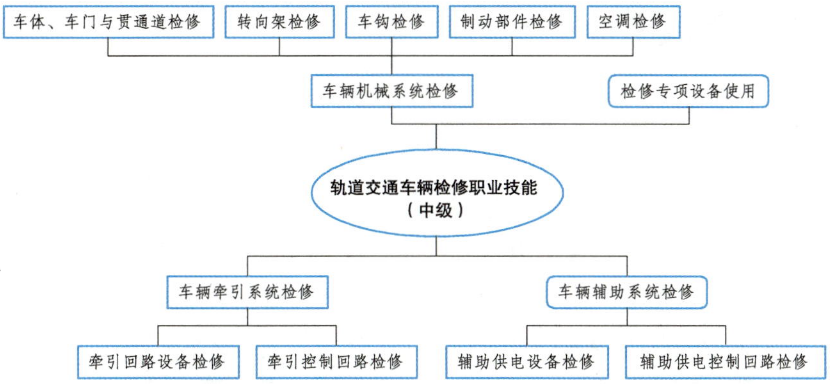

图 2-4　岗位达成目标（2）

职业技能大赛达成目标

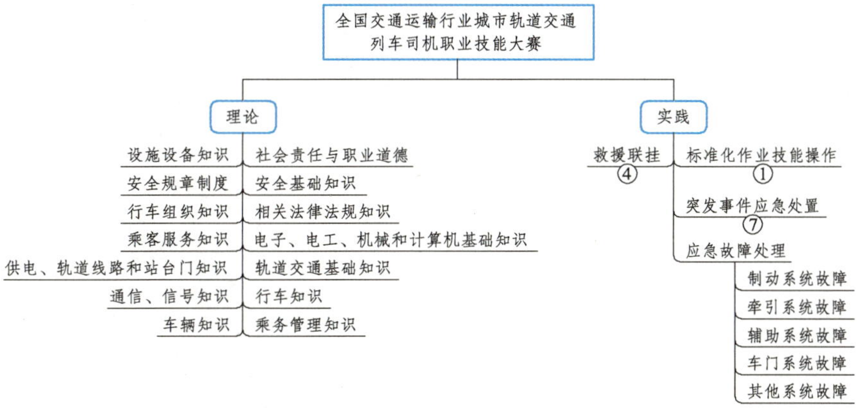

图 2-5　职业技能大赛达成目标（1）

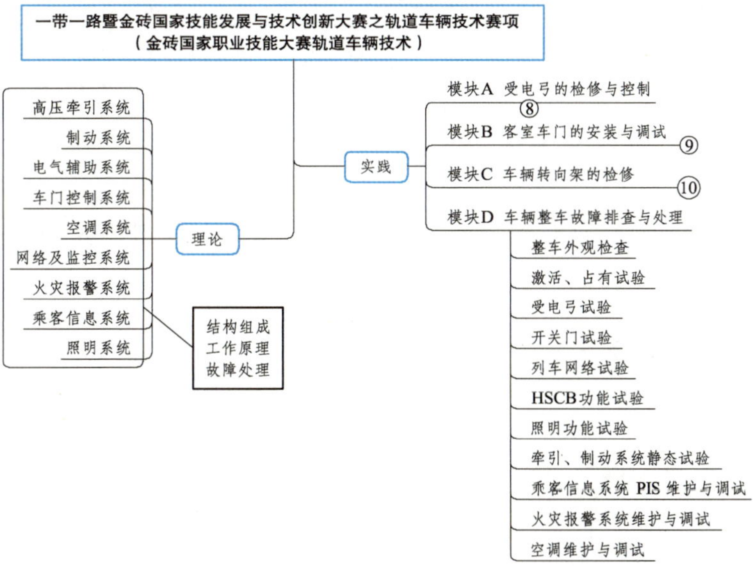

图 2-6　职业技能大赛达成目标（2）

1+X 证书达成目标

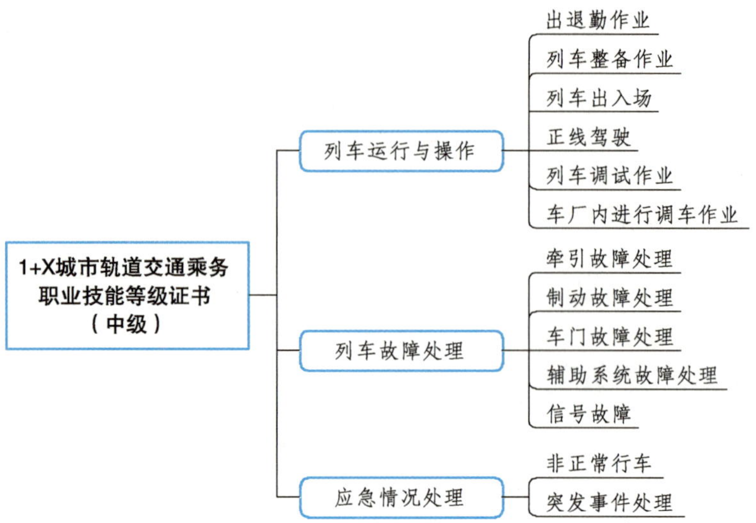

图 2-7　1+X 证书达成目标（1）

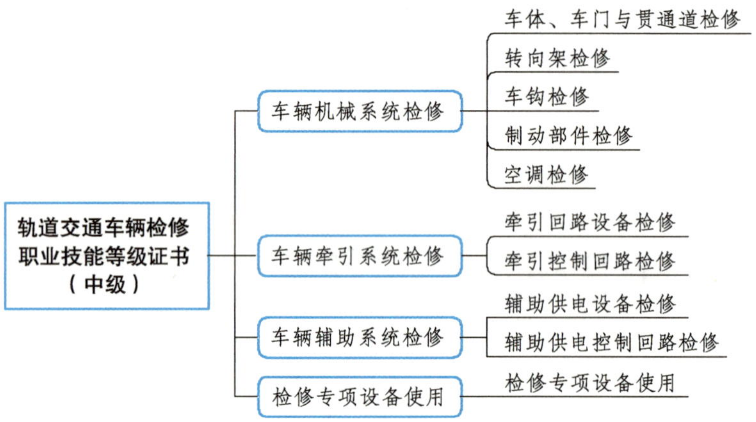

图 2-8　1+X 证书达成目标（2）

任务一　受电弓认知

任务导入

2019 年 9 月 10 日晚，某地铁 6 号线进行调车作业时，突然使得城轨车辆受电弓弓头翻转、短路接地、供电跳闸，引发全场接触网停电事件。经调查，确定事故原因为：调车作业人员忽略了调车作业前确认受电弓状态。

思考：

（1）受电弓安装在城轨车辆什么位置？

（2）受电弓的结构组成有哪些呢？

（3）如何操作弓头升降？

学习任务

受电弓是地铁车辆从接触网上获取电能，向整个列车电气系统供电的装置，同时还可以将列车的再生制动系统转换的电能回馈给接触网供给其他在线列车的使用，起到双向传递枢纽的作用。本任务主要从受电弓安装位置、结构组成、工作原理，重要技术参数调整方法等方面展开。

一、受电弓概述

受电弓是城市轨道交通车辆与固定供电装置之间唯一的电连接环节。城市轨道交通车辆通过受电弓与架空接触网滑动接触而获得电能，通过车载的变流装置给安装在转向架上的牵引电动机供电，驱动轮对使车辆运行。

城轨车辆一般设有两套受电弓，正常工作时采用双弓受电方式。受电弓主要功能是从额定电压 DC 1500 V 接触网上获取电源，向整个车辆电气系统供电，同时还通过车辆的再生制动系统将列车的动能转换为电能回馈给接触网供给其他在线车辆的使用，起到双向传递枢纽的作用。每套受电弓向本单元内两台 VVVF 牵引逆变器提供高压电源，两套受电弓通过贯通整车辆的母线，同时向两个动力单元的辅助电源系统供电。

（一）受电弓安装位置

受电弓通过绝缘子安装在车辆的 Mp 车车顶上，受电弓安装位置如图 2-1-1 所示。当受电弓升起时，通过碳滑板与架空导线接触，将直流电通过车顶母线传送到车辆内，以供车辆用电。车辆运行时，碳滑板沿架空导线滑动并保持良好的接触。

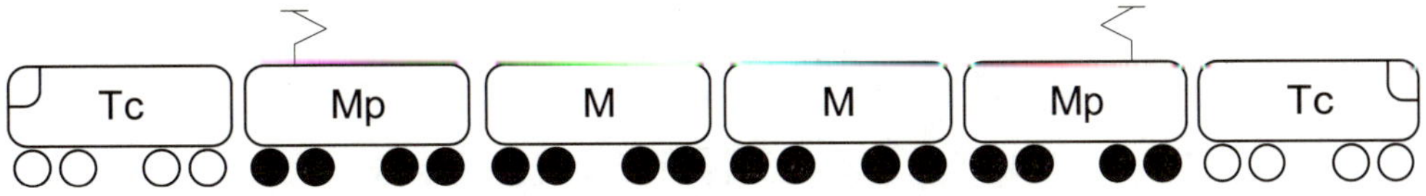

图 2-1-1　受电弓安装位置图

（二）受电弓的分类

（1）按结构形式分：单臂型和双臂型，如图 2-1-2、图 2-1-3 所示。

图 2-1-2　双臂受电弓

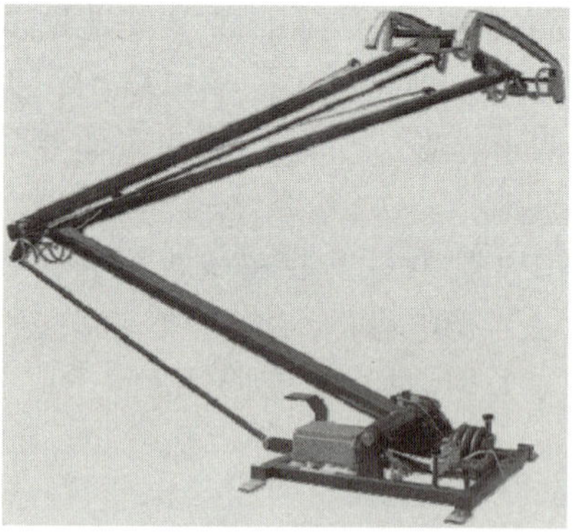

图 2-1-3　单臂受电弓

（2）按驱动形式分：电动式和气动式，即依靠电动机驱动和依靠压缩空气驱动，如图 2-1-4、图 2-1-5 所示。

（3）按压缩空气驱动方式分：气缸驱动和气囊驱动。气囊式受电弓如 2-1-6 所示。

一般地铁车辆、轻轨车辆采用轻型单臂受电弓。由于地铁运行速度较低、额定工作电压较低、汲取电流大，所以弓头一般采用两根或 4 根滑板来稳定电流，以满足地铁车辆汲取大电流的要求。

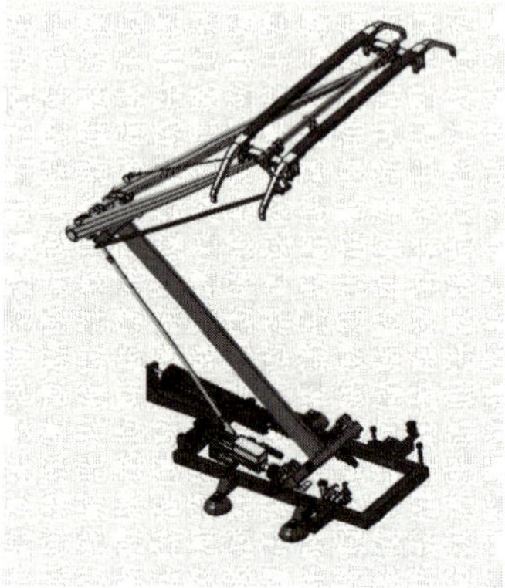

图 2-1-4　电驱动弹簧式受电弓

图 2-1-5　气驱动弹簧式受电弓

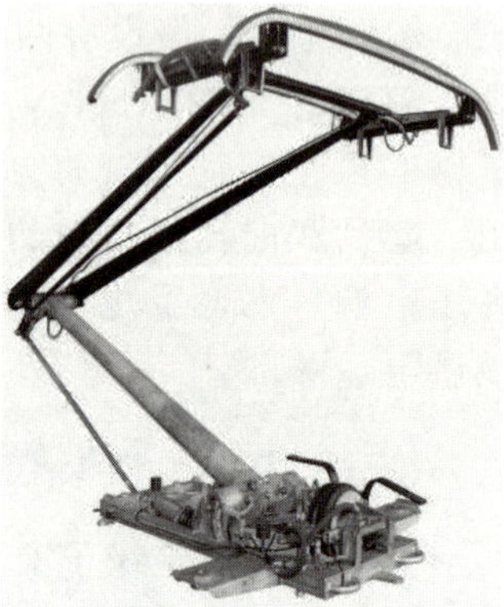

图 2-1-6　气囊式受电弓

（三）受电弓结构

1. 气动式受电弓的结构

结构主要由底架、框架部分、滑板机构、传动气缸等组成。底架通过 4 个支持绝缘子安装在车顶上，结构如图 2-1-7 所示。

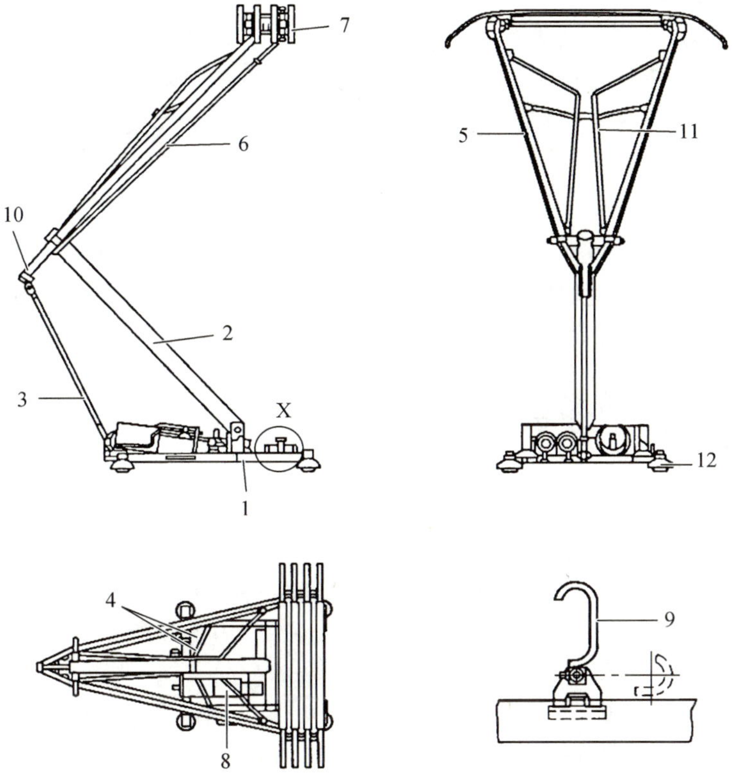

1—底架；2—下臂杆；3—推杆；4—升弓弹簧；5—上部框架；6—上部导向杆；7—滑板；
8—传动气缸；9—落弓固定钩；10—活动接头；11—支撑架；12—绝缘子。

图 2-1-7　单臂受电弓结构

1）底架

底架由方形管或型钢焊接而成，用于支撑整个框架。底架装有两组升弓弹簧，一端与梁相接，另一端与下臂杆相连。底架上还安装有铜接线排与连接列车主电源的电缆。底架是整个受电弓受流运动部件的安装基座，应具有足够的力学强度并能耐受一定电压的电气性能。

2）支持绝缘子

支持绝缘子安装在底架上，一方面用于支撑底架，另一方面可将车体与受电弓进行电气隔离。所以绝缘子要求具有良好的电气绝缘性和力学性能，一般由陶瓷和玻璃纤维聚酯压制而成或由陶瓷和绝缘塑料压制而成。

3）下部框架

下部框架由下臂杆、推杆等组成。下臂杆由钢管制成，用于支撑受电弓上部框架和滑板机构，传递升降弓力矩，其长度决定了受电弓的工作高度。下臂杆、推杆一端通过活动接头与上部框架相连，另一端固定在底架上，其作用是：当下臂转动时使滑板上升或下降，并保持其运动轨迹基本为一铅垂线。

4）上部框架

上部框架用于支撑滑板机构，传递向上作用力，保证受电弓工作高度。上部框架由上部支撑架和上部导向杆组成，其作用是使滑板在整个运动高度保持水平状态。上部支撑架包括铰链及斜支撑杆，通过斜支撑杆的作用，上部支撑架可具有很高的侧向稳定性。上部导向杆上安装了滑板，其长度可改变。

5）滑板机构

滑板机构是受电弓与架空导线接触受流的部分。它主要由滑板、转轴、弓角、弹簧盒等组成。由轻金属制成的弓角可以防止在接触网分叉处架空导线进入滑板底下，避免刮弓事故的发生。弹簧盒中装有螺旋压缩弹簧，其作用是保证弓头的垂向自由度，改善受流特性。

由于滑板是直接与架空导线接触受流的部件，所以它是受电弓故障率较高的部件之一，常见的故障是磨损到限和拉槽。

6）传动气缸

传动气缸安装在受电弓底架上，由电磁阀控制。传动气缸通过活塞杆带动与下臂杆连接的转轴来使受电弓动作。升弓和落弓速度可通过节流阀来调节。

在正常情况下，受电弓由电磁阀控制，由主气缸内的压缩空气驱动升起。若主气缸内没有可用的压缩空气，或当车辆不具备压缩空气时，可用脚踏泵升弓。广州地铁2号线车辆的脚踏泵安装在B车2位端的电气柜中，如图2-1-8所示，以提供受电弓所需要的压缩空气，使受电弓升起。广州地铁3号线车辆的受电弓驱动设备及脚踏泵安装在图2-1-8（a）中1位端，其组成如图2-1-8（b）所示。

（a）广州地铁3号线车厢示意图

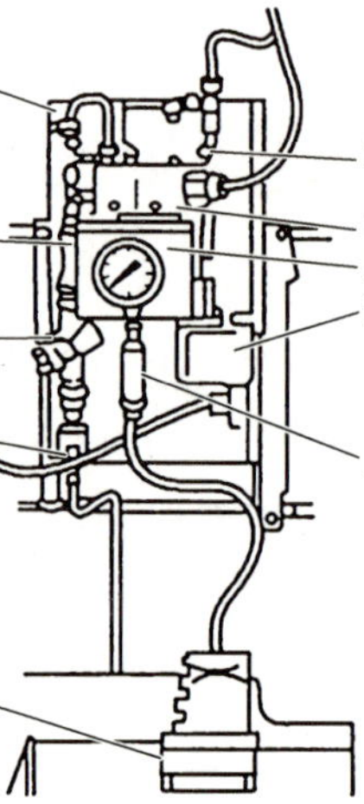

（b）脚踏升弓泵组成

图2-1-8　脚踏升弓泵安装位置

2. 电动式受电弓的结构

电动式受电弓的升降是由 1 台直流电动机驱动的，其驱动电力由列车低压总线 DC 110 V 供给。

电动式受电弓外观如图 2-1-9 所示，其结构如图 2-1-10 所示。主要结构有上部撑杆、下部撑杆、导向杆、集电头、基架和升弓装置。基架由矩形空心钢管焊接而成。固定在基架上的部件包括：下部撑杆底轴承、上部撑杆和下部撑杆缓冲装置、落弓时支撑集电头的支撑弹簧等。

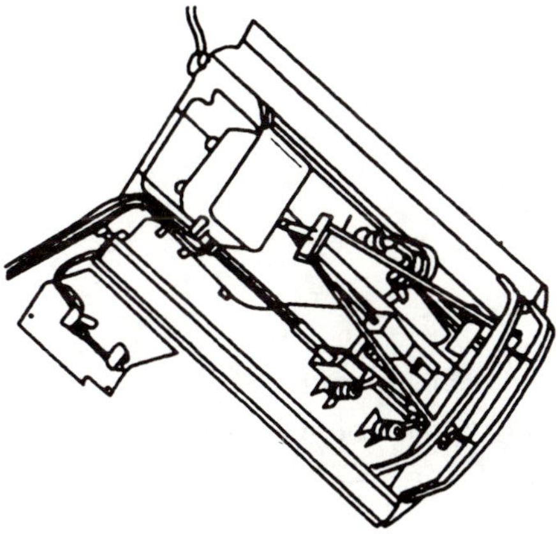

图 2-1-9 电动式受电弓外观

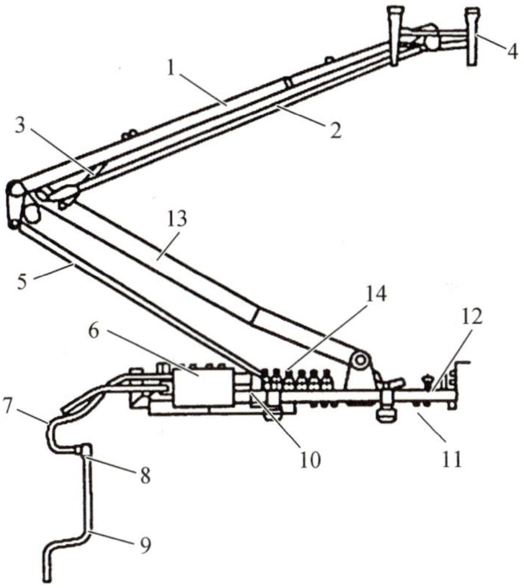

1—上部撑杆；2—平行导向杆；3—液压往复式减振器；4—集电头；5—调节杆；6—电气控制箱；7—连接杆；8—连接头；9—手摇柄；10—落弓装置；11—锁钩；12—基架；13—下部撑杆；14—升弓装置。

图 2-1-10 电动式受电弓结构

（四）技术参数

1. 机械数据

最大运行速度……………………………………………120 km/h

最低工作位置（不包括绝缘子）………………………80 mm

最高工作位置（包括绝缘子）…………………………2 300 mm

最大升弓高度（包括绝缘子）………………………… （2 880 ± 100）mm

折叠高度（包括绝缘子）……………………………… 300^{+5}_{-0} mm

额定静态压力…………………………………………… （100 ± 10）N

静态压力调整范围………………………………………70 ~ 140 N

升弓时间（从弓头离开止挡到最大工作高度）………≤8 s

降弓时间（从最大工作高度到弓头落到止挡位置）…≤8 s

额定工作气压……………………………………………………0.45 MPa
最小工作气压……………………………………………………0.35 MPa
绝缘子高度………………………………………………………80 mm
受电弓总长度……………………………………………………≈2 430 mm
受电弓总宽度……………………………………………………（1 550 ± 5）mm
滑板条工作部分长度……………………………………………800 mm × 60 mm × 22 mm
弓头宽度…………………………………………………………（350 ± 5）mm
受电弓总质量（包括绝缘子）…………………………………≈（130 ± 5）kg

2. 电气数据

额定电压…………………………………………………………DC 1 500 V
网线电压变化范围………………………………………………DC 1 000 ~ 1 800 V
额定电流…………………………………………………………1 680 A
最大短时电流（10 s）…………………………………………4 000 A
最大启动电流（30 s）…………………………………………1 600 A
最大停车电流（DC 1 000 V 和单弓受电）……………………400 A

二、受电弓的工作原理

（一）升、降弓操作

受电弓的上升或者下落，可以由司机通过受电弓控制开关进行操作。当受电弓升弓到位或降弓到位时，每个受电弓的状态显示在驾驶室的司机显示屏上，并在驾驶室上设置指示灯，以显示整个列车受电弓的工作状态。

（二）受电弓的工作原理

按下司机操作台升弓按钮，如果所有控制条件均满足，受电弓电磁阀电磁线圈控制电路导通，将会使电磁阀线圈得电，从而使电磁阀阀口打开，使压缩空气进入受电弓升弓气缸，受电弓升起。降弓时，按下降弓按钮，将使受电弓电磁阀失电，从而关闭向受电弓气路供气的通路，同时打开受电弓气囊的排气通路，受电弓在自身重力及降弓弹簧的作用下下降，使得受电弓降弓。

1. 气路系统

受电弓通过空气回路实现升、降弓动作，受电弓气路如图 2-1-11 所示。升弓时，电磁阀得电打开，空气经 1、2、3、4、6、11 到达气囊，精密减压阀实时检测升弓气囊内的压力是否在额定压力，当压力大于额定压力时，精密减压阀将向大气排出多余的气压；可以通过可调节流阀 2 调节升弓时间。降弓时，精密减压阀的排气口打开，释放气囊内的压缩空气，直至气囊内的压缩空气全部排出。可以通过可调节流阀 7 调节降弓时间。压力开关 12 检测气囊中的气压，可输出升降弓到位的信号。

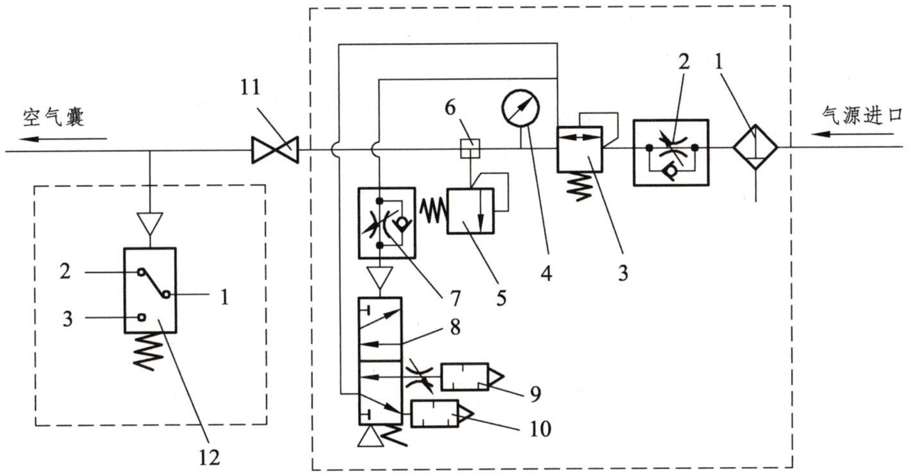

1—空气过滤器；2—可调节流阀；3—精密减压阀；4—压力表；5—安全阀；6—三通座；7—可调节流阀；8—换向阀；9—消音节流阀；10—消音器；11—球阀；12—压力开关。

图 2-1-11　受电弓气路图

2. 电气系统

受电弓的电气系统包括高压电流电路和低压控制电路两大部分。受电弓的控制电路的主令电器是驾驶室的升弓和降弓按钮，控制电路电源经过升/降弓按钮及一系列控制环节，最终使受电弓电磁阀线圈得电或失电，从而控制受电弓气路的充气或排气，实现对受电弓的控制。

受电弓是车辆的受流部件。受电弓升起后与接触网接触，从接触网上汲取电流，并将电流传送到车辆电气系统。接触网的电流首先由滑板流入受电弓弓头，然后依次经过软连线、上框架、软连线、下臂杆、软连线后流入底架，最后经连接在受电弓底架上的车顶母线导入车辆电气系统，这是受电弓的高压电流电路，正常工作时将有几百安的电流通过。

降弓注意事项：降弓设置延时控制，在降弓前可将本单元牵引逆变器负载切除，当 2 个受电弓同时降落时可将整车的辅助逆变器负载切除，从而确保受电弓不带载降弓。

应急状态升弓：

（1）当列车总风压力过小时，压缩空气不足以支撑受电弓升起，此时可通过辅助空压机打风，此时可通过司机室的升弓按钮升弓。

（2）客室内装有脚踏泵，当无法正常升弓时，司机可以操作它实现人工紧急升弓。

三、受电弓的工作特点

受电弓的工作特点就是先快后慢。

（1）受电弓靠滑动接触而受流，因此在城轨车辆运行中，受电弓动作轻巧、平稳，动态特性稳定，升、降弓时不产生过分冲击。滑板与接触导线接触时，要求特性可靠、磨耗小。

（2）防止弹跳，弹跳会产生弓网间的拉弧造成弓网的烧损。升弓时滑板离开底架要快，贴近接触导线要慢。

（3）防止对底架有过分的机械冲击。降弓时脱离接触网导线要快，以防拉弧造成烧损，落在底架上要慢。

实践任务

一、受电弓重要技术参数调整方法

受电弓重要技术参数主要有静接触压力，升弓时间、降弓时间，而受电弓升降弓时间和静态接触力大小通过受电弓气源控制箱来进行控制，受电弓气源控制箱结构如图 2-1-12 所示。

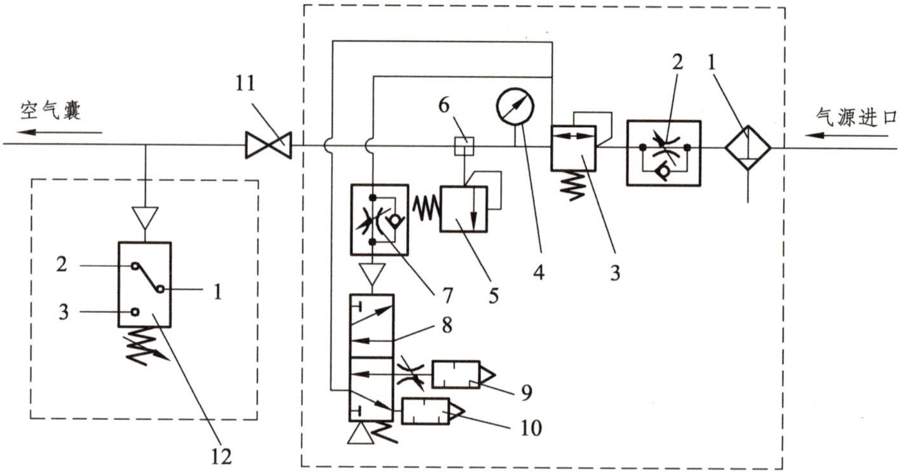

1—空气过滤器；2—可调节流阀；3—精密减压阀；4—压力表；5—安全阀；6—三通座；7—可调节流阀；8—换向阀；9—消音节流阀；10—消音器；11—球阀；12—压力开关。

图 2-1-12 受电弓气源控制箱结构

（一）弓网实际接触压力分析

为保证牵引电流的顺利流通，受电弓和接触网导线之间必须保持一定的接触压力。弓网实际接触压力由以下 4 部分组成。

（1）受电弓升弓系统施加于滑板，使之向上的垂直力为静态接触压力。

（2）由于接触悬挂本身存在弹性差异，接触线在受电弓抬升作用下会产生不同程度的上升，从而使受电弓在运行中产生上下振动，使受电弓产生一个上下交变的动态接触压力。

（3）受电弓在运行中受空气流作用产生的一个随速度增加而迅速增大的气动力。

（4）受电弓各关节在升降弓过程中产生的阻尼力。

（二）静态接触压力的测量方法

列车长时间运行特别是强烈季节性的气温变化之后，受电弓静态接触压力及最低位置支持力会随之改变，每次更换碳滑板之后都需要进行静态接触压力的校正，其测量方法如下。

数值 1：测量接触压力从最高工作位置缓缓降弓到最低位置时，在最高位置处的压力。

数值 2：测量接触压力从最低位置缓缓升弓到最高工作位置时，在最低位置处的压力。

两个数值的平均值就是静态接触压力。此力要求在（110 ± 10）N 之间，若不符合此要求就需要进行调整。

（三）调整方法

1. 受电弓静态接触压力调整

受电弓静态接触压力调整如图 2-1-13 所示。打开车顶的气阀箱，松开箱内精密调压阀的锁紧螺母后，用手微调手动旋钮，逆时针旋转手动旋钮减小接触压力，顺时针旋转手动旋钮增加接触压力。

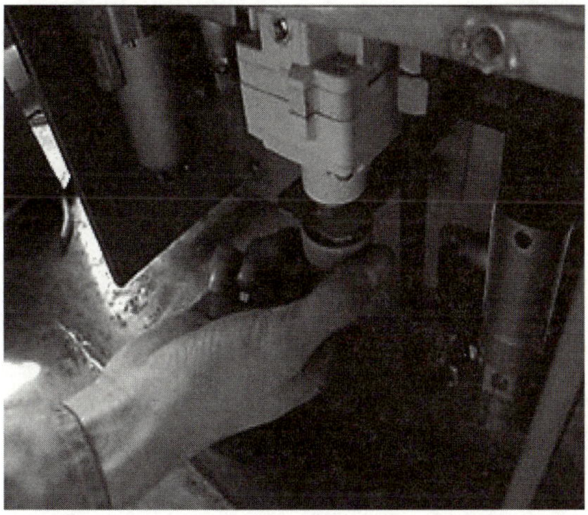

图 2-1-13　受电弓静态接触压力调整

2. 受电弓升、降弓时间调整

为保障受电弓正常升降弓，避免受电弓在升降弓过程中对受电弓和接触网造成影响，要求受电弓升弓时间符合要求。用秒表检查受电弓升到最高位所需的时间，如果升弓/降弓时间符合默认值（7 ~ 8 s），则不需要进一步调整；如果测量值不符合要求，则需进行调整。

（1）升弓时间调整：打开车顶的气阀箱，松开箱内升弓节流阀的锁紧螺母后，用一字螺丝刀微量旋转升弓节流阀进行调整，顺时针旋转为减小升时间，逆时针旋转为增加升时间。B4 型车受电弓升弓时间调整如图 2-1-14 所示。

（2）降弓时间调整：打开车顶的气阀箱，松开箱内降弓节流阀的锁紧螺母后，用一字螺丝刀微量旋转降弓节流阀进行调整，顺时针旋转为减小降弓时间，逆时针旋转为增加降弓时间。B4 型车受电弓降弓时间调整如图 2-1-15 所示。

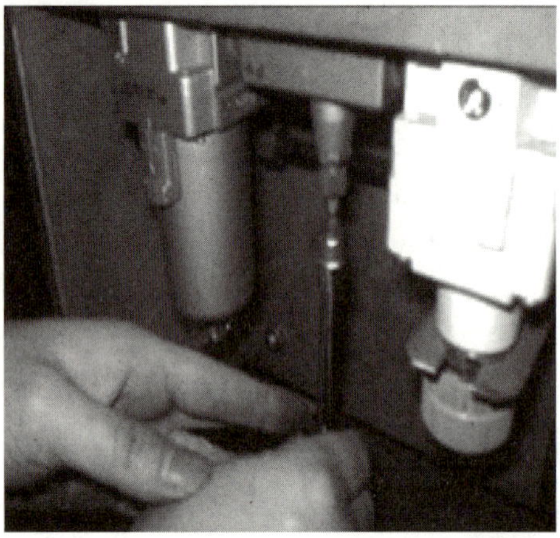

图 2-1-14　B4 型车受电弓升弓时间调整

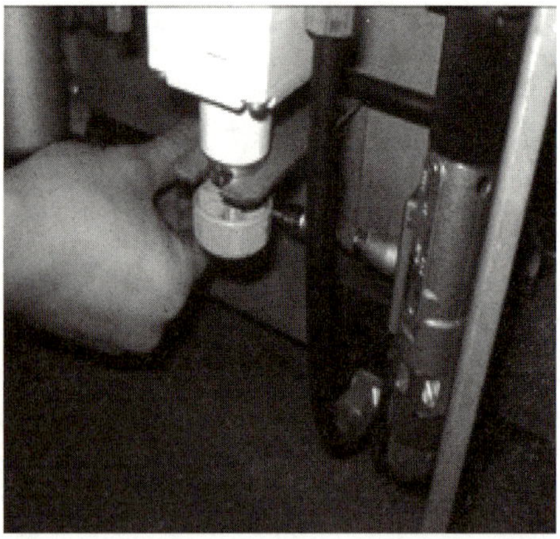

图 2-1-15　B4 型车受电弓降弓时间调整

根据给出的受电弓静接触压力、升降弓时间方法，进行归纳总结，如表 2-1-1 所示。

表 2-1-1　受电弓主要参数调整归纳总结

序号	调整项目	要求标准值	调整方法描述	注意事项
1	静接触压力 /（N·m）			
2	升弓时间/s			
3	降弓时间/s			

二、受电弓的检修

（1）检修碳滑板。

① 检查碳滑板有无磨损和裂纹，有裂纹或局部磨损剩余厚度为 2 ~ 3 mm 的碳滑板要及时更换。

② 安装新碳滑板时，碳滑板和弓角必须符合要求。

③ 安装时要用预先装配好和调整过的集电头。

④ 检查所有集电头部件是否损坏。

⑤ 检查弹簧盒是否弹性良好。

注意：以上所有的检修操作只允许在受电弓接地和无电状态下进行。

（2）检查导流电缆。

① 在所有铰接点都有导流电缆，导流电缆必须始终处于良好状态。确保连接螺栓紧固。

② 导流电缆一般由多股铜导线编织而成，在检修中应检查连接线是否有断股现象。对于断股的导流电缆应予以更换。对于导流电缆的接线端子，需清洁并打磨接触

表面。在安装导流电缆时，在接线端及框架上的安装区域涂抹含铜油脂，以保证接触面的导电性能。

③ 在大修作业中，应更换所有的导流电缆。在更换导流电缆时，要确保清洁，金属抛光接触面必须涂抹含铜油脂。

（3）检查升弓气缸。

① 检查升弓气缸的活塞、活塞杆有无卡滞。

② 检查节流阀和气路连接部分的气密性，更换损坏的部件。

注意：缸内的降弓弹簧有很大的预拉伸力，在任何情况下都不允许打开升弓气缸。

（4）所有铰接点加油。

对受电弓上所有的铰接点，用高压油枪加不含二硫化钼的润滑油。

（5）检查接触压力。

季节性温度变化较大的情况下，必须检查和调整滑板相对于接触网的接触压力和弹簧拉伸力。

（6）检查所有螺栓和螺母是否紧固。

三、受电弓技术状况检查

根据给出的受电弓检修程序，进行技术状况检查并填写检查结果，如表 2-1-2 所示。

表 2-1-2 受电弓日检作业记录表

序号	检查部位	检查项目	TC2	检查结果
1	受电弓机械部件	检查受电弓构架、底架、缓冲器、下臂、导向杆和上臂	1. 防松标记齐全，无错位松动； 2. 目视各部件无损坏、变形	
		检查弓头簧片	1. 防松标记齐全，无错位松动； 2. 目视各部件无损坏、变形	
		检查滑板状态	1. 滑板无纵向裂纹、缺块应不超过接触滑板宽度的 1/3； 2. 对滑板 50 mm 范围内高度差大于 5 mm 的凹槽用锉刀锉平，使其小于 3 mm，凹槽深度大于 5 mm 时更换滑板； 3. 滑板与端角应过渡流畅，且间隙应不大于 2 mm； 4. 滑板厚度（即受电弓接触滑板接触面距接触滑板固定器上部的距离）最低处均应不低于 5 mm； 5. 需更换受电弓接触滑板时，应同时更换 2 条滑板； 6. 各固定螺丝紧固状态良好	
		检查羊角有无异常磨损	无明显划痕	
		检查绝缘子	表面无破损、无裂纹	

续表

序号	检查部位	检查项目	TC2	检查结果
2	受电弓供风阀板	受电弓供风阀板各部件安装及连接状态良好，要求安装牢固、外观无破损、气路无泄漏，密封良好	受电弓供风阀板各部件安装及连接状态良好，要求安装牢固、外观无破损、气路无泄漏，密封良好	
3	升弓控制装置	受电弓升弓控制装置各部件安装及连接状态良好，要求安装牢固、外观无破损、气路无泄漏，密封良好	受电弓升弓控制装置各部件安装及连接状态良好，要求安装牢固、外观无破损、气路无泄漏，密封良好	
故障处理详细记录（含换件情况）:				

知识拓展

集电靴的认知

城市轨道交通接触网系统一般采用直流供电。目前，世界各国城市轨道交通的供电电压大都为 DC 600 ~ 3 000 V。我国城市轨道交通将 DC 750 V（波动范围为 DC 500 ~ 900 V）和 DC 1 500 V（波动范围为 DC 1 000 ~ 1 800 V）列为直流牵引供电系统的标准电压等级，常用的馈电方式有接触轨和接触网两种形式。

受流装置主要应用于第三轨供电方式的线路，集电靴安装于车辆转向架构架两侧靠车辆外侧中部的位置。它在使用时放下，不用时收起，犹如飞机的起落架。所有动车转向架构架均装有两套受流器，而拖车仅一台转向架装有两套受流器。每个受流器的安装托架用 4 个螺栓固定在转向架构架的侧梁下面。

接触轨是沿轨道线路敷设的与轨道平行的附加导电轨，所以又称第三轨或简称三轨。第三轨一般安装在线路行车方向的左侧。接触轨材料一般采用低碳钢或钢铝复合材料。

电动客车转向架构架伸出的集电靴通过与第三轨接触而取得电能。根据集电靴受流位置的不同，可分为上部受流、下部受流和侧部受流 3 种形式。国内应用较多的是上部受流和下部受流方式。3 种受流接触轨示意图如图 2-1-16、图 2-1-17、图 2-1-18 所示。

一、上部受流

第三轨上部受流如图 2-1-16 所示。上部受流的特点是：集电靴从上向下压向第三轨轨头，从第三轨顶面受取电流。受流器的接触力是由下作用弹簧进行调节的，受流平稳。由于接触轨端部弯头的过渡作用，能够减小在断电区的电流冲击。

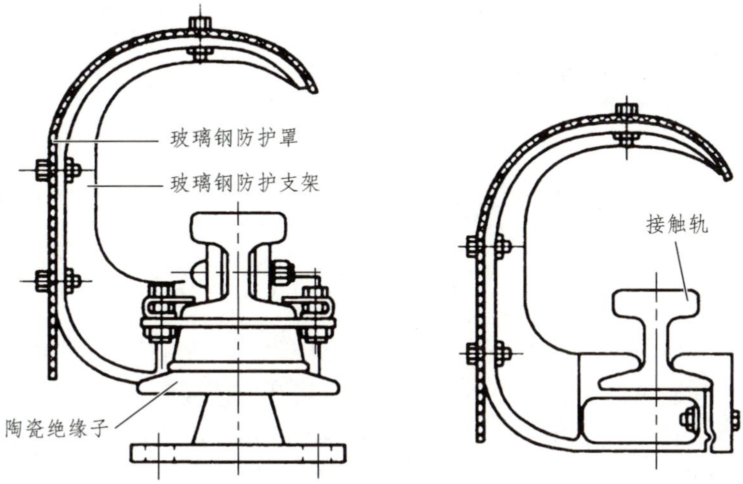

图 2-1-16　上部受流接触轨示意图

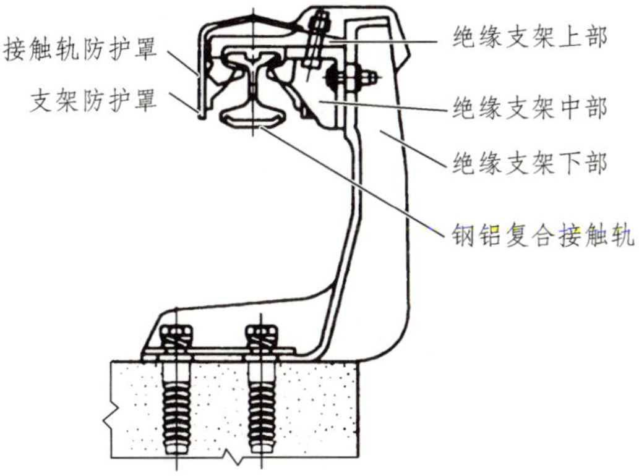

图 2-1-17　下部受流接触轨示意图

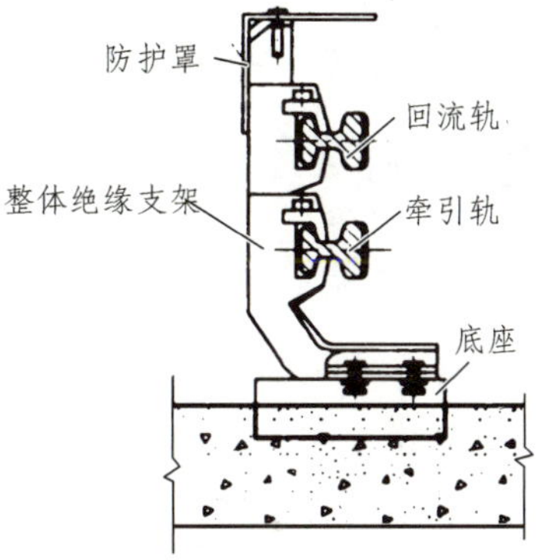

图 2-1-18　侧部受流接触轨示意图

上部受流方式施工简单、费用较低、接触面积大且磨损小、检修方便、维护简单、寿命长，但线路速度不能太高。北京地铁 1、2、4、5、10、13 号线和八通线均采用上部受流方式。

二、下部受流

下部受流如图 2-1-17 所示，其特点是第三轨的轨面朝下安装，车辆受流器通过与接触轨的下底面接触而受取电流。天津地铁 1 号线、武汉轨道交通 1 号线、广州地铁 4 号线均采用下部受流方式。

下部受流的优点是防护罩从上部通过橡胶垫直接固定在第三轨周围，安全性好，表面灰尘、杂物少，能遮挡雨雪，有利于防止下雪和冰冻造成的取流困难，受流效果比较好。但这种方式安装结构较复杂，费用较高。

三、跨座式单轨受流

重庆地铁 2 号线采用的是跨座式单轨 DC 1 500 V 接触轨系统，其特点是接触轨悬挂安装在轨道梁两侧，组成供电电路。跨座式单轨车受流器安装在机车两侧，与轨道梁两侧的刚性接触网接触并受流。与其他轨道交通系统不同的是，接触轨和车辆受流器被列车金属外壳包裹。

任务二　避雷器认知

任务导入

2020 年 9 月 18 日 10 时 21 分，列车以 AM 模式出站后主断路器断开，司机合闸失败，10 时 36 分该车退出服务，备用列车上线替开。造成晚点 2 列，晚点 6 分 22 秒，使用备用车 1 次，调整列车 1 次。经检查发现本次故障原因为高压隔离开关与避雷器软连接线缆在运行过程中断裂、拉弧并过流，导致列车在运行过程中主断断开，无法闭合。

思考：

（1）避雷器安装在什么位置？

（2）避雷器的作用是什么？

学习任务

一、避雷器概述

避雷器是一种用来防止来自城市轨道交通车辆外部的过电压（如雷击等）对车辆电气设备的破坏，限制过电压幅值的保护电器。

避雷器并联在被保护电气设备与地之间，安装在 B 车车顶受电弓旁。当雷电侵入时由于过电压的作用使避雷器动作（放电），雷电流经避雷器泄入大地，从而限制了雷电过电压的幅值，使避雷器上的残压不超过被保护电气设备的冲击放电电压。

二、避雷器分类

避雷器的主要类型有火花间隙避雷器、阀型避雷器、管型避雷器等。

（一）火花间隙避雷器

1. 火花间隙避雷器的结构

火花间隙避雷器通常由火花间隙和非线性电阻两部分组成。如图 2-2-1 所示为其结构原理示意图。在正常电压下火花间隙是不会被击穿的，只有出现过电压时火花间隙才会被击穿，过电压幅值越高火花间隙被击穿得越快。

非线性电阻的作用是利用电阻与电流之间的非线性关系（即电流大时电阻小，电流小时电阻大），一方面在击穿瞬间很大的冲击电流作用下，限制避雷器上的电压，防止被保护设备的绝缘在高电压下被损坏；另一方面又可以在火花间隙击穿后，限制由工频电压所引起的流过避雷器的电流，从而使火花间隙能很容易地切断它。

击穿电压的幅值与击穿时间的关系称为伏-秒特性，如图 2-2-2 所示。显然，要可靠地保护被保护电器，避雷器的伏-秒特性必须要比被保护电器的伏-秒特性低，即在同一过电压作用下避雷器先被击穿。

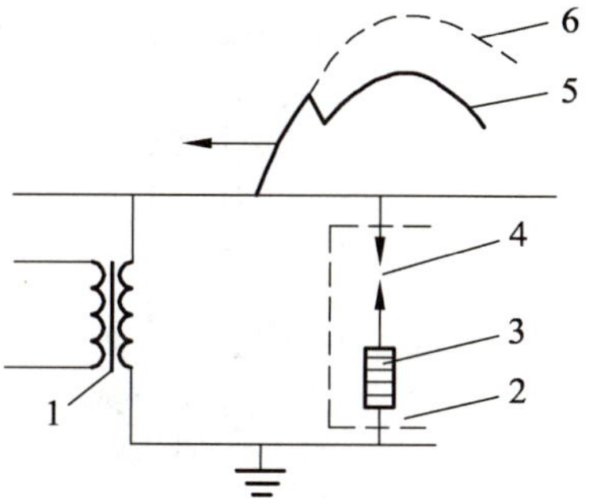

1—被保护变压器；2—避雷器；3—非线性电阻；4—火花间隙；5—被限制的过电压波；6—未被限制的过电压波。

图 2-2-1　火花间隙避雷器的结构原理

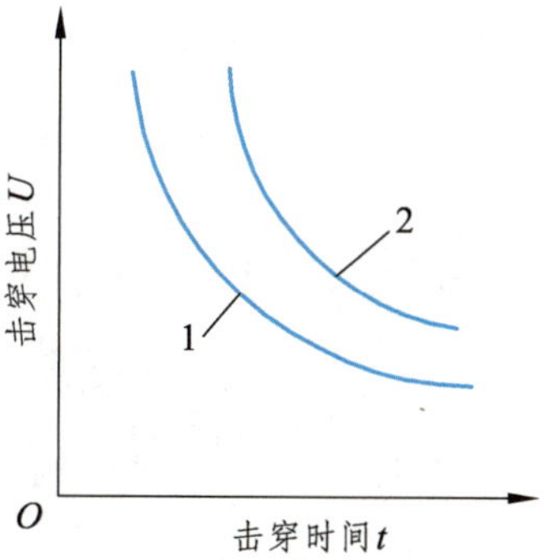

1—避雷器的伏-秒特性；2—被保护电器的伏-秒特性。

图 2-2-2　避雷器的伏-秒特性曲线

2. 火花间隙避雷器的工作原理

由于避雷器与被保护电气设备并联，当出现过电压危及被保护设备时，避雷器放电，使高压冲击电流泄入大地。随后，避雷器仍能恢复原工作状态，截止伴随而来的正常工频电流，使电路与大地绝缘。过电压越高，火花间隙击穿越快，从而限制了加于被保护电气设备上的过电压。

（二）阀型避雷器

氧化锌避雷器是一种无间隙的阀型避雷器，其结构是将若干片氧化锌（ZnO）阀片压紧密封在避雷器瓷套内。这种避雷器的阀片是以氧化锌为主要原料，掺以少量其他金属氧化物（如氧化铋、氧化钴、氧化锰）添加剂，经高温烧结而成。它具有非常理想的伏安特性，其非线性特性极好，即在较高电压下电阻很小，可以泄放大量雷电流，残压很低。在正常工作电压下电阻很大，电流很小，可视为无工频续流，这就是其可以做成无间隙氧化锌避雷器的原因。

1. 氧化锌避雷器结构

氧化锌避雷器实物、结构如图 2-2-3、2-2-4 所示。该装置用上下铁壳盖及密封橡胶圈将氧化锌阀片密封在瓷套内，内部装有弹簧将阀片压紧，以防止内部零件移动，保证零件间可靠的电气连接。

2. 氧化锌避雷器的工作原理

在正常工作电压下，阀片具有极高的电阻而呈绝缘状态，使流过阀片的电流非常小，这样小的电流不会烧坏氧化锌阀片，从而实现了“无间隙”；当系统出现过电压时，阀片“导通”呈低阻状态，释放电流，“导通”后阀片上的残压与流过它的电流大小基本无关，而为一定值；当电压降到动作电压以下时，阀片“导通”终止，迅速恢复高电阻而呈绝缘状态。因此，氧化锌避雷器可使避雷器的残压被限制在允许值以下，并将冲击电流迅速泄入大地，从而保护了与其并联的电气设备。

图 2-2-3　氧化锌避雷器实物

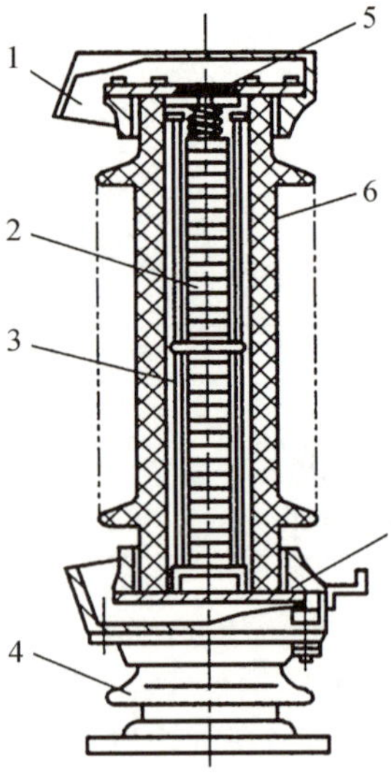

1—喷弧口；2—氧化锌阀片；3—绝缘拉杆；
4—绝缘底座；5—压力释放装置；
6—瓷套；7—密封圈。

图 2-2-4　氧化锌避雷器结构

3. 氧化锌避雷器的优点

（1）无间隙。由于氧化锌避雷器不用串联间隙，所以结构简单、体积小、质量轻。

（2）无续流。在正常工作电压下，氧化锌避雷器相当于绝缘体，无工频续流流通，因此不存在灭弧问题，而且减少了避雷器动作时通过的能量，可以承受多次雷击，延长了工作寿命。

（3）通流能力大。氧化锌避雷器不仅可以用于大气过电压保护，也可用于内部操作过电压保护。

（4）残压低，可使设备的绝缘水平降低。

知识拓展

如何区分浪涌保护器与避雷器

一、概　述

浪涌保护器也叫防雷器，是一种为各种电子设备、仪器仪表、通信线路提供安全防护的电子装置，其实物如图 2-2-5 所示。当电气回路或者通信线路中因为外界的干扰突然产生尖峰电流或者电压时，浪涌保护器能在极短的时间内导通分流，从而避免浪涌对回路中其他设备的损害。

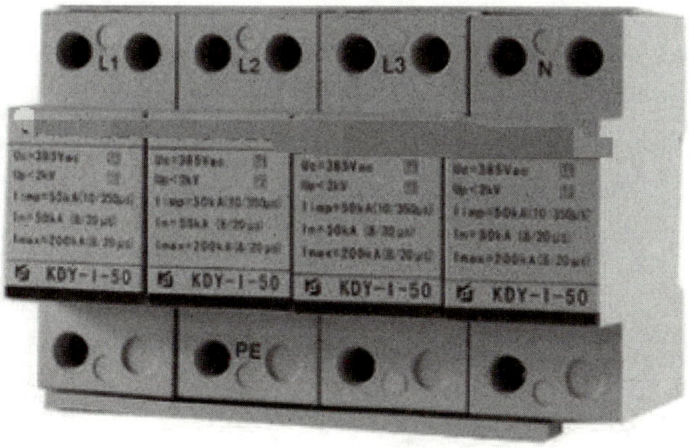

图 2-2-5　浪涌保护器实物

浪涌保护器适用于交流 50/60 Hz、额定电压 220 V 至 380 V 的供电系统中，对间接雷电和直接雷电影响或其他瞬时过压的电涌进行保护，适用于家庭住宅、第三产业以及工业领域电涌保护的要求。

浪涌保护器包括一个火花间隙和一个非线性电阻，两部分装配于一个陶瓷壳内，用法兰盘密封。

非线性电阻（氧化锌）是一种压敏电阻器，具有理想的伏安特性（相当于稳压二极管的反向特性）。在正常工作状态下呈高阻，流过的电流非常小，可视为绝缘体。当系统出现超过电压动作值的电压时，电阻呈低阻，流过的电流急剧增加，此时电流的增加抑制了电压的上升，使浪涌吸收器的残压被限制在允许值内，并将冲击电流迅速泄入地下，从而保护了与其并联的设备，避免绝缘击穿。电压恢复到正常工作范围时，电阻呈高阻，避雷器又呈绝缘状态。

二、浪涌保护器的特点

（1）保护通流量大，残压极低，响应时间快。

（2）采用最新灭弧技术，彻底避免火灾。

（3）采用温控保护电路，内置热保护。

（4）带有电源状态指示，指示浪涌保护器工作状态。

（5）结构严谨，工作稳定可靠。

三、浪涌保护器与避雷器的区别

（1）电压等级不同：浪涌保护器一般为低压产品，避雷器有低压至特高压多个等级。

（2）安装系统不同：浪涌保护器安装在二次系统上，是用于防雷器消除雷电波的直接侵入后，或防雷器没有将雷电波消除干净时的补救措施。避雷器安装在一次系统上，防止雷电波的侵入。

（3）保护对象不同：浪涌保护器用于保护电子仪器或仪表，避雷器用于保护电气设备。

（4）尺寸大小不同：浪涌保护器的尺寸较小，避雷器尺寸较大。

任务三　高速断路器的认知

任务导入

2019 年 5 月 06 日 11 时 29 分，列车 HMI 屏报“Mp1 车 VVVF 牵引预充电次数过多”报警，Mp1 车牵引隔离，司机操作备用模式以 CM 模式运行，经检查发现 Mp1 车继电器故障导致高速断路器短时内多次断合，使得主接触器不停断合，导致 10 min 内主接触器通断达到 8 次，报出“预充电次数过多”故障，单节车牵引隔离。

思考：高速断路器安装在列车的什么位置？

学习任务

一、概　述

高速断路器在城市轨道交通车辆上主要作为车辆电气系统的总开关和总保护，可以实现电源的接通与切断控制，是一种能对电路进行控制（分断、闭合）和保护的高压电器；因其反应迅速、动作快而得名高速断路器。图 2-3-1 所示为高速断路器箱实物图，图 2-3-2 所示为高速断路器箱视图。

图 2-3-1　高速断路器箱实物

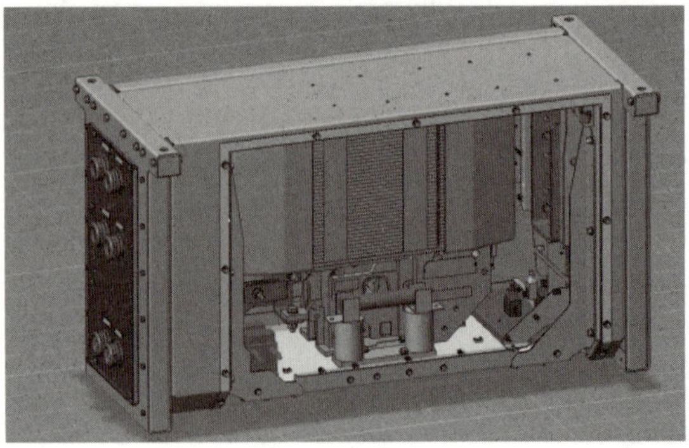

图 2-3-2　高速断路器箱视图

（一）高速断路器的安装位置及功能

高速断路器一般安装在动车逆变器箱内，每个牵引逆变器都分别设有一个高速断路器，牵引逆变器从高速断路器处获得供电。

1. 高速断路器的主要功能

（1）在正常工作过程中断开和闭合牵引系统供电。

（2）防止由于短路或过载造成的损害，保护牵引设备。

（3）司机可以通过按钮手动断开和闭合 HSCB。

牵引主回路原理图如图 2-3-3 所示。从图 2-3-3 中看到出，当高速断路器闭合时，车辆将获得由受电弓（或集电靴）从接触网（或第三轨）引入的电源，使车辆得以投入工作。若主电路发生短路、过载、接地等故障时，通过相关控制电路使高速断路器自动断开，切断车辆总电源，以防止故障范围扩大。

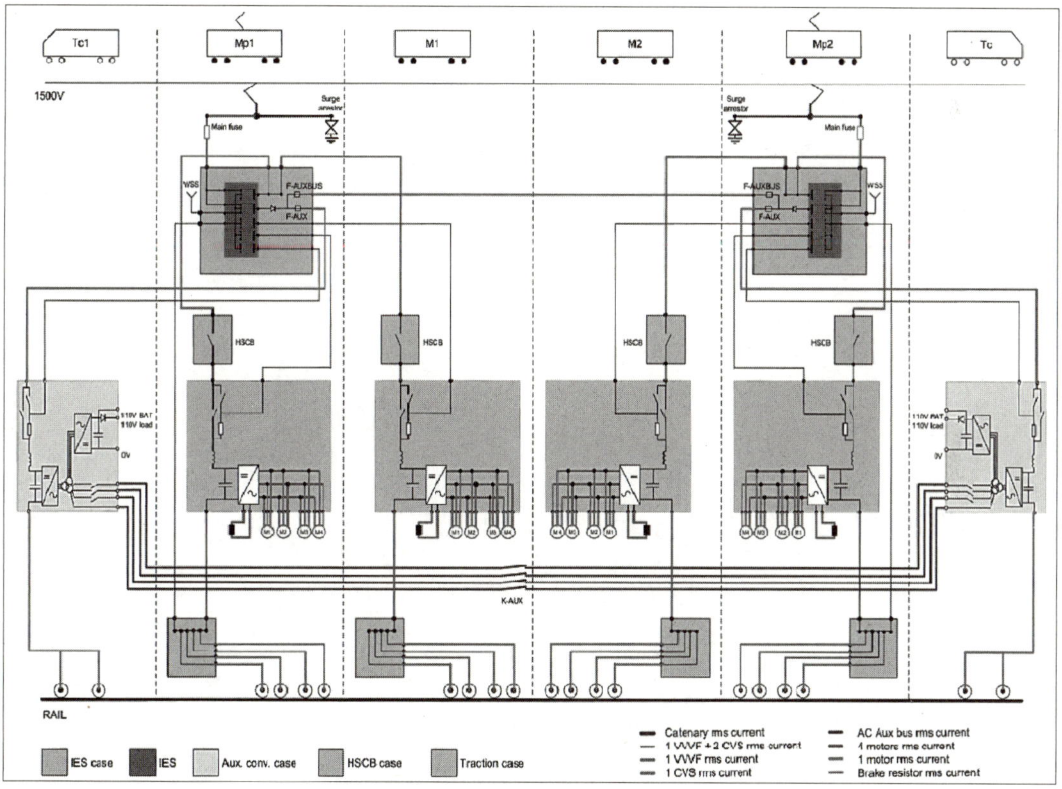

图 2-3-3　牵引主回路原理图

（二）高速断路器的主要特性

（1）对地有很高的绝缘等级。由于高速断路器接在车辆的牵引主电路上，电压高、电流大，因此其绝缘结构应选取有很高绝缘等级的材料。

（2）有较高的分断能力。高速断路器既是电路的总电源开关也是总保护开关，必须具备足够的断流容量。为有效可靠地保护其他用电设备，它的限流特性和高速切断能力应能防止由短路或过载引起的用电设备损坏。

（3）有较短的响应时间。响应时间是指从通过断路器的电流达到断流动作值时开始，到主触头打开的时间。为了有效可靠地保护用电设备，高速断路器必须动作迅速、可靠。而且，根据要求，高速断路器断流增长率越大，响应时间越短。

（4）不受气候条件影响。高速断路器集成安装在箱中，与外界环境隔离。

（5）使用寿命长。

（6）易于维护。

（三）高速断路器分类

下面介绍 3 种不同类型的高速断路器，分别为电磁式高速断路器、UR6-31/32 型高速断路器、TSE1250-B-1 型高速断路器（高速开关）。

1. 电磁式高速断路器

电磁式高速断路器是一种用来通、断高压电气回路电流的保护电器，当列车主回路出现故障时，高速断路器能快速将电流断开，以保护设备的安全。其结构与电空式快速断路器结构基本相同，只是传动装置（操作机构）不同。

1）电磁式高速断路器的基本结构

电磁式高速断路器如图 2-3-4 所示，它主要由触头系统、操作机构电磁系统、脱扣电磁系统、传动杠杆以及灭弧系统组成。

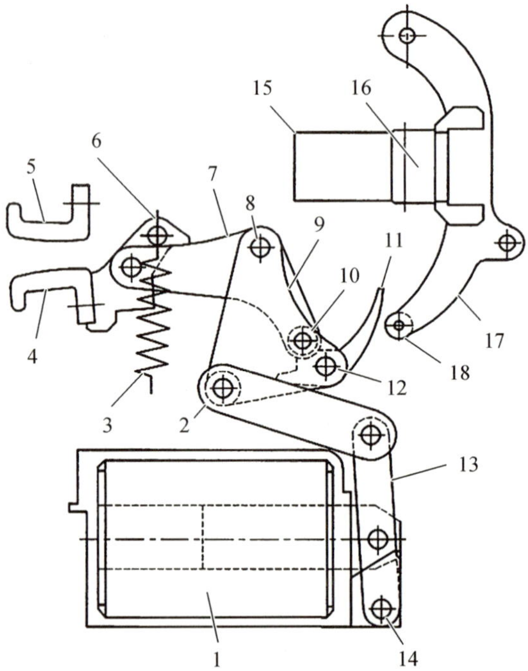

1—电磁线圈；2—连杆；3—弹簧；4—动触头；5—固定主触头；6—可动触头台；7—可动触头台支架；8，12，14—轴；9—控制杆；10，18—磙子；11—挂钩；13—杠杆；15—脱扣电磁铁；16—可动铁心；17—脱扣杆。

图 2-3-4 电磁式高速断路器的结构示意图

（1）触头系统由动触头、静触头、可动触头台和触头弹簧等组成。

（2）操作机构电磁系统由电磁铁心、电磁线圈和杠杆等组成。

（3）脱扣电磁系统由脱扣电磁铁、可动铁心和脱扣杆等组成。

（4）传动杠杆由控制杆、连杆和挂钩等组成。

2）电磁式高速断路器的工作原理

（1）合闸动作。

操作机构的电磁线圈 1 得电，可动铁心（衔铁）被固定铁心吸引，可动铁心端部的转轴和杆 13 绕转轴 14 旋转，连杆 2 向上移动，使控制杆 9 旋转的同时，可动触头台支架 7、可动触头台 6、动触头 4 随着旋转，使动触头 4 与固定主触头 5 处于闭合状态。

（2）正常分断动作。

按分闸按钮，操作机构吸引线圈断电，在反力弹簧 3 的作用下，可动触头台 6、可动触头台支架 7、控制杆 8 起反时针旋转，使动触头 4 与固定主触头 5 分离，完成了正常分断动作。

（3）过流分断动作。

高速断路器的脱扣功能由故障电流控制，当流过触头及脱扣电磁铁线圈电流超过整定值时，脱扣电磁铁 15 吸引动铁心 16，使脱扣杆 17 沿顺时针方向旋转，其端部磙子 18 撞击挂钩 11 的端部，造成挂钩 11 绕轴 12 为中心反时针旋转，致使与磙子 10 解锁。这样可动触头台支架 7、可动触头台 6 在反力弹簧 3 的作用下逆时针旋转，使动触头 4 与固定主触头 5 分开，完成了过电流脱扣的动作过程。

（4）复位动作。

按分闸按钮，操作机构的电磁铁吸引线圈断电，在反力弹簧 3 作用下，杠杆 13 绕着轴 14 旋转。连杆 2 向下移动，使控制杆 9 以转轴 8 为中心旋转，回到正常分断状态，为再次合闸动作做好准备。

2. UR6-31/32 型高速断路器

1）UR6-31/32 型高速断路器的结构

UR6-32TDS 型高速断路器基本结构包括基架、主触点、脱扣装置、闭合装置、灭弧罩和辅助触点，其基本组成如图 2-3-5 所示。

（1）基架用于安装主触点、脱扣装置、闭合装置、灭弧栅和辅助触点等部件，要求有较高的力学性能和抗振性能，采用坚固的玻璃纤维聚酯材料，绝缘性能好。

（2）主触点包括动触点和静触点，用于接通车辆主电路。

（3）脱扣装置也称为短路快速跳闸装置，用于过载保护，它的跳闸值可通过刻度盘来调整。跳闸值应按允许通过的短路峰值电流来设定，防止开关发生误跳。

（4）闭合装置包括磁铁、线圈、圆筒、连杆、压簧、前后极、叉头等，用于开关的正常吸合和分断。高速断路器合闸线圈只能短时通电，开关到合闸位后，靠连杆机构保持。

（5）辅助触点包括 6 副双触点开关，跟随主触点的动作而动作。

（6）灭弧罩由一组抗电弧的绝缘板、灭弧片和引弧片组成，用于吸入动、静触点分断产生的电弧，并进行分割、冷却。

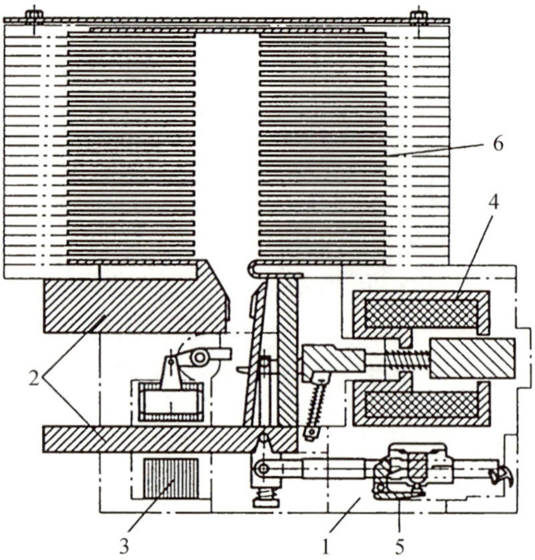

1—基架；2—主触点；3—脱扣装置；4—闭合装置；5—辅助触点；6—灭弧罩。

图 2-3-5 UR6-31/32 型高速断路器的基本组成

2）UR6-31/32 型高速断路器的工作原理

当按下高速断路器“合”按钮，闭合装置的线圈得电，带动连杆推动动触点与静触点接触，置高速断路器于“合”位置。电流从上接线排，通过闭合动、静触点流向动触点臂至下接线排，使接触网与车辆主电路电气设备接通。

当高速断路器闭合后，脱扣装置监控电流的大小，短路发生时，当电流值超过其跳闸值时，该装置动作，通过转换机构带动动触点移动，与静触点分开，使高速断路器处于“分”状态。高速断路器断开的瞬间，动、静触点之间会产生电弧。电弧从动触点到右部连接件，跨接到左部连接件进入灭弧罩，被分割并送入导流板，经冷却后熄灭。

高速断路器正常分断时，闭合装置的线圈失电，压簧复位，动、静触点断开，使断路器处于断开状态。

高速断路器的动、静触点接通与断开时，通过连杆带动辅助触点跟随接通与断开，辅助触点的状态传送到监控装置，用于显示和监控高速断路器的状态。

注意事项：高速断路器分断之后，必须间隔 2 min 以上再合闸。

3. TSE1250-B-1 型高速断路器（高速开关）

TSE1250-B-1 型高速断路器是上海地铁 1 号线车辆使用的一种断路器。它用于接通和分断列车的高压电路，是车辆的主要保护装置，当主电路发生短路、过载、牵引电机环火等故障时能快速切断主电源。为了防止事故的扩大，要求高速开关动作迅速、可靠，并具有足够的断流容量。高速开关安装于带受电弓的动车（B 车）上，每辆动车配备一台。

1）TSE1250-B-1 型高速断路器的基本结构

TSE1250-B-1 型高速断路器主要结构部件包括：基架、短路快速跳闸装置（KS）、过载跳闸装置（S）、合闸装置和灭弧栅。

其主要构件有：

（1）触头系统：动、静触头采用双极串联形式。触头的接触形式为线接触，接触面大、磨损较小、制造方便。

（2）传动机构：用来操纵主触头分合。

（3）灭弧机构。

（4）自由脱扣机构：位于传动机构与主触头之间，用来保证当电路发生短路时，传动机构能起作用，并可靠地开断电路。

（5）最大电流释入器：过载时通过拉杆作用于自由脱扣机构而开断，短路时直接撞击锁钩开断电路。

（6）最小电压释入器：通过电磁机构作用，衔铁直接作用在锁钩上，使锁钩释放，主触头在开断弹簧作用下开断电路。

（7）辅助开关：用于联锁、指示、控制。

2）TSE1250-B-1 型高速断路器的工作原理

图 2-3-6 所示为 TSE1250-B-1 型高速开关结构原理图。高速开关的通断由按钮控制。

当高速开关按钮合上以后，电流从上接线端 1 流向静触头 2，并通过动触头 3、动触头臂 4、弹性连接板 5 后，从下接线端 6 流出。由于电流流过导线时会产生磁场，且该磁场的强弱与电流大小有关，所以过载跳闸装置 7 通过监测磁场来监控电流。一旦电流值超过过载跳闸装置 7 的整定值时，该装置动作，通过拉杆 8、释放锁件 9、转换机构 10 等机械装置的动作，将动触头与静触头分断。

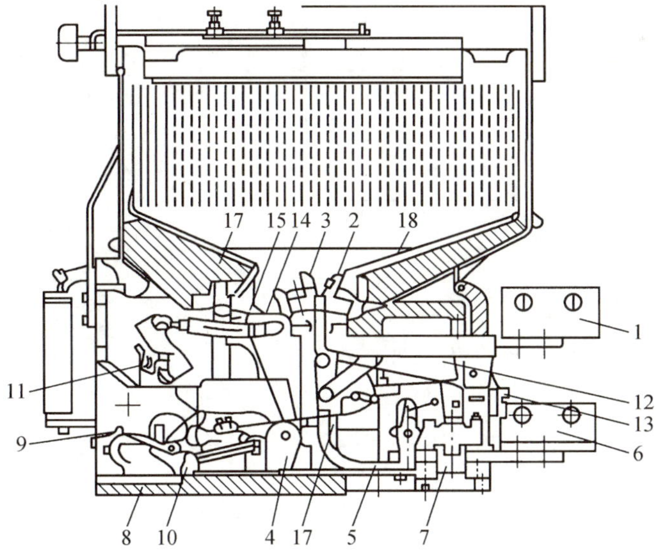

1—上接线端；2—静触头；3—动触头；4—动触头臂；5—弹性连接板；6—下接线端；7—过载跳闸（S）装置；8—拉杆；9—释放锁件；10—转换机构；11—转换轴；12—短路快速跳闸（KS）衔铁；13—撞击螺钉；14—转换杆；15—滚轴；16—短路快速跳闸拉杆；17、18—灭弧板。

图 2-3-6　TSE1250-B-1 型高速开关结构原理

在出现短路故障的情况下，过载跳闸系统动作太慢，此时短路快速跳闸衔铁 12 动作，通过撞击螺钉 13 直接撞击动触头臂 4，由转换杆 14 和滚轴 15 之间的专用压紧装置迫使动、静触头快速分断。由于短路快速跳闸装置（KS）的作用，操纵短路快速跳闸拉杆 16，转换机构 10 解锁，转换轴 11 转为“分”位。

触头分断时将形成电弧。电弧由电磁系统吸入灭弧栅内进行分割、冷却。电弧的走向一般是先到灭弧触头末端，然后至上部灭弧栅。灭弧栅快速灭弧，反过来使电弧电压急速上升，它对短路电流有很好的限流作用。

注意事项：该高速开关的合闸线圈设计为短时工作制，其线圈只能短时通电（到合闸位靠机械联锁），触头闭合后线圈不再通电，开关分断之后再次合闸要求时隔 2 min 以上。

（二）高速断路器的主要技术参数

高速断路器的主要技术参数如表 2-3-1 所示。

表 2-3-1　高速断路器的主要技术参数

额定电压	DC 1 500 V
变化范围	DC 1 000 ~ 1 800 V DC 1 950 V（瞬间）
电网瞬时电压	IEC 60850
额定电流（在 55 °C）	1 200 A
过载（动热稳定）	DC 3 500 A，60 s DC 4 000 A，15 s
过流脱扣装置	双向内部过流脱扣
脱扣值	1 200 ~ 2 500 A
最大分断能力	25 kA，*L/R* 15 ms 30 kA，*L/R* 2 ms
预期线路短路电流	20 kA

（三）高速断路器激活程序

高速断路器激活程序如图 2-3-7 所示。

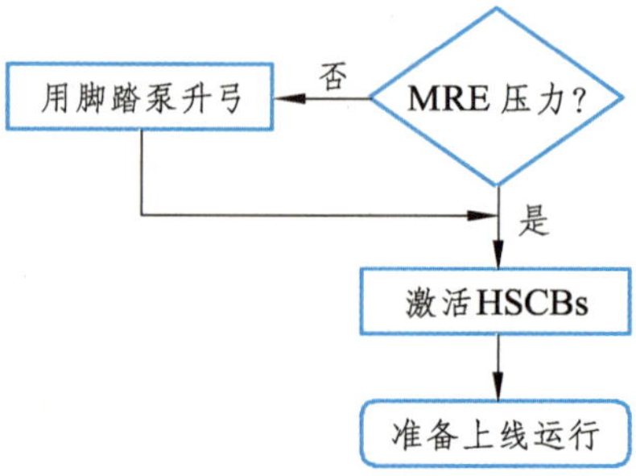

图 2-3-7　高速断路器激活程序

实践任务

（1）根据高速断路器日常检修作业内容，完成高速断路器的检修并填写检修结果，如表 2-3-2 所示。

表 2-3-2　高速断路器日常检修表

序号	维修项目	技术要求	检查结果
1	目视检查高速断路器箱体外部电气及机械连接状态	锁闭良好，高速断路器箱体外部电气及机械连接状态无异常，箱体排水孔畅通；吊挂紧固件无松动	
2	目视检查接地螺栓、接地导线	箱体接地螺栓无松动，接地导线无断股	
3	目视检查高速断路器	高速断路器外观无变形、无变色、无破损	
4	目视检查高速断路器控制板	外观无变形、无变色、无破损	
5	目视检查线路电压传感器保护熔断器	外观无变形、无变色、无破损	
6	目视检查线路电压传感器	外观无变形、无变色、无破损	
7	目视检查高速断路器动、静触头，灭弧罩，线圈	无烧损、无积灰、无杂物	

（2）根据高速断路器年检程序及检修作业内容，完成高速断路器的检修并填写检修结果，如表 2-3-3 所示。

表 2-3-3　高速断路器年检修表

序号	维修内容	技术要求	检修结果
1	检查高速断路器	1. 目视检查紧固件紧固正常，各部件清洁无积尘； 2. 目视检查高速断路器箱体接地情况	
2	清洁和检查高速断路器的灭弧罩、灭弧角、陶瓷件、底座	目视检查并清洁，无积尘，无裂纹、无烧毁、无积炭	修复或更换
3	检查高速断路器的主触头、辅助触头，连接电缆及插针	目视检查接线正确、牢固，接触良好，触头表面无烧毁，无明显氧化；清洁主触头并检查主触头磨损情况，辅助触头电阻值≤500 mΩ；修复或更换	

知识拓展

刀开关认知

高压箱安装在 Mp 车底架，其实物图如图 2-3-8 所示。高压箱内装有设备包括：刀开关、熔断器、高速断路器。

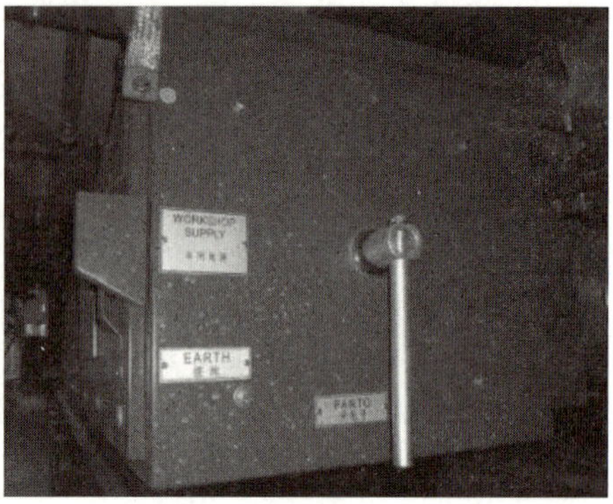

图 2-3-8　高压箱实物图

一、刀开关的概述

刀开关属于手动电器，主要用于不频繁地接通和分断供电线路，以及作为电源隔离开关，也可以用来直接启动小容量的三相异步电动机。

刀开关的作用：

（1）隔离电源，以确保电路和设备维修的安全；或作为不频繁地接通和分断额定电流以下的负载用。

（2）分断负载，如不频繁地接通和分断容量不大的低压电路或直接启动小容量电机。

（3）刀开关处于断开位置时，可明显观察到，能确保电路检修人员的安全。

二、刀开关的结构

刀开关有 3 个位置：“受电弓”位、“接地”位、“车间电源”位。

（1）“受电弓”位：通过受电弓给本单元的牵引变流器供电，同时为辅助变流器供电。

（2）“接地”位：切除供电电源，同时逆变器充电电容迅速放电。

（3）“车间电源”位：通过车间电源给辅助变流器供电。

注意事项：刀开关配有人工操作的闭锁装置，在手动切换刀开关至另一位置前，需要进行手动解锁，然后受电弓自动降弓，高速断路器自动断开。

任务四　牵引逆变器的认知

任务导入

2020 年 9 月 18 日 15:40，某地铁列车在上行车辆屏显示 4 车、5 车牵引逆变器故障，经司机处理后仍无法动车，启动救援程序将故障车推进回车辆段，同时组织两列热备车上线调整；此次故障造成救援 1 次，清客 2 列，晚点 3 列，最大晚点 15 分 23 秒。

思考：牵引逆变器的作用是什么？

学习任务

一、概　述

牵引逆变器是交流传动地铁车辆上的重要设备，安装在动车底部。其主要功能是把来自接触网的 1 500 V 直流电变换为三相交流电，为动车转向架上的牵引交流电机提供交流电。其频率和电压值是可调的。电制动时，它将牵引交流电机发出的交流电进行整流，反馈到接触网供本车其他负载使用，或供其他车的耗电设备如辅助设备、空调、照明等使用。未被消耗的电能由制动电阻消耗，转变成热能散发到大气中。

二、牵引逆变器的基本结构

牵引逆变器电路主要由输入电路、逆变器单元、牵引控制单元构成。除以上主要部分外，牵引逆变器还包括各种辅助的电源供应、散热装置等，如图 2-4-1 所示。

图 2-4-1　牵引逆变器实物图

牵引逆变器的最主要部件是大功率半导体开关器件。早期的交流传动地铁车辆中采用大功率 GTO 器件，如上海地铁 1 号线和 2 号线（AC01、AC02 型）、广州地铁 1 号线、北京地铁复八线。随着电力电子技术的不断发展，目前在城市轨道交通车辆牵引逆变器中普遍采用的是复合型电力电子器件 IGBT。

大功率电力电子器件都需要用散热器冷却。由于 GTO 元件和 IGBT 元件结构不同，所以散热方法也不同。GTO 元件是双面散热，即其阳极和阴极两面都与散热器接触，它们的结构是“压接式”，且散热器是带电的，因此各个 GTO 的散热器之间必须互相绝缘。IGBT 的底座是绝缘的，它安装在散热器上时不会使散热器带电，因此，可以将逆变器上的所有 IGBT 器件安装在一个公共的大散热器上。

三、列车牵引回路电气配置

主回路将电力传动车辆产生牵引力和制动力的各种电器、电机、电子设备连成一个电气系统，实现电动列车的功率传输。它是电动列车最重要的组成部分之一，如图 2-4-2 所示。

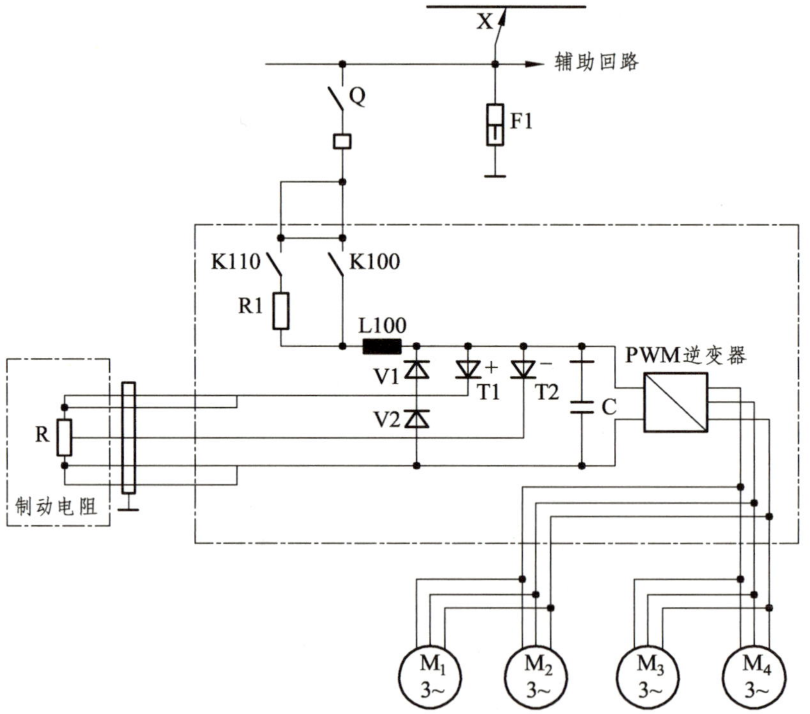

X—受电弓；F1—避雷器；Q—高速断路器；K100—线路接触器；K110—预充电接触器；*R*1—预充电电阻；*L*100—线路电感；T1—制动 GTO；T2—保护晶闸管；V1、V2—二极管；*C*—线路滤波电容；$M_1 \sim M_4$—三相交流前电机。

图 2-4-2　主回路电气配置图

上海地铁 AC01、AC02 型电动列车的主回路使用的是直-交电传动装置，与直-直电传动相比减少了部分接触器、电抗器等触点设备，使主回路简单可靠。逆变器采用变频变压控制方法（VVVF），斩波部分采用 GTO 调压的控制方法，减小了装置体积，降低了开关损耗，提高了效率，同时又具有良好的调速性能。

主回路应满足列车启动、调速和制动 3 个基本工作状态的要求。启动、调速及制动是通过列车主回路、控制电路和辅助系统的共同作用实现的，是列车电传动系统必须达到的基本任务。调速更是 3 种运行工况共同的基础，因为列车牵引时需根据不同的运行条件来调节车辆的速度。为了充分发挥列车的功率，就要求列车能在不同的线路和载荷条件下改变牵引力，因此列车主回路工况必须保证牵引电动机的转矩和转速都可进行调节，且有宽广的调节范围。

四、逆变电路

逆变电路包括相模块 A10、A20、A30，以及功率半导体和门控电路。一个逆变单元由 6 个开关型半导体元件组成，在逆变器系统中采用 GTO 管（门极可关断晶闸管）或 IGBT（绝缘栅大功率晶体管）。每个 GTO 管两端并联有一个续流二极管，用来维持电机电流的流动。逆变电路等效图如图 2-4-3 所示。

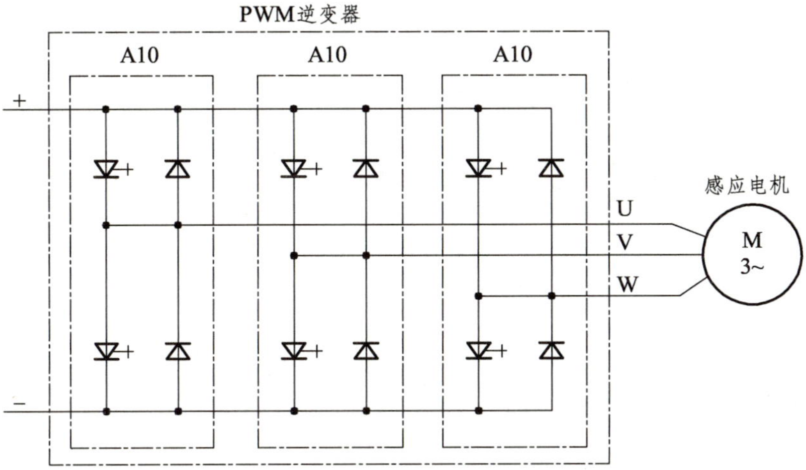

图 2-4-3　逆变电路等效图

五、牵引逆变器模块

1）相模块 A10、A20、A30

相模块由 GTO 晶闸管及其缓冲电路、门极电路组成。相模块的主要功能是将中间电路输出的直流电压转换为三相交流电压。

2）制动控制模块 A40

制动控制模块由 GTO 晶闸管及其缓冲电路、门极电路组成。制动模块的主要功能是在列车进行电制动时，将电机产生的制动能量以热能形式消耗在制动电阻上。

3）保护模块 A50

保护模块的主要功能是保护逆变电路承受中间电路产生的过电压冲击。当中间电路电压超过限定值时，保护模块中的晶闸管将会被触发，通过制动电阻进行放电。

4）牵引控制单元 A100

牵引控制单元（TCU）的主要功能是控制主逆变器工作。

5）门极电源单元 A130

门极电源单元的主要功能是为 GTO 门极电路提供电源。

6）电阻单元 A200

电阻单元由放电电阻和缓冲电阻组成。放电电阻主要用于中间电路电容的放电。在主电路与接触网断开，或者预充电接触器和线路接触器断开时，储存在电容中的能量可以通过放电电阻释放。电容两端的电压可以在 1 min 内下降至 50 V 以下。

7）直流中间电路电容 $C100$、$C200$

电容在直流中间电路中是一个能量储存元件，可以最大限度地吸收中间电路中的交流分量。电容还和线路电感一起组成线路滤波器。

8）设备风扇 E100

设备风扇主要为牵引逆变器提供冷却空气。在整个牵引逆变器工作时，相模块、制动模块、中间电路电容、线路电感及电阻单元需要冷却空气来降低元件温度。

9）Pt100 电阻 F200

Pt100 电阻主要用来测量牵引逆变器内主要部件的温度。

10）线路接触器 K100

线路接触器安装在主电路输入端。通过控制线路接触器工作，可以控制主电路与电源的连接和隔离。

11）预充电接触器 K110

在牵引逆变器启动时，电源通过预充电接触器为线路电容充电。

12）线路电感 $L100$

线路电感和线路电容组成线路滤波器。在故障发生时，特别有短路电流形成时，线路电感可以抑制电流的上升。

13）预充电电阻 $R100$、$R110$

预充电电阻与预充电接触器相连，可以限制充电电流及防止输入电压过高。

14）接地电阻 $R140$

接地电阻接在牵引箱与车辆之间，将牵引箱接地与车辆接地隔离。

15）终端电阻 $R150$

终端电阻可作为保护单元的缓冲电阻。

16）电机电压互感器 T100、T110

电机电压互感器用于检测电机相电压。

17）线路电流互感器 U100

线路电流互感器用于检测线路电流。

18）接地电路电流互感器 U110

接地电路电流互感器用于检测逆变器接地是否有故障。

19）电机电流互感器 U120 ~ U140

电机电流互感器用于检测电机三相电流。

20）线路电压互感器 U150

线路电压互感器用于检测输入电压，并联在线路电容的两端。

21）中间电路电压互感器 U160

中间电路电压互感器用于检测中间电路的直流电压。

实践任务

根据牵引逆变器的日常检修工艺及要求，填写牵引逆变器的检修结果，如图 2-4-1 所示。

表 2-4-1　牵引逆变器的日常检修表

序号	检查内容	检查标准	检查手段	检查结果
1	箱体	箱体无污垢或异物、无变形，箱内无异物，箱体螺钉安装良好	目视、操作检查	
2	吊挂螺栓	螺栓紧固无松动，弛缓线无位移，安装吊梁无变形、无裂纹	目视、操作检查	
3	接地线	接地线安装良好无断裂	目视、操作检查	
4	电阻单元	电阻瓷片无裂纹、烧损，电阻片无严重变形	目视、操作检查	
5	线缆	线缆安装良好，外皮无破损污物	目视、操作检查	
6	箱体出线	线缆无破损、箱体出线良好	目视、操作检查	
7	把手	把手安装良好，无掉落	目视、操作检查	

检修注意事项如下。

① 即使牵引箱断电较长一段时间后，仍可能携带导致人身伤害的电流。当列车正常断电时，牵引逆变器直流回路的电容器将迅速通过制动斩波器和制动电阻放电。另外同时能通过直流回路的持续放电电阻缓慢放电。直流回路电容器通过持续放电电阻放电至少需要 20 min（使电压从 1 800 V 降到 60 V 以下的安全电压值）。另外，在牵引箱入口处需严格执行 5 项安全规则，确保直流侧无电压。

② 确定紧凑型逆变器母线排上的测量点不带电。红色：正电位；蓝色：负电位。这些测量点是凹进在母线排上，以确保测量的峰值正确，如图 2-4-4 所示。

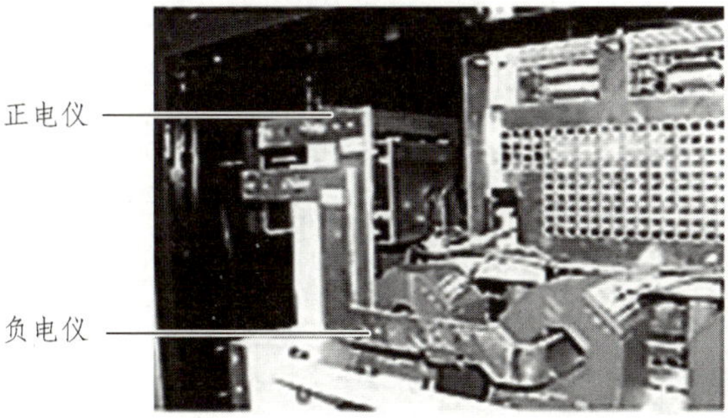

图 2-4-4　紧凑型逆变器上测量点的位置

知识拓展

跨座式单轨系统牵引系统案例分析

以重庆轻轨 3 号线跨座式单轨系统为例，对其牵引系统的组成、控制原理及主要设备的技术参数进行分析。

重庆轻轨 3 号线跨座式单轨列车采用 6 辆编组方式：$=MC_1*M_2*M_4*M_5*M_3*MC_2=$。列车车体下部的主要电气设备及其动力分配如图 2-4-5 所示。系统采用 DC 1 500 V 供电，VVVF 逆变器调压，三相异步电动机牵引，再生制动（注意：负极受电弓升起后不再降下，列车的受电由正极受电弓提供）。

MC_1	M_2	M_4	M_5	M_3	MC_2
VVVF 牵引逆变器、SIV 装置、蓄电池箱、电压检测装置、开关熔断器、受电弓两台	VVVF 牵引逆变器两台、主熔断器箱、主接地开关箱、主隔离开关、母线隔离开关箱、滤波电抗器、受电弓两台	VVVF 牵引逆变器两台、主熔断器箱、主接地开关箱、主隔离开关、母线隔离开关箱、滤波电抗器、受电弓两台	VVVF 牵引逆变器、SIV 装置、蓄电池箱、开关熔断器、受电弓两台	VVVF 牵引逆变器两台、主熔断器箱、主接地开关箱、主隔离开关、母线隔离开关箱、滤波电抗器、受电弓两台	VVVF 牵引逆变器、SIV 装置、蓄电池箱、电压检测装置、开关熔断器、受电弓两台

图 2-4-5　重庆轻轨 3 号线动力分配示意图

一、跨座式单轨牵引系统的组成

主电路由受电装置、熔断器、避雷/浪涌吸收器、高速断路器、输入滤波器、VVVF 牵引逆变器、线路接触器等部件组成。在受电装置附近装有 1 台避雷/浪涌吸收器，每个动力单元的主逆变器受高速断路器（HSCB）保护，

高速断路器可高效地保护由于短路、接地造成的过电流，其保护特性与相应的牵引变电站 64D 保护系统相匹配和协调。输入滤波器由电抗器和电容器组成，故障情况下滤波器储存的能量当即被释放，不会对车辆部件造成二次性损坏。

VVVF 牵引逆变器采用电压型三点式逆变器，1 台牵引逆变器控制两台牵引电动机，即 1C2M 方式。VVVF 牵引逆变器包括输入滤波器、三相逆变器模块，自然冷却后，实施输入过电流、输出过电流、低输入网压、过压、过热、相电流电压不平衡和牵引电动机过电流等保护。每台逆变器配装一台高速断路器，使用双微机系统对 VVVF 进行控制。

二、跨座式单轨系统主要牵引设备

1. 受电装置

跨座式单轨车辆受电（集电）装置分正极和负极两种，两种受电装置安装在转向架上，采用侧面滑动受电方式。在驾驶室车辆和 Ms 车辆上各安装两台负极受电弓，在其他车辆上各安装两台正极受电弓。

（1）正极受电装置：开弓时采用弹簧装置，收弓时采用压缩空气。收弓时使下降风缸动作，折叠式受电装置在折叠位置，由锁钩装置将受电弓锁住，使其与接触网脱离。当需要受电装置开弓时，可使电磁线圈得电，解开锁钩装置，弹簧装置将受电装置撑开与接触导轨接触受电。

（2）负极受电装置：与正极受电装置相比，负极受电装置不设自动折叠装置，使负线受电装置经常与负线接触导轨接触。需要时可用手压到折叠位置，由锁钩装置锁住，解锁时用手动压缩解锁。

（3）滑板：受电装置滑板为铜系粉末冶金制成。

（4）车辆接地装置：考虑到跨座式单轨车辆采用橡胶轮胎，每辆车配有一接地装置，当车辆到达车站和车辆段时，与安装在轨道梁上的接地板接触，以保证乘客在车站和车辆段检修作业人员的生命安全。

（5）接触网受流模式：跨座式单轨接触网受流模式不同于传统轮轨交通所采用的第三轨或架空接触网模式，是一种全新的城市轨道交通接触网受流模式，除了正极受流接触网外，设置专门的负极回流接触网（回流轨）。电流经车辆负极受电弓再经回流轨回流，负极接触网和正极相同。接触网位于轨道侧面中部并被车体包络，与轨道梁中心线方向平行且呈“之”字形布置，接触受流面相对轨道梁侧面向外，受电弓相对轨道侧面向内与接触网接触线摩擦受流。

2. 传动装置

单轨牵引传动装量与普通车辆一样，由牵引电动机、联轴器和齿轮减速箱等零部件组成。所不同的是，普通车辆的传动装置安装在轮对的两个车轮之间，而跨座式则全部放在构架外侧。

重庆“较新”线单轨车辆的牵引电动机为三相笼型异步电动机。电动机的输出功率为 105 kW，线电压为 1 100 V，额定转速为 3 439 r/min，电动机绝缘等级为 H 级，自然通风冷却，转子导条采用铸铝材料。电动机固定在跨座式转向架上，通过弹性联轴器与齿轮箱连接，齿轮箱的传动比为 6.55∶1，有利于提高牵引电动机的转速，减小牵引电动机的体积，为解决牵引电动机安装空间不足创造了条件。

三相笼型异步电动机主要由定子和转子两个部分组成，定子、转子之间是间隙。转子绕组是用作产生感应锥齿轮电动势并产生电磁转矩的，它的转子绕组是短路绕组，体比铁心长，在铁心两端用两个端环将导体短接，形成短路绕组。若将铁心去掉，则剩下的绕组形状似笼子，故称为笼形绕组。它的缺点是调速能力差，启动转矩小，因此在一些要求平滑调速和启动转矩大的工况下，采用多种方式进行控制。

3. 牵引逆变器

牵引逆变器的作用是将接触网上的 DC 1 500 V，经过调频调压为 AC 1 100 V，提供给列车主牵引电动机。

4. 断路器装置

断路器装置由高速断路器、电磁接触器及各种继电器等组成。其主要作用是切断和接通负荷电路，切断故障电路，防止事故扩大，保证安全运行。单轨交通车辆采用 UR6 型高速断路器，是单极双向装置，具有电磁吹弧，自然风冷的直流断路器。断路器设计为检测过电流后迅速地响应，电弧发生时通过瞬时的恒定过电压形式迅速抑制电弧。

任务五　牵引电机的认知

任务导入

2018 年 7 月 19 日，某地铁 9 号线电客车在晚上收车回库时，车辆中心接车人员发现 5 车 4 轴有异响，车辆中心即刻安排扣车，并立即进行了库内动车检查，确认该轴在速度大于 5 km/h 时有明显的异响，初步判断异响来源于牵引电机。

思考：牵引电机的结构组成有哪些呢？

学习任务

由电磁感应定律可知：导体切割磁力线将在导体中产生感应电动势；由电磁力定律可知：通电导体在磁场内会产生电磁力。城市轨道交通车辆的牵引电动机就是利用这两种电磁效应，实现电能与机械能的能量变换的。

一、直流牵引电动机

（一）直流牵引电动机的结构

直流传动系统采用直流牵引电动机作为驱动电动机。由于直流串励牵引电动机具有适合牵引需要的“牛马”特性，即启动性能好、调速范围宽、过载能力强、功率利用充分、控制简单等优点，因此在直流传动系统中一直将其作为各种车辆的主要牵引动力。直流串励牵引电动机的结构如图 2-5-1 所示，其结构及主要组成部件作用见表 2-5-1。

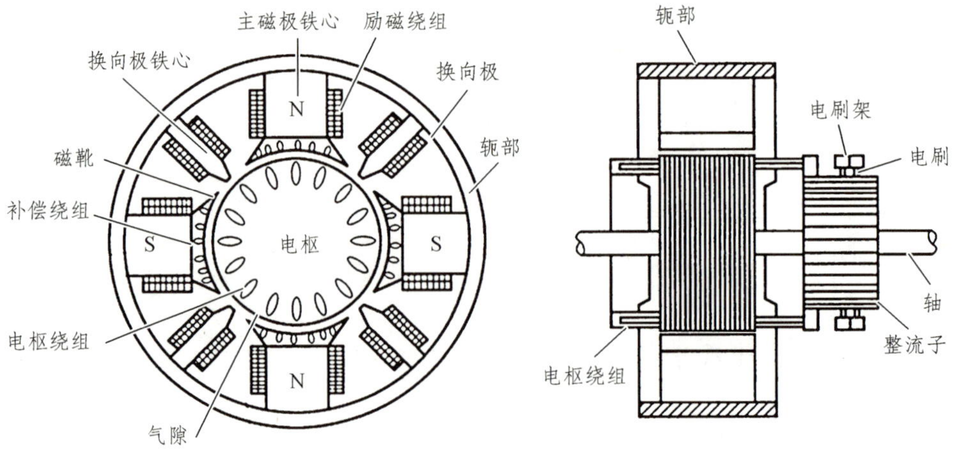

图 2-5-1　串励牵引电动机的结构

表 2-5-1　串励牵引电动机的结构及主要组成部件作用

部位	主要组成部件			主要作用
	名称	部件组成	使用材料	
定子	主极	主极铁心	热轧软钢板叠制	产生磁通，建立主磁场
		主极绕组	漆包线或绝缘扁铜线	
	换向极	换向极铁心	热轧软钢板叠制	改善换向
		换向极绕组	绝缘扁铜线	
	补偿线圈		绝缘扁铜线	改善负载特性，改善换向
	磁轭		铸钢或热轧软钢板叠制	提供磁路
转子	电枢	电枢铁心	硅钢片叠成	产生电磁转矩，实现机电能量转换
		电枢绕组	漆包线或绝缘扁铜线	
	换向器（整流子）	换向片	含少量银的铜合金	提供电流、整流、换向
		云母片	云母层压板，绝缘	
	轴		碳素钢	传递转矩

（二）直流牵引电动机的工作原理

直流串励牵引电动机的工作原理如图 2-5-2 所示。定子主极绕组中通以直流电 I_L（励磁电流）建立主磁场，转子电枢绕组中流过电枢电流 I_a，在磁场作用下电枢导体将受到电磁力 F 的作用，在此电磁力的作用下，电动机克服阻力开始旋转，将电能转换为电动机旋转的机械能。

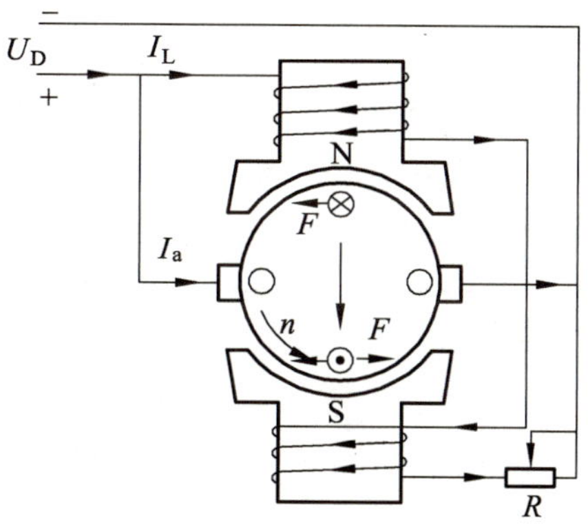

图 2-5-2　直流串励牵引电动机工作原理

（三）直流传动控制系统组成与控制原理

城市轨道交通车辆直流主传动系统由网侧高压电路、牵引电动机调速电路组成，主要设备有受流器、断路器、直流牵引电动机、传动齿轮箱、轮对、接地回流装置。城市轨道交通车辆直流主传动结构组成如图 2-5-3 所示。

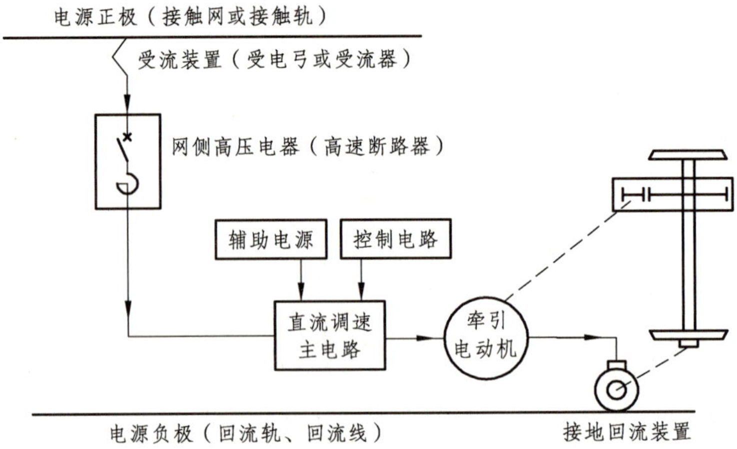

图 2-5-3　城市轨道交通车辆直流主传动结构组成

城市轨道交通车辆主传动系统的工作过程为：接触网或接触轨的直流电（DC 1 500 V 或 DC 750 V）经动车上的受流器引入车内，经断路器、网侧高压电路、直流牵引电动机调速电路，再经接地回流装置回电源负极。电动机接入电源即行旋转，电能随即转换为机械能，牵引电动机产生的牵引转矩经过齿轮传动装置传递到动车轮对实现牵引运行。

直流传动的城市轨道交通车辆，其调速控制方式一般有两种基本形式：变阻控制和斩波调压控制。

1. 变阻控制

变阻控制是指通过调节串入电动机回路的电阻，改变直流牵引电动机端电压而达到调速目的，主要方法有凸轮调阻和斩波调阻。

1）凸轮调阻控制

如图 2-5-4 所示，通过转动凸轮，接触器 KM 形成不同的开闭组合，接入或切除若干启动电阻 *R*，以达到调节牵引电动机端电压的目的。这种调速方式是通过凸轮控制电阻进行的有级调节，因此会产生牵引力冲击，乘客乘坐时舒适度欠佳，另外存在能耗，因此并不是经济的调速手段。

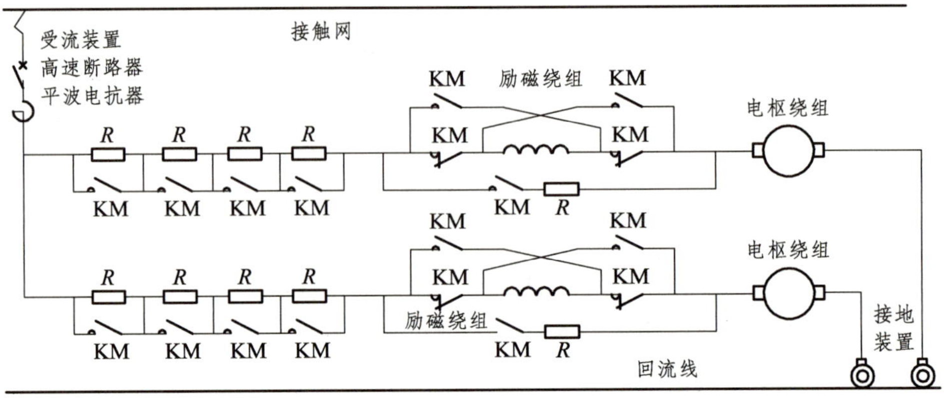

图 2-5-4　凸轮调阻控制

2）斩波调阻控制

它是将晶闸管或门极关断晶闸管（GTO）等功率器件组成的斩波器（CH）作为电子开关，与启动电阻 R 并联，通过控制 CH 的导通时间，改变串入主电路的电阻，从而改变电动机的端电压，实现调速的方法，其原理如图 2-5-5 所示。

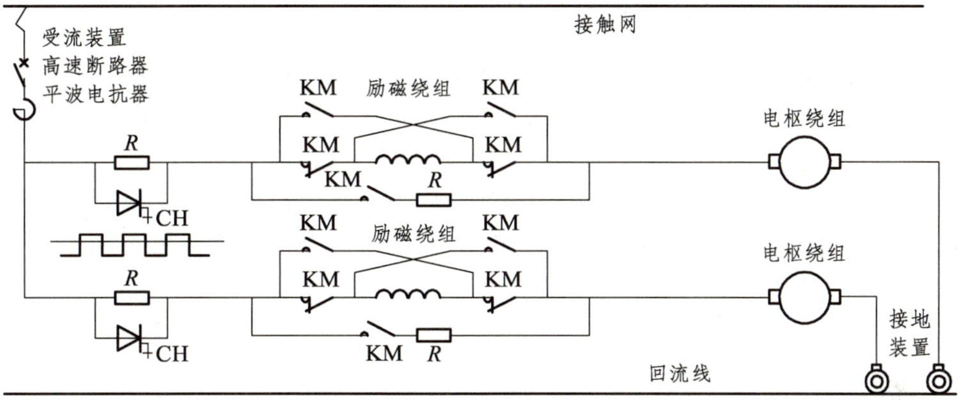

图 2-5-5　斩波调阻控制

2. 斩波调压控制

斩波调压控制是指通过控制接在电网与牵引电动机之间的斩波器的导通与关断来改变牵引电动机端电压的方法。其主传动电路如图 2-5-6 所示。

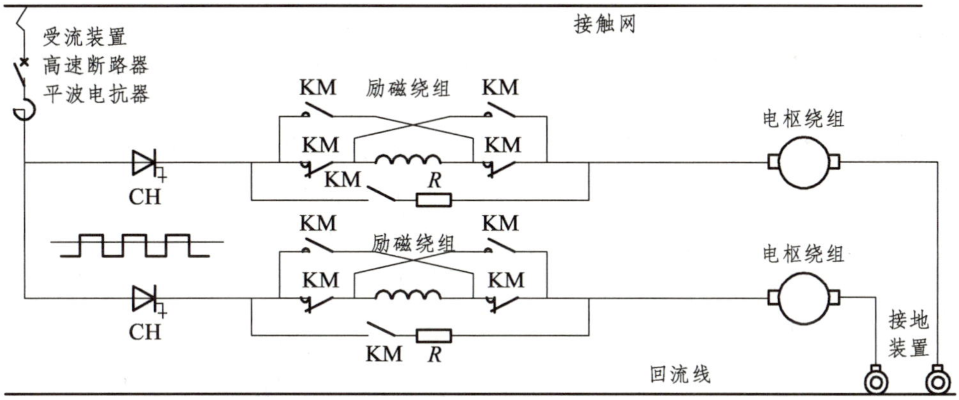

图 2-5-6　斩波调压控制

如图 2-5-6 所示，与斩波调阻相比，斩波调压控制用斩波器取代了启动电阻，组成了一个直流电动机斩波调速电路。在该电路中，当开关闭合时负载两端获得电源电压，而当开关断开时，负载两端的电压为零。若开关周期性地高速通断，则在负载两端得到一个脉冲序列电压。只要斩波开关的切换速度足够高，则可认为电动机的转速是稳定的，且仅由电压平均值的大小来决定。由于斩波控制的是电动机的电枢电压，因此这种调速控制称为电枢斩波控制。

斩波控制调速是一种经济的调速手段，而且随着电力电子技术的发展，大功率全控型电力电子器件的出现，使得斩波器的结构得以简化，所以在直流传动的城轨交通车辆调压线路中已广泛采用由门极关断晶闸管或绝缘栅双极性晶体管（IGBT）器件组成的大功率斩波器。

（四）直流牵引传动系统的电制动

城轨车辆的电制动是利用电机的可逆性原理。一台电机既可以作发电机也可以作电动机，只是运行条件不同，这就是电机的可逆性原理。城轨车辆牵引运行时牵引电机为串励，作电动机运行，将电网的电能转换为列车运行的动能；在制动时通过将电机与电网分离，可以把牵引电动机变为发电机，将列车运行的动能变为电能，这时牵引电机轴上的反向转矩作用在动轮上形成电制动力。电制动可以提高列车下坡时的运行速度，降低轨道车辆轮对及其闸瓦的磨耗。

电制动时牵引电机所产生的电能，如果利用电阻使之转化为热能耗散掉，则称为电阻制动或能耗制动。如果将电能重新反馈回电网中去加以利用，则称为再生制动或反馈制动。

1. 电阻制动

串励直流牵引电动机的电阻制动，按其接线方式不同可以分为两种，即他励式电阻制动和串励式电阻制动，如图 2-5-7 所示。

（1）他励式电阻制动。将串励电动机的串励绕组与电枢绕组分离，串励绕组改由单独的电源供电，电枢绕组则与制动电阻 R_Z 相连接，这种方式称为他励式电阻制动，如图 2-5-7（a）所示。改变他励绕组的励磁电流和磁通，可以调节电动机的制动电流和制动力。

（2）串励式电阻制动。牵引电动机励磁绕组反向与电枢串联，再接到制动电阻 R_Z 上，电动机仍保持串励形式，如图 2-5-7（b）所示。这种方式不需要有额外的励磁电源，但是需要改变制动电阻 R_Z 的大小来调节制动电流和制动力。城市轨道交通车辆常采用斩波器与制动电阻并联的方式，依靠调节斩波器的导通比改变制动电阻的大小来调节制动电流和制动力。

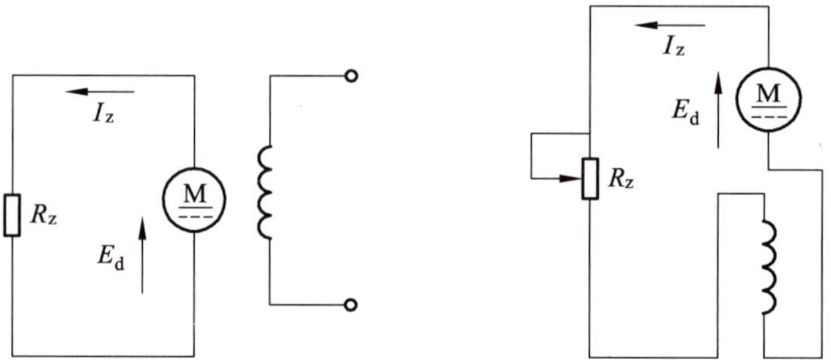

（a）他励　　（b）串励

图 2-5-7　电阻制动

2. 再生制动

再生制动时，牵引电机处于发电机状态向电网反馈电能，如图 2-5-8 所示。采用 GTO 斩波装置，可以比较方便地实现再生制动。

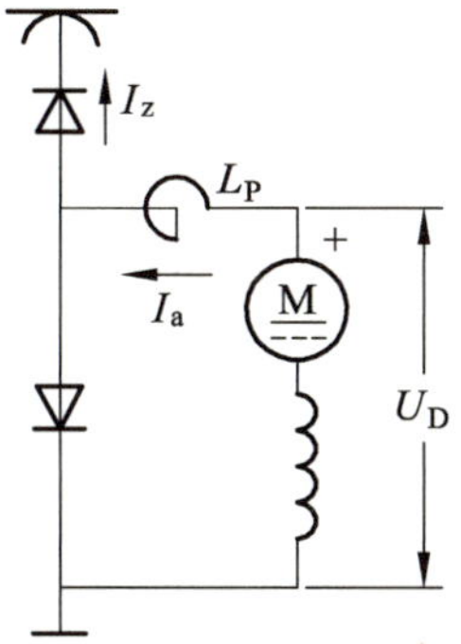

图 2-5-8　再生制动

（五）主要设备

1. 牵引电机

地铁车辆采用串励直流牵引电机，它具有启动转矩大、过载能力强、调速平滑且范围广、控制简单的特点。电机冷却采用自通风形式，架承式悬架，电机输出端与齿轮箱小齿轮间采用弹性（挠性）联轴器连接。换向器为紧固式塑料换向器，换向器长度较短，从而增加了电枢铁心的有效长度，使电机有较大的转矩。

2. 斩波器

斩波器采用门极关断晶闸管器件。GTO 器件的特点是其导通和关断都可采用门极触发的方法，不需要换流电路，大大简化了斩波器的线路和结构。斩波器原理如图 2-5-9 中点画线框内部分。地铁车辆斩波器控制方法如下。

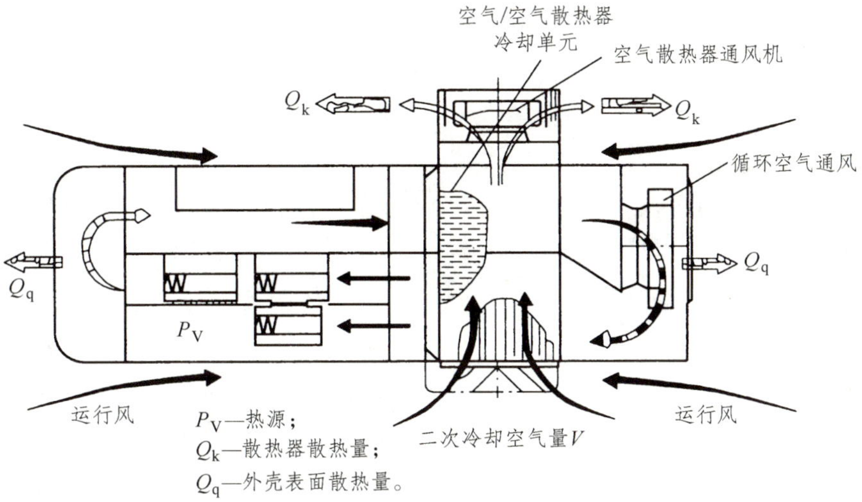

图 2-5-9　斩波器箱通风冷却示意图

（1）启动牵引前期采用频率调制（即调 T），设定很小的脉宽（即定 t_{on}），频率从 60 Hz 起调至 400 Hz，之后转入脉宽调制（即调 t_{on}），对导通比 α 在 0.05 ~ 0.95 进行控制。斩波器调压公式为 $U = \alpha U_c$，故当调节 $\alpha = 0.05 \sim 0.95$ 变化时，则对应 $U =（0.05 \sim 0.95）U_c$（U_c 为接触网电压）之间进行调节。

（2）电制动时，门极可关断晶闸管 V1、V2 调节再生制动电流，V3、V4 电阻制动晶闸管调节电阻制动电流，V7、V8 和电阻（1R3 ~ R7、R8、R9）构成分级电阻制动调节电路。

斩波器冷却采用内外隔离方式，通风冷却示意图如图 2-5-9 所示。斩波器箱内装有循环空气通风机，箱内空气借助风机循环流动。箱内还有一个热交换器，箱内空气与箱外空气互相隔离，但可通过热交换器进行热量交换。热交换器也配有一个通风机，将热量排到大气中去。因此斩波器箱内的热量一部分通过箱体表面散热，一部分通过热交换器排入大气。由于箱内空气只在箱内循环，不与外部空气接触，因此能保持很高的清洁度。

直流传动城轨车辆的特点是采用直流牵引电机，通过控制励磁电流使牵引电机具有所要求的软特性和良好的防空转性能。直流电机结构上的缺点是存在电刷和换向器，无法改变电机存在的火花和环火的致命缺陷，从而限制了直流电机的功率和容量，也限制了直流传动列车的发展。

二、交流牵引电动机

（一）交流牵引电动机的结构

三相鼠笼式异步电动机的结构如图 2-5-10 所示。它主要由定子和转子两大部分组成，定转子中间是气隙。此外，还有端盖、轴承、机座、风扇等部件。

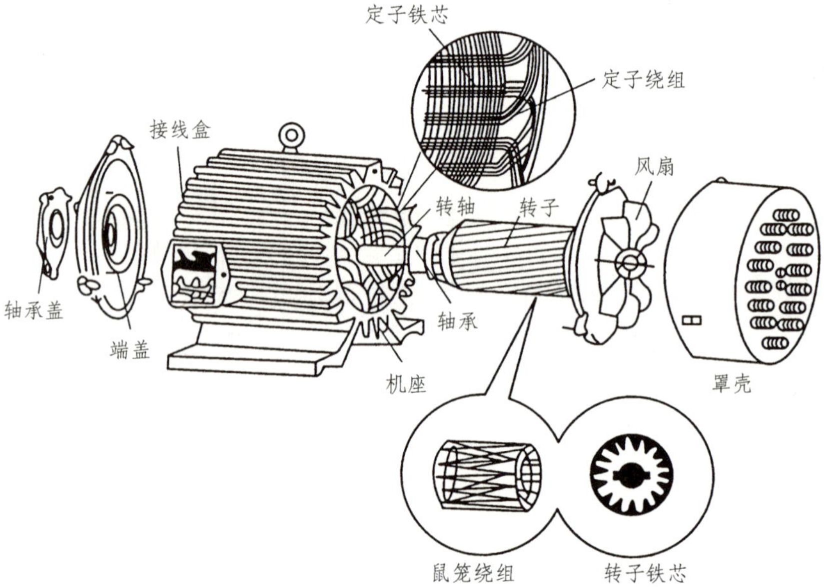

图 2-5-10　三相鼠笼式异步电动机组成部件

1. 定　子

定子由定子三相绕组、定子铁心和机座组成。

定子三相绕组是电机定子部分的电路，在异步电动机的运行中起着很重要的作用，是把电能转换为机械能的关键部件。定子三相绕组的结构是对称的，一般有 6 个出线端 U1、U2、V1、V2、W1、W2 置于机座外侧的接线盒内，根据需要接成星形（Y）或三角形（△），如图 2-5-11 所示。

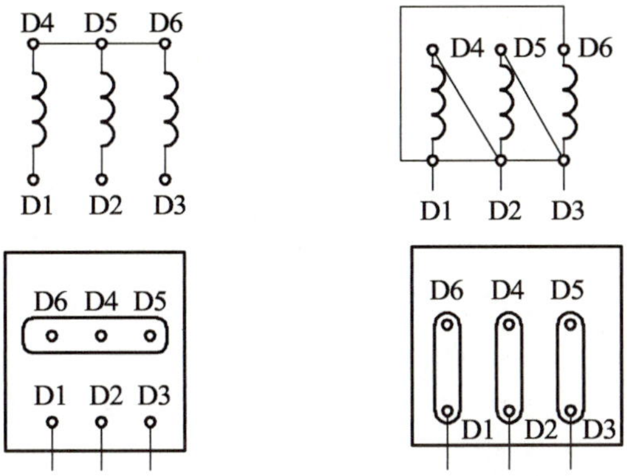

（a）星形（Y）　　（b）三角形（△）

图 2-5-11　三相鼠笼式异步电动机出线端

定子铁心是异步电动机磁路的一部分，由于主磁场以同步转速相对定子旋转，为减小在铁心中引起的损耗，铁心采用 0.5 mm 厚的高导磁电工钢片叠成，电工钢片两面涂有绝缘漆以减小铁心的涡流损耗。中小型异步电机定子铁心一般采用整圆的冲片叠成，大型异步电机的定子铁心一般采用扇形冲片拼成。在每个冲片内圆均匀地开槽，使叠装后的定子铁心内圆均匀地形成许多形状相同的槽，用以嵌放定子绕组。槽的形状由电机的容量、电压及绕组的型式而定。绕组的嵌放过程在电机制造厂中称为下线。完成下线并进行浸漆处理后的铁心与绕组成为一个整体一同固定在机座内。

机座又称机壳，它的主要作用是支承定子铁心，并通过机座的底脚将电机安装固定。全封闭式电机的定子铁心紧贴机座内壁，故机座外壳上的散热筋是电机的主要散热面。中、小型电机的机座一般采用铸铁制成。大型电机因机身较大浇注不便，常用钢板焊接成形。

2. 转　子

异步电动机的转子由转子铁心、转子绕组及转轴组成。

转子铁心也是电机磁路的一部分，用 0.5 mm 厚的电工钢片叠成。与定子铁心冲片不同的是，转子铁心冲片是在冲片的外圆上开槽，叠装后的转子铁心外圆柱面上均匀地形成许多形状相同的槽，用以放置转子绕组。

转子绕组是异步电动机电路的另一部分，其作用为切割定子磁场，产生感应电动势和电流，并在磁场作用下受力而使转子转动。转子绕组有鼠笼式转子绕组和绕线式转子绕组两种类型，这两种转子各自的主要特点是：鼠笼式转子结构简单，制造方便，经济耐用；绕线式转子结构复杂，价格贵，但转子回路可引入外加电阻来改善启动和调速性能。

鼠笼式转子绕组结构与定子绕组大不相同。在转子铁心外圆有槽，每槽内放一根导条，在铁心两端用两个端环把所有的导条都连接起来，形成自行闭合的回路。如果去掉铁心，整个绕组的形状就像一个鼠笼。导条与端环的材料可用铜或铝。如果是用铜的，就是事先把做好的裸铜条插入铁心槽中，再用铜端环套在两端铜条的头上，并用铜焊或银焊把它们焊在一起。对中、小型电机一般都采用铸铝转子，是用熔化了的铝液直接浇铸在转子铁心槽内，连同端环以及风叶等一次铸成。

绕线式转子绕组是用绝缘导线组成，嵌放在转子铁心槽内的三相对称绕组三相一般为星形接法，三根引出线分别接到固定在转轴上并互相绝缘的 3 个集电环上，再通过安装在端盖上的电刷装置与集电环接触把电流引出来。这种转子的特点是可以通过集电环和电刷在转子回路中接入附加电阻，用以改善电动机的启动性能，或调节电动机的转速。有的绕线转子异步电动机还装有一种提刷短接装置，当电动机启动完毕而又不需要调节转速时，移动手柄使电刷被举起而与集电环脱离接触，同时使三只集电环彼此短接起来，这样可以减少电刷与集电环间的磨损和摩擦损耗，提高运行可靠性。但由于绕线转子结构复杂，价格较贵，运行的可靠性也较差，因此，绕线转子异步电动机只用在要求启动电流小、启动转矩大，或需要调节转速的场合，例如，用来拖动频繁启动的起重设备。

转轴是整个转子部件的安装基础，又是力和机械功率的传输部件，整个转子靠轴和轴承被支撑在定子铁心内腔中。转轴一般由中碳钢或合金钢制成。

3. 气　隙

异步电机的气隙是很小的，中小型电机一般为 0.2 ~ 2 mm。气隙越大，磁阻越大，要产生同样大小的磁场，就需要较大的励磁电流。由于气隙的存在，异步电机的磁路磁阻远比变压器大，因而异步电机的励磁电流也比变压器的大得多。变压器的励磁电流约为额定电流的 3%，异步电机的励磁电流约为额定电流的 30%。励磁电流是无功电流，因而励磁电流越大，功率因数越低。为提高异步电机的功率因数，必须减少它的励磁电流，最有效的方法是尽可能缩短气隙长度。但是，气隙过小会使装配困难，还有可能使定、转子在运行时发生摩擦或碰撞，因此，气隙的最小值由制造工艺以及运行安全可靠等因素来决定。

4. 其他部件

（1）端盖：安装在机座的两端，它的材料加工方法与机座相同，一般为铸铁件。端盖上的轴承室里安装了轴承来支承转子，以使定子和转子得到较好的同心度，保证转子在定子内膛里正常运转。端盖除了起支承作用外，还起着保护定子绕组及转子绕组的作用。

（2）轴承：连接转动部分与不动部分，目前都采用滚动轴承以减少摩擦。

（3）轴承端盖：保护轴承，使轴承内的润滑油不致溢出。

（4）风扇：冷却电动机。

（二）交流牵引电动机的工作原理

目前城市轨道交通车辆普遍采用的是交流异步牵引电动机，这是因为同步电动机需要集电环和电刷，或者在转子上安装旋转整流器，不适于频繁启动和停止的工作需要，也不能在轮径不同或牵引电动机转速有差别时，由一台逆变器驱动多台电动机并联工作。

交流异步牵引电动机在空间利用和自重上都优于同步电动机，尤其是笼型异步电动机，在工业上是最常用的。这种电动机非常经济、耐用、可靠。

异步电动机采用 VVVF 控制，即直流电通过逆变器变为三相交流电，用电压和频率的变化来控制异步电动机的转速，获得最佳的调速性能，并实现再生制动。

三相异步电机工作原理如图 2-5-12 所示，定子上的三相绕组接到三相交流电源上，转子绕组自成闭合回路。三相异步电机的工作可分为 3 种情况，以下分别做介绍。

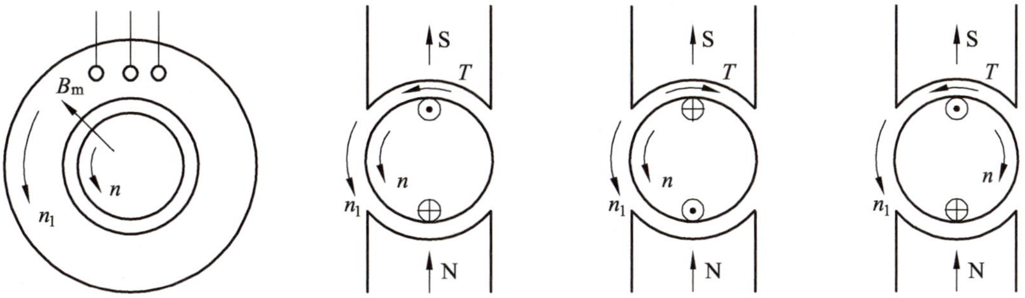

图 2-5-12　三相异步电机的工作原理

1. 三相异步电机作为电动机运行

三相异步电机作为电动机运行是其最普遍的工作状态。三相电流流入三相定子绕组，产生旋转磁势，并在气隙中产生相应的旋转磁场。旋转磁场也是以同步转速 n_1 在旋转。为了便于说明问题，在图 2-5-12 中用一对旋转的磁极来表示该旋转磁场。

由于旋转磁场以 n_1 转速旋转，转子导体开始时是静止的，故转子导体将切割定子旋转磁场而产生感应电动势（感应电动势的方向用右手定则判定）。由于转子导体两端被短路环短接，在感应电动势的作用下，转子导体中将产生与感应电动势方向基本一致的感应电流。转子的载流导体在定子磁场中受到电磁力的作用（力的方向用左手定则判定）。电磁力对转子轴产生电磁转矩，驱动转子沿着旋转磁场方向旋转。

当三相异步电机作为电动机运行时，为了克服负载的阻力转矩，三相异步电动机的转速 n 总是略低于同步转速 n_1，以便气隙中的旋转磁场能够切割转子导体而在其中产生感应电动势和感应电流，从而能够产生足够的电磁转矩来拖动转子旋转。如果转子的转速与同步转速相等，转向又相同，则气隙旋转磁场与转子导体之间没有相对运动，因而转子导体中就不会产生感应电动势和电流，电机的电磁转矩也将为零。可见，异步电机产生电磁转矩的必要条件是，磁场的同步转速 n_1 和转子的转速 n 不相等，即 $n_1 \neq n$。

把同步转速 n_1 和转子转速 n 的差值称为转差，转差与同步转速 n_1 的比值称为转差率，转差率用 s 来表示，即 $s=(n_1-n)/n_1$。转差率是异步电机的一个基本变量，它可以表示三相异步电机的各种不同运行状态。

（1）在电机刚启动时，转子转速 $n=0$，则 $s=1$，转子切割旋转磁场的相对速度为最大，转子中的电动势及电流也最大。如果电动机产生的电磁转矩足以克服机械负载的阻力转矩，转子就开始旋转，转速会不断上升。

（2）随着转子转速的上升，转差率 s 减小，转子切割旋转磁场的相对速度减小，转子中的电动势及电流也减小。在额定状态下，转差率 s 的数值通常都是很小的，中小型异步电动机的转差率约为 0.01 ~ 0.07，转子转速与同步转速相差并不很大。而空载时，因阻力矩很小，转子转速很高，转差率则更小，为 0.004 ~ 0.007，可以认为转子转速近似等于同步转速。

（3）假设 $n=n_1$，则转差率 $s=0$，此时转子导体不切割旋转磁场，转子中就没有感应电势及电流，也不产生电磁转矩。

可见，作电动机运行时，转速行在 $0\sim n_1$ 的范围内变化，而转差率则在 1 ~ 0 的范围内变化。

三相异步电动机的转速可用转差率来计算，即 $n=(1-s)n_1$。

2. 三相异步电机作为发电机运行

若三相异步电机的转轴上不是机械负载，而是用一原动机拖动异步电机的转子以大于同步转速的速度与旋转磁场同方向旋转，如图 2-5-12（c）所示，此时，转子导体相对于旋转磁场的运动方向与图 2-5-12（b）相反，转子导体中的电势及电流也反向。由左手定则可知，转子导体所产生的电磁转矩也与转子转向相反，起着制动作用。为了克服电磁转矩的制动作用，使转子能继续旋转下去，并保持 $n>n_1$，原动机就必须不断向电机输入机械功率，而电机则把输入的机械功率转换为电功率输出给电网，此时三相异步电机成为发电机。异步发电机运行时，转差率 s 为负值。

3. 三相异步电机在制动状态下运行

若在外力作用下，使转子逆着旋转磁场方向转动，如图 2-5-12（d）所示。比较图 2-5-12（b）和图 2-5-12（d）可见，此时，转子导体相对于磁场的运动方向与电动机运行状态相同，故转子导体中的电势和电流方向仍与电动机状态相同，作用在转子上的电磁转矩方向与旋转磁场方向一致，但却与转子转向相反，起了阻止转子旋转的作用，故称为三相异步电动机的制动运行。在这种情况下，它一方面消耗原动机的机械功率，同时也从电网吸收了电功率，这两部分功率均变为三相异步电机内部的损耗。制动运行时，由于转子逆着磁场方向旋转，$n<0$，则转差率 $s>1$。

在 3 种运行状态下，转子转速总是与旋转磁场转速（同步转速）不同，因而称为异步电机。又由于异步电机的转子绕组并不直接与电源相接，而是依靠电磁感应的原理来产生感应电动势和电流，从而产生电磁转矩使电动机转动，因而异步电机又称为感应电机。

实际上，异步电机绝大多数都是作为电动机运行。异步发电机的性能不如同步发电机优越，因此仅用在特殊场合。制动运行往往是吊车等设备的一种特殊运行状态。

（三）交流牵引电动机调速控制

1. 异步电动机的转速控制方法

为了得到与串励直流电动机类似的牵引特性，异步电动机的转速控制有以下几种方法：*U/f* 恒定控制、恒转差频率控制、恒功率控制和恒电压控制。

1）*U/f* 恒定控制

U/f 恒定控制可以在较大的速度范围内输出恒定转矩。其特性与串励直流电动机保持电枢和励磁电流恒定、调节电压改变速度的控制方法相同。

从车辆的速度与电源频率基本成正比，而车辆的速度与电动机的反电动势也是正比关系来看，电源电压应当与车辆的速度即电源频率成正比，也就是保持 *U/f* 恒定。但是，逆变电路输出电压的最大值受电网电压限制，采用这种控制方法得到的速度范围不是无限的。它相当于应用串励直流电动机的车辆用调节电阻来控制主电动机的端电压得到的速度范围。

U/f 保持恒定时，如果忽略定子的漏阻抗，则气隙磁通和转矩也不变。但是，当定子频率下降至一定数值以下时，虽然定子漏抗数值也相应减小，但定子电阻却与频率无关，此时定子电阻压降影响大大增加，因而造成气隙磁通迅速减小，转矩随之减小，所以用恒 *U/f* 运行时，低频特性不够满意。为此，在低频时要适当加大电压，即增大 *U/f* 值以保持气隙磁通不变。

2）恒转差频率控制

这是一种逆变电路的输出电压达到最大值后，仅改变逆变电路输出频率的控制方法。保持电压和转差频率恒定，则转矩与电源频率的平方（即车辆速度的平方）基本成反比。这相当于串励直流电动机的自然特性。

3）恒功率控制

恒转差频率控制时，随着速度增加，转矩急剧下降；如果设计时转差频率对于最大值留有余地，则在速度增加的同时增加转差频率，可以防止转矩下降过多。

使转差频率与电源频率成正比地增加，则转矩与电源频率，即车辆速度基本成反比，转矩的下降幅度比恒转差频率控制方式小。

随着电源频率增加，对应于转矩最大值的转差频率变小，所以，转差频率不能取得过大。此时，电源电压恒定、转差频率与电源频率成正比，输入电流基本恒定，称为恒功率控制。这种方式等效于串励直流电动机的削弱磁场控制。

4）恒电压控制

U/f 恒定控制时，即使逆变电路输出电压为最大，但如果输出电流、转差频率到最大转矩对应点时还有裕量，仍可以用恒转矩控制扩大速度范围。

电压恒定而增加转差频率，则使转差频率与旋转磁场频率的平方成正比地增加。但如前所述，转差频率增加的范围十分有限，增加的速度范围比较窄。

以上的方法只适用于开环控制系统。如果采用闭环系统，则可使 *U/f* 为常数，这样在包括低频在内的整个频率范围内都可得到恒磁通运行。

目前，用于城市轨道交通车辆的闭环控制系统有转差、电流控制（如上海地铁 2 号线地铁车辆牵引电动机控制）、矢量控制（如广州地铁 1 号线地铁车辆牵引电动机控制）及直接转矩控制（如深圳地铁 1 号线地铁增购车辆牵引电动机控制）等。

2. 异步电动机矢量控制调速

为了改善异步电动机的动态性能，产生了矢量控制理论，矢量控制主要以产生同样的旋转磁动势为准则，把三相定子电流变换为等效的二相定子电流，也就是把三相异步电动机等效为二相异步电动机。若将互相垂直的两绕组分别通以直流电流，产生合成磁动势 F，并让包含两绕组在内的整个铁心旋转，这样合成磁动势 F 也旋转，若此旋转磁动势的大小和转速与二相固定交流绕组产生的磁动势相同，则交流两相异步电动机等效为直流电动机，这个等效变换为旋转变换。

矢量控制调速系统主要是对转矩与转子磁通 ϕ 的控制，转矩给定值由转差决定，磁通给定值根据速度给定，在基速以下磁通恒定，超过基速，则进行磁场削弱。矢量控制逆变器分为电流型和电压型，电流型逆变器通过转矩调节器输出给定旋转坐标系中电枢绕组电流给定值，通过磁通调节器输出给定旋转坐标系中励磁绕组电流给定值，对上述两变量进行旋转逆变变换，得到在静止坐标系中对应的给定值，再经过坐标变换，等效为三相异步电动机定子电流的给定值，把给定电流作为可控电流逆变器的三相电流控制信号，由逆变器驱动电动机。在城市轨道交通车辆传动控制中，多采用电压型逆变器。

1）矢量控制的优点

传统的 U/f 控制属于标量控制。

矢量控制的特点是，除了电压控制所进行的大小和频率控制外，还同时对相位进行控制，因此它与 U/f 控制相比，转矩反应速度高达 10 倍以上。它的电动机电流可以按励磁电流和转矩电流独立控制，可以高速高精度地控制转矩电流。为此需要准确地设定电动机的参数，并要求控制装置具有强大的演算处理能力。

在城市轨道交通车辆驱动控制上引入矢量控制具有以下优点：

（1）优化空转再黏着的控制性能。

（2）提高轻负荷再生时的再生效率。

（3）提高乘坐舒适性（无转矩冲击）。

（4）提高匀速驾驶和自动驾驶的精度。

有趋势表明，矢量控制将淘汰标量控制，而成为交流电动机传动系统的工业标准控制技术。

2）矢量控制的基本原理

通过图 2-5-13 可以清楚地了解直流电动机的原理模式与转矩控制原理。

直流电动机的构造决定了由励磁电流产生的励磁磁链与由电枢电流产生的电枢磁链是垂直的。这意味着当通过控制电枢电流来控制转矩时，励磁磁链不受其影响而且在电枢磁链为额定值时可以获得快速的瞬态响应和较高的转矩。由于两电流是彼此解耦的，因此控制励磁电流时，也不会影响电枢磁链。

图 2-5-13　直流电动机的转矩控制

交流异步电动机的磁场时刻处于旋转之中，如图 2-5-14 所示。若将异步电动机放在一个同步旋转的参考坐标系（d-q）上进行控制，磁场的旋转就会同磁极物理位置固定的直流电动机一样，呈现停止状态，此时异步电动机可获得类似于直流电动机的性能特性，因此，可以采取与直流电动机等价处理的方法。这种以外观上静止的磁链为基准所进行的电流控制就是矢量控制。

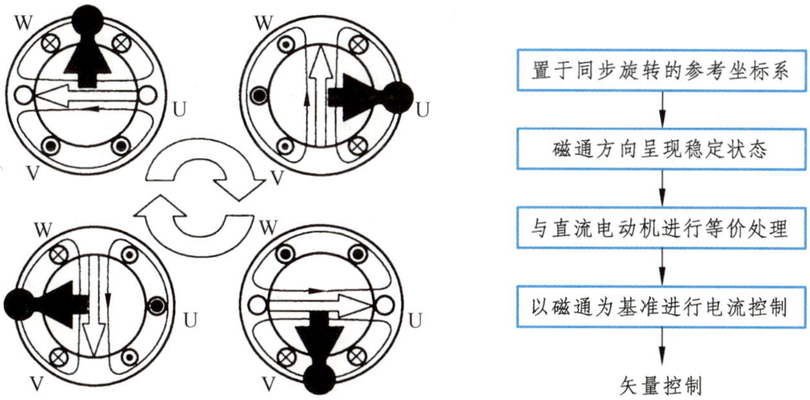

图 2-5-14　感应电动机的旋转磁场

3. 直接转矩控制调速

感应电动机控制的本质是控制电磁转矩。感应电动机高性能的转矩控制方法主要有直接转矩控制和矢量控制方式，这两种方式都可以使电动机保持快速动态响应以及良好的稳态性能。其区别仅在于直接转矩控制建立在定子磁场旋转坐标系中，矢量控制建立在转子磁场旋转坐标系中。采用高性能的直接转矩控制技术，感应电动机的控制性能可与他励直流电动机相媲美。

直接转矩控制通过定子磁链定向，直接对转矩进行控制，省去了繁杂的解耦过程，使得系统结构简单、控制方便。该方式在每个采样周期所选用的电压矢量，总是保证转矩在 $t=0$ 时刻能最快地向着正确的方向变化。这种方法选择的电压矢量，在各控制周期的开始时刻控制效果最佳，但是整个控制周期内的效果却未必最好。通过研究分析，采用预期电压法选择电压矢量可以改善这种情况，减小转矩的脉动。预期电压法的操作方式如下：首先根据转矩偏差、磁链偏差和转速计算出一个能达到最佳控制的预期电压，然后用电压型逆变器的 6 个工作电压中与之相邻的两个电压矢量来合成它，计算出各自的工作时间，然后用零电压补足采样周期。采用该类型的直接转矩控制系统，通过电压合成，每个周期内一般有两个非零电压和一个零电压以最佳的时间搭配，交替作用，从而相当于将控制频率增到了两倍或两倍以上，使控制更加准确，性能在整个周期内趋向最佳。

一般认为，传统的直接转矩控制采用两个滞环比较器，通过控制实现对磁链和转矩的解耦控制；而矢量控制的主要目标是采用坐标变换方法对定子电流进行解耦控制，并间接地实现对转矩和磁链的解耦控制。两者的主要区别在于：矢量控制一般具有 PWM 逆变器和定子电流闭环，而直接转矩控制没有。实际上，目前的直接转矩控制和矢量控制正在不断地融合，取长补短，构成更加优良的控制系统，将是未来的发展方向。

1）直接转矩控制感应电动机工作特性

采用直接转矩控制技术，可瞬时控制感应电动机转矩，并能将负载扰动对速度的影响降到最低，从而很容易地控制轮对空转、滑行并使之最小化。在直接转矩控制中磁通和转矩可分别控制，从而在瞬态和稳态下均可获得最大转矩电流，效率较高，且更好地利用了驱动系统的电流能力。

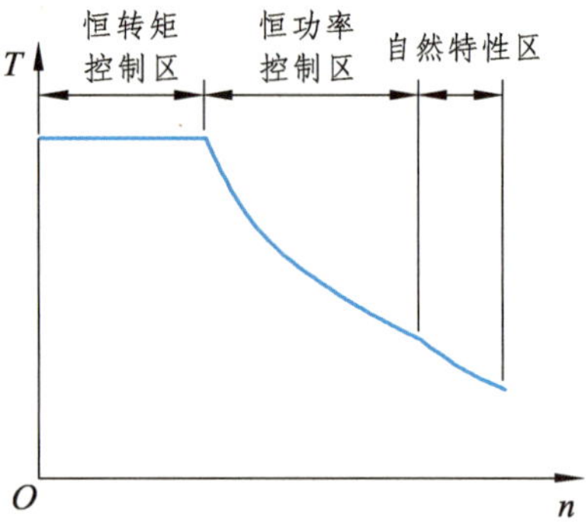

图 2-5-15　直接转矩控制感应电动机工作特性区

直接转矩控制感应电动机工作分 3 个区，如图 2-5-15 所示。

（1）恒转矩控制区。当逆变器电压 U 增大时，增大逆变器频率 f，保持 U/f 比值恒定，感应电动机的磁通保持不变。

（2）恒功率控制区。当电压增加到接近逆变器最大输出值时，电压保持不变而仅增加频率，感应电动机磁通相应减小。

（3）自然特性区。恒功率控制同样受限于频率的增加，进入感应电动机自然特性区，保持电压及转差频率恒定。

2）直接转矩控制原理

根据对空间电压矢量的描述可知，在适当的时刻依次给出定子电压空间矢量，则可得到定子磁链的运动轨迹，形成正六边形磁链。异步电动机电磁转矩的大小不仅与定子磁链的幅值、转子磁链的幅值有关，还与它们之间的夹角——磁通角有关。磁通角从 0°到 90°变化时，电磁转矩从零变化到最大值。在实际运行中，一般保持定子磁链幅值为额定值，以充分利用电动机铁心，而转子磁链幅值由负载决定，因此要改变电动机转矩的大小可以通过改变磁通角的大小来实现。

直接转矩控制就是通过空间电压矢量来控制定子磁链的旋转速度，以改变定子磁链的平均旋转速度的大小，从而改变磁通角的大小来控制电磁转矩。

实践任务

根据给出的牵引电动机检修程序，进行技术状况检查并填写作业标准和检查结果，如表 2-5-2 所示。

表 2-5-2　牵引电动机检修表

维修内容	方法	工装工具材料	技术要求（作业标准）	检查结果
清洁牵引电动机外观	清洁操作	软毛刷，无纺布，吸尘器，压缩空气，扭力扳手，螺丝刀		
润滑牵引电动机轴承	润滑操作	润滑油嘴适配器，注润滑油油枪，MOBIUTH SHC220 润滑油脂		
测量绝缘电阻	测量操作	兆欧表		
牵引电动机主要紧固件复扭	检查操作	扭力扳手		
测量牵引电动机速度传感器间隙	测量操作	塞尺		

知识拓展

城市轨道交通车辆直线电动机

一、直线异步电动机结构

直线异步电动机由定子和转子组成，定子由带齿槽的电工钢片叠成，定子槽里嵌有绕组；转子大多采用由非磁性体（铜板或铝板）和磁性体（钢板）构成的复合金属板，以兼具两者优点。由于在运行时初级与次级之间要做相对运动，可以是定子移动，也可以是转子移动，为保证两级之间的磁耦合，在制造时将初级与次级制造成不同长度。若初级短、次级长，就称为短初级长次级；若初级长、次级短，就称为长初级短次级。从制造成本和运行费用考虑，一般采用短初级长次级。次级只有感应电流的流动，不需要外界供电。初级和次级导体之间有一定距离即气隙，一般直线电动机的气隙要比旋转电动机的气隙大。

二、直线异步电动机的原理

感应电动机的基本工作原理图如图 2-5-16 所示。为便于理解，我们从旋转感应电动机原理分析入手。如图 2-5-16（a）所示为旋转感应电动机，将其从顶上沿径向剖开并将圆周拉直，可得到如图 2-5-16（b）所示的直线感应电动机。当直线感应电动机的三相初级绕组通入三相或二相正弦交流电时，会产生气隙磁场，该磁场在直线电动机的长度方向呈正弦分布。当电流随时间变化时，气隙磁场将按照一定相序排列方向沿直线移动，称为行波磁场。次级金属板可看成有无数并列安置的导条，次级导条在行波磁场切割下将感应出电动势并产生电流。所有次级导条的电流和气隙磁场相互作用便产生电磁推力。在这个推力的作用下，若初级固定不动，则次级就顺着行波磁场运动的方向做直线运动。

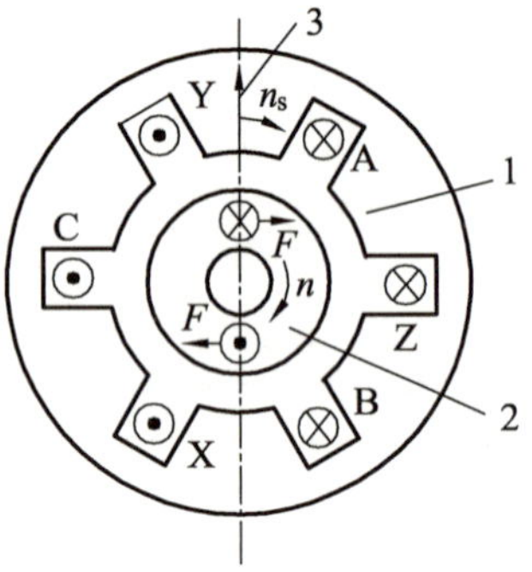

（a）旋转感应电动机

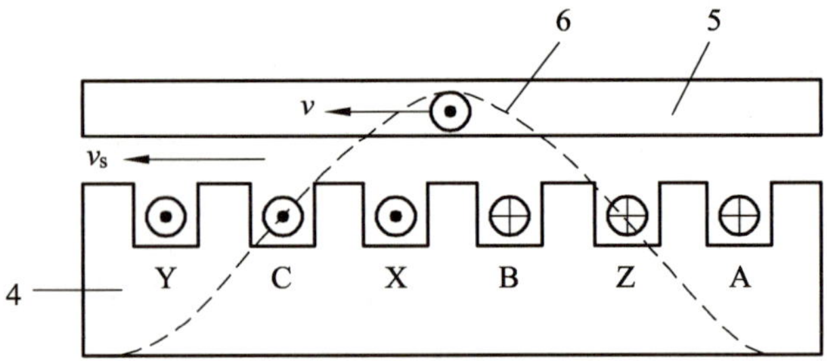

（b）直线感应电动机

1—定子；2—转子；3—磁场方向；4—初级；5—次级；6—行波磁场。

图 2-5-16 感应电动机的基本工作原理图

三、直线牵引电动机的特点

1. 优　点

（1）直线电动机最主要的优点是直接产生直线运动而不需要中间转换装置。

（2）起动推力大，可实现大范围的加速和减速，零部件不受离心力的作用，直线速度不受限制。

（3）直线电动机的初级和次级的结构都很简单，特别是次级，有时甚至可直接利用部分设备本体或运行轨道。可在条件恶劣（潮湿、粉尘、有害气体）的环境中使用。

（4）总体结构简单，扁平形部件高度低；噪声小，自重轻，维修容易。

（5）短初级平板形直线电动机的次级长，因而散热面积大，材料的热负荷可以取得较高。

2. 缺　点

（1）效率和功率因数低（一般取 0.6～0.65）。通常直线异步电动机的极距气隙比值要比旋转异步电动机大一倍左右。初级和次级之间的气隙大，需要的磁化电流大，所以空载电流大；边缘效应特别是纵向边缘效应减小了驱动推力，增大了损耗。

（2）除驱动推力外，直线电动机初级和次级间有吸引力，因而必须增加构架强度。

（3）应满足长距离保持一定气隙的精度要求。

四、直线牵引电动机在动车中的应用

直线牵引电动机应用于城市轨道交通车辆时，初级可以设置在车上，也可以设置在地面，分别称为车载初级式和地面初级式。

直线电动机没有旋转部件，不需要齿轮、轴承，不接触就可以传递动力。在城市轨道交通车辆中，利用直线电动机来实现非黏着驱动，突破了动轮和轨道之间依靠黏着传递动力的种种限制。同时可降低车辆高度，从而缩小地铁隧洞直径，降低工程成本。

城市轨道交通车辆较多采用车载初级式异步直线电动机，初级安装在车辆的转向架上，从地面接触网受电，电源的变换和控制设备都安装在车上，动车的质量比较大。而次级就是沿线路敷设在两根走行钢轨之间的导体板，建设费用比较便宜。

对客流量很大的线路，为了减轻动车重量，实现地面对列车的集中控制，采用沿线路敷设线圈的地面初级式异步直线电动机比较有利。

超导磁悬浮列车多采用地面初级式直线电动机，LSM 及 LD-CM 比较有利，仅有日本的 ML-100 型超导磁悬浮列车采用了 LIM 电动机。

任务六　制动电阻器的认知

任务导入

某城市地铁列车，正线运营时偶发牵引逆变器故障，严重影响了车辆安全运营。技术人员对牵引系统各设备进行全面检查时，发现制动电阻箱内个别电阻排塌陷或嵌件凸出。

思考：制动电阻器的安装在城轨车辆的什么位置？

学习任务

一、制动电阻器的安装位置

制动电阻箱采用六角头螺栓吊挂安装于动车底架下方，如图 2-6-1 所示。

二、制动电阻器的结构

制动电阻器用于地铁列车的电阻制动，如果列车制动，接触网不能再吸收能量，制动能量将被转化成热能消耗在制动电阻上；制动电阻采用强迫风冷或走行风冷，当列车进站时，关闭冷却风机，提高候车乘客的舒适度，同时节省能源。

制动电阻单元安装在不锈钢制成的构架内，通过 3 个横梁托装在车厢底架上，出风罩安装在构架后端给冷却制动电阻的压缩空气提供出口。冷却风机通过法兰连接在构架的前端，制动电阻的性能和风机的性能密切相关。风机通过风机网罩吸进空气，风机网罩阻止风机吸入别的物体。构架内的电阻由两个支路组成，每个部分由 6 个电阻单元构成。电阻单元通过不同的连接母排相互连接。电阻单元通过滚轮安装在构架的导轨里，导轨通过绝缘子安装在构架上，这样保证了电阻单元和构架的隔离。

制动电阻上安装有风压保护装置和温度保护装置，可以保护制动电阻装置。温度保护装置和电阻单元连接在一起：温度保护装置的引出线抽头及平衡电阻板安装在最靠近出风口的单元上，此电阻单元是制动期间最热的电阻单元。

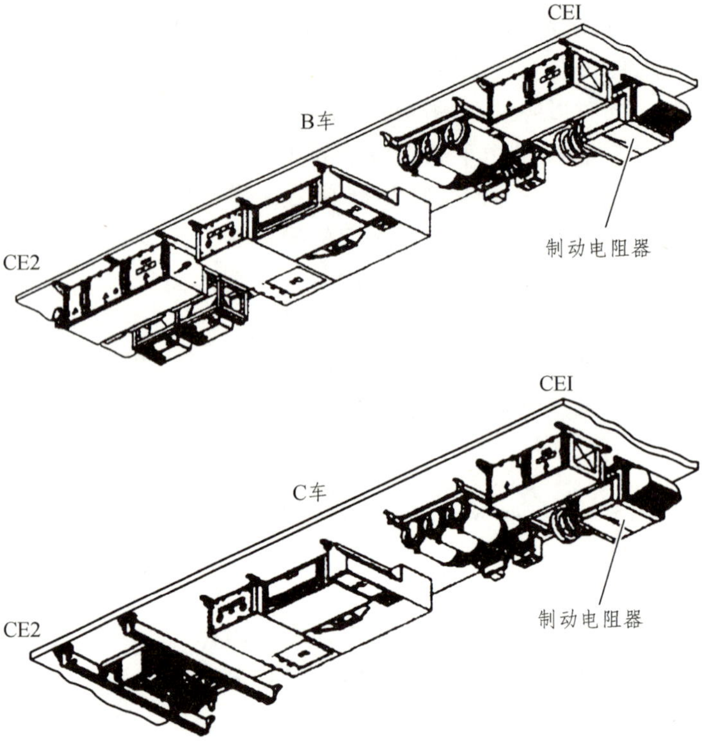

图 2-6-1　制动电阻器在 B 车与 C 车上的安装位置

因此制动电阻器主要由主单元（条状电阻器）和通风风扇两部分组成，如图 2-6-2 所示。

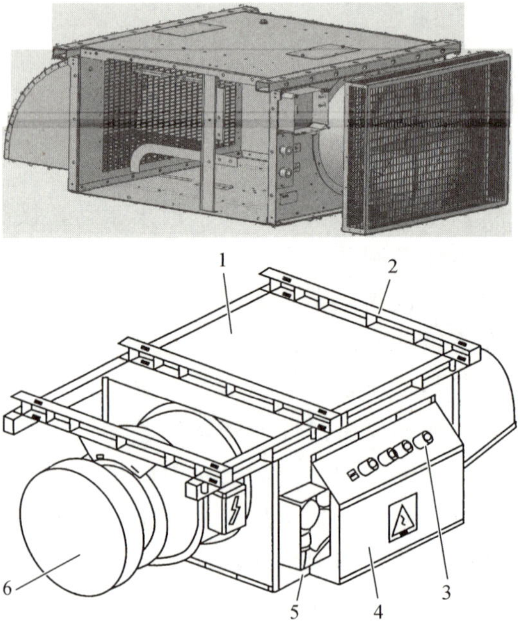

1—制动电阻外壳；2—制动电阻安装框架；3—接线柱；4—接线盒；5—温度监控器；6—通风风扇。

图 2-6-2　制动电阻器

1. 主单元（条状电阻箱）

主单元（条状电阻箱）包括制动电阻外壳（内部安装有条状制动电阻）、制动电阻框架、压力监控器、温度监控安装框架、接线盒。

2. 通风风扇

通风风扇包括电机、外壳、风叶。

三、制动电阻主要部件的功能

（1）制动电阻通风风扇的作用是降低制动电阻箱内的温度，使制动电阻在制动电阻风扇强迫通风方式下正常工作。在每节动车上各有 1 个制动电阻箱及制动电阻风扇。制动电阻风扇的工作电源为 380 V 三相交流电源。它的监控通过风量监控压力传感器和制动电阻出口温度监控传感器进行。

（2）风量监控压力传感器通过监控通风风扇的进风口与出风口间压差确认风扇的工作状态是否正常。当压差小于设定值时，本车 TCU（牵引控制单元）被封锁。通风风扇的故障产生的原因可能是灰尘挡住了风口或是风扇电动机转速未达到额定状态。

（3）电阻出口温度监控传感器监控制动电阻箱的出口温度，以确认风扇的工作状态是否正常。当检测到出风口温度大于设定值时，TCU 被封锁。

四、制动电阻器的原理及要求

列车制动时，电机工作在发电机状态，产生了制动电流，这个电流通过条状电阻，使电阻条发热，把电能转化成热能消耗掉。这就要求制动电阻具有良好的热容量，耐振动，还要抗腐蚀，在高温下不生成氧化层。特别要注意在正常使用周期内不断裂。

五、制动电阻器的技术参数

制动电阻器的技术参数见表 2-6-1。

表 2-6-1　制动电阻器的技术参数

项目	参数值
额定电压/V	DC 1 500
额定电流/A	360
持续时间/s	10（R_8）/18（R_9）
工作温度/°C	400
最高温度/°C	<600
冷却方式	强迫风冷
额定通风量/（m^3/s）	1.8
带式制动电阻 R_8/ Ω	1.04
带式制动电阻 R_9/ Ω	1.74
电阻带与电阻组件架可承受放电电压/（V/min）	5 800
组件构架与电阻箱之间可承受放电电压/（V/min）	3 000
电气间隙/mm	>32
爬地距离/mm	>50

实践任务

一、制动电阻的维护常识

（1）周期性地使用压缩空气清洁电阻框架及散热部件，为制动电阻器除尘。

（2）通风风扇免维护。

（3）检查条状电阻是否变形并测量电阻值。

（4）接线盒的接线柱在重新接线前要进行清洁、打磨及抛光处理。

二、制动电阻箱月修规程

（1）内外清洁无异状，安装牢固。

（2）构架无变形、无伤痕、无裂纹、无锈蚀。

（3）罩板无永久弹性变形、无伤痕、无锈蚀。

（4）电阻带无变形、无破损、无锈蚀。若片间距离低于 4 mm 时需更换电阻带。

（5）绝缘体无变形、无损伤、无裂纹

（6）电阻值应符合要求。OVRe（20 °C）= 0.455 Ω，超过额定阻值允差 5% ~ 7% 时需更换电阻带。

（7）端子螺栓紧固，无变形、腐蚀、熔损、变色、裂纹，线缆无老化、无破损。

（8）绝缘电阻值应符合要求。用 2.5 kV 兆欧表测量电阻元件与构架之间的绝缘电阻值不小于 10 MΩ。

三、制动电阻箱检修

根据制动电阻箱检修规程完成制动电阻箱的检修，并填写检查结果，如表 2-6-2 所示。

表 2-6-2 制动电阻箱检修表

序号	检修项目	维修内容	方法	工装工具材料	技术要求	检查结果
1	制动电阻箱	1 清洁制动电阻箱和进气滤网	目测检查清洁操作	粗毛刷，无纺布吸尘器	进气滤网清洁，制动电阻箱内外干净清洁，无积尘	
		更换制动电阻箱的风扇电机轴承	更换操作	升降台，扳手，万用表，标准工具，轴承拆装工具	电机对壳体绝缘阻值不低于 5 兆欧，三相绕组电阻值偏差不超过 10%，三相电流的偏差不超过平均值的 10%，电机运转平稳无异声	
		清洁制动电阻箱内元件	目测检查清洁操作	吸尘器，无纺布	干净清洁，无积尘。绝缘材料干净清洁	
		检查箱盖密封条	检查操作		无破损，无老化（如有问题，则更换）	
2	制动电阻	测量制动电阻阻值	测量操作	电桥	在 20 °C 时，电阻值为 1.143（1 ± 2%）Ω	
3	冷却风机接线盒	清洁接线盒	清洁操作	吸尘器，无纺布	清洁，无灰尘	

知识拓展

一、制动电阻器的架修

（1）分解制动电阻，拆下铜排、电阻元件和绝缘子支撑，如图 2-6-3 所示。

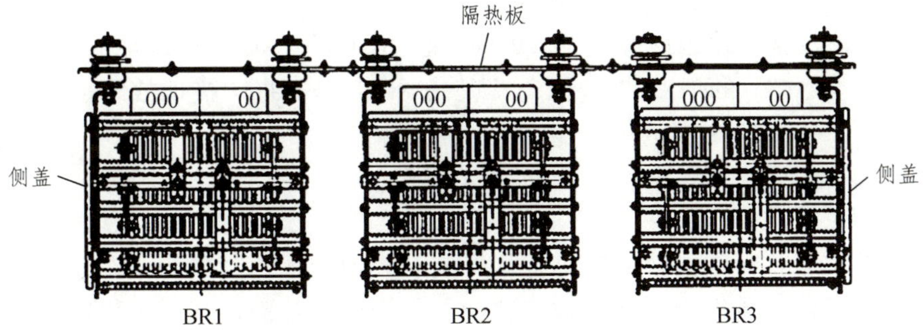

图 2-6-3　制动电阻

（2）检查绝缘子是否破损以及电阻元件端子、铜排的接触面是否有锈、电腐蚀。如果有，用细锉、砂纸打磨，涂上防腐剂。

（3）电阻元件变形、断线的检查，轻微变形修整后使用，断线的拆下更换，如图 2-6-4 所示。

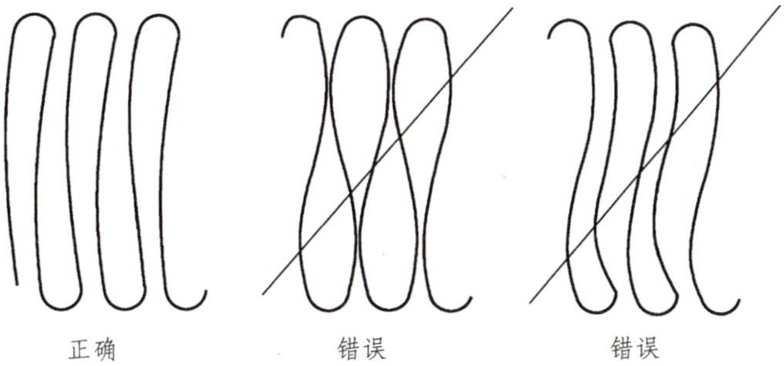

图 2-6-4　带状电阻变形图（参考）

（4）绝缘子脏污、破损的检查，脏污用干布擦除，破损的更换。确认外框以及盖板有无涂装剥离、烧焦部位，有涂装剥离以及烧损的话，进行补涂。

（5）重新安装制动电阻。电阻值测定，用电压下降法测定端子间的电阻，确认在允许范围内。绝缘电阻和绝缘耐力测定：电阻元件与外框、外框与车体安装处、电阻元件与车体安装处。

二、制动电阻器的大修

（1）使用微电阻测量仪检查各组电阻值，测量电阻元件与框架之间的绝缘值。

（2）更换云母板，清洁传感器头；清洁并检查电阻绝缘子；更换尼龙密封。

任务七　接地装置的认知

任务导入

对某地铁列车进行 EVB 试验，试验过程中发现 T_C 车 ACU_1 不启动，在 CCU 里面读出 ACU_1 传输过来的接地故障值为 100%，而 ACU_2 和 ACU_3 的接地故障值为 0%。使用软件连接至 ACU_1 的 RS232 串口，发现在 ACU_1 里面报“接地故障检测故障”。

思考：接地装置的作用是什么呢？

学习任务

城市轨道交通车辆转向架的车轴上均安装有接地装置，其目的是在正常、事故或雷击的情况下，将大地作为接地电流回路的一个元件，从而保证电气设备的正常运行和人身安全。将电气设备的某一部分经接地线连接到接地极，称为“接地”。

一、接地装置的作用

接地装置的主要作用是为主电路提供回流通路，使电流经轮对到达钢轨，构成 1 500 V 或 750 V 完整的电路，同时防止电流通过轴承造成电腐蚀，延长轴承的使用寿命。

二、接地装置的安装位置

接地装置安装在轮对的轴端上，依靠碳刷与接地棒的转动摩擦受电，如图 2-7-1 所示。这与直流电机的碳刷装置原理一致。每个单元安装 10 个轴端接地装置，其中每个动车安装 4 个，每个轴 1 个；每台拖车安装 2 个，分别位于 2、3 轴。具体安装位置是：A 车转向架第 2 轴的右侧和第 3 轴的左侧轴端各安装 1 个；B 车和 C 车转向架第 1、3 轴的左侧轴端各安装 1 个，第 2、4 轴的右侧轴端各安装 1 个。

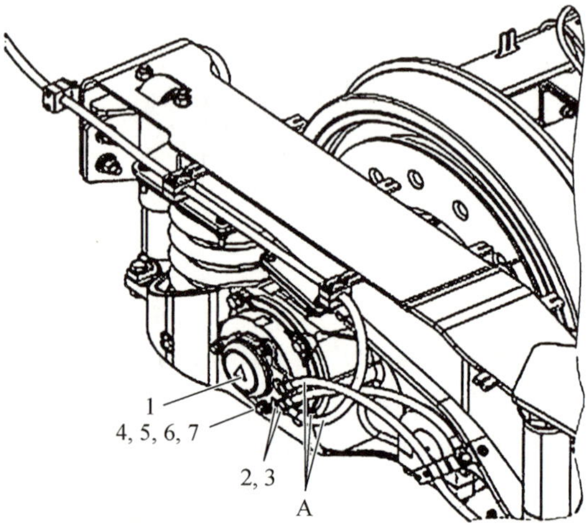

图 2-7-1　接地装置安装图

三、接地装置的结构

城市轨道交通车辆接地装置主要由接触盘、电刷、电刷架、弹簧支撑组成，因其安装在轮对轴端，又称为轴端接地装置。其外形及内部结构如图 2-7-2、图 2-7-3 所示。

图 2-7-2　接地装置外形

图 2-7-3　接地装置内部结构

接地装置结构如图 2-7-4 所示。

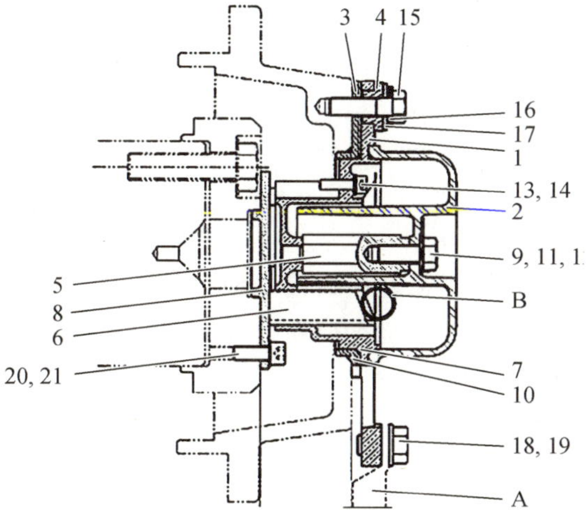

1—刷握架外壳；2—盖板和压力单元；3—隔离支架；4—隔离垫圈；5—垫片；
6—接地刷；7—O 形环；8—接触盘；9—有耳垫圈；10—O 形环；
11—螺钉；12—弹簧垫圈；13—螺钉；14—垫圈；15—螺钉；
16—垫圈；17—大号平垫圈；18—螺钉；19—弹簧垫圈；
20—螺钉；21—弹簧垫圈；A—接地电缆；B—弹簧。

图 2-7-4　接地装置结构

实践任务

一、接地装置检修工艺及流程

（一）整　体

（1）将接地装置整体由驱动装置上拆下，检查各部分应无裂纹、变形。
（2）检查各部安装状态良好，螺栓无损伤、变形。
（3）用干棉布擦拭各部，如果油污过重可用酒精清洗后擦干。

（二）接地碳刷

（1）碳刷无裂损、变色，有裂损者则更换。

（2）磨耗接近限度线时应确认其是否使用到下一检查周期，否应予以更换。确认碳刷长度并记录。

（3）碳刷接触面接触状态，碳刷接触面与轴滑环接触面积不小于 40%。碳刷接触压力合适，磨损未到限。

（4）检查碳刷应活动自由、无卡滞。

（三）接地铜环

检查接地铜环滑动面有无磨损、变色，确认滑动环的碳刷滑动面有无生锈及异常磨耗。

（四）接地板

目视检查表面有无灼伤、裂纹，螺栓紧固。

（五）弹　簧

目视检查弹簧有无裂纹、缺损、变形。

（六）其　他

（1）碳刷支架、固定板清洁，无异常。

（2）检查清扫渡板、导电板、连接板等，应清洁，无变形。

（3）接地装置盖板衬垫（绝缘垫）换新，作用良好，螺栓按力矩要求紧固。

（4）接地引线、均压引出线无老化、龟裂，端子无变形、烧灼，清洁无污垢。

（5）衬垫表面无裂纹。

二、接地装置检查

根据日常检查内容及要求对接地装置进行检查，并填写检查结果，如表 2-7-1 所示。

表 2-7-1　接地装置检查表

步骤	检查内容及要求	检查方法	检查要求	检查结果
1	端盖	擦拭	清洁，无异物	
2	电刷盒	擦拭	清洁，无异物	
3	接地碳刷	测量、目视检查	① 无裂损、变色，有裂损者则更换 ② 接触面接触状态，碳刷接触面与轴滑环接触面积不小于 40%。碳刷接触压力合适，磨损未到限	
4	接地铜环	目视检查	检查接地铜环滑动面有无磨损、变色，确认滑动环的碳刷滑动面有无生锈及异常磨耗	
5	接地板	目视检查	目视检查表面有无灼伤、裂纹，螺栓紧固	
6	弹簧	目视检查	目视检查弹簧有无裂纹、缺损、变形	

知识拓展

接地碳刷的更换

一、工装工具

工装工具清单如表 2-7-2 所示，备件材料清单如表 2-7-3 所示。

表 2-7-2　工装工具清单

序号	工具名称	规格	数量	备注
1	棘轮扳手（大）		1 把	
2	套筒		1 把	
3	扭力扳手		1 把	

表 2-7-3　备件材料清单

序号	工具名称	规格	数量	备注
1	擦拭纸		若干	
2	清洗剂		1 瓶	
3	油漆笔		1 支	
4	防护垫		若干	

二、前期准备

（1）穿戴好劳动防护用品（衣、帽、鞋）。
（2）作业前备齐作业工具、备件及设备。
（3）列车降弓，确认列车制动已有效施加，设置“正在维修”标识牌。

三、接地碳刷更换

（一）接地碳刷拆卸

（1）用棘轮扳手套上套筒将碳刷盖下方螺栓扭松并取下，如图 2-7-5 所示。

（2）用手压住碳刷盖底角螺栓处（防止内部弹簧弹力造成伤害），再用棘轮扳手套上套筒将上方安装螺栓扭松，然后按住碳刷盖取下上方安装螺栓。

（3）取下碳刷盖放在指定位置。

（4）取下碳刷盖后，将接地碳刷取出，即可观察接地碳刷厚度是否低于最低刻度线。

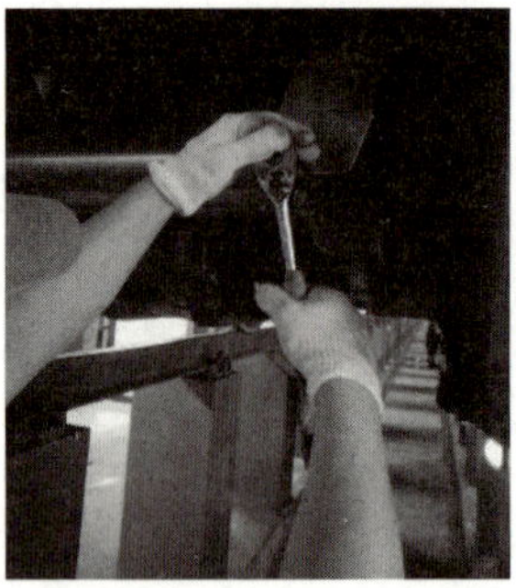

图 2-7-5　扭松并取下碳刷盖下方螺栓

图 2-7-6　接地碳刷朝上

（二）接地碳刷安装

（1）将接地碳刷朝上安装（碳刷上部有“上”字），如图 2-7-6 所示。

（2）将碳刷盖用手按上，并用棘轮扳手安装碳刷盖上部安装螺栓。

（3）用棘轮扳手安装碳刷盖下部安装螺栓。

（4）用扭力扳手对碳刷盖安装螺栓进行扭力校准。

（5）对碳刷盖安装螺栓重新画上防松线。

分组训练

一、知识练习

1. 选择题

（1）受流器是城轨车辆从接触网上获取电能，向整个列车电气系统供电的装置，那么受流器包括（　　）。

A. 受电弓　　B. 集电靴

C. 受电弓和集电靴　　D. 第三轨

（2）受电弓安装位置在城轨车辆 MP 车的（　　）。

A. 车顶　　B. 客室内

C. 车底　　D. 转向架

（3）以下不属于受电弓的部件是（　　）。

A. 底架　　B. 上臂

C. 避雷器　　D. 绝缘子

（4）避雷器（　　）在被保护电气设备与地之间，安装在 B 车车顶受电弓旁。

A. 并联　　B. 串联

（5）火花间隙避雷器通常由火花间隙和（　　）两部分组成。

A. 非线性电阻　　B. 线性电阻

（6）以下不属于高速断路器主要功能的是（　　）。

A. 在正常工作过程中断开和闭合牵引系统供电

B. 防止由于短路或过载造成的损害，保护牵引设备

C. 司机不可以通过按钮手动断开和闭合 HSCB

（7）高速开关的合闸线圈设计为短时工作制，其线圈只能短时通电（到合闸位靠机械联锁），触头闭合后线圈不再通电，开关分断之后再次合闸要求时隔（　　）以上。

A. 10 min　　　B. 5 min　　　C. 2 min

（8）牵引逆变器是交流传动地铁车辆上的重要设备，安装在动车底部。其主要功能是把来自接触网的 1 500 V 直流电变换为三相交流电，为动车转向架上的（　　）提供交流电。

A. 制动装置　　　B. 接地装置　　　C. 牵引交流电机

（9）接地碳刷装置检修中，对于碳刷磨耗限度线是否到限，标准值为不得小于（　　）mm。

A. 36　　　B. 30　　　C. 25

（10）碳刷接触面与轴滑环接触面积应不小于（　　）。

A. 60%　　　B. 40%　　　C. 65%

2. 判断题

（1）高速断路器的脱扣功能由故障电流控制，脱扣装置也称为短路快速跳闸装置，用于过载保护，它的跳闸值可通过刻度盘来调整。跳闸值应按允许通过的短路峰值电流来设定，防止开关发生误跳。（　　）

（2）高压箱内装有设备包括：刀开关、熔断器、高速断路器。（　　）

（3）牵引逆变器的最主要部件是大功率半导体开关器件。

（4）大功率电力电子器件都需要用散热器冷却，因此牵引逆变器的散热方式为走行风冷。（　　）

（5）制动电阻箱采用六角头螺栓吊挂安装于动车底架下方。（　　）

（6）制动电阻上安装有风压保护装置和温度保护装置，可以保护制动电阻装置。温度保护装置和电阻单元连接在一起：温度保护装置的引出线抽头及平衡电阻板安装在最靠近出风口的单元上，此电阻单元是制动期间最热的电阻单元。（　　）

（7）列车制动时，电机工作在发电机状态，产生了制动电流，这个电流通过条状电阻，使电阻条发热，把电能转化成动能消耗掉。（　　）

（8）接地装置的主要作用是为主电路提供回流通路，使电流经轮对到达钢轨，构成 1 500 V 或完整的电路，同时防止电流通过轴承造成电腐蚀，延长轴承的使用寿命。（　　）

（9）VVVF 输出是恒压、恒频。（　　）

（10）受电弓升降弓的速度是匀速的。（　　）

二、技能练习

（1）在车辆中找出受电弓、避雷器、高速断路器、牵引逆变器、牵引电机、制动电阻、接地装置部件。

（2）按照表格 2-7-4 中的内容要求填写。

表 2-7-4

序号	设备名称	安装位置	功能	结构组成
1	受电弓			
2	避雷器			
3	高速断路器			
4	牵引逆变器			
5	牵引电机			
6	制动电阻			
7	接地装置			

（3）运用所学知识，完成以下问答：

① 受电弓的日常检修作业内容有哪些？

② 制动电阻器的冷却方式是什么？

③ 牵引逆变器的核心部件是什么？

④ 牵引电机的分类有哪些？

⑤ 牵引主回路中涉及哪些设备？

（4）小组成绩核定并记入表 2-7-5 中。

表 2-7-5

组别	知识练习		技能练习			合计
	第 1 题	第 2 题	第 1 题	第 2 题	第 3 题	
1						
2						
3						
4						
5						
6						
…						

项目三 城市轨道交通车辆辅助电源系统电器认知

项目描述

辅助电源系统是城市轨道交通车辆上一个必不可少的部分，安装于拖车构架上，主要为除牵引系统以外的所有用电系统（如空调、通风机、空压机，蓄电池充电器及照明等辅助设备）供电，有效保证城市轨道交通车辆的正常运行。辅助电源系统原理图如图 3-1 所示。

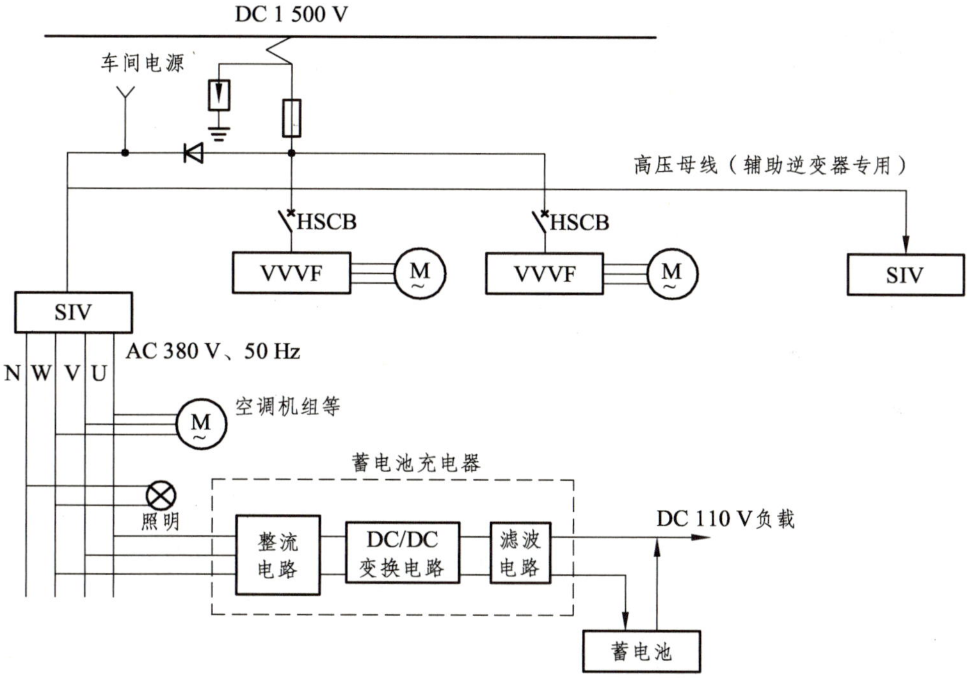

图 3-1 辅助电源系统原理图

本项目主要介绍了城市轨道交通车辆辅助电源系统的组成、布置和工作原理以及辅助逆变器、蓄电池和照明系统的结构与工作原理。

知识目标

1. 了解辅助电源系统的作用。
2. 掌握辅助电源系统的组成、结构、类型。

3. 了解辅助逆变器的结构与工作原理。
4. 了解蓄电池箱的结构特点和安装位置。
5. 了解照明系统构成和列车照明电路的电气配置。

能力目标

1. 能够识别辅助逆变器的主要部件。
2. 能够对辅助电源系统进行维护和保养。
3. 能够熟练进行外部和内部照明的操作。

素养目标

1. 培养严谨的工作态度。
2. 树立安全意识，做到安全第一。
3. 培养安全责任意识和工匠精神。

项目索引

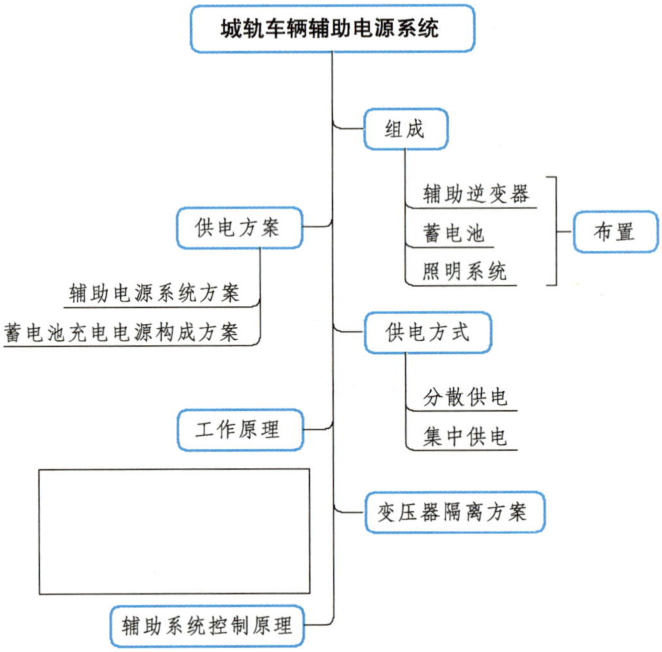

图 3-2　项目三索引

岗位达成目标

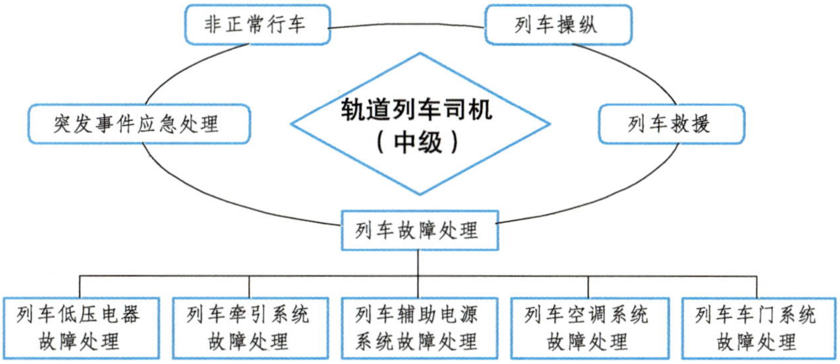

图 3-3　岗位达成目标（1）

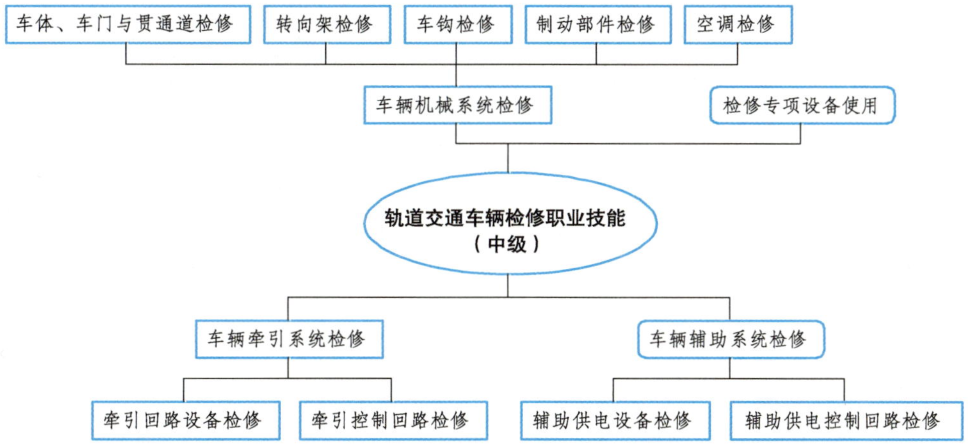

图 3-4　岗位达成目标（2）

职业技能大赛达成目标

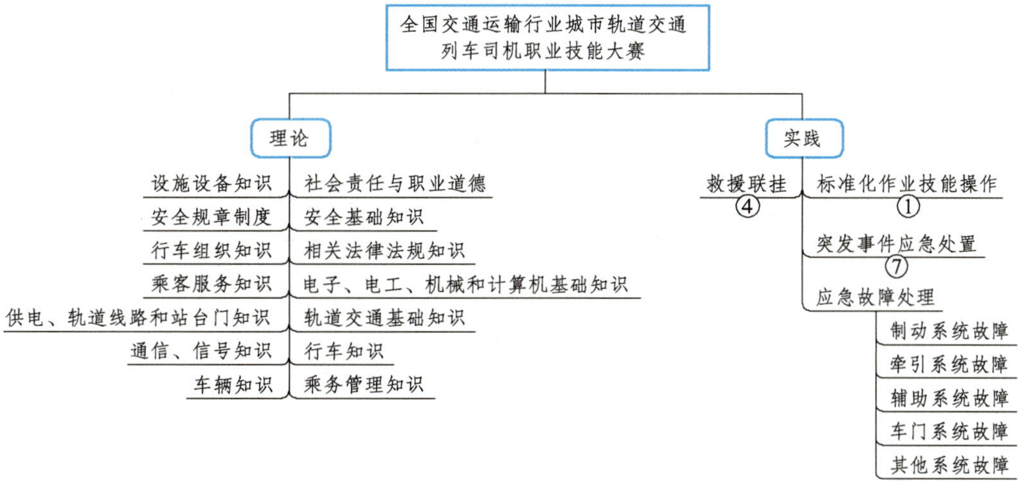

图 3-5　职业技能大赛达成目标（1）

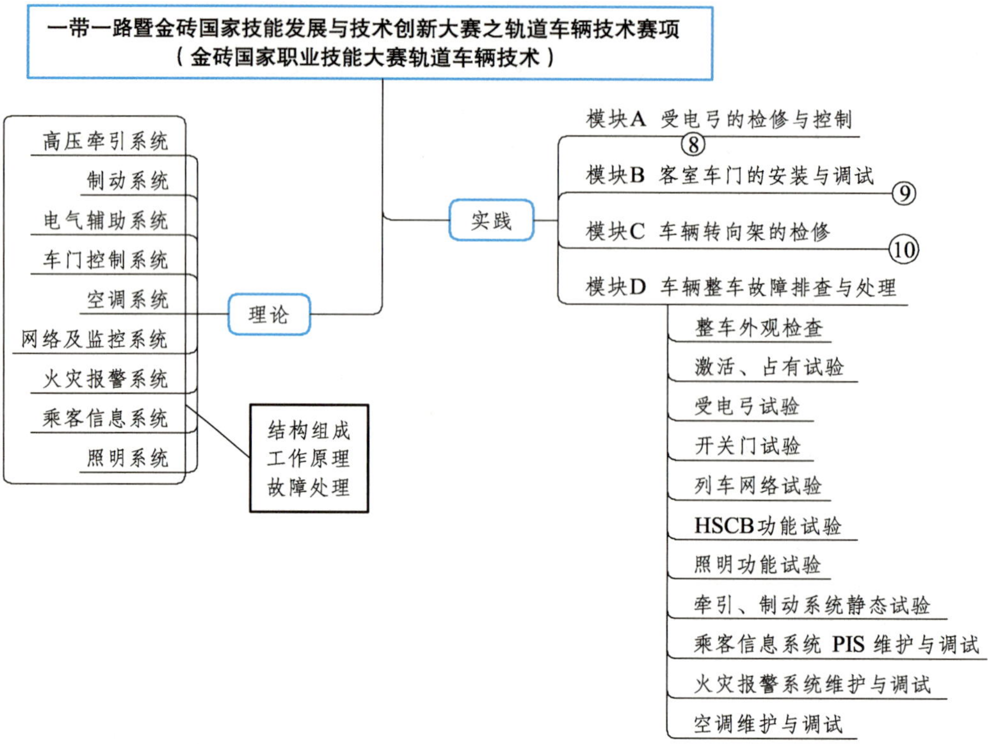

图 3-6 职业技能大赛达成目标（2）

1 + X 证书达成目标

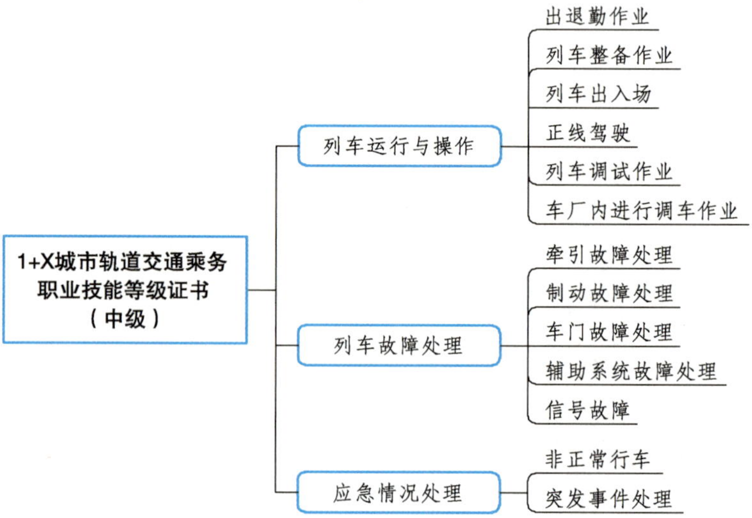

图 3-7 1 + X 证书达成目标（1）

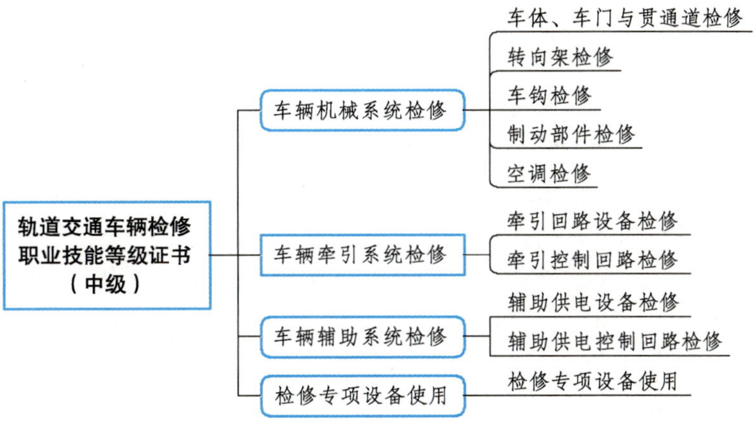

图 3-8　1 + X 证书达成目标（2）

任务一　城市轨道交通车辆辅助电源系统基础认知

任务导入

随着“智慧地铁”的深化建设，合肥轨道交通紧随轨道行业技术和创新发展潮流，致力于探索车辆设备智能运维。变电所巡检机器人、车底检测机器人、消防智能运维系统、车辆智能架修等技术的运用，不仅可以完全模拟人、替代人作业，更可以突破人的极限，深入到人工无法检测之处，大大提高列车的故障识别和检测效率，确保运维管理的高效、智慧。而在合肥轨道运营指挥中心的调度监控平台，工作人员可实时监控机器人的作业情况及作业进度，列车采集信息会显示在监控中心屏幕上，实现了派工管理、运行监控、故障报警等功能远程遥控管理。如图 3-1-1 所示为合肥轨道交通车底检测机器人正在巡检车底的电气设备。

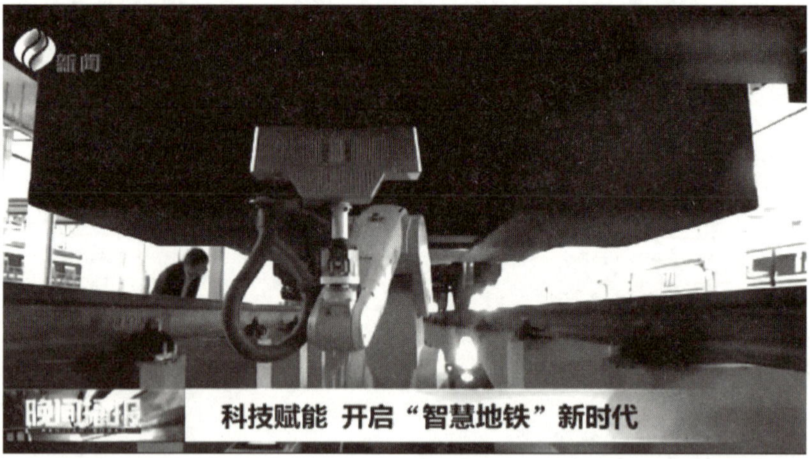

图 3-1-1　合肥轨道交通车底检测机器人巡检工作

学习任务

辅助电源系统是城市轨道交通车辆上一个必不可少的部分，辅助电源系统的功能是为空调、通风机、空气压缩机、蓄电池充电器及照明等辅助设备供电。

传统的城市轨道交通车辆上，辅助电源通常采用旋转式电动发电机组的供电方案。电动机从受电装置获取直流电源，发电机输出三相交流电压向负载供电；对于 DC 110 V 和 DC 24 V 的用电设备，仍需通过三相变压器和整流装置变换后向其提供电源。这种供电方式机组设备体积大、输出容量小、效率低，而且电源易受直流发电机组工况变化的影响，输出电压波动大，可靠性较差。

近年来，我国上海、广州和北京等城市的城市轨道交通车辆上，辅助电源均采用了静止式辅助逆变电源。静止式辅助逆变电源直接从城市轨道交通车辆受流装置受电，经过 DC/DC 斩波变换后向三相逆变器提供稳定的输入电压（有的车辆上省略了这一环节），通过 VVVF 变频调压控制，逆变器输出三相交流电压。对于多路输出电源，电路还采用变压器隔离形式。这种辅助逆变电源的优点是输出电压的品质因数好、电源使用效率高、工作性能安全可靠。

一、辅助电源系统组成

辅助电源系统是指为列车除牵引动力系统之外的所有需要使用电力的负载设备提供电能的系统，包括辅助供电系统和蓄电池系统。

城市轨道交通车辆辅助电源系统包括辅助逆变器（DC/AC 变流器，简称 SIV）和低压电源（DC/DC 变流器和蓄电池）两大部分，辅助逆变器给车辆上的交流负载如空调机、压缩机、通风机等提供 AC 380 V 及 AC 220 V 电源。低压电源包括 DC 110 V 和 DC 24 V，为车辆控制系统及应急负载供电。除我国早期引进的列车每节车均设有辅助逆变器外，现在的列车都采用集中供电的方式。

列车辅助逆变器根据负载的运行实际，采用恒压恒频输出，其技术性能要求与 VVVF 主逆变器有所不同，而且对 DC/DC 变流器的性能也有特殊要求。如供电电压波动范围为 −33.3%～+20%，要求 SIV 在此电压范围内输出全功率，且输出电压脉动在规定范围内。

列车辅助逆变器的负载大部分是泵类（三相异步电动机驱动），不需要调速，直接启动，启动冲击电流大。例如，空调机及其压缩机是辅助逆变器的最大负载，其他还有风源系统的空气压缩机等。因此，对辅助逆变器负载的启动有很多限制要求：如启动功率限制，每次启动的负荷不能超过额定功率的限值（例如 40%），要求按顺序启动以避免启动冲击电流叠加；此外，要求由于负载突变而造成输出电压的波动在限制值之内（一般是 ±15%～±20%），并且在规定的时间内（一般 100～300 ms）输出电压恢复至正常值。因此，在辅助逆变器的型式试验中要经受负载突变、网压突变、重复启动、过载能力等种种考验。辅助逆变器的短时过载能力以能达到其额定容量的倍数及时间来表示，不同公司的产品过载能力相差较大，这主要取决于逆变器所用的功率半导体器件（IGBT）的电流冗余。

低压电源包括 DC/DC 变流器和蓄电池。DC/DC 变流器输出 DC 110 V 和 DC 24 V 电压。正常情况下列车运行时，车上所有的 DC 110 V 负载全由 DC/DC 变流器供电，蓄电池处于浮充电状态。一台变流器供一个列车单元的负载，如果有一台变流器发生故障，则另一台变流器要给全列车的负载供电，因此 DC/DC 变流器的容量在设计时要考虑有足够的冗余。只有当主供电系统发生故障时（例如电网供电中断），蓄电池才向紧急负载供电。紧急负载是指紧急照明、紧急通风设备，其中最大的负载是紧急通风设备。紧急时的通风量是正常情况空调通风量的一半，但要求持续工作时间较长，一般规定在隧道中运行的车辆要保证供电 45 min，在地面或高架运行的车辆要保证供电 30 min，蓄电池容量就是根据这一要求确定的。有的系统配置一台应急通风用逆变器（根据风量正比于通风机电源频率，通风机取用功率正比于电源频率的 3 次方。紧急风量比正常工作时减半，则通风机取用功率仅为正常工作时的 1/8），只是应急通风用逆变器的容量并不大。

二、辅助电源系统设备布置

列车辅助电源系统供电采用集中布置、集中供电方式，每个 Tc 车布置一个辅助逆变器箱，每个辅助逆变器箱中集成有两套辅助逆变器和两套 DC/DC，每个辅助逆变器的输入容量为 110 kV·A。为列车提供三相 AC 380 V 电源和 DC 110 V 电源。DC 1 500 V 电源经防逆流二极管和两个熔断器分别为两个辅助逆变器供电，并通过车端连接器与另一单元相连，从而实现 4 台辅助逆变器并网运行，提高了系统的可靠性。每节车上的一台 380 V/220 V 变压器为单相 AC 220 V 负载供电，容量 2.3 kV·A。此变压器安装在每节车的低压箱中。

蓄电池充电机和蓄电池通过解耦二极管为辅助系统直流负载提供 DC 110 V 电源，蓄电池充电机集成在辅助逆变器箱中，功率为 12 kW，并通过 110 V 列车线实现并网运行。对于 DC 24 V 负载则通过在每个司机室内单独安装一个 2 kW 的 DC/DC 变流器实现供电。列车辅助电源系统设备的配置和安装位置（以四动两拖集中供电为例）如表 3-1-1 所示。

表 3-1-1　列车辅助电源系统设备的配置和安装位置

车型	拖车	动车	动车	动车	动车	拖车
名称	Tc	Mp	M	M	Mp	Tc
辅助电源（含逆变器、110 V 电源和 24 V 电源）	1					1
扩展供电箱				1		
辅助高压箱（含车间电源连接器）	1					1
接地开关箱（控制电路接地开关）	1	1	1	1	1	1
蓄电池箱	1					1

三、辅助供电方案

1. 辅助电源系统方案

随着电力电子器件的发展，城市轨道交通车辆静止式逆变电源的辅助电源系统也经历了不同时期的发展过程。IGBT 器件的迅速发展，使得 20 世纪 90 年代中后期，欧洲与日本等国的城轨车辆辅助电源系统的逆变器大都由 IGBT 构成。

车辆辅助电源系统大都采用 IGBT 来构成，其方案大致有以下几种：

（1）斩波稳压再逆变，加变压器降压隔离。

（2）三点式逆变器加变压器降压隔离。

（3）电容分压两路逆变，加隔离变压器构成 12 脉冲方案。

（4）二点式逆变器加滤波器与变压器降压隔离。

（5）直-直变换与高频变压器隔离加逆变的方案。

这些方案各有其特点，而且都能满足地铁或轻轨车辆的要求。

2. DC 110 V 蓄电池充电电源构成方案

目前城市轨道交通车辆辅助电源系统中，获得 DC 110 V 蓄电池充电电源主要有两种不同的途径。

（1）通过静止逆变器、50 Hz 隔离降压变压器降压再整流滤波来实现。

（2）通过独立的直一直变换器直接接于供电网压，通过高频变压器隔离后再整流，并滤波得到 DC 110 V 控制电源。

比较两者，后者是独立的，与静止逆变器无关，也就不受逆变器的影响，这在供电功能方面有一定的好处，但是因为需要独立的直流电源，增加了辅助系统的成本。

四、辅助电源系统的供电方式

城市轨道交通车辆辅助供电有分散供电和集中供电两种供电方式。

集中供电和分散供电根据一个单元配置静止辅助逆变器的数量进行区分。

1. 分散供电

地铁车辆大都采用 2M1T（3 节车辆）构成一个单元，由两个单元（所谓 6 节编组）构成一列车。每节车辆均配备 1 台静止逆变器，每个单元共用 1 台 DC 110 V 控制电源。每节车辆的辅助逆变器的容量为 75 ~ 80 kV·A，DC 110 V 控制电源（兼作蓄电池充电器）的功率约为 25 kW。也有如法国阿尔斯通公司生产的地铁车辆，改为一个单元中配置两台静止逆变器，每台容量为 120 kV·A，且每台含 DC 110 V 控制电源，功率为 12 kW。像这样每单元配备多个静止逆变器的供电方式称为分散供电方式。

我国早期引进的地铁车辆辅助供电多采用分散供电方式，例如上海地铁 1、2 号线车辆，如图 3-1-2 所示；广州 1 号线车辆，如图 3-1-3 所示。

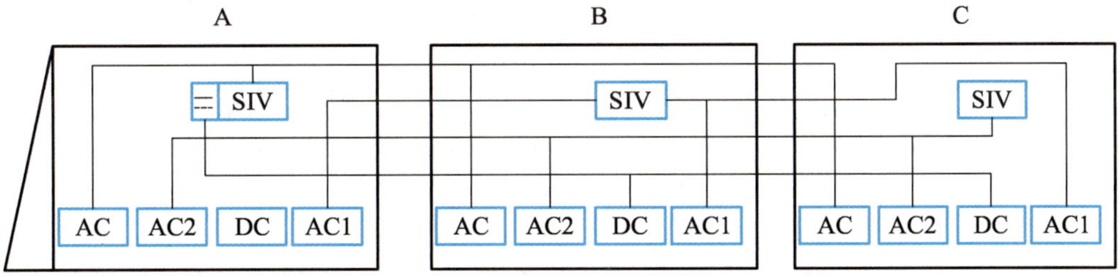

图 3-1-2　上海地铁 1、2 号线车辆辅助供电框图

图 3-1-2 中，每节车配置 1 台“SIV”辅助逆变器。A 车的 SIV 提供 3 节车辆共用的“DC”直流设备用电和每节车的“AC”其他交流设备用电；B 车的 SIV 提供 3 节车辆每节的“AC_1”空调、空气压缩机和风机交流负载用电；C 车的 SIV 提供 3 节车辆每节的“AC_2”空调、空气压缩机和风机交流负载用电。

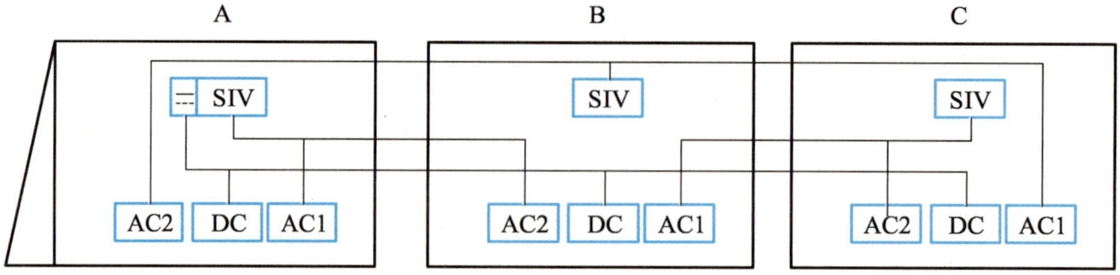

图 3-1-3　广州地铁 1 号线车辆辅助供电框图

图 3-1-3 中，“SIV”为辅助逆变器。A 车的“SIV”提供共用的“DC”直流设备—DC/DC 变流器用电，DC/DC 变流器采用半桥高频逆变降压后整流输出。“AC_1”和“AC_2”为每节车的空调、空气压缩机和风机交流负载。在每单元车中，A 车电气柜内的 220 V 交流插座的电源由 B 车的 DC/AC 提供，B 车电气柜内的 220 V 交流插座的电源由 A 车的 DC/AC 提供，C 车电气柜内的 220 V 交流插座的电源由自身的 DC/AC 提供。

2. 集中供电

国外有的城轨列车为 6 节编组，每单元只配 1 台静止逆变器，容量约为 250 kV·A，一台 DC 110 V 控制电源约 25 kW，即所谓的“集中供电”。

轻轨车辆大都采用 1M1T（2 节车辆）构成一个单元，由两个单元（即 4 节编组）构成一列车，每单元只配置一台静止辅助逆变器，容量约为 140 kV·A。

我国上海地铁 2 号线后引进的车辆中，其辅助供电多采用集中供电方式，即每个单元由一台辅助逆变器供电。图 3-1-4 所示为广州地铁 2 号线车辆辅助供电方式，辅助逆变器配置在 C 车与主逆变器一起，DC/DC 设备配置在 A 车上采用直接变换方式。图 3-1-5 所示为上海地铁 4 号线车辆辅助供电方式，辅助逆变器在 A 车上，DC/DC 采用间接变换方式与辅助逆变器在一起。

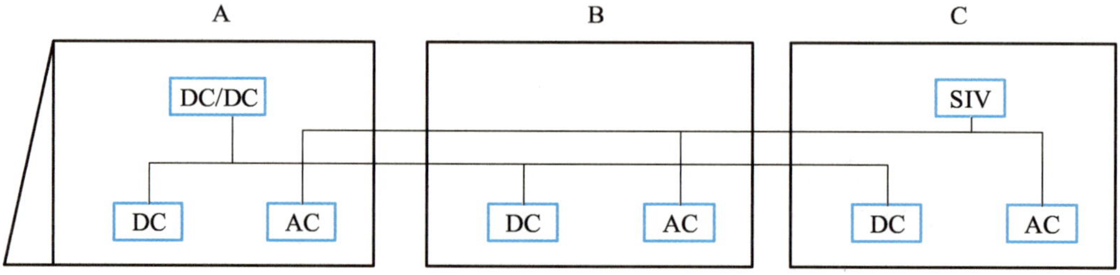

图 3-1-4　广州地铁 2 号线车辆辅助供电框图

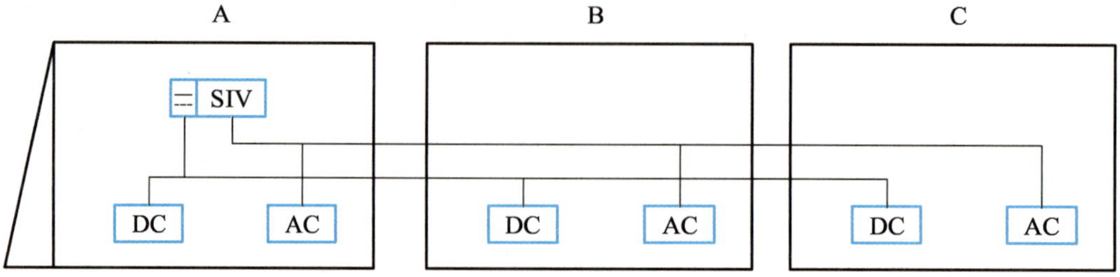

图 3-1-5　上海地铁 4 号线车辆辅助供电框图

广州地铁 3 号线车辆采用两动一拖组成一列车，A 车为带驾驶室的动车，B 车为拖车，两台辅助逆变器（在一个箱体中）配置在 B 车上，DC/DC 设备作为辅助逆变器的组件共两个，同时为整个 3 节编组列车内的直流负载供电，同时对蓄电池充电。图 3-1-6 所示为广州地铁 3 号线车辆的辅助供电方式，正常运行时两个辅助逆变器系统相互独立工作，一个辅助逆变器的三相交流输出可以为一节 A 车和半节 B 车供电。当一个辅助逆变器出现故障时，通过断开相应输出接触器将故障辅助逆变器与三相配电回路隔离。10s 后耦合接触器闭合，先前被隔离的三相回路将被组合到一个系统中，由另一个有效辅助逆变器供电，此时需降载使用，即每节车关闭一个空调单元，关闭故障辅助逆变器供电的空气压缩机。

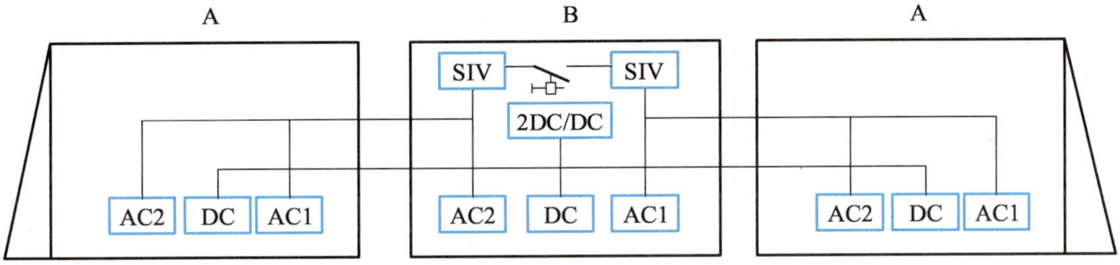

图 3-1-6　广州地铁 3 号线车辆辅助供电框图

分散供电和集中供电这两种供电方式各有优缺点。分散供电冗余度大，均衡轴重好配置，但造价要大些，且总重也会高些。而集中供电冗余度小，每轴配重难以一致，但相对而言，总重会轻些，成本低一些。因此从冗余度与轴重均衡出发，分散供电方式在地铁车辆中较为常见。

五、辅助电源系统工作原理

辅助逆变器机箱装有两台相同的辅助逆变器。DC 1 500 V 输入电压通过 DC/DC 转换器、中频变压器和桥式整流器转成可控中间电路电压。

脉宽调制逆变器（PWMI）将该中间电路电压转换为三相交流电输出。输出侧的正弦 EMC 滤波器保证正弦波输出值，正弦波输出值通过输出接触器连接到 3 AC 母线上，为空调系统、空气压缩机、辅助逆变器冷却和牵引逆变器冷却等设备供电。

辅助逆变器内安装有蓄电池充电机。该蓄电池充电机的输入电源直接连接 DC 中间电路，在其输出端产生 DC 110 V 的电压。蓄电池充电机为列车 DC 110 V 总线供电，逆变器箱内其中一台蓄电池充电机还为车辆蓄电池充电。蓄电池充电机运行时，需对蓄电池进行温度补偿。辅助逆变器框图如图 3-1-7 所示。

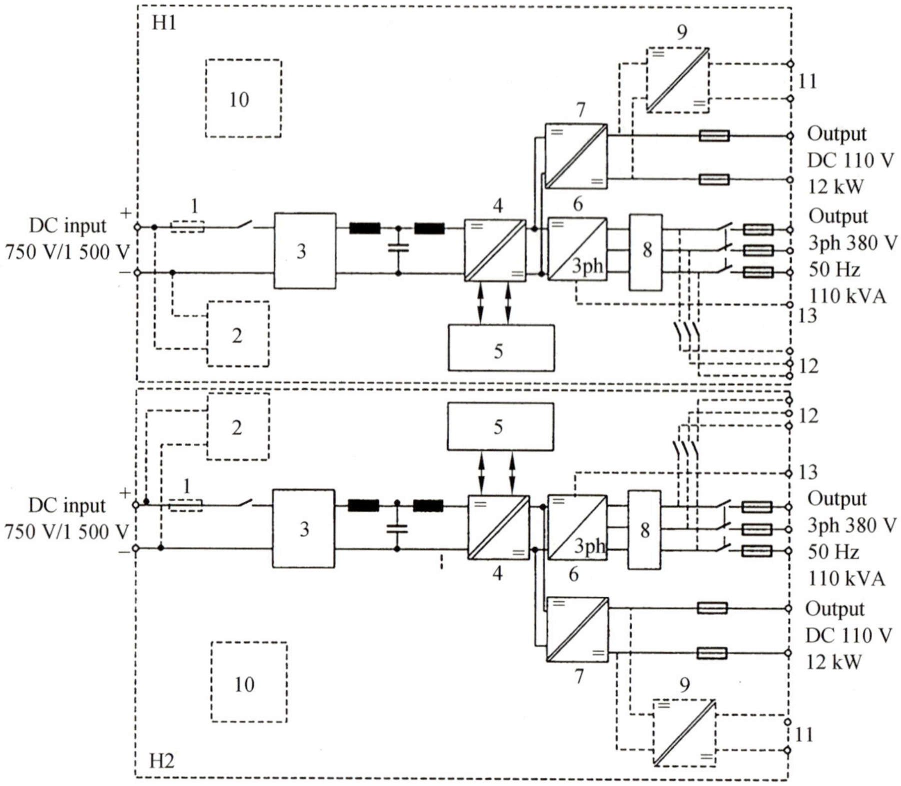

1—输入熔断器；2—应急启动；3—EMC 滤波器和瞬态脉冲保护；4—DC/DC 电压模块；5—Sibcos 控制；6—PWMI 逆变器；7—蓄电池充电机；8—正弦滤波器；9—DC/DC 转换器；10—可选：火灾报警；11—DC 24 V 输出（1 kW）；12—可选：车间供电；13—可选：中线线路。

图 3-1-7　辅助逆变器框图

六、变压器隔离方案

为了人身及设备安全，低压系统及控制电源必须实现与高压系统电气电位上的隔离，最佳和最实用的隔离方式就是采用变压器隔离。一般常用的有 50 Hz 变压器隔离和高频变压器隔离两种方式。其中，50 Hz 变压器的体积与质量较大；高频变压器的体积与质量较小，但必须采用性能好的高频磁心（铁心），目前大都采用进口的铁氧体磁心或铁基微晶合金的磁心（铁心）。

对于 DC 110 V 控制电源，容量不大，约 25 kW，一般将 AC 380 V 通过整流器整流输出 DC 110 V 电源。现今也有采用直-直变换及高频变压器隔离方式。

知识拓展

辅助系统控制原理

一、蓄电池启动（110 V）

列车正常激活也叫蓄电池启动，当司机室的列车激活旋钮开关（72-S101）打到“合”位时，蓄电池就向全车供电。

二、蓄电池充电器和辅助逆变器的启动

当列车已升弓并有 DC 1 500 V 电压，蓄电池充电机自检完成后，检测到有 1 500 V 电压就自动启动工作，提供 DC 110 V 电压。

列车已升弓并有 DC 1 500 V 电压，VCU 与辅助逆变器的控制单元的通信正常和辅助逆变器无故障信息时，VCU 向辅助逆变器发出工作指令，辅助逆变器自动启动，提供三相交流电压。当 MVB 车辆总线故障时，只要有 DC 110 V 和 DC 1 500 V 供电时，辅助逆变器自动启动。

Sibcos-M2000 模块集成在蓄电池充电机中。主控制单元 Sibcos-M2500 通过 MVB 向车辆控制单元发送信号。辅助逆变器的内部控制单元之间的通信通过 CAN 总线（控制器局域网）进行。辅助逆变器的内部控制单元之间通信示意图如图 3-1-8 所示。

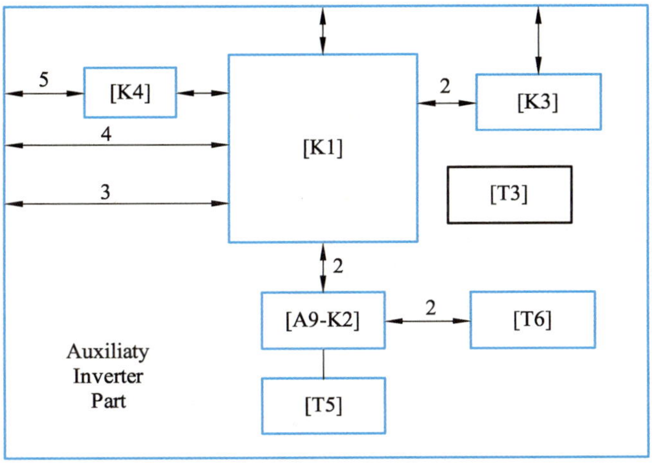

1—二进制输入/二进制输出；2—CAN 总线；3—服务端口；4—MVB 车辆总线；5—以太网；
[Kl]—Sibcos—M2500；[A9—K2]—Sibcos—M2000；[K3]—Sibcos—M9000；
[K4]—接口转换器；[T3]—DC/DC 转换器；[T5]—PWMI；
[T6]—内部包含 Sibcos—M2000 的蓄电池充电机。

图 3-1-8　辅助逆变器的内部控制单元之间通信示意图

三、Sibcos-M2500 主控制器简述

控制器 Sibcos-M2500 代表主控制和模块控制的组合，负责全面系统控制与高级控制等级的通信，以及不同类型电源转换器的控制和调整（如 PWMI）。

该控制器具有 16 个 IGBT 控制通道和 14 个 IGBT 核对输入以及 8 个数字输入和 4 个数字输出。而且，该控制器具有模拟电源输入和电压输入以连接变压器。控制器的附加接口为：

（1）MVB 接口负责与综合控制等级的通信。该接口符合 TCN 标准。

（2）CAN 接口负责与其他 CAN 节点的通信。

（3）笔记本电脑的连接可通过 RS232 接口。该接口用于调试和启动、诊断和程序下载。

控制器的温度检测通过外部 PT100 元件或通过温度电阻 NTC10 kfl 进行。

四、Sibcos-M2000 模块控制器简介

Sibcos-M2000 控制器控制 PWMI 模块（和可选蓄电池充电机）。有 11 个 IGBT 门极驱动输出和 10 个 IGBT 反馈输入。控制模块还有模拟电流和电压输入以连接互感器。模块上有一个 C167CR 处理器（20 MHz，512 KB Flash-EPROM 相 64 KB SRAM）。

该处理器核和外部接口通过 LCA（逻辑单元阵列）逻辑链接。在 LCA 的作用下，根据该应用，转换器逻辑回路的功能如联锁、闭塞次数或最少通电时间可通过软件创建。控制单元的其他接口为：

（1）CAN 接口用于将 Sibcos-M2000 模块控制连接至主控制单元或其他从控制单元。

（2）局域总线接口为串联数据总线（RS485）用于同其他模块控制单元通信。

（3）该控制模块可通过 RS232 接口连接至笔记本电脑。该接口用于启动和诊断。温度通过 NTC 元件检测。

五、故障诊断

诊断系统能对故障进行快速而正确地定位，故障分析利用了 Sibmon 诊断和可视化系统，调试人员能用带串行接口的 PTU 直接连接到辅助逆变器中 Sibcos-M2500 主控制器的 RS232 串行接口。

Sibmon 软件的功能：

（1）使设备状态及块形流程图中的进程数据可视化。

（2）广泛地基于超文本的在线帮助，对模块、故障消息等提供直接帮助。

（3）字母数字混合的数据输入和显示。

（4）图形功能。

（5）读取并分析控制器的诊断数据。

（6）载入软件到控制器上并显示所载入的软件版本。

任务二　辅助逆变器

任务导入

东莞 2 号线电客车正线多次出现正常照明丢失的故障，经调查确认为辅助逆变器 IGBT 击穿故障，该故障导致客室正常照明熄灭，仅剩紧急照明。

从正常照明电路图来看，正常照明激活的前提条件为蓄电池充电机工作、高压存在接触器得电，而蓄电池充电机工作受辅助逆变器输出电源的影响，即列车无 AC 380 V 输出时充电机停止工作，正常照明丢失。

思考：辅助逆变器是如何进行工作的？其输出负载有哪些？

学习任务

一、辅助逆变器的作用

辅助逆变器是城市轨道交通车辆上必不可少的电气部件。当供电系统正常时，DC 1 500 V 或 DC 750 V 的直流电压经辅助逆变器（DC/AC）逆变为 50 Hz、AC 380 V/220 V 的交流电压，向通风机、列车空调、空气压缩机、客室照明、电加热器等负载供电；DC/DC 变流器提供 DC 110 V 和 DC 24 V 电源。辅助电源系统的负载设备遍布全车，该系统能自动完成启动、关闭及故障切换功能。

二、辅助逆变器的组成

如图 3-2-1 所示，辅助逆变器包含供电系统所需的所有零部件，其中也包括充电器。辅助逆变器设备箱装在 B 车的地板下面，它包含两个几乎完全冗余的辅助逆变器 1 和 2。两个蓄电池充电器模块共同向蓄电池输出电路馈电。如果其中一个充电器发生故障，第二个充电器仍可提供额定功率的直流电。辅助逆变器接口、紧急启动蓄电池、蓄电池充电器输出电路和三相交流耦合接触器没有采用冗余设计。

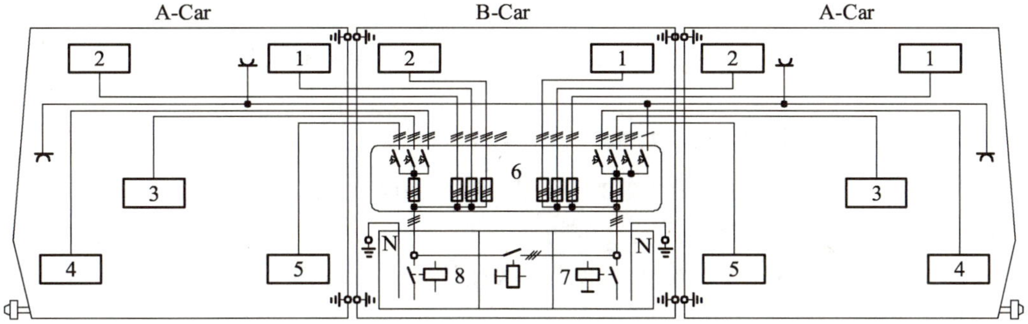

1—VAC1；2—VAC2；3—空气压缩机；4—牵引设备箱 1；5—牵引设备箱 2；
6—辅助装置箱；7—辅助逆变器 1；8—辅助逆变器 2。

图 3-2-1　三相 AC 380 V 电路

辅助逆变器在运行时直接与架空牵引线相连接。辅助逆变器的两个部分都是由 1 500 V 架空线并行供电的。辅助逆变器向列车上的风扇、空调单元以及所有其他的三相负载输出三相 AC 380 V 电压。辅助逆变器 1 还输出直流 110 V 辅助电源，用作蓄电池充电以及控制单元的电源。

辅助逆变器将来自架空线的电源转变为以下输出电压：输出 1 为三相交流 380 V，50 Hz（144 kV·A），用于空调单元以及其他不同的负载；输出 3 为直流 110 V（2×16 kW），用于向蓄电池供电；输出 4 为三相交流 380 V，50 Hz（144 kV·A），用于空调单元以及其他不同的负载。

三、辅助逆变器设备箱内的设备布置

辅助逆变器设备箱中零件的布置见图 3-2-2。

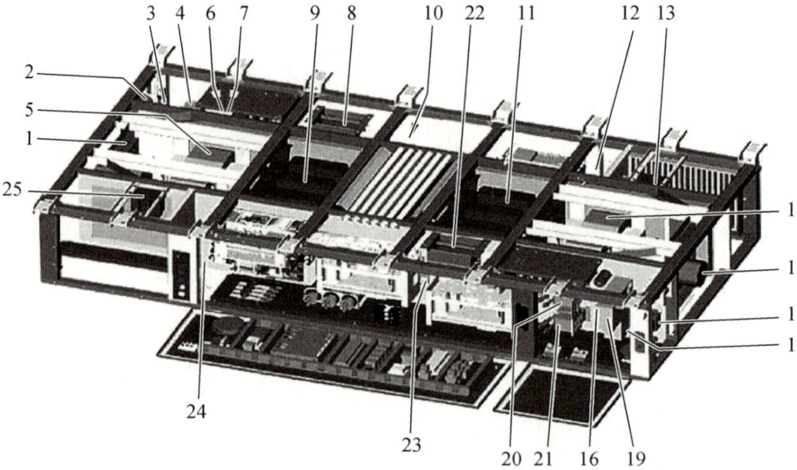

1—风扇 M21；2—EMC 过滤器铁氧体磁心组件 V29；3—直流输入电压传感器 T29；4—直流主接触器 Q21；5—管线节气门 R24；6—EMC 过滤器电容 V31，V32；7—交流输出接触器 Q22；8—OVP 电阻 R33，R34；9—主变压器 T24；10—半直流连接电压传感器 T30；11—主变压器 T24；12—进风口温度传感器 R40；13—BC 管线节气门 R35；14—管线节气门 R4；15—风扇 M1；16—EMC 过滤器电容 V11，V12；17—EMC 过滤器铁氧体磁心组件 V9；18—直流输入电压传感器 T9；19—直流主接触器 Q1；20—交流输出接触器 Q2；21—交流输出接触器 Q3；22—OVP 电阻 R13，R14；23—半直流连接电压传感器 T10；24—进风口温度传感器 R20；25—BC 管线节气门 R15。

图 3-2-2 辅助逆变器设备箱中零件的位置

四、辅助逆变器的工作原理

辅助逆变器原理框图如图 3-2-3 所示，DC 1 500 V 经 LC 滤波器后由 GTO 斩波器进行斩波调压至 DC 775 V，再经过中间滤波器送入六脉冲 GTO 逆变器，其输出经隔离变压器后成为 AC 380 V，隔离变压器二次侧还多了一组抽头，该组交流电压经整流输出 DC 110 V。

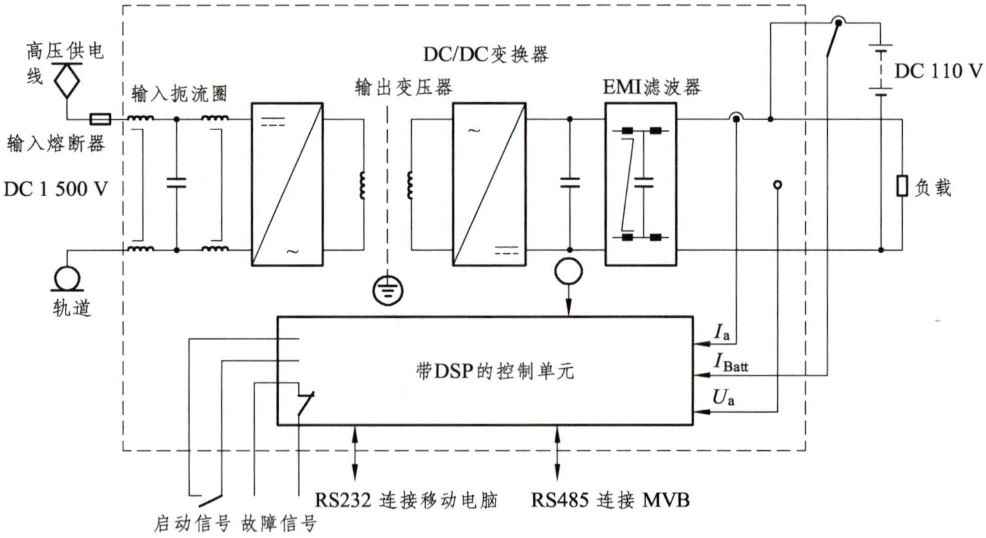

图 3-2-3 静止逆变器原理框图

辅助逆变器主电路主要由线路滤波器、斩波器、中间电路（蓄能滤波部分）、三相逆变器 4 部分构成。

五、辅助逆变器的控制

辅助逆变器的控制原理图如图 3-2-4 所示，它有 4 个功能包。

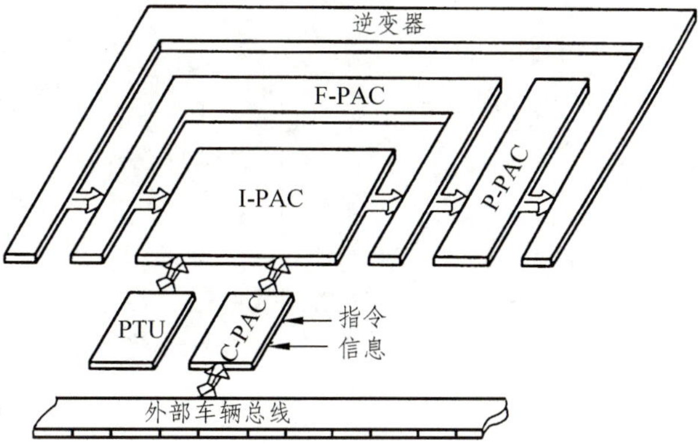

图 3-2-4　辅助逆变器控制原理图

1. 电源功能包（P-PAC）

电源功能包可提供控制电源及斩波器、逆变器的脉冲。

2. 通信功能包（C-PAC）

通信功能包可传输逆变器及列车上的各种信号，寄存过程参数实际值。

3. 接口功能包（I-PAC）

接口功能包可确定电参数所需值，监控逆变器电压、电流、温度、延时时间及工作过程，它包括中央单元、通道、转换单元、过程数据显示及记录等模块。

4. 快速保护和控制功能包（F-PAC）

快速保护和控制功能包可控制逆变器工作过程，寄存过程参数中实际值的模拟量，逆变器快速保护。它包括实际值寄存、模拟监控、逆变器控制单元等模块。逆变器的快速保护功能过程为：模拟信号被控制在极限值以内，如果超出极限值就封锁触发脉冲，中断逆变器工作，同时调整电压控制器板工作状态，短路晶闸管触发工作，此时把逆变器中断原因输入 I-PAC 中，由 I-PAC 确定重新启动的可能性。

六、辅助逆变器的冷却

辅助逆变器采用强迫风冷。

如图 3-2-5 所示，辅助逆变器设备箱中的气流分别被导向辅助逆变器的两个部分。

其中一部分中的气流路径如下:空气通过沿着车体排布的进气栅被吸入逆变器设备箱。由于电源模块的散热片延伸到风道，因此空气沿着设备箱的侧边流到风扇。鼓动空气通过设备箱中间的管线节气门和主变压器，然后向下通过出气栅排出。

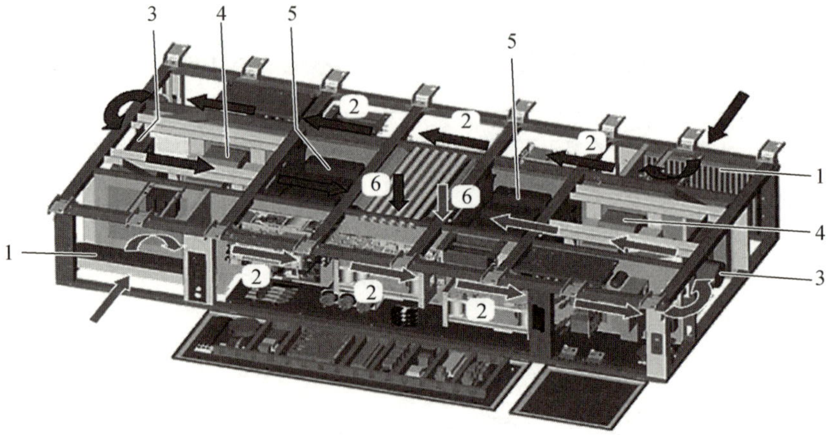

1—进风栅；2—散热片；3—风扇；4—管线节气门；5—主变压器；6—进风。

图 3-2-5　辅助逆变器中的主要气流

实践任务

一、辅助逆变器的检修

辅助逆变器箱的检修如表 3-2-1 所示。

表 3-2-1　辅助逆变器箱的检修

序号	维修项目	维修内容	方法	技术要求
1	箱体外观，吊挂件，紧固件状态	无异常损伤，锁闭标记无错位	检查	箱盖，箱门无变形，锁闭功能良好。紧固件无损坏
2	连接器、格兰头、接地线状态	无异常损伤，无松动	检查	连接器连接可靠，接地点接地线连接良好
3	输入接触器、输出接触器、控制开关装置	灭弧罩无机械损坏或金属粉末淀积；接触器无异常损伤，无松动；开关无异常损伤	清洁检查	无积尘，无积垢，触头表面无烧损，无明显氧化；检查触头磨耗程度，主触头表面凹坑深度不大于 0.5 mm，辅助触头电阻值≤500 mΩ
4	所有电气连接	防松标记无错位，接触良好	检查	电气连接绝缘良好，无老化脱落，无异味，进出线状态良好
5	更换防腐袋	无损伤	检查	
6	辅助逆变器的变压器/扼流圈	无异常损伤，无松动	检查清洁	
7	辅助逆变器的进风口	表面无积尘	清洁	必要时用硬刷或吸尘器清理

续表

序号	维修项目	维修内容	方法	技术要求
8	辅助逆变器内部	无脏物或水侵入，无异常损伤，无松动	检查清洁	
9	辅助逆变器风道和散热片	清洁逆变器箱内进风口附近区域；清洁风道、风扇箱和电磁元件箱；清洁模块的散热片	清洁操作	清洁，无积尘
10	应急电池	检查应急电池	测试	单节电池电压不能低于 6 V

二、辅助逆变器检修提示

1. 检修逆变器箱时必须完成的 5 步操作

（1）将辅助逆变器断电。

按照列车负责人的指示，将辅助逆变器断电。切断 110 V 直流供电，将插头从控制器上拔下，断开主控制器。通过拔下蓄电池插头或取下车辆蓄电池熔断器断开蓄电池充电器和车辆蓄电池之间的连接来切断蓄电池电源。

（2）确保辅助逆变器不会再通电。

确保电源不会再通电，受电弓不再升起。

在切换成零电压的各点标上警告记号。

（3）检查电源是否隔离良好。

在测量电压期间，必须戴上合适的绝缘手套；使用合适的高压测量仪表，测量各点位电压，所测得的电压必须低于 60 V。

（4）辅助逆变器的接地和短路。

使用合适的接地短路设备将球形接地电极短路，使辅助逆变器的直流环节接地并短路。

（5）遮盖或隔离部件。

在打开翻盖后，将附近带电的部件遮盖或者隔离。

2. 辅助逆变器检修完毕后的注意事项

（1）启动辅助逆变器之前，应检查气流是否被维修门或者盖子阻挡或者完全阻碍。

（2）从辅助逆变器上拆除三端子接地短路装置。

（3）用方钥匙关闭大小 4 个维修盖。

（4）按照维护手册切断列车电源所述，激活列车。

（5）按照维护手册切断列车电源所述，将列车连接到辅助电源上。

（6）移除制动闸瓦。

知识拓展

辅助逆变器的常见故障

城市轨道交通车辆辅助逆变器系统的故障在车辆的日常临修中比较常见。辅助逆变器的故障在高温季节较为突出，其故障大多是由空调机组的故障引起的，或者是由于辅助逆变器内各类接插件松动引起的，也可能是辅助逆变器内电气元器件损坏引起的，在辅助逆变器的临修作业中尤其应该注意以下几种情况。

一、空调故障引起的辅助逆变器故障

空调故障引起的辅助逆变器故障比较容易判断，一般来说此时辅助逆变器的故障记录多为输出三相不平衡等内容，具体的判断方法是：将空调切除，如果辅助逆变器故障消失，那么该故障很有可能是空调机组故障引起的。常见的空调故障一般有以下几种：空调通风机故障、空调冷凝风机故障、压缩机电动机故障、空调机组与车体连接插件接触不良。

此外，辅助设备柜中与空调控制相关的接触器、低压断路器的接线松动、触点接触不良或损坏等，在临修过程中也需要特别予以注意。

二、辅助逆变器自身故障

对于辅助逆变器自身的故障，在临修中同样也十分常见。其原因分析及故障检查处理流程如图 3-2-6 所示。

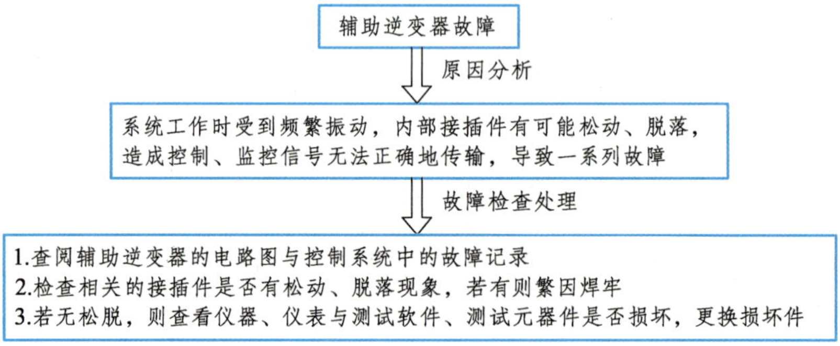

图 3-2-6　辅助逆变器故障检查处理流程图

三、雷击过电压引起的辅助逆变器故障

在雷雨季节，列车遭受雷击的可能性增大。一般来说雷击有两种情况：第一种情况是雷电击中接触网，然后传递到受电弓上，这种情况在正线运行中比较常见；第二种情况是雷电直接击中受电弓。这两种情况雷击造成的辅助逆变器输入电压的变化率不同，雷击的能量也有很大差别。一般情况下，辅助逆变器可以在雷击发生后自行恢

复工作，不会影响列车的运营；如果雷击的能量特别巨大，则有可能造成辅助逆变器关停、闭锁，甚至发生损坏。对于遭受雷击而出现辅助逆变器故障的车辆，通常可以先进行收车作业，等待一段时间后重新启动列车，辅助逆变器能够重新启动并恢复正常；如果辅助逆变器仍不能启动，则可以进行应急启动；如果应急启动同样失败，则有可能是辅助逆变器或车间电源内部的相关元器件损坏，这时需要仔细检查发生故障的辅助逆变器与车间电源内部的各电气部件。最为常见的是车间电源的熔断器熔断、高压隔离二极管被击穿等，必要时需要使用绝缘电阻表对辅助逆变器进行绝缘等级测定，判定是否有其他元器件被击穿，以保证逆变器完好。

四、再生制动电压反馈异常引起的辅助逆变器故障

列车在进行再生制动时，如果与牵引变电站配合存在问题，接触网（或接触轨）的电压将升高，造成辅助逆变器过电压保护。通常在一定的时间（一般为 10 s 左右）内辅助逆变器可以恢复正常工作，在该段时间内列车将进入紧急照明、通风等工况，列车的控制系统将记录类似辅助逆变器负载等相关信息。但有时网压上升十分迅速，通过列车辅助电路的瞬间电流将很大，这时辅助电路中的受流器供电熔断器将有可能因此熔断，甚至高压隔离二极管也会被击穿，造成列车的辅助供电电路失电，辅助逆变器无法正常工作，进而造成设备通风丧失，引起车辆救援。因此驾驶员在操纵再生制动时，一定要严密监视网压，一旦出现异常情况应立即切除再生制动，避免造成故障扩大，影响行车。

任务三　蓄电池

任务导入

2021 年 6 月 24 日上午 8 时 29 分，大连地铁 2 号线马栏广场至西安路区间出现接触网断电故障，导致正在辽师至交通大学区间运行的 219 号列车以及马栏广场至辽师区间运行的 203 号列车运营受到影响，车厢内照明设施中断，应急灯启用。受此影响，地铁全线列车均出现短暂的晚点情况。

思考：应急灯的供电电源来源于哪里？

学习任务

在城市轨道交通车辆中，蓄电池组既作为列车启动电源，也作为 110 V 直流电源的备用电源。在直流电源正常工作时，蓄电池组处于浮充电状态，兼作滤波元件。对蓄电池的要求是：能量密度高、充放电次数多、使用安全并满足环境保护要求。

一、概　述

蓄电池是将化学能与电能互相转换的装置，它能把电能转变为化学能储存起来，

使用时再把化学能转变为电能，而且变换的过程是可逆的。以上两个过程，前者称为充电，后者称为放电。

城市轨道交通车辆上采用的蓄电池有酸性的、铅酸性的，还有碱性的（镉镍蓄电池）。根据极板所用材料和电解液性质的不同，蓄电池一般可分为酸性（铅）蓄电池和碱性蓄电池两大类。

酸性蓄电池比较轻，但是它工作时放出的硫酸蒸气是有害的。酸性蓄电池电压为 2～2.1 V。同酸性蓄电池相比，碱性（镉镍）蓄电池的主要缺点是单节电池的电压较低，仅略大于 1 V，但它能承受较大的电流，耐振动、耐冲击，对过充电和欠充电不很敏感，自放电极弱，使用寿命长，在同样容量下体积和质量较小，不发散有害气体，所以应用广泛。例如：FNC260L 型纤维结构电极的镉镍碱性蓄电池，每节电池标称电压为 1.23 V，80 个单节蓄电池构成一组共 98.4 V，容量为 150 A·h。

地铁列车上的蓄电池组是由 DC 110 V 镉镍可充电电池单体相互串联组成，一般由 80 或 84 只单体组成一组蓄电池组。每列车通常有 2 组或 4 组蓄电池。列车辅助逆变器工作时，每个蓄电池组以浮充电模式与逆变器充电器相连接。每一蓄电池组装在蓄电池箱内，采用充足的自然通风。

在国内已运行的列车中，蓄电池按容量分有 60、120、140、160 A·h 4 种。蓄电池容量选择是由列车在紧急状态（接触网断电）时的直流负载所决定的。

蓄电池组的功能主要是为列车启动时的电气设备提供直流电源，直至列车辅助逆变器正常工作。在列车运行过程中，若列车失去电源（辅助逆变器不工作），蓄电池组也为列车紧急照明、紧急通风、列车控制系统、监视设备、通信等负载提供 45 min 的电源。

另外，除了为以上负载提供 45 min 的电源，蓄电池组还应保证能打开或关闭车门一次。这样在列车失去高压的紧急状况下，蓄电池组保证列车上的必要设备能继续工作，以保证列车的安全。

二、蓄电池的结构

单节蓄电池的外观及结构如图 3-3-1 所示。

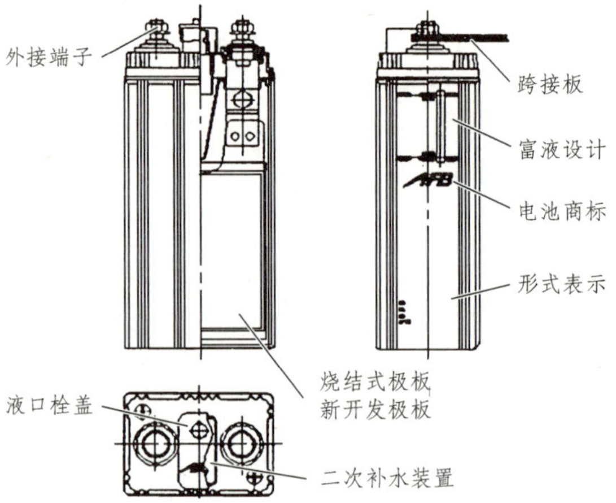

图 3-3-1　单节蓄电池的外观及结构

蓄电池外壳由防火塑料制成，5 个电池单体为一组，每个蓄电池单体的主要结构包括以下几部分。

（1）正、负极：由活性物质和导电骨架组成。

（2）隔膜：用在正负极板之间，防止正负极板之间短路。

（3）电解液：在电池内部，起到离子导电的作用，使蓄电池内部形成通路。

（4）外壳：极板、电解液、隔膜组装在外壳内。外壳要求有良好的机械强度、耐冲击、耐腐蚀、耐高低温等。

（5）其他部件：如螺栓、螺母、垫片、弹簧、导线等。

蓄电池组由两个蓄电池托盘组成，每个托盘上装有 40 个蓄电池单体。这些蓄电池单体用蓄电池接头和电缆接头串联在一起，额定电压达到 96 V。

三、镉镍蓄电池的工作原理、分类及特性

1. 镉镍蓄电池的工作原理

蓄电池充电时，正极发生氧化反应，负极发生还原反应；放电时，负极发生氧化反应，正极发生还原反应。

镉镍极板的活性物质在充电后，正极板为羟基氧化镍，负极板为金属镉。而放电终止时，正极板转化为氢氧化亚镍，负极板转化为氢氧化镉。

2. 镉镍蓄电池的分类

（1）按电池结构分：极板盒式、无极板盒式和双极板电极叠层式。

（2）按电池封口结构分：开口式、密封式和全密封式。

（3）按输出功率分：超高倍率、高倍率、中倍率和低倍率。

（4）按电池外形分：方形、圆柱形和扣式。

3. 镉镍蓄电池的特性

（1）自放电。蓄电池充电后，内部会发生缓慢的化学反应，使蓄电池慢慢失效。碱液的成分、储存的环境温度都会对蓄电池的自放电产生影响。通常在 KOH 溶液中加入 LiOH 以降低自放电速率。

（2）使用寿命。放电条件（放电深度、环境温度、放电倍率等）对蓄电池的使用寿命有很大影响，特别是放电深度。达到使用寿命，蓄电池就会失效。

（3）记忆效应。蓄电池长期进行“浅充浅放”，会产生明显的充电、放电失效的情况。这种情况下，蓄电池的性能可以恢复。

（4）镉镍蓄电池还具有使用寿命长（充放电次数高达数千次，寿命长达 10 ~ 20 年），机械性能好（耐冲击和振动），自放电小，低温性能好（ – 40 °C），极限温度可达 – 50 ~ + 55 °C 等优点，被广泛应用在各个领域。

四、蓄电池的充电方法

1. 恒电流充电

恒电流充电是指电池充电过程中，电流恒定不变。恒电流充电一般是用 $0.2C_{5A}$（C_{5A} 表示蓄电池容量，$0.2C_{5A}$ 表示充电电流值为蓄电池容量大小的 0.2 倍）电流连续充电 8 h，充入额定容量的 160%，电池可处于全充电状态，这种方法通常用于电池初充电、恢复或检查容量。

恒电流充电有初充电制、标准充电制和快速充电制 3 种。

2. 恒压限流充电

恒压限流充电方法通常是在规定电压下，将充电电流限定在 $0.2C_{5A}$ 以下充电。

3. 浮充电

浮充电是指在列车使用情况下，保持恒压但不限制电流充电。

五、蓄电池的保护

1. 隔离保护

蓄电池通过手动开关和低压网络隔离，在没有高压且蓄电池已放电 45 min 后（如果电池电压降至最低值 84 V 时），由电压继电器控制的接触器将蓄电池与载荷隔离。

2. 过热保护

通过一个温度传感器来监控蓄电池充电。

3. 回路保护

在辅助逆变器的输出端接一个二极管，以避免从 DC 110 V 网络回流至蓄电池。

4. 熔断器保护

在蓄电池的正极和负极上都设有熔断器，以保护线路。

实践任务

一、蓄电池的维护与检查

蓄电池使用保养周期为 2 ~ 3 年。

（1）在蓄电池的日常维护中重点检查电解液的液面高度：应在防护板 10 ~ 15 mm 以上。高度不够时应添加蒸馏水。

（2）蓄电池应至少 6 个月检查一次电压。列车运行中，当蓄电池组电压低于 84 V（各地铁规定有所不同）时，10 min 后列车将自动进入休眠。

（3）蓄电池在使用一定时间后，要进行如下测定和测试：

① 电解液密度测定。

电解液的密度直接影响蓄电池的容量，对于密度低于规定值的，应将蓄电池中的电解液全部排空后，重新调配电解液并加注。在重新加注以前，需彻底清洗蓄电池内侧壳体及极板。在更换电解液时应采取必要的防护措施，以免对人体造成伤害。

② 容量测试。

蓄电池容量的测试应严格按照蓄电池供应厂家的要求进行。容量测试完成后，应按测试结果对蓄电池进行分组，容量相差较大的蓄电池不应混装在一起使用。容量测试后充、放电时，应剔除容量低的电池，充、放电电流应采用 $0.2C_{5A}$，充电电压按 $1.55n$（也指串联电池的个数）来设定。

③ 对接线排进行清洁、打磨，保证蓄电池之间连接良好。

注意，蓄电池必须由有资格的电工进行维护，必须使用符合电规程和电防护措施的绝缘工具。

二、蓄电池的检修

蓄电池的检修修程分为日检、月检、半年检、年检、架修、大修。

1. 蓄电池的日常检修（月检）程序

（1）每月正常的维护检查包括日常检修的所有内容。

（2）对蓄电池外观进行检查，外观是否变形、鼓胀、裂纹现象，如有则应进行更换。

（3）用 0.2 ~ 0.3 MPa 压缩空气清理、清扫电池和电池箱内杂物及灰尘。

（4）检查蓄电池各连接端子的紧固状况，按技术资料规定的扭矩值扭紧松动的连接导线，并用凡士林涂抹保护。

（5）检查连线是否破损，必要时进行更换。

（6）测量蓄电池的开路电压，在无负载的情况下开路电压应不低于 2.13 V/单体（分酸碱两种单体电压），如低于则应进行均衡充电。

（7）根据环境温度对车辆的浮充充电电压输出进行调整。

（8）每月检查并记录充电设备的运行状态以及电池组总充电电压值、充电电流值。

（9）每次均衡充电时，每隔 4 小时应分别记录每个电池充电电压以及充电电流。

2. 蓄电池半年检程序

（1）半年检包括月检的所有内容。

（2）对蓄电池进行均衡充电（6 个月内均衡充电无须下车，由厂家用便携充电机在车上完成）。

（3）校对蓄电池组的总电压（浮充电压）与车上电压表的电压值是否一致，必要时进行调整。检查并记录一次电池组中每个电池的浮充电压值，检测并记录电池组两端的充电电压与充电设备的输出电压是否一致，检查并记录电池的外形、外表温度是否正常。

3. 蓄电池年检程序

蓄电池年检程序见表 3-3-1。

表 3-3-1 蓄电池年检程序

维修项目	维修内容	技术要求方法	方法	工装工具材料	
蓄电池箱	蓄电池箱外观检查	蓄电池箱无损坏、变色现象，箱盖须锁闭紧固	目测		
	清洁蓄电池箱体内部	箱体内部应无灰尘、杂物	目测		
	检查电解液高度，加注蒸馏水	打开蓄电池通风塞，加注蒸馏水到最大刻度线。加注后检查电解液液面高度	目测	注射器	蒸馏水
	蓄电池落车	蓄电池落车	目测		
	清洁蓄电池	用棉布擦拭干净	目测	湿抹布	绝缘手套
蓄电池箱	检查蓄电池壳	蓄电池壳体无严重变形、裂纹漏液现象；通风塞关闭良好，关闭不良者则更换需确认	目测		
	检查箱体内熔断器	表面无凹凸，无打火痕迹	目测		
	测量温度传感器	阻值满足 RT 表	测量	万用表、温度计	绝缘手套
	检查蓄电池间连接	电池间连线、连接板、螺钉无过热变色现象，接线端子压接良好，螺钉紧固，绝缘头无破损；绝缘护套无过热熔化、破损现象，安装到位；清洁蓄电池端子及连接片；螺栓恢复扭力	目测	扭力扳手	绝缘手套
	检查电池单体电压	蓄电池单体开路电压约为 1.2 ~ 1.35 V，开路电压低于 1.2 V 应做标记和记录，充放电后仍不能恢复的，则进行更换	测量	万用表	绝缘手套

4. 蓄电池的架修内容及技术要求

蓄电池架修内容及技术要求见表 3-3-2。

表 3-3-2 蓄电池架修内容及技术要求

维修项目	维修内容	方法	工装工具材料	技术要求
蓄电池箱	将蓄电池从蓄电池箱中拆下	拆卸操作	通用工具	
	清洁蓄电池	清洁操作	(40 ± 5) °C 热水，压缩空气，手套	干燥，清洁
	检查蓄电池充电器电压	检测操作	维护 PC	充电电流正常，蓄电池总电压在 77 V ~ 132 V
	检查和调整电解液高度	检查操作 调整操作	手套，眼罩，防护鞋，防护围裙，SAFT 维修工具箱，纯净水或蒸馏水	电解液高度调整到 (40 ± 5) mm

续表

维修项目	维修内容	方法	工装工具材料	技术要求
蓄电池箱	电气试验	试验操作	蓄电池工作台，扭力扳手，HCFA1-25/165 型自动恒流充放电机，万用表，套筒扳手	进行放电/充电一次，检测和记录各项充放电指标和容量满足紧急供电 30 分钟
	检查单节电池电压	检测操作	万用表	单个电池的开路电压无明显差异，电压值不小于 1 V
	检查蓄电池连接扭力	检查操作	带绝缘把手的扭力扳手，记号笔	拧紧力矩为（15±2）N·m
	蓄电池上保护涂层	操作	凡士林	连接件上均需涂上保护涂层，涂层均匀光洁
	蓄电池密封件检查	检查操作	扳手	密封件完好，无损伤
蓄电池箱	吊挂处紧固件复扭	检查操作	扭力扳手	力矩符合规定要求
	导轨润滑	润滑操作	通用润滑脂	润滑良好，导轨动作灵活

三、蓄电池组的组装和拆卸

1. 更换蓄电池需准备的工器具及劳护用品

（1）工器具：“38 件套”、棘轮扳手及套筒（14 mm）、剪线钳、扭力尺（5～25 N）、画线笔、万用表等。

（2）劳护用品：安全帽、护目镜、绝缘手套等。

2. 更换蓄电池的流程

（1）打开并将列车两端 B 车的蓄电池闸刀开关拉下。

（2）拉下的刀闸，分别放至两端司机室内。

（3）列车两端 B 车的蓄电池闸刀箱上挂好“严禁合闸”警示牌。

（4）打开蓄电池箱，松开两紧固螺栓以及 3 个插销，然后拉出蓄电池箱。

（5）拆下电池母线。

（6）拆下温度传感器上的小螺丝。

（7）拔下温度传感器上的塑料盖，需要用力拔，但是要小心别拔断。

（8）将导线拆下放好。

（9）将蓄电池单体取出在小推车上放好。

3. 安装蓄电池的流程

（1）将蓄电池单体按图所示放入蓄电池箱并排列好，每码好一个单体后装好相应的嵌块后再装下一个单体。

（2）连接好相应导线。

（3）将所有电极固定螺母紧固至规定力矩。

（4）确认所有螺丝已打好扭力后做防松标记并合上蓄电池单体上的塑料盖子。

（5）蓄电池安装完毕后，分别测量蓄电池单体电压及整体电压。单体电压约为2.18 V，整体电压应与相应司机室电压表所示相同，约为115 V。

（6）关好蓄电池箱，合上闸刀开关，取下“严禁合闸”牌，并对作业场地进行清场。

（7）到列车两端司机室检查电压表指示是否正常，激活列车并做有电功能试验。

知识拓展

电池的失效

尽管镍镉电池使用寿命很长，但使用时间久了总会出现不能正常工作甚至完全不能工作的现象，称为电池的失效。

镍镉电池的失效分为可逆失效和不可逆失效两类。当电池符合规定的性能要求，通过适当的活化处理能恢复到可用状态，则称为可逆失效。当电池通过活化或其他方法仍不能恢复到可用状态，则称为不可逆失效或永久失效。

一、可逆失效

电池以恒电流充放电和固定时间反复循环时，可能受到可逆的容量损失。这种效应称为“记忆效应”。无论大电流放电到较低的终止电压还是小电流放电到较高的终止电压，其效应相同。容量衰减的基本原因就是浅度放电。电池在重复浅放电循环中，放电平均电压降低会导致电池容量减少。

长期过充电也可使电池发生可逆失效，尤其在高温下更是如此。由于长期过充电引起放电快终止时的过渡阶梯，虽容量仍可适当利用，但工作电压比较低，所以这也是可逆失效。通过几次深充放电循环后，蓄电池可恢复到额定电压和期望的容量。

二、不可逆失效

密封圆柱电池永久失效的原因主要有短路和电解液干涸两个。

电池内短路会导致电池无使用价值。电解液稍有损耗即会引起容量减少。容量损耗与电解液减少量成正比。电池反复反极、高温下高倍率充电、直接短路等都会引起电解液损耗。由电解液损耗所引起的容量减少在高倍率放电时更为明显。

另外，高温会降低电池寿命。较高温度会促使隔膜受损并增加短路的可能，还会使水通过密封圈迅速蒸发。这种影响是长期的，且温度越高电池损坏越快。

三、电池失效现象

1. 电池短路

（1）低电阻短路。

电池开路电压为0，以0.1 C倍率电流充电20 h，充电终止电压仍低于1.25 V。

（2）高电阻短路。

电池充电终止电压大于 1.25 V，充电后立即放电也能放出部分容量，但长时间搁置又会降至 0（称为微短路）。

（3）间隙短路。

这种电池受到振动后，电压忽有忽无或忽高忽低。

2. 电池断路

由于制造厂商工艺控制不严，电池内部焊接脱开或螺纹松动，充电控制失调，使用维护不正确等会造成电池无电能输出。

（1）电池膨胀。

充电电压高或电池常处于过充电状态，会造成半烧结电池的负极膨胀、壳体变形。圆柱电池也会发生电池膨胀问题。

（2）气体阻挡层失效。

过充电电流过大、过充电温度过高或电解液液面低时的高倍率放电会引起气体阻挡层失效。

（3）热失控。

热失控是气体阻挡层失效的电池在恒电位充电引起的后果。镍镉电池的电压与温度成反比。环境温度升高时，电池电压下降。过充电时，电能部分转变成热能。产生的热量使电池温度升高。随着温度上升，电池电压下降。若采用恒电压充电，就会造成充电电流增加，致使过充电量也增加。循环往复，电池温度进一步升高，电压进一步下降，出现热失控。热失控可使电解液温度达到沸腾的程度，使隔膜受到严重损坏，直至电解液耗干，造成电池内部短路。

任务四 照明系统

任务导入

作为国内首次实现全自动联挂、灵活编组的全自动驾驶地铁车辆，北京地铁 3 号线（在建，预计于 2023 年底开通运营）采用 4 + 4 重联全自动无人驾驶技术，最高运行时速 80 km，最大载客量 3 456 人。在实现车辆灵活编组的前提下，可实现与 12 号线跨线路互联互通。通过采用 LED 照明系统、变频空调机组等一系列措施，减轻车辆运营负担，进一步降低车辆自身损耗和能耗。考虑到乘客坐车的舒适性，3 号线车辆灯光可根据环境自动调节亮度。车辆还配备了可推送智能画面的车内动态地图，如图 3-4-1 所示，以及集成了空气净化功能的空调系统，提供安全、健康、便利的出行体验。

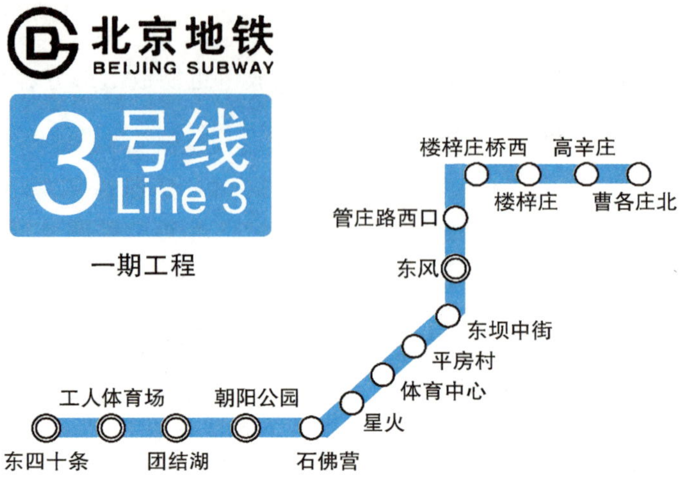

图 3-4-1　车内动态地图

思考：照明系统由几部分组成？都有什么特点？

学习任务

照明系统分为车辆外部照明、车辆内部照明和指示灯。

一、外部照明

A 车驾驶室端正面图如图 3-4-2 所示，外部照明起到运行照明、标识方向、标识运行状态的作用。

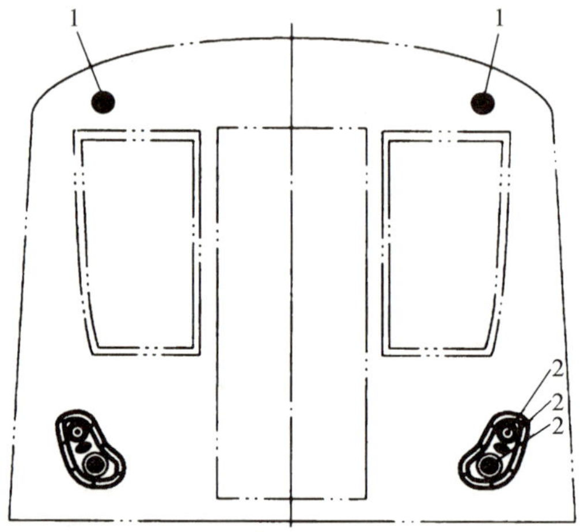

1—运行灯（红白双色）；2—前照灯（头灯，暗）；3—标志灯（尾灯红色）；4—前照灯（头灯，亮）。

图 3-4-2　A 车驾驶室端正面图

1. 外部照明的组成

外部照明包括前照灯（头灯）、尾灯、运行灯、标志灯和列车号显示灯。其中前照灯、标志灯和运行灯受驾驶控制器钥匙、方向手柄等的控制，由 DC 110 V 供电。

前照灯和尾灯相邻，位于列车驾驶室端面的下部，左右对称各有一组。前照灯为白色，尾灯为红色。运行灯在车顶线处也是左右各一组，红白两色，用于显示列车的状态。前照灯电源为 DC 24 V，采用聚焦灯，分亮、暗两种灯泡，前照灯“亮、暗”的选择旋钮设置在驾驶室主操纵台，可在驾驶台上进行控制。当前照灯为亮位即远光照明时，前照灯前方 190 m 处的照度为 1.6 lx；暗位即近光照明。尾灯、运行灯采用非聚焦灯，电源为 DC 110 V。当列车主控制器打开后，标志灯和列车号显示灯自动接通。

当驾驶室激活，且方式/方向手柄在“0”位时，“前”和“后”两端的尾灯亮。

2. 外部照明应遵循的逻辑关系

（1）如图 3-4-3 所示，当列车停车待命（DC 110 V 低压电源仍工作）时，每一端的标志灯（尾灯）和红色运行灯应亮。在待命状态下，驾驶员控制器调速手柄不动作。

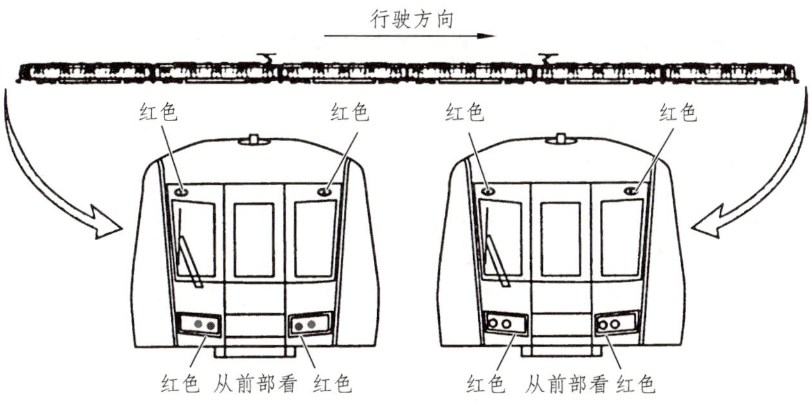

图 3-4-3　蓄电池备用模式时外部照明

（2）如图 3-4-4 所示，驾驶员控制器方式/方向手柄在“向前”位时，以下所列灯应亮。

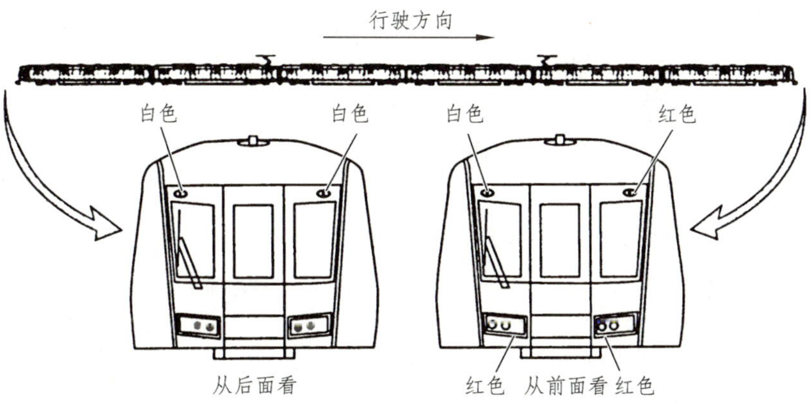

图 3-4-4　列车牵引工况时外部照明显示

激活列车时端部灯的基本设置自动实现每端 4 个红色灯都变亮。
前端：尾灯（红色）变亮，运行灯（红色）变亮；
后端：尾灯（红色）变亮，运行灯（红色）变亮；
列车前端的前照灯和白色运行灯亮；
列车后端的标志灯和红色运行灯亮。
（3）驾驶员控制器方式/方向手柄在“向后”位时，以下所列灯应亮：
前端：驾驶端头灯（白色）变亮，运行灯（白色）变亮；
后端：尾灯（红色）变亮，运行灯（红色）变亮；
列车前端和后端的前照灯和白色运行灯亮；
列车前端和后端的标志灯和红色运行灯亮。

3. 外部照明的操作

1）向前牵引运行时，外部照明的操作

（1）前照灯。

当驾驶员方向手柄置“向前”位后，向前接触器线圈得电动作，前端的 2 个前照灯点亮。

当驾驶员台右侧的“前灯亮/暗”选择开关处于“暗”位，继电器不得电，暗光灯点亮。

当驾驶台右侧的“前灯亮/暗”选择开关处于“亮”位，强光灯点亮。

因此，操作“前灯亮/暗”开关，选择其中 1 位：暗/明，可使前照灯在强光和暗光两者之间进行转换。

（2）运行灯与尾灯。

① 前端：当车辆向前行驶时，前端 2 个白色运行灯点亮。也就是说，处于向前运行位的头车，运行灯为白灯，尾灯不亮。

② 尾端：尾端为非激活端，2 个运行灯亮红灯，2 个尾灯红灯也点亮。

2）停车状态时，外部照明的操作

（1）前照灯。

停车状态时，驾驶员方向手柄在“0”位，前照灯均不亮。

① 前端：2 个红色尾灯点亮，2 个红色运行灯点亮。

② 尾端：尾端处驾驶室未激活，2 个红色尾灯和 2 个红色运行灯均点亮。

3）折返行驶时，外部照明的操作

（1）前照灯。

① 前端：折返行驶时，2 个前照灯均点亮。

② 尾端：尾端（非激活端）处于向前运行状态，尾端的 2 个前照灯也点亮。

（2）运行灯与尾灯。

① 前端：2 个白色运行灯点亮。2 个红色运行灯及 2 个红色尾灯也点亮。

② 尾端：2 个白色运行灯点亮。2 个红色运行灯及 2 个红色尾灯均点亮。

二、内部照明

1. 内部照明的组成

内部照明包括客室照明、驾驶室照明和车内设备柜照明。

客室照明由列车的 A 车逆变器交流输出供电，每节 A 车逆变器负担列车的 50% 客室照明。当一台 A 车逆变器出现故障时，另一台 A 车逆变器仍可保证客室有一半照明。两条照明主线路的荧光灯在客室顶上交叉排列，保证即使某条主线路故障，照明仍能均匀分布。客室照明正常工作时座位席上水平面的照度达到 300 lx。荧光灯电源为 AC 220 V。驾驶室驾驶台上的复位旋转开关“客室照明”控制客室的全部照明灯具的开/关（包括紧急照明），例如图 3-4-5 所示为地铁车辆一个单元车辆的内部照明布置。

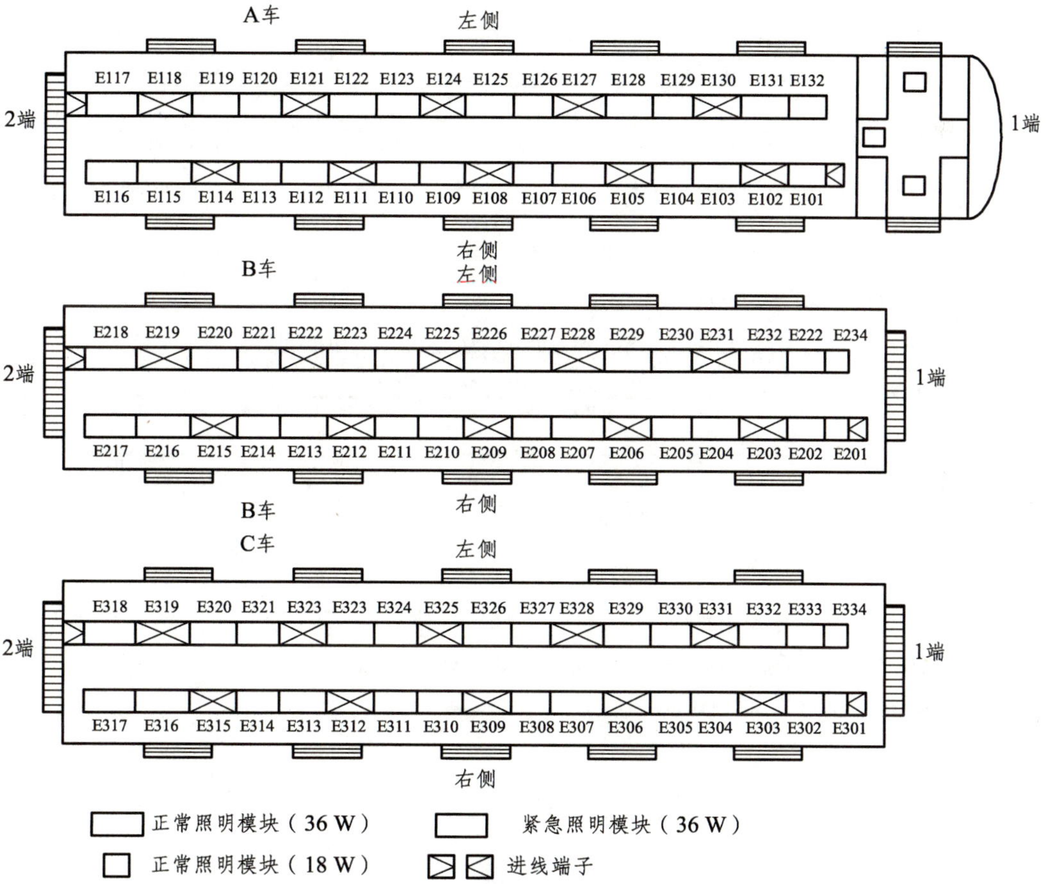

图 3-4-5　城市轨道交通车辆内部照明布置

驾驶室照明采用 DC 110 V 电源，3 个驾驶室顶棚灯安装在驾驶室的顶棚上，驾驶台“驾驶室灯”旋转开关控制驾驶室灯的开/关。驾驶台上还安装有阅读灯，帮助驾驶员操纵驾驶控制台面上的控制仪表及控制部件。驾驶台上的各种仪表，例如速度表和双针压力表，列车激活后将在驾驶台上保持点亮。

车内设备柜照明也由 DC 110 V 供电。照明开关与柜门相连，柜门打开时照明接通，柜门关闭时照明断开。

2. 客室、驾驶室照明灯布置

客室和驾驶室顶棚照明灯采用 DC 110 V 供电。为了保证在紧急情况下能保留一定的照明，客室照明分两路，一路为普通照明；另一路为紧急照明。当接触网供电故障、2 台蓄电池充电机均故障等情况发生时，普通照明即断开，而紧急照明在任何时候都保持供电。

如图 3-4-6 所示，A 车紧急照明由 6 盏普通的 36 W 日光灯组成，8 车和 C 车的紧急照明由 7 盏普通的 36 W 日光灯组成；正常客室照明是由 21 盏 36 W 的日光灯组成，分为两组供电，并由两个不同的微型断路器进行保护。

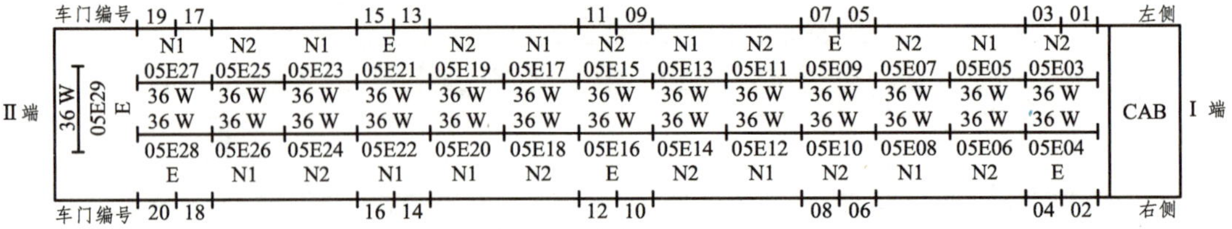

（a）A 车照明布置

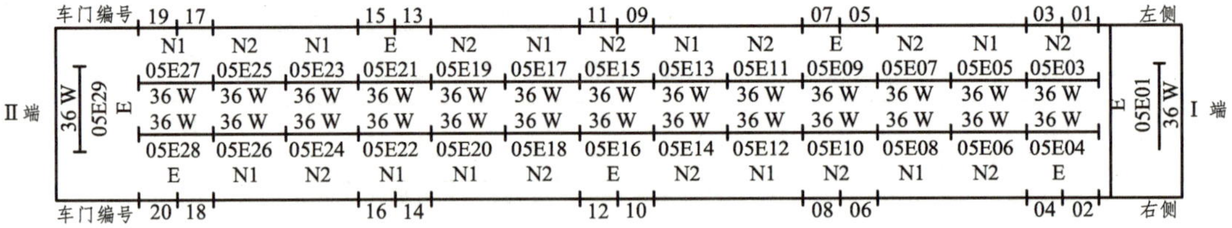

（b）B 车和 C 车照明布置

图 3-4-6　列车照明布置

驾驶室照明为 1 盏普通的 36 W 日光灯，由驾驶室照明开关单独控制。另外，驾驶室还设有 DC 24 V 照明，由斩波器将 DC 110 V 供电变换成 DC 24 V，给双针压力表、速度表、阅读灯及驾驶室蜂鸣器供电。

3. 内部照明的操作

（1）驾驶室照明操作（开关灯操作）。

操作设备：“驾驶室照明开/关”。

操作方法：不必解锁驾驶台，把驾驶台上的非自复式旋转开关“驾驶室照明开关”旋转到合/分位，即可打开或关闭驾驶室照明灯。

（2）客室照明操作。

操作设备：位于副驾驶员台上“客室照明”瞬时开关，此开关有 3 个位置，分别是“分”“0”和“合”。

操作方法：把“客室照明”瞬时开关打“合”位，打开全列车客室照明，客室照明打开后，副驾驶员台上的白色指示灯“客室照明接通”灯亮，表明客室照明处于接通状态。

把“客室照明”瞬时开关打“分”位，关闭全列车客室照明，客室照明关闭后，“客室照明接通”灯也熄灭。

“0”位为正常位。

三、指示灯

城市轨道交通车辆上的指示灯包括车外侧指示灯、门道指示灯和驾驶室指示灯，均由 DC 110 V 供电。

1. 车外侧指示灯

在每节车靠车辆 2 端的车体外侧墙上设置有一竖排指示灯，为车辆运行状态指示灯，每侧一组，每组五只，由上至下设置的颜色分别是：绿色、橙色、白色、红色、蓝色。车辆运行状态指示灯用于指示相应车辆气制动、停车制动、相应侧客室门状态以及是否启用车载 ATP 设备（仅 A 车电子柜有车载 ATP 设备）。各灯显示意义如下：

（1）绿灯亮，表示该节车所有的气制动和停车制动已经缓解。

（2）橙灯亮，表示该节车厢该侧至少有一个车门未“关好”。

（3）白灯亮（仅 A 车有显示），表示该单元 A 车的车载 ATP/ATO 对列车的控制与监控已经切除。

（4）红灯亮，表示该节车至少有一转向架的气制动已经施加。

（5）蓝灯亮，表示该节车的停车制动已经施加。

2. 门道指示灯

门道指示灯用于显示客室车门的状态。每道客室车门有 3 个指示灯，在每扇客室门内侧和外侧的上方均安装有橙色的门解锁指示灯，其中门内侧上方还安装有红色的门切除指示灯。车门内侧解锁和切除指示灯车内位置如图 3-4-7 所示。

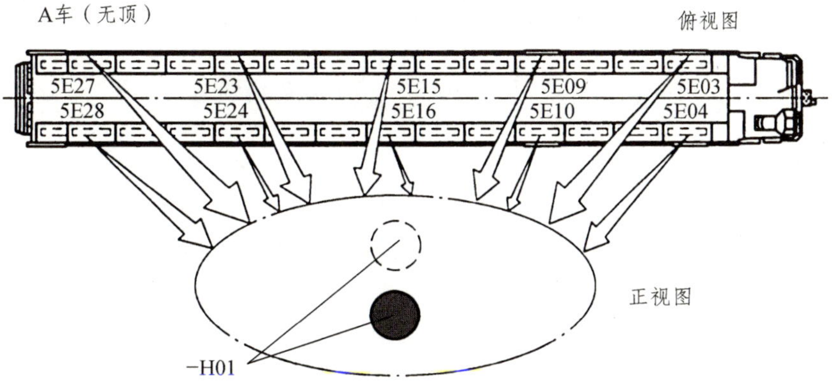

图 3-4-7　车门内侧解锁和切除指示灯车内位置

门解锁指示灯指示相应车门的状态，显示方式及意义如下。

（1）无显示（灭灯）。当相应车门的检测电路检测到车门关好时，该指示灯无显示。

（2）固定显示（橙色灯亮）。当车门通过任何方式打开时（列车处于激活状态），此时门解锁指示灯为固定显示。

（3）闪烁显示（橙色灯闪烁）。若列车的客室门是通过驾驶室内的开门按钮开启的，则按关门按钮时将触发兼有声响的关门报警，此时门解锁指示灯闪烁显示（只有当所有客室门“关好”后，灯闪烁报警才能停止），以提示乘客车门即将关闭。一般情况下，从触发关门报警的时刻起计时，约过 4 s 后，两门页才动作。

门切除指示灯有两种显示方式：无显示和固定显示红色。正常情况下，该指示灯不显示，当该指示灯显示时，至少表示相应车门的控制电路已经切除，在这种情况下，该车门不能通过电控方式开、关。

车门解锁（外墙）指示灯，设置于车体外侧的每个门上方，如图 3-4-8 所示。每个单元的 3 节车对应于相同位置的门都有相同的代码。仅以 A 车为例加以说明，橙色指示灯指示的为：当门页打开时，门页上方的“解锁”指示灯亮；操作“左门关”按钮，该指示灯开始闪烁，直到门关上并锁闭；当门控电源被切除，该指示灯不再闪烁。

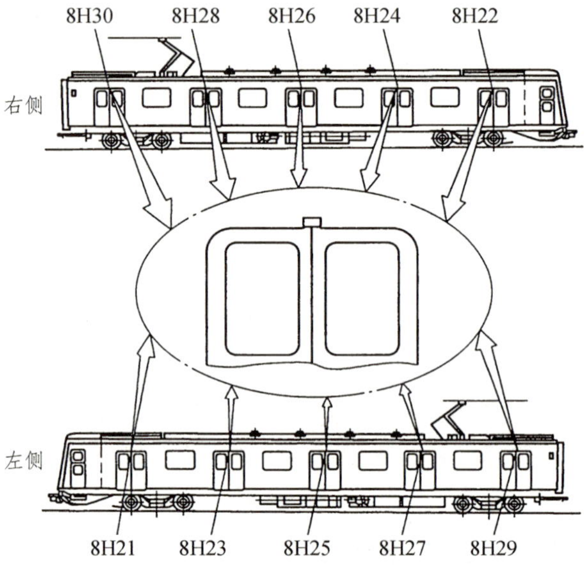

图 3-4-8　车门解锁（外墙）指示灯位置

3. 驾驶室指示灯

驾驶室指示灯位于正、副驾驶台以及驾驶室侧墙上，包括二十多个不同的指示灯和一个故障显示板。驾驶室指示灯向驾驶员提供各种列车信息，如故障信息、车门开关信息、制动牵引信息、受电弓升还是降弓信息等，便于驾驶员准确、全面地掌握列车的状态。

四、紧急照明

紧急照明用于列车无网压情况下的客室照明。紧急照明使用专门线路，由

DC 110 V 供电，断电时使用蓄电池电源。紧急照明灯在客室的分布与一般客室灯交叉排放，使照明尽量均匀。

紧急照明属于“长明灯”，打开照明后，只要蓄电池有电，紧急照明就会打开。普通照明的开启，则取决于蓄电池充电器的工作状态。

若两单元 A 车的蓄电池充电器均发生故障（如电网无电），蓄电池充电器发出故障信号，关闭普通照明，仅余下紧急照明继续工作。

注：若把位于副驾驶员台上的“客室照明”开关置“OFF”位，则全列车客室照明关闭。

实践任务

按表 3-4-1 所示内容和要求检修照明系统。

表 3-4-1　照明系统检修内容及技术要求

序号	维修项目	维修内容	方法	技术要求
1	检查客室照明	在司机台上旋转客室照明灯，检查客室正常照明和紧急照明正常	查看测试	清洁干净，功能正常灯管发黑或闪烁则更换
2	检查内部及外部照明功能	1. 闭合、断开两端司机室照明开关，司机室照明功能正常。 2. 闭合、断开阅读灯开关，阅读灯功能正常。 3. 两端司机室电压表和双针压力表照明正常	清洁检查功能测试	清洁干净，功能正常灯管发黑或闪烁则更换
3	检查头、尾灯、标志灯功能	1. 方向手柄置“前”位，调整头灯明暗调节开关，看头灯亮度是否对应。 2. 操作方向手柄，分别置“前”位和“后”位，检查头、尾、运行灯状态。置“前”位，列车前端的头灯和白色运行灯亮，后端的尾灯和红色运行灯亮。置“后”位，前端和后端的头灯、尾灯、白色运行灯和红色运行灯均亮	清洁检查功能测试	如头灯灯罩损坏，则更换

知识拓展

一、2022（第九届）中国城市轨道交通节能技术大会

2022 年 8 月 12 ~ 13 日，2022（第九届）中国城市轨道交通节能技术大会在广州隆重举行。大会由现代轨道交通网策划发起，由“互联网 + 节能”产业联盟轨道交通组、广州地铁建设管理有限公司、广州地铁设计研究院股份有限公司、佛山市地铁集团有限公司、东莞市轨道交通有限公司主协办，清华大学生态规划与绿色建筑教育部重点实验室轨道交通节能技术研究中心技术协办。

我国城市轨道交通发展迅速，截至2022年7月，交通运输部数据显示，共有51个城市开通运营城市轨道交通线路277条，运营里程9 067 km。作为碳排放的重点领域之一，“绿色交通、低碳出行”的绿色发展理念已逐渐深入城市轨道交通领域。该如何顺应新的发展形势要求，积极带动行业节能减排，为建设资源节约型、环境友好型社会作出贡献？第九届大会邀请全国城市轨道交通主管、协（学）会、建设、运营、设计等相关单位以及优秀企业超450位代表出席大会，深入探讨中国城市轨道交通系统性节能工作及有待完善的技术和标准。

大会以“让轨道交通更节能”为主题，同步召开“机电系统节能大会”“供电系统节能与安全大会”，围绕“双碳时代”下，城轨交通行业节能降碳新形势、新格局、新应用等话题开展主旨演讲和主题推介。

会议期间，广州地铁分享了“穗腾 OS——可迭代升级的智慧轨交操作系统”，在赋能智慧城轨建设的同时，助力实现轨道交通绿色节能发展；深圳地铁介绍城市轨道交通一体化低碳智慧枢纽的创新与实践；广州市海绵城市建设领导小组阐述海绵城市如何与轨道交通安全运行和节能减排相结合；比亚迪通号带来开发光伏、储能电站、电动车、轨道交通等绿色技术和产品；与会专家还分享了飞轮储能技术、非晶合金变压器、新能源解决方案等在轨道交通领域应用结果和理论进展。

二、城轨车辆 LED 客室照明

随着城市轨道交通的快速发展，为了进一步提高乘客乘坐轨道交通出行的舒适性，同时需要降低整列车的运行能耗，对列车的照明系统也在不断地进行着深入的研究与应用。目前地铁车辆主要采用的是LED的照明光源，不仅大大降低了整车的运行能耗，同时也极大地改善了车辆中客室内的光环境质量，提高乘客出行乘车的舒适性。

1. 城轨车辆室内照明整体布置

目前大多数城轨车辆客室内照明主要采用两条纵向平行灯带的布置形式，这种布置已经成为通用型设计，灯带整车通长布置，距离地板布面0.8 m处的照度在300 Lux上下，成为设计的通用规范。根据个性化设计，有的车内设计有射灯、环形灯、阅读灯等，为车厢内提供必要的照度的同时，还有利于美化内饰。

2. LED 灯具照明

客室灯具由灯体组成、灯罩、反光板组成、LED模块、导线、连接器及接线端子等部件组成。LED模块位于灯罩内，灯具点亮后从灯罩外不可见。具备高亮度、长寿命、节能、环保，易维护、维护成本低等显著的特点，在轨道交通领域极大地推广。

3. 控制方式

1）集中驱动

LED客室照明的供电方式有集中供电、分散供电方式，目前应用较多的为集中供电方式，一般分为 4 路，两两并联。车内左右两侧各 2 路，且间隔分布。每路灯具的电源为一个集中式驱动电源，在保证照明效果的同时，能源利用率上也有更为突出的表现。个别灯具的损坏不影响剩余的灯具。驱动电源应安装在车厢的电气柜中，更换方便。驱动电源的输出功率应可调，调节的级数和范围应考虑 LED 灯珠的光衰周期及寿命。

2）紧急照明

每路灯具均可作为正常照明和紧急照明使用，正常与紧急照明的区别仅在于照度，紧急照明模式时的功率为正常时的 1/3。当列车外部供电中断或低压电源故障时，客室照明由正常照明模式自动切换为紧急照明模式，使车内所有灯具照度降低到紧急照明要求的照度，从而能够给客室提供均匀的照度，且节约车内蓄电池电力消耗。

3）自适应调光

城轨车辆的运营线路有地上线路和隧道线路，客室照度在进出隧道时也会有明显变化。人眼对这种照度变化会产生不适，暗适应和亮适应需要一定调整时间。为了提高乘客在车辆进出隧道时的舒适性，客室照明灯具的自适应调光技术应运而生。车辆照明系统通过安装在车厢内两端的两个环境光采集器来检测车辆外界光照度，根据环境光照度，将车辆外环境照度与客室照明灯具照度的叠加，照明控制器自动调节灯具亮度，而且此控制功能在不需要时可以关闭。

两只环境光采集器相互独立工作，检测值以平均值的方式被控制器利用，任一光感器故障，另一只光感器仍正常工作，照明系统状态不受影响，控制器显示屏显示相关故障信息。

目前城铁车辆客室照明设计均能满足轨道车辆标准中对于车辆照明的基本要求，现如今引入舒适性的概念后对于车辆车辆光环境舒适性的研究需更深入，不仅要从照明系统独立考虑，而且还要将其与内装整体的设计统一考虑，匹配恰当的灯具，使光线分布越均匀，会给乘客提供如自然光线的舒适感，减少人们长时间乘车的视疲劳。LED 灯在节能性、安全性方面有着明显优势。相信未来城轨车辆 LED 照明技术会朝着更为舒适化、智能化的方向进一步发展。

分组训练

一、知识练习

1. 填空题

（1）城市轨道交通车辆照明分为________照明和________照明。

（2）城市轨道交通车辆的内部照明包括________照明、________照明和车内设备柜照明。

（3）辅助逆变单元把 DC________V 的直流电转换为三相________V 交流电提供给空压机，空调设备，设备通风装置，司机室通风装置以及________V 方便插座。

（4）按照列车负责人的指示，将辅助逆变器断电。切断________V 直流供电，将插头从控制器上拔下，断开主控制器。拔下蓄电池插头或取下车辆蓄电池熔断器，断开蓄电池________和车辆蓄电池之间的连接来切断蓄电池电源。

（5）在蓄电池的组装和拆卸时，打开并将列车两端 B 车的蓄电池闸刀开关拉下后，列车两端 B 车的蓄电池闸刀箱上挂好________警示牌。

（6）列车__________灯是显示列车运行状态的指示灯，位于司机室前罩________的两侧。

（7）列车紧急照明由两台________供电，当一台无 DC 110 V 输出时，另一台可使紧急照明继续得电；若两台同时无 DC 110 V 输出时，紧急照明电源由________供给，并且在此时能提供至少________分钟的紧急照明。

（8）操作方向手柄，分别置“前”位和“后”位，检查头灯、尾灯、运行灯状态。置“前”位，列车前端的头灯和________运行灯亮，后端的尾灯和________运行灯亮。

2. 判断题

（1）辅助逆变器设备箱装在 B 车的地板下面，它包含两个几乎完全冗余的辅助逆变器。两个蓄电池充电器模块共同向蓄电池输出电路馈电。（　　）

（2）正常操作情况下过充蓄电池，电解液由于水的电气分解与蒸发会减少，但仅损失水，不用改变和添加蓄电池原有电解液。蓄电池电解液只通过增加水来达到最高液面。在整个寿命期内，蓄电池按原则并不需要换液。（　　）

（3）检查蓄电池的清洁度（无金属颗粒，没有杂质沉积在蓄电池盖内或蓄电池之间）：若需要清洁，则用湿布清洁蓄电池表面及跨接片，清洁后用压缩空气（最大压力 5 Pa）进行吹干。（　　）

（4）蓄电池箱采用抽屉式结构或小车结构，箱体安装在车下，保证蓄电池不受灰尘水分的侵扰并且通风良好，易于取出检修维护。（　　）

（5）前照灯由头灯和尾灯两盏灯安装在同一个灯体内组成，位于头车司机室前罩下方的两侧。（　　）

（6）客室设有两条正常照明和一条紧急照明电路，正常照明和紧急照明电路的灯源是交叉排列的。（　　）

（7）操作方向手柄，置“后”位，前端和后端的头灯、尾灯和运行灯均亮。（　　）

3. 简答题

（1）简述蓄电池的工作模式。

（2）简述辅助供电系统的功能和供电方案。

（3）简述辅助供电系统中蓄电池的作用和布置位置。

二、技能练习

（1）根据给出的蓄电池检查作业指导，进行蓄电池技术状况检查并填写作业标准和检查结果，如题表 3-1 所示。

题表 3-1　蓄电池技术状况检查表

作业项目、内容	作业标准及要求	检查手段	检查结果
检查各蓄电池单体		目视检查	
蓄电池箱里面整体检查		目视、测量检查	
负载以及电压检测		目测	
箱盖外观检查		目视检查	

（2）指认题图 3-1 所示城市轨道交通车辆外部照明组成部件，并填出 1 ~ 3 号部件名称。

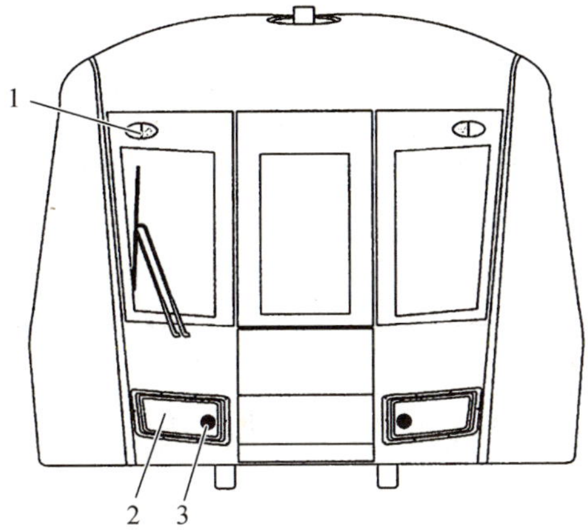

题图 3-1　城市轨道交通车辆外部照明组成部件

1. ____________________；2. ____________________；3. ____________________。

（3）指认题图 3-2 所示城市轨道交通车辆外部照明组成部件，并写出照明部分的电源。

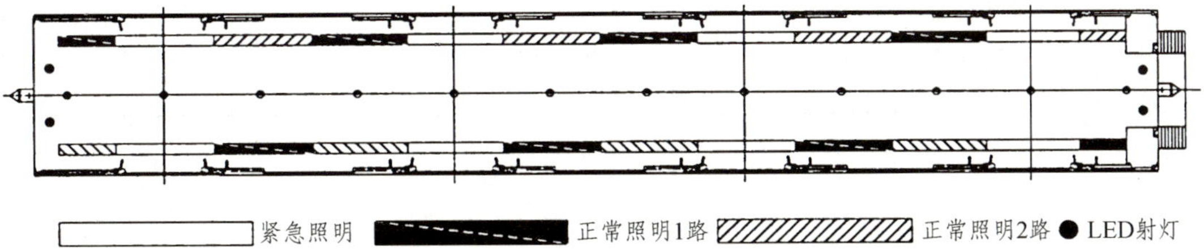

题图 3-2　城市轨道交通车辆外部照明组成部件

（4）根据下述照明系统检查作业指导，进行照明系统设备技术状况检查并填写检查结果，如题表 3-2 所示。

作业前准备工作：首先激活列车，驾驶台解锁，升弓并开启客室照明，然后打开驾驶室到客室的间隔门。

题表 3-2　照明系统检查表

作业项目、内容	作业标准及要求	检查手段	检查结果
外部照明检查	（1）方向手柄置“亮”位，将头灯开关分别置“亮”位和“暗”位，“亮”位和“暗”位的相应头灯亮起； （2）操作方向手柄，分别置“前”位和“后”位，检查头、尾灯和运行灯状态；置“前”位，列车前端的头灯和白色运行灯亮，后端的尾灯和红色运行灯亮；置“后”位，前端和后端的头、尾灯，白色运行灯和红色运行灯均亮	操作检查	
客室照明检查	分别旋转客室照明开关至“半开”“全开”及关断位，客室各照明功能正常	操作检查	
驾驶室照明检查	（1）闭合、断开两端驾驶室灯 SSA02，驾驶室照明功能正常； （2）闭合、断开阅读灯开关，阅读灯功能正常； （3）两端驾驶室仪表照明正常	操作检查	

（5）进行小组成绩核定并记入题表 3-3。

题表 3-3

组别	知识练习			技能练习				合计
	第 1 题	第 2 题	第 3 题	第 1 题	第 2 题	第 3 题	第 4 题	
1								
2								
3								
4								
5								
6								
…								

项目四 空调系统电器认知

项目描述

城市轨道交通车辆空调系统是列车运行过程中满足乘客乘坐安全性和舒适性的重要系统，其主要作用是调节车厢内空气的温度、湿度、洁净度和气流速度，城轨车辆空调机组主要设备包括空调机、司机室送风单元、风道、送风格栅、辐流风机、废排装置、控制装置等。

那么，在夏季城轨列车如何制冷呢？如图 4-1 所示为城市轨道车辆空调通风图。压缩机将气态的制冷剂压缩为高温高压的气态，并送至冷凝器进行冷却，经冷却后变成中温高压的液态制冷剂进入干燥瓶进行过滤与去湿，中温液态的制冷剂经膨胀阀（节流部件）节流降压低温低压的气液混合体（液体多），经过蒸发器吸收空气中的热量而汽化，变成气态，然后再回到压缩机继续压缩，继续循环进行制冷。

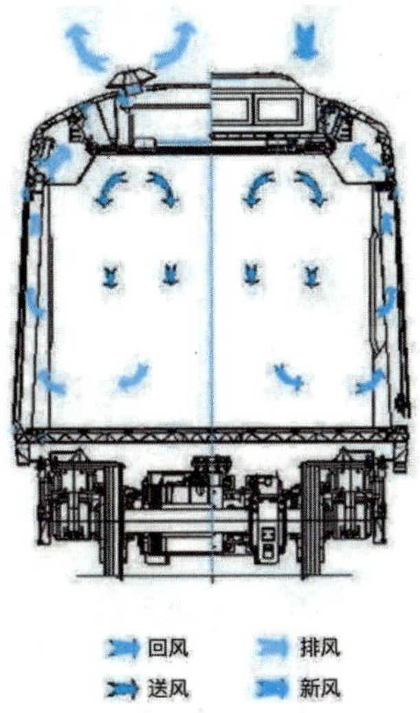

图 4-1　城市轨道车辆空调通风图

本项目主要按照城市轨道交通车辆空调系统整体认知、城市轨道交通车辆空调通风系统的基础知识、城市轨道交通车辆空调制冷系统、城市轨道交通车辆空调采暖系统这个顺序展开讲解，介绍空调系统基本概念、城市轨道交通车辆空调系统组成、城市轨道交通车辆空调系统特点及发展、空调通风系统基本概念、空调系统制冷循环基本原理、采暖系统概况等内容。同时在实践任务中开展空调系统电气设备的日常检修及维护保养。

知识目标

1. 了解城市轨道交通车辆空调系统构成和主要设备电器元件组成。

2. 掌握城市轨道交通车辆空调系统中通风系统、制冷系统以及采暖系统的安装位置、分类、结构、功能及工作原理。

3. 掌握制冷系统以及通风采暖系统日常维护保养程序。

能力目标

1. 对标城市轨道交通车辆检修岗和乘务岗位技能要求，能正确识别空调系统各主要部件，并能够叙述出空调主系统的结构组成。

2. 对接 1＋X 总体要求，能掌握空调系统中制冷设备和采暖设备的安装位置，叙述制冷和采暖的工作原理。

3. 对接全国职业院校轨道车辆技术项目的技术文件，能够按照作业指导书完成空调系统各部件的日常维护保养。

素养目标

1. 培养发现问题、分析问题、解决问题的能力。

2. 培养严谨的工作态度和精益求精的工匠精神。

3. 培养学生认真，仔细的学习态度。

4. 树立安全意识，做到安全第一。

项目索引

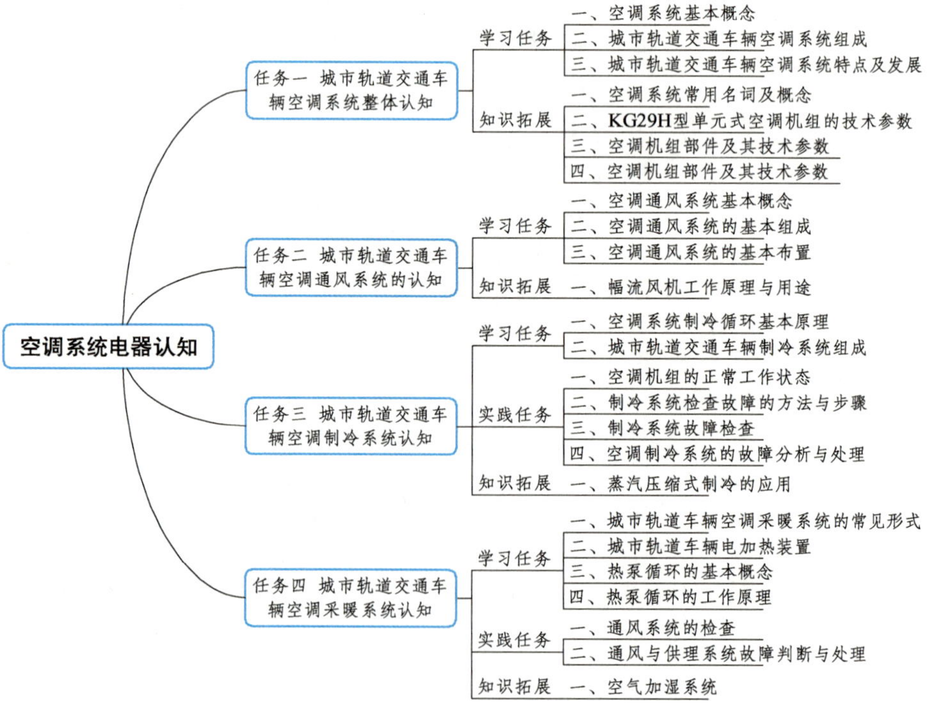

图 4-2　项目四索引

岗位达成目标

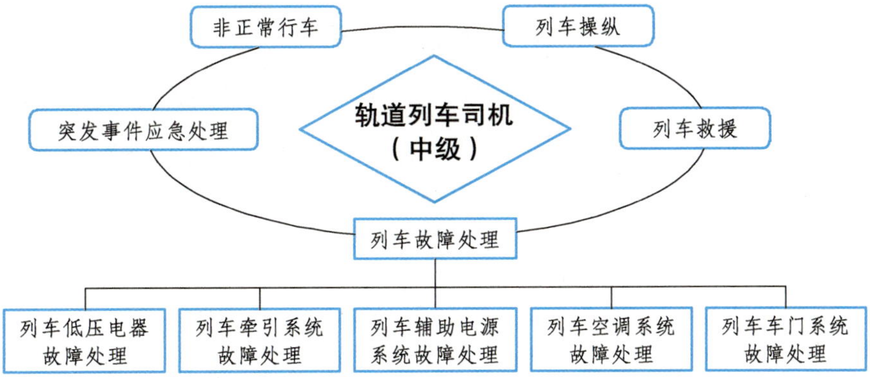

图 4-3　岗位达成目标（1）

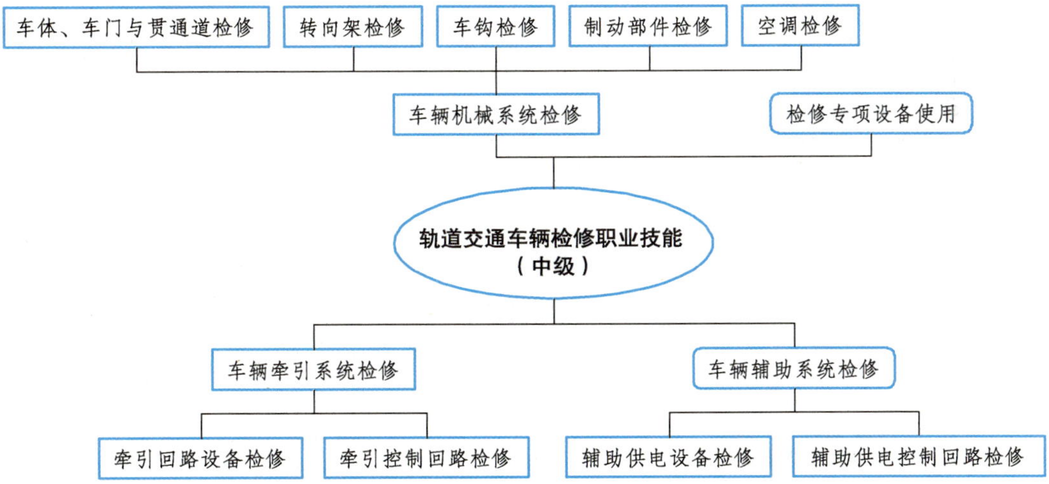

图 4-4　岗位达成目标（2）

职业技能大赛达成目标

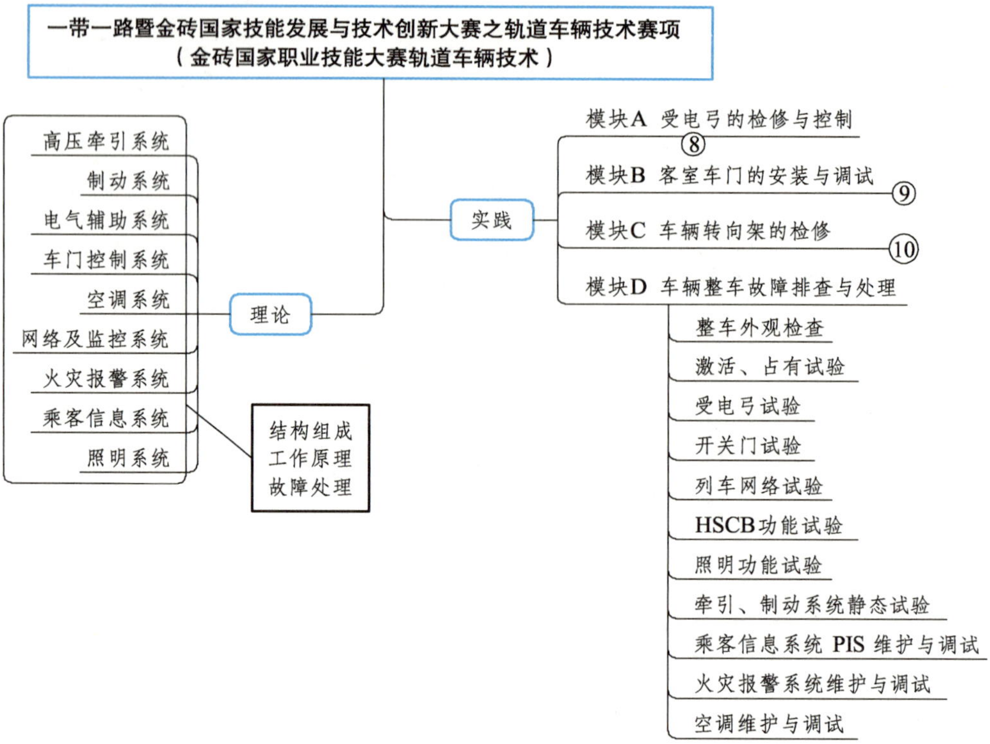

图 4-5　职业技能大赛达成目标

1＋X 证书达成目标

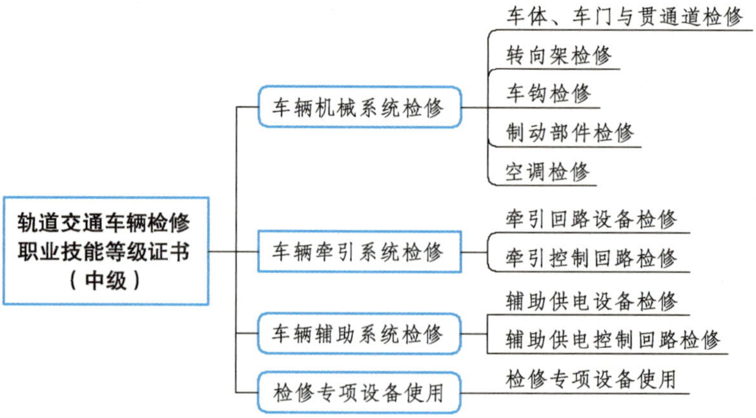

图 4-6　1＋X 证书达成目标

任务一　城市轨道交通车辆空调系统整体认知

任务导入

每年的 7 月，重庆开启“汗蒸”模式，白天温度动辄超过 35 °C，出门一股热浪，汗水在胸膛流淌。对于许多人来说，虽然非常想宅在家里，但准点的工作还是在召唤着大家出行。好在盛夏搭乘轨道交通，凉爽、舒适的乘车环境让大家出行显得轻松。如图 4-1-1 所示为上海地铁温度实测。是什么让轨道列车有着如此的功能？没错，就是空调！城市轨道交通车辆空调系统是城市轨道交通车辆的重要组成部分之一，它与我们日常生活中常见的家用、办公空调的功能一样，在城市轨道交通，车辆中承担着调节客室内空气温度增强客室内空气流动、提高城市轨道车辆乘坐舒适性的作用。本次任务能够使学生对城市轨道车辆空调系统的概念、分类、组成、特点等相关知识有系统地了解。

图 4-1-1　上海地铁温度实测

学习任务

一、空调系统基本概念

（一）空调系统的概念

城市轨道交通车辆空调装置是把经过一定处理后的空气，通过一定的方式，以一定的流速送入客室，并将室内一定量的污浊空气排出车外，从而控制客室内空气温度、湿度、含尘浓度和气流速度等参数，以提高车内舒适性，改善乘车环境的设备。

（二）空调系统的分类

空调系统的分类如图 4-1-2 所示。

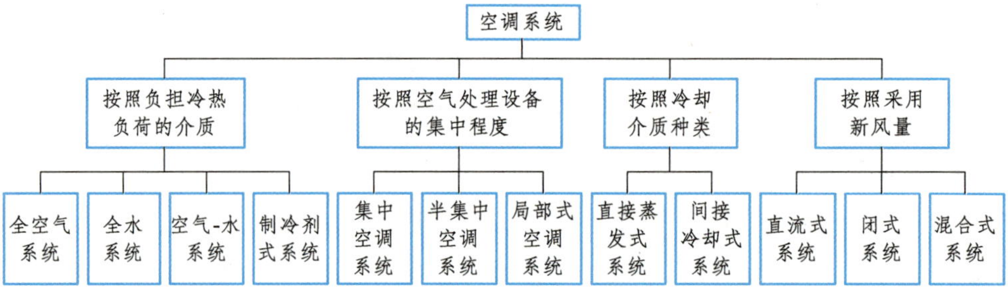

图 4-1-2　空调系统分类图

（1）全空气系统：这种系统是空调房间的冷热负荷全部由经过处理的空气来承担。集中式空调系统就是全空气系统。

（2）全水系统：这种系统是空调房间的冷热负荷全部靠水作为冷热介质来承担。它不能解决房间的通风问题，一般不单独采用。无新风的风机盘管属于这种全水系统。

（3）空气-水系统：这种系统是空调房间的冷热负荷既靠空气，又靠水来承担。风机盘管加新风系统就是这种系统。

（4）制冷剂式系统：这种系统空调房间的冷热负荷直接由制冷系统的制冷剂来承担，局部式空调系统就属此类。

（5）集中空调系统：所有空气处理设备（风机、过滤器、加热器、冷却器、加湿器、减湿器和制冷机组等）都集中在空调机房内，空气处理后由风管送到各空调房里。这种空调系统热源和冷源也是集中的，它处理空气量大，运行可靠，便于管理和维修，但机房占地面积大。

（6）半集中空调系统：集中在空调机房的空气处理设备，仅处理一部分空气，另外在分散的各空调房间内还有空气处理设备。它们或对室内空气进行就地处理，或对来自集中处理设备的空气进行补充再处理。

（7）局部式空调系统：此系统是将空气处理设备全部分散在空调房间内，因此局部式空调系统又称为分散式空调系统。通常使用的各种空调器就属于此类。空调器将室内空气处理设备、室内风机等与冷热源和制冷剂输出系统分别集中在一个箱体内。分散式空调只向室内输送冷热载体，而风在房间内的风机盘管内进行处理。

（8）直接蒸发式系统：制冷剂直接在冷却盘管内蒸发，吸取盘管外空气热量。它适用于空调负荷不大、空调房间比较集中的场合。

（9）间接冷却式系统：制冷剂在专用的蒸发器内蒸发吸热、冷却冷冻水（又称冷媒水），冷冻水由水泵输送到专用的水冷式表面冷却器冷却空气。它适用于空调负荷较大、房间分散或者自动控制要求较高的场合。

（10）直流式系统：又称全新风空调系统。这种空调器处理的空气为全新风，送到各房间进行热湿交换后全部排放到室外，没有回风管。这种系统卫生条件好，能耗大，经济性差，可用于有有害气体产生的车间、实验室等。

（11）闭式系统：空调系统处理的空气全部再循环，不补充新风的系统。系统能耗小，卫生条件差，需要对空气中氧气再生和备有二氧化碳吸收装置，如用于地下建筑及潜艇的空调等。

（12）混合式系统：空调器处理的空气由回风和新风混合而成。它兼有直流式和闭式的优点，应用比较普遍，如宾馆、剧场等场所的空调系统。

（三）车辆空调系统的组成

典型车辆空调装置通常由通风系统、空气冷却系统、空气加热系统、空气加湿系统以及控制系统五大部分组成，具有通风、制冷、加热、加湿等功能。考虑到城市轨道交通车辆实际运行区域的气候条件，有些车辆可不设专门的加热系统或加湿系统。

1. 通风系统

通风系统一般指机械强迫通风。通风系统的作用是将车外新鲜空气吸入并与车内再循环空气混合，在滤清灰尘和杂质后，再通过风机压送分配到客室内，同时排出车内的污浊空气，以保证车内空气的洁净度以及合理的流动速度和气流组织。通风系统一般由通风机组、空气过滤器、新风口、送风口、回风口、回风道及排废气口等组成。

2. 空气冷却系统

空气冷却系统（也称制冷系统）一般采用蒸气压缩式制冷设备。蒸发器为空气冷却器。它的作用是对客室内的空气进行降温、减湿处理，使客室内空气的温度与相对湿度保持在规定的范围内。冷却系统工作时，由制冷剂通过蒸发器冷却将要送入客室内的空气，由于蒸发器表面的温度低于空气的露点温度，空气中的部分水蒸气就会凝结，因此空气在通过蒸发器冷却的同时也得到了减湿处理。为保证制冷系统安全有效地工作，制冷系统除压缩机、蒸发器、冷凝器、节流装置 4 大件外，还配有贮液器、干燥过滤器、气液分离器等辅助设备。

3. 空气加热系统

空气加热系统的作用是在低温时对进入客室的空气进行预热和对客室内的空气进行加热，以保证客室内空气的温度在规定的范围内。加热系统通常包括空气预热器和地面空气加热器两部分。在空气温度较低时，通风系统向车内送风过程中，由空气预热器对空气进行加热，再送入车内，并由地面空气加热器对车内空气加热，以补偿车体和门窗的热损失。此系统一般只在铁路列车上考虑设置，城市轨道车辆基本不安装。

4. 空气加湿系统

空气加湿系统的作用是在客室内空气相对湿度较低时，对空气进行加湿处理，以保证客室内空气的相对湿度在规定的范围内。加湿最简单的方法是采用电极加湿器。目前，我国在一般车辆的空调装置中都没有加湿系统，只在某些有特殊要求的车辆上才设此系统。

5. 控制系统

控制系统的作用是控制各功能系统按给定的方案协调、有序地工作，以使客室内的空气参数控制在规定的范围内，并同时对空调装置起到保护作用。电气控制系统一般由各设备的控制电器、保护元件及相关仪表和电路等组成。

（四）城市轨道车辆空调通风系统的特点

在我国早期的城市轨道车辆中没有设置空调装置，只有简易的通风系统。随着我国国力的增强和人们对舒适度需求的提高，空调通风系统已成为城市轨道车辆的必需设备。

考虑到实际运行特点和运营需要，车辆空调系统一般具有以下特点。

1. 小型轻量化

由于受到质量、体积等的限制，空调机组等设备要做到尽量减小体积、降低质量，以满足在城市隧道内等特殊运营条件的要求。

2. 自动化程度高

因为城市轨道车辆运行中并不专门配置设备操作和巡检人员，所以要求系统具备集中控制、自我检测和自我调节恢复的功能。

3. 可靠性高

空调机组除了抗振、耐腐蚀之外，系统各软、硬件也要保证有很高的可靠性能。同时，在系统的设计上也必须考虑异常情况下的运转要求，以满足乘客安全的需要。

4. 便于维护

由于受到场地和检修停时等限制，所以空调机组、系统部件等要尽量方便检测、维护和更换，系统要具备能够储存必要的运行数据和一定的自我诊断功能，以保证检修人员方便修复系统。

5. 较低的噪声

因为城市轨道车辆基本上运行在城市之中，所以在设计上要尽可能地减小车辆噪声对市民的影响，选用低噪声的设备，如低噪声风机。

二、城市轨道交通车辆空调系统组成

城市轨道交通车辆空调系统是由空调机组、送风单元、控制装置、司机室送风单元以及城市轨道车辆空调系统辅助部件等组成。一般来说，城市轨道交通车辆的空调系统均是在车顶两端设置 2 台单元式空调机组，通过车顶的风槽和风口向客室内送风。根据空调机组的出风方式，它一般可分为下出风和侧出风两种形式。

（一）空调机组

空调机组采用顶置式安装，采用下出风下回风方式，单冷型，微机控制并具有自诊断功能。每节车厢安装空调机组 2 台。当列车的一台辅助电源发生故障时，空调机组自动减半运行。全列车各空调机组在车辆运行时由司机集中控制，在维修时由维修人员单独控制。空调机组外形如图 4-1-3 所示，空调机组安装如图 4-1-4 所示。

图 4-1-3　城市轨道交通车辆空调机组

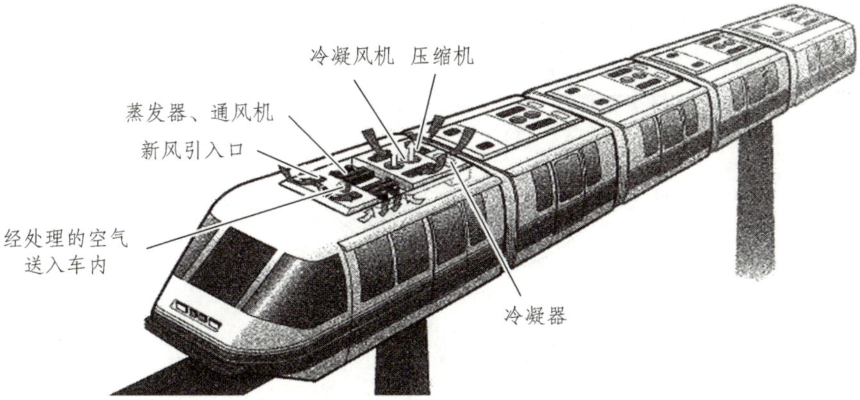

图 4-1-4　城市轨道交通车辆空调机组安装图

空调装置设有 4 种工况：手动、自动、通风和停止，并可通过本车控制装置对空调进行控制，也可通司机室内的显示屏进行控制和温度设定。在手动工况时，空调机组根据各自的温度控制器所设定的温度进行客室内温度控制；在自动工况时，空调机组根据外界环境温度自动调节客室内温度。空调机组可与列车总线网络共同对空调机组进行控制。

城市轨道车辆空调机组内的主要部件包括制冷压缩机、蒸发器、冷凝器、节流装置。

1. 制冷压缩机

压缩机的主要功能为压缩从蒸发器过来的制冷剂气体，使其变成高温高压气体。现城市轨道车辆空调选用的制冷压缩机主要有螺杆式压缩机和涡旋式压缩机两种类型。

1）全封闭螺杆式压缩机

全封闭螺杆式压缩机由压缩机、螺杆机构及供油系统组装在一个密封的机壳内。螺杆式压缩机具有结构简单、易损件少、压比大、对湿压缩不敏感、平衡性能好等特点。螺杆压缩机机体内装有一对相互啮合、具有转向相反的螺旋形齿的转子，其齿面凸起的转子称为阳转子，齿面凹进的转子称为阴转子，齿槽、机体内壁面和端盖等共同构成了工作容积。

由于螺杆具有较好的刚度和强度，吸、排气口又无阀片，故液体制冷剂通过时，不容易产生“液击”。

2）涡旋式压缩机

涡旋式压缩机活动的部件比较少，也没有动态吸入和排出阀。此外，该类压缩机振动小、噪声低，并且能抵抗在制冷系统中常见的由液击、满液启动和漂浮物所引起的应力。涡旋式压缩机属容积式压缩机，压缩部件由动涡盘和静涡盘组成，如图 4-1-5 所示。

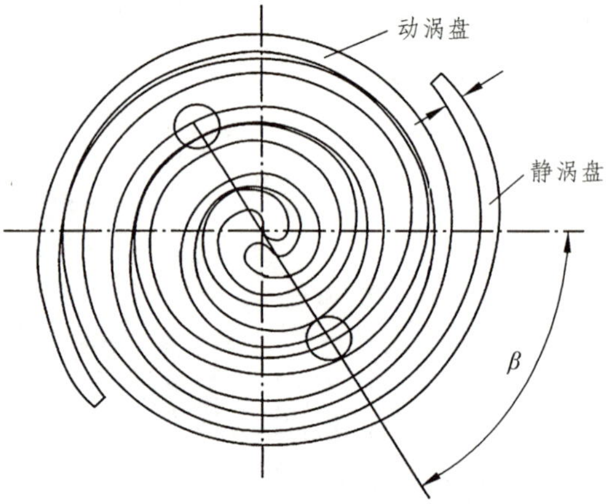

图 4-1-5　涡旋式压缩机的动涡盘和静涡盘

涡旋式压缩机具备低噪声、低振动、高可靠性的特点。涡旋式压缩机结构的主要零件仅有 5 个，与往复式压缩机的 30 多个主要零件相比，显得结构更简单，因此故障概率更小；同时，涡旋式压缩机具有效率高、功率消耗低、输出平缓、启动力矩小等特点。

2. 蒸发器、冷凝器

城市轨道车辆空调的蒸发器与冷凝器的结构基本一致，都是在铜管盘管上套翅片的结构，而两者的功能则不一样。冷凝器的主要功能是将从压缩机排出的高温高压的制冷剂气体冷却为高温高压的液体；蒸发器的主要功能是使低温低压的制冷剂液体吸收热量蒸发为低温低压的气体。蒸发器、冷凝器一般是由铜管、铝散热片或铜散热片与带有不锈钢端板/支撑板构成的，如图 4-1-6 所示。蒸发器、冷凝器的换热主要通过空气流过蒸发器、冷凝器时，其翅片吸收空气中的热量或将自身的热量传递给空气来实现。翅片表面积越大、表面情况越好，蒸发器、冷凝器的换热性能就越好。因此，蒸发器、冷凝器翅片布置均匀、表面情况良好是保证蒸发器、冷凝器换热性能的主要措施。

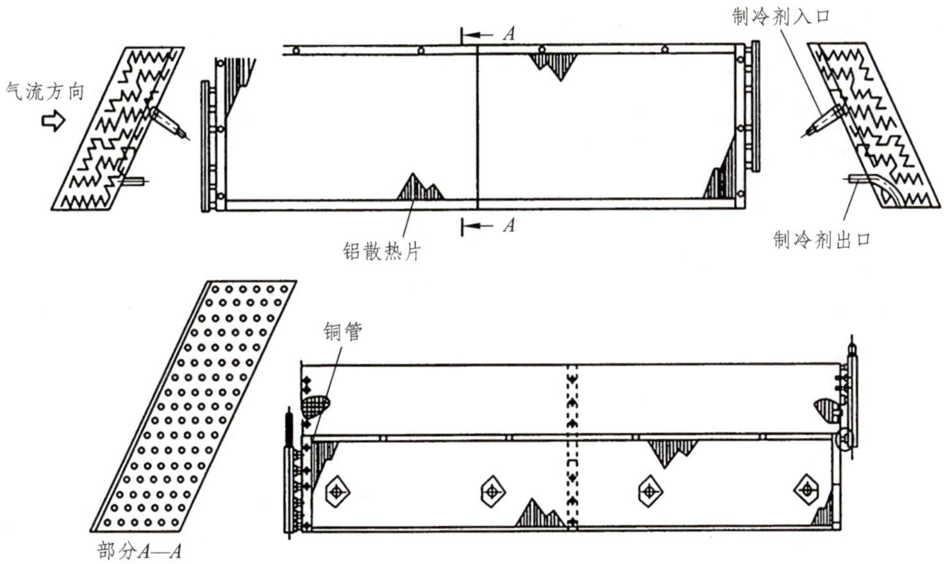

图 4-1-6　蒸发器、冷凝器

3. 节流装置

通过冷凝器的制冷剂为高温高压的液体，在制冷剂进入蒸发器前需进行降压处理。节流装置就是对制冷剂液体进行降压的装置。城市轨道车辆选用的节流装置主要有热力膨胀阀和毛细管两种类型。

1）热力膨胀阀

热力膨胀阀通过控制蒸发器出口气态制冷剂的过热度来控制进入蒸发器的制冷剂流量。热力膨胀阀由离开蒸发器的吸气温度和蒸发器均分管处的温度来调节。热力膨胀阀因平衡方式不同（即蒸发压力引向膜片下内腔内的方式不同），分为内平衡式和外平衡式两种。容量是热力膨胀阀的重要特性参数，而影响容量的主要因素包括膨胀阀前后的压力差、蒸发温度、制冷剂过冷度。

2）毛细管

毛细管是一根有规定长度的小孔径管子，没有运动部件，依靠其流动阻力沿长度方向产生的压力降，来控制制冷剂的流量和维持冷凝器和蒸发器的压差。其结构简单、制造方便、价格低廉；没有运动部件，本身不易产生故障和泄漏；具有自动补偿的特点，即制冷剂在一定压差（$\Delta p = P_k - P_0$）下，流经毛细管时的流量是稳定的，当制冷负荷变化时，冷凝压力 P_k 增大或蒸发压力 P_0 降低时，Δp 值增大，制冷剂在毛细管内的流量也相应增大，以适应制冷负荷变化对流量的要求，但这种补偿的能力较小；制冷压缩机停止运转后，制冷系统内的高压侧压力和低压侧压力可迅速得到平衡，再次启动运转时，因为制冷压缩机的电动机启动负荷较小，故不必使用启动转矩大的电动机。这一点对半封闭和全封闭式制冷压缩机尤其重要。

（二）送风单元

客室顶板设两排送风格栅，格栅为工程塑料材质。送风格栅与风道出口（静压箱）

之间以软质聚氨酯泡沫塑料为密封材料加以密封，严防送风流窜。全车送风道采用静压式均匀送风风道，客室送风由沿车长方向布置的条缝式送风口向车内送风；司机室送风由设在邻近司机室的空调机组提供，通过送风道，从司机室的可调式送风口均匀送出。回风通过设在空调机组下方内顶板上的回风口，车内部分空气经回风道回到机组和新风混合，经过冷热交换后，送入车内二次利用。

废气排放装置设在车顶，车内部分循环空气在客室内正压的作用下，通过客室的穿孔内顶板和设在车顶的自然排风器排到车外。

应急通风系统在交流辅助电源设备发生故障的情况下，通过蓄电池组经调频调压逆变电源自动启动，向客室、司机室提供全部新风。当交流辅助电源供电正常时，空调系统自动转入正常工作状态。

（三）控制装置

城市轨道交通车辆空调系统以自动控制为主，当自动控制部分发生故障时，可采用手动调节装置。空调机组的工作由微机进行控制，通过微机调节器可控制室温。空调系统中新风口、风道和客室座位下均设有温度传感器，将温度传感器测得的温度值传递到调节器中进行处理。每节车有一台微机调节器，它控制两个空调单元，可由司机室集中控制或每节车单独控制。

（四）司机室送风单元

城市轨道交通车辆司机室内一般不设单独的空调机组，而设立一个单独的送风单元。该送风单元设有风量和风向可调的送风口，并且送风口可关闭，其内置的调速风机，可由司机根据实际需要进行手动控制。送风单元内置的调速风机通过单独的风道从相邻的空调送风道吸入已处理的空气送入司机室，通过调节送风口来调节送风量，通过调节送风口的方向来调节送风方向，回风通过司机室隔门上的百叶窗进入客室实现回风。

（五）城市轨道车辆空调系统辅助部件

城市轨道车辆空调系统其他辅助部件包括制冷剂、高/低压压力开关、送风机、冷凝风机、干燥过滤器、湿度指示器、空气压力开关（非所有城市轨道车辆空调系统都具备）、电磁阀、温度传感器、风门、空气过滤器等。另外，空调系统组成还包括空调控制器、紧急逆变器（部分城市轨道车辆空调系统的该装置安装在机组内部）和其他控制继电器等部件。

1. 制冷剂

制冷剂又称制冷工质，它是在制冷系统中不断循环并通过其本身的状态变化得以实现制冷的工作物质。制冷剂在蒸发器内吸收被冷却介质（水或空气等）的热量汽化，在冷凝器中将热量传递给周围空气或水而冷凝。它的性质直接关系到制冷装置的制冷效果、经济性、安全性及运行管理。

现城市轨道车辆空调选用的制冷剂主要有 R134a 和 R407c 两种类型。

R134a 制冷剂是一种环保型的制冷剂，属于中温制冷剂，它的标准沸点为 – 26.2 °C，凝固温度为 – 101 °C，其热力性能与 R12 接近。

R407c 制冷剂是一种非共沸混合制冷剂。它是由 HFC32/125/134a 按 23/25/52 的混合比率混合而成的。当气液共存时，气相和液相的组成不同，充填时需加以注意。另外，制冷剂的漏出也分气相侧漏出和液相侧漏出两种情况，其中气相侧漏出使组成变化较大。基于以上两方面的原因，对于以 R407c 为制冷剂的城市轨道车辆空调系统，当发现泄漏比较严重时，不能采取充填制冷剂的方法，而应先将泄漏点找出修复好，然后将全部制冷剂抽出，并将制冷回路内部抽成真空，然后再重新注入新的 R407c 制冷剂。

R134a 制冷剂因其不存在 R407c 混合制冷剂的特点，所以在发现泄漏时，可以先将泄漏位置找出、修复好，然后充填制冷剂。

2. 高/低压压力开关

制冷剂蒸气在压缩机内部可能出现压力过低或压力过高的问题。在制冷剂蒸气压力过高和过低时，压缩机持续运行将造成压缩机的损坏，因此需在压缩机的出口、进口管路设置高/低压压力开关。高/低压压力开关监测压缩机高低压出入口的压力，从而实现对压缩机的保护。如果高压出口排气压力超过或低压入口吸气压力低于它们各自的设置值，则每个安全压力开关将会使电路切开，设备停止运转，以保护压缩机。

高/低压压力开关元件包括可调式压力开关和元件式压力开关。可调式压力开关与元件式压力开关的工作原理类似，都是通过一特殊的膜片来检测压缩机相应部位的制冷剂蒸气压力。当制冷剂蒸气压力值达到保护设定值时，膜片产生相应形变而触发电路接通或断开。该两类压力开关的不同就是可调式压力开关的压力保护设定值可人工进行一定范围的调节，而元件式压力开关的压力保护设定值为定值，且不能进行调节。

3. 送风机、冷凝风机

为了使蒸发器、冷凝器与空气之间更好地进行热交换，空气由送风机、冷凝风机的风扇强迫通过蒸发器盘管、冷凝器盘管。送风机使过滤后的新风、回风混合空气循环流过蒸发器。蒸发器吸收空气中的热量使空气冷却后再被送入客室，从而将客室温度降低，保证客室温度适宜。冷凝风机使环境空气循环流过冷凝盘管。冷凝盘管把来自压缩机的高温高压的制冷蒸气中的热量传给环境空气，从而使高温高压的制冷剂蒸气冷凝成液态。

城市轨道车辆空调的冷凝风机通常使用轴流式风机，即吹风方向与风扇主轴方向一致。当轴流式风机工作时，动力机驱动叶轮在圆筒形机壳内旋转。气体从集流器进入，通过叶轮获得能量，提高压力和速度，然后沿轴向排出。轴流式风机主要由叶轮、机壳和集流器等部件组成。

送风机通常使用离心式风机。当离心式风机工作时，动力机（主要是电动机）驱动叶轮在蜗形机壳内旋转，空气经吸气从叶轮中心处吸入。由于叶片对气体的动力作用，气体压力和速度得以提高，并在离心力作用下沿着叶道甩向机壳，从送气口排出。因气体在叶轮内的流动主要在径向平面内，故又称径流通风机。离心式通风机主要由叶轮和机壳组成。

风机的性能参数主要有流量、压力、功率、效率和转速。另外，噪声和振动的大小也是通风机的主要技术指标。流量也称风量，以单位时间内流经通风机的气体体积表示；压力也称风压，是指气体在通风机内的压力升高值，有静压、动压和全压之分；功率是指通风机的输入功率，即轴功率。通风机有效功率与轴功率之比称为效率。通风机全压效率可达 90%。

4. 干燥过滤器

干燥过滤器的作用是吸收制冷系统中的水分，阻挡系统中的杂质使其不能通过，防止制冷系统管路发生冰堵和脏堵。由于系统最容易堵塞的部位是毛细管(或膨胀阀)，因此干燥过滤器通常安装在冷凝器与毛细管（膨胀阀）之间。

5. 湿度指示器

一般情况下，湿度指示器位于干燥过滤器之后，系统中多余水分的指示是通过观察此装置的窥视镜来确定的，用窥视镜能够清楚地观察到制冷剂液流，看是否有气泡进入和一些异常的情况。

6. 空气压力开关

部分城市轨道车辆空调的送风机都装有一个空气压力开关，用来检测相应的送风机的运行和空气流速。当空气流达到正常等级时，压力开关发出一个信号给空调控制器，指示蒸发器风扇的正常工作。一旦空调控制器接到此信号，空调机组就准备按要求循环运行。若空调控制器没有接收到此信号，设备将不能启动工作。此开关主要用于具备电制热功能的城市轨道车辆空调。对于制冷工况而言，在送风机不工作造成压缩机吸入压力降低时，压缩机的低压压力开关会进行相应的动作保护压缩机；而对于电制热的城市轨道车辆空调而言，在送风机不工作时，若没有这个检测设备，空调将继续进行电制热。此时热量不能散发，将造成空调机组内部件过热损坏。

7. 电磁阀

空调制冷管路上设有电磁阀。电磁阀的基本原理是通电时，电磁线圈产生电磁力，把关闭件从阀座上提起，阀门打开；断电时，电磁力消失，弹簧力把关闭件压在阀座上，阀门关闭。设置电磁阀的作用是当机组不运行时，阻止液体制冷剂进入压缩机。电磁阀通常是关闭的，除非它们被触发或通电。

部分城市轨道车辆空调机组在制冷系统高压和低压管路之间安装了两个气体管线旁通电磁阀，其目的是通过向热力膨胀阀和蒸发器盘管之间的管线内注入从压缩机排出的热气流来调节压缩机容量对蒸发器的负荷。

8. 温度传感器

为了保证客室的舒适性，空调系统需设置温度传感器检测送风、回风和新风的温度，以有效地控制空调机组的制冷量。通过它们，空调控制器可以监控不同的温度并选择最好的运行模式，为乘客提供最舒适的环境。城市轨道车辆空调机组的温度传感器一般采用的是 NTC 型。这种传感器的温度与电阻呈负曲线关系，即温度值越高，电阻值越低。城市轨道车辆空调温度传感器一般包括新风温度传感器、回风温度传感器和送风温度传感器。

9. 风　门

送入客室的空气为经蒸发器吸热、除湿后的新风、回风混合空气，而新风、回风混合比例的控制是通过风门来实现的。足够的新风是保证人体舒适的必要条件，但新风也不能过高。新风比例过大会导致空调机组消耗功率增大；回风的循环使用能降低空调机组的能耗，但在城市轨道车辆正常运行期间也不能完全采用全回风，因此新风、回风的比例需控制得当。城市轨道车辆空调的风门装置主要有电控气动和电控电动两种类型，电控气动的风门通过风缸装置控制风门动作；电控电动的风门通过伺服电动机控制风门动作。

在紧急模式下，风门处于只允许新风进入的位置，以保证紧急情况下乘客安全的要求。在预冷模式下，风门关闭新风入口或回风入口，只允许循环空气或新风进入客室，这样就可以快速地使客室温度下降到合适的温度水平。

10. 紧急逆变器

在空调机组运行所需的三相电源失效情况下，制冷系统将不再运行，正常通风系统无法保持。为了保证客室内乘客的安全，空调系统运行转为紧急通风模式。在此模式下，紧急逆变器将蓄电池的 110 V 直流电逆变为交流电源供给空调机组送风机，此时新风量比正常通风有所减少，但紧急通风时采用的是全新风，因此，此时的新风量是能够满足乘客空气质量要求的。紧急逆变器的安装有机组内、车顶、车厢和车底等不同位置，相比而言不宜安装在机组内，因为机组内部运行环境恶劣易导致该部件出现故障。

11. 空调控制器

对空调机组的运行控制通过空调控制器实现。空调控制器可对空调机组的运行模式和温度值进行设定，并能完成故障的诊断和记录。

城市轨道车辆空调控制器主要使用微处理器和 PLC 两种类型的控制器。相比而言，微处理器功能强大，其维护界面和方式可以做得更人性化，方便用户对空调机组的维护及使用；而 PLC 运行稳定，故障率低。

三、城市轨道交通车辆空调系统的特点及要求

城市轨道交通具有运送乘客量大站点密集、乘客上下车较为频繁、乘车舒适性要求高、规定时间段运行等特点，同时考虑到各城市具体运营环境的差异和日益增长的乘车需求，所以要求城市轨道交通车辆空调系统应具备以下特点和要求。

1. 小型轻量化

小型轻量化是城市轨道交通车辆空调系统的显著特点。城市轨道交通车辆的空调机组通常安装于车顶部，其体积重量受到上部限界的限制，所以小型轻量化是空调机组必须满足的条件。近年来，国产城市轨道交通车辆空调采用了一系列新技术以缩小空调机组体积，如采用卧式涡旋式压缩机，换热器采用内螺纹管以增强换热效果、减小换热器体积，采用带亲水膜轻质铝翅片以降低换热器质量，引进高效进口风机等，在保证流量噪声等要求下降低体积和重量。北京地铁的第一台拥有我国自主知识产权的国产化地铁空调机组充分采用了以上新技术。

2. 可靠性高

（1）车辆空调机的耐振性能要好。城市轨道交通车辆空调机组应能满足车辆运行震动和冲击条件下的可靠性要求。车辆在运行过程中会产生震动，空调机组要具备足够的耐震性能。

（2）耐腐蚀性好。由于当前城市污染程度较大，对暴露在大气中的空调电机和换热器壳体的耐腐蚀性要求较高，须采取相应的保护措施。例如，采用防护等级较高的电机，并在电机外部配合处增加电机防护技术措施；在换热器上采用耐酸、碱、盐雾腐蚀的覆膜铝翅片，并采用不锈钢板材制造空调机组壳体，以防止被腐蚀，延长空调机组使用寿命。

（3）根据车辆运行特点，空调机组制冷系统尽量采用多系统，避免使用单系统的空调机组。因为如采用单系统，当制冷系统出现问题时，整个空调机组就不能为车辆提供冷量。而多系统的空调机，当某一个系统出现故障时，另外的系统还可以工作，为车辆提供一定的冷量。

3. 免维护程度高、可维修性好

安装于城市轨道交通车辆上的空调机组不能像地面制冷机组那样，可以给检修和维护人员一个易于检视的环境和空间。根据城市轨道交通车辆空调的使用经验，在条件允许的情况下，空调系统应尽量使用单元式、全封闭式制冷循环系统，并提高免维护元件使用率。

4. 制冷能力强

现代城市轨道车辆客室基本采用全密封结构，而且为保证大流量旅客上下车的时间和效率（每站停 30 s），每侧设置 3 ~ 5 个客室车门。由于城市轨道交通站间距短（一般为 800 ~ 2 000 m），客室车门开启频繁。因此，客室内部制冷损耗大，制冷效率低。要达到和保持使人体感觉舒适的微气候条件，必须加大空调系统的制冷能力（一般应为计算制冷量的 110% ~ 120%）。如果没有足够的制冷能力，不断的制冷损耗会使空调系统长时间的工作也达不到规定的微气候条件，也就失去了空调装置的作用和意义。

5. 对新风量的要求高

城市轨道车辆载客量大，车内会因人的呼吸导致氧气减少、二氧化碳含量增加，车内过多的二氧化碳会使旅客感到气闷、疲劳，当二氧化碳增加到一定浓度后就会影响人的健康。此外，车内还可能产生其他有害气体，使车内空气变得污浊。因此，必须不断更换车内的空气，使车内空气保持一定的新鲜程度。因此，按照卫生标准和要求，每人必须有 20 ~ 25 m^3/h 的新鲜空气量即新风量。空调机组应设有可自动调节的新风口和回风口。新风调节机构可保证从全开到全闭范围内调整新风量，回风口的气流调节装置可确保制冷和紧急通风功能的需要。调节机构设置调节挡板，用于调节新风、回风的混合比例。新风阀与排气阀同步，根据车辆载客量的不同，可调节不同的开度，改变新风量。

6. 对微风速及送风均匀性的要求

城轨客车车内的空气流速同样影响人体的散热。车内空气流速的增大可以加速人体表面的对流散热，促进人体表面汗液的蒸发，从而增加散热效果。通过试验，夏季人体对空气流速有感觉的极限值近似为 0.15 ~ 0.25 m/s 的范围。城市轨道车辆送风均匀性是靠通风系统来保证。经空调机组处理过的空气只有通过通风系统送往车内，才能保证车内温度均匀性，同时保证送风均匀。因此，通风系统是车辆空气调节的重要组成部分，该系统的好坏直接影响着车内的温度均匀性及送风均匀性，它可制约空调机组在车辆中的性能发挥。目前，我国城市轨道车辆普遍采用静压风道。这种静压风道能够降低噪声，使送风均匀。

7. 对气流组织及废排量的要求

城市轨道车辆通常车内乘客较多，车辆内部要求做到全面送风。即使是空调机回风口区域，也要设送风口，否则气流受拥挤人群扰动、阻塞，回风往往越过空调机回风口区乘客头顶回到空调机内，此处乘客感觉不到气流；而且在超员的情况下，回风温度也较高，不能带给乘客相应的凉爽感觉。城市轨道车辆的空调装置通风系统送入车内的空气中通常含有部分再循环空气和新鲜空气，其通风量为新鲜空气量和再循环空气量之和。一定数量的新风量进入，可以保证客室内的正压，可有效防止外界未经处理的空气及灰尘的渗入。但是，由于城市轨道车辆载客量大，客室内所需新风量大，使空调系统的通风量增大，从而也使客室的正压值增大。为保证客室内的一定正压，同时又要平衡所需要的新风量带来的正压过大，需将客室内多余的空气排出车外。因此，城市轨道车辆一般需设置废排口或废排装置。对于采用塞拉门系统的城市轨道车辆来说，客室内正压过大，会使最后关闭的塞拉门关门阻力剧增，从而不能保证车辆的正常运行。因此，客室正压值一般以 9.81 ~ 29.4 Pa 为宜。因此，城市轨道车辆废排口或废排装置的废排量应略小于或等于新风量，一般为新风量的 90% ~ 95%。

8. 对供电特性的要求

现代城市轨道交通车辆全部采用 VVVT 逆变器控制的交流传动系统，辅助供电系统采用静止逆变器（SIV）。一般情况下，每列车设置有两组静止逆变器（SIV）及两组蓄电池组。静止逆变器（SIV）将接受到的直流 1 500 V 或 750 V 高压电变换成三相 380 V、50 Hz 交流电，110 V 直流电及 24 V 直流电，作为客室照明、空调系统及各系统控制设备电源，同时可向蓄电池组充电，并满足不同负载的供电需求。城市轨道车辆的空调装置其压缩机、冷凝器风机、蒸发器风机一般采用 SIV 提供的三相 380 V、50 Hz 交流电工作，控制系统采用 110 V 直流电。

9. 空调系统故障状态下的运行及紧急通风的要求

根据城市轨道车辆运行特点和可靠性要求，一般每节车辆采用两套空调机组，并且由每列车的两套辅助逆变器（SIV）分别供电。这样做可保证两种故障状态时的车辆正常运行：

一是当每节车辆中一台空调机组故障时或制冷系统出现问题时，另外一台机组还可正常工作或为车辆提供一定的制冷量，保证车辆的正常运行。

二是当一台辅助逆变器（SIV）故障时，另外一台辅助逆变器（SIV）可保证每节车辆的空调机组的制冷能力可自动减半或保证一台空调机组正常工作。

另外，当两台辅助逆变器（SIV）同时故障或外部供电系统故障，接触网或送电轨停电时，空调系统应自动转入紧急通风状态。此时由蓄电池提供 DC 110 V 电源，制冷压缩机和冷凝风机全部停止运转，仅通过专用逆变器给蒸发器风机提供交流电源使其工作，保证客室正常通风。同时，回风调节挡板将回风关闭，新风阀全部打开，输送空气全部为新鲜空气，以维持客室内的氧气含量及空气流动。在紧急通风状态下，蓄电池应保证通风系统 45 min 应急通风。

10. 自动化程度高

城市轨道车辆与铁路车辆运行情况及车辆配置人员不同。通常在城市轨道车辆运行当中不配有车辆设备巡检员。这就要求城市轨道车辆空调系统有较高的自动运行能力，能够在出现问题时自动处理，对非故障问题有自我保护及自我恢复能力；同时，对故障能够自我诊断及存储，以便车辆进站后，能够及时修复。

现代城市轨道车辆空调系统等都采用了微处理器控制。该控制系统能够对偶发性非故障现象进行自我判断，对于实际故障能够诊断记录，可通过手提电脑进行手动调试。该控制器还可以进行通信，实现上位机的集中控制功能。控制系统的主要任务是以温度信号为判据，控制制冷或采暖系统的运行及停止。温度过高时，开启压缩机制冷；温度过低时，开启加热器采暖；温度适中时，仅开通风使车内空气循环，保持一定量的新风。这样使车厢保持适宜的温度和湿度，为乘客和乘务人员创造良好舒适的环境。

11. 噪声低

随着人们生活水平的提高，对环境污染的要求和控制水平也越来越高。轨道交通也是属于噪声污染源之一，尤其是对沿线居民、办公人员的影响更大，因此噪声限值越来越严。一般来说，现代城市轨道车辆对空调装置的噪声要求是：列车处于静止状态和自由声场内，所有辅助设备正常运行时，客室内部沿车辆中心线、距离地板面 1.5 m 高处至少测量 3 个点，测得的噪声级不超过 69 dB（A），在空调回风口下方测得的噪声级不超过 72 dB（A）。对空调机组本身要求在名义工况下，距空调机组中心线 1.5 m 处，空调机组整机噪声级不大于 70 dB（A）。

12. 满足电磁兼容性要求

车辆的自动化程度越高，车辆设备及信号控制系统电磁环境越复杂，电子部件信号系统要适应此电磁环境。因此，空调系统控制装置要在预期的电磁环境中能正常工作，且无性能降低或故障。

四、城市轨道交通车辆空调系统的发展方向

（一）现有城市轨道车辆空调设备现状

目前，我国采用的轨道车辆空调类型有传统的单冷型，它只作为制冷机。有些空调机组安装有电加热器，功率很小（9 ~ 12 kW），仅仅作为预热；有些是分离式，有独立的空调机组和控制柜；还有些是定速型，电源采用辅助逆变器直供型。单冷型设计使空调机组的利用率降低，空调机组的效能和功能没有全部利用起来，造成浪费；分离的控制柜占用车辆内部空间，而且与空调机组间的线路连接复杂、繁多，不便于空调机组的安装、维护、检修等；定速压缩机启动时电流冲击大，要求辅助逆变电源容量大，车厢冷热负荷变化大，制冷能力不能迅速调节，使客室内温度不均匀。

（二）城市轨道车辆空调系统发展的方向

变频技术历经 30 多年的发展，已经日趋成熟，工业变频器已经成为各行各业的必备产品。变频技术飞速发展带来的契机，使变频空调以其固有的节能、高效、舒适、低温供热能力强、可靠等特点，已成为城市轨道交通车辆空调发展的方向。

1. 新型变频空调的优点

（1）变频空调节能环保。

变频空调节电 30%以上（深圳地铁公司官方实测数据）。变频空调的主要特点是高频降温，低频连续运转维持恒温，同时温度波动小。变频空调机的节电正是由于低速连续小功率运转时具有高能效比，且减少了多次开关造成的开关损耗，从而达到节能降耗目的。在季节变化上，采用热力学自动优化系统，始终以最高效率运行，当负荷减少时频率降低，用电减少。

（2）一体化设计。

全新设计的变频空调，将原空调机组、空调控制柜、空调逆变电源（采用直流电供电时）全部集成到新的空调机组内，实现三合一设计。一体式变频空调如图 4-1-7 所示。

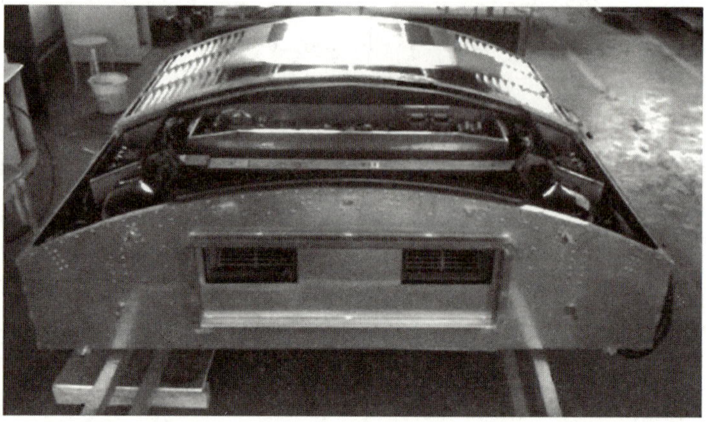

图 4-1-7　一体式变频空调

（3）启动电流小。

变频器驱动压缩机，启动电流从零开始，对电源无大电流冲击现象。整列车的空调机组可随时同时启动，不必延时/分别启动。通过压缩机运行频率的变化而不是通过频繁启停压缩机控制温度，使压缩机寿命延长（压缩机寿命主要指标是启停次数）。

（4）具有低温供暖能力。

变频空调机可利用其高速旋转的特点，额外补充一部分电功率而使供风温度提高，实现供暖。变频空调机可使使用环境温度扩展到 – 10 °C。

（5）舒适度良好。

变频空调机实现了低频运转维持温度，比普通空调机的开关维持温度的温度波动大大减小，同时又利用了变频空调机的高速运转提升能力，实现迅速降温升温，提高了舒适度。

（6）可实现更宽的工作电压。

变频空调机实现了低频启动，启动电流很小，电源电压波动小。变频空调机可实现更宽的工作电压，自动修正加到压缩机上去的电压，使压缩机的工作更稳定，效率更高。

2. 城市轨道交通车辆空调的发展

根据变频空调机的特点，未来城市轨道交通车辆空调的发展目标如下：

（1）冷暖一体化，热泵型冷暖两用车用空调，弥补目前定速车用空调不能供热的不足，提高空调机的利用率，取消电暖气。

（2）机电一体化，变频控制器与变频空调机实现一体化组装，使城市轨道交通车辆设备布置简单，安装简易、安全。

（3）采用先进的集成技术，使得产品体积小、质量轻。

（4）配电简单，与外在的电气连接只是两个航空插头，节约了布线成本和车辆空间。

（5）全变频设计，变频涡旋式压缩机加上变频风扇电机和 4 套变频器。

（6）动态恒温空调系统，做到冷暖无级调节，舒适度更高。

知识拓展

一、空调系统常用名词及概念

轨道车辆空调机组（Air-Conditioning Units for Rail Bound Vehicles）：一种向机车、铁道车辆、轻轨车辆、地铁的客室、工作间提供经过处理的空气的设备。它主要包括制冷系统以及加热系统的通风装置。

（1）紧急通风（Emergency Ventilation）：当车辆动力电断电时，由车辆的蓄电池经逆变器给空调机组的通风机供电，由通风机进行全新风通风的运行过程为紧急通风。

（2）温度（temperature）：表明物体冷热程度的物理量。由于规定和划分方法不同，温度的标尺（简称温标）又分为摄氏温度华氏温度热力学温度。

（3）压强（pressure）：单位面积上的作用力。在 1 m^2 的面积上，均匀垂直作用 1 N 的力定为 1 个压强单位，称为 1 Pa，即 1 N/m^2 = 1 Pa。

（4）热量（heat）：能量的一种形式，是表示物体吸热或放热多少的物理量。热量的单位用焦耳（J）表示。

二、KG29H 型单元式空调机组的技术参数

KG29H 型单元式空调机组的技术参数见表 4-1-1。

表 4-1-1　KG29H 型单元式空调机组的技术参数

型号	KG29H
形式	车顶单元式（平底下出风下回风）
电源	主回路：三相交流 380 V、50 Hz 控制回路：DC 24 V 电磁阀 AC 220 V、50 Hz
制冷量	29.1 kW
通风量	4 000 m^3/h
新风量（可调）	最大为 1 270 m^3/h
应急通风量	2 000 m^3/h
制冷剂	R407c
制冷剂充注量	3.7 kg×2
输入功率	约 14 kW
质量	约 600 kg
外形尺寸 （长×宽×高）	3 300 mm×1 600 mm×300 mm （注：外形尺寸为不含安装座尺寸）
构架材质	SUS304

三、空调机组部件及其技术参数

空调机组部件及其技术参数见表 4-1-2。

表 4-1-2　空调机组部件及其技术参数

<table>
<tr><th>部　件</th><th colspan="2">参　数</th></tr>
<tr><td>压缩机
</td><td colspan="2">数量：2 台
形式：卧式全封闭涡旋压缩机
型号：ZEN100YZA-C（三菱）
输入功率：约 6.0 kW
电流：约 9.8 A
质量：55 kg（无油）
润滑油：Diamond Freeze MEL32 3.0 L
推荐保护值：14.4 A</td></tr>
<tr><td>离心风机
</td><td colspan="2">数量：2 台
额定风量：2 000 m^3/h
额定转速：1 420 r/min
额定功率：0.55 kW
额定电流：约 1.55 A
防护等级：IP54
推荐保护值：1.7 A</td></tr>
<tr><td>轴流风机
</td><td colspan="2">数量：2 台
额定转速：1 420 r/min
额定功率：0.55 kW
额定电流：约 1.9 A
防护等级：IP55
推荐保护值：2.1 A</td></tr>
<tr><td rowspan="2">压力保护开关</td><td>高压保护开关</td><td>数量：2 个
型号：ACB-QB24（自动复位）
动作：电路断开（2.9±0.15）MPa
电路接通（2.4±0.15）MPa</td></tr>
<tr><td>低压保护开关</td><td>数量：2 个
型号：LCB-QA06（自动复位）
动作：电路断开（0.19±0.05）MPa
电路接通（0.32±0.05）MPa</td></tr>
<tr><td>蒸发器
</td><td colspan="2">数量：2 个
形式：亲水膜铝肋片套内螺纹铜管式</td></tr>
</table>

续表

<table>
<tr><th>部 件</th><th colspan="3">参 数</th></tr>
<tr><td>冷凝器
</td><td colspan="3">数量：2个
形式：亲水膜铝肋片套内螺纹铜管式</td></tr>
<tr><td>逆止阀</td><td colspan="3">数量：2个
型号：NRV-16S</td></tr>
<tr><td rowspan="5">电磁阀
</td><td>型号</td><td>数量</td><td>说明</td></tr>
<tr><td>NEV-202DXF</td><td>2</td><td>线圈 AC 220 V，容量控制用（常闭，接低压侧）</td></tr>
<tr><td>NEV-L202DXF</td><td>2</td><td>线圈 AC 220 V，容量控制用（常开，接高压侧）</td></tr>
<tr><td>NEV-603DXF</td><td>2</td><td>线圈 AC 220 V，旁通用（常闭）</td></tr>
<tr><td>NEV- 603DXF</td><td>2</td><td>线圈 AC 220 V，液管用（常闭）</td></tr>
<tr><td>干燥过滤器</td><td colspan="3">数量：2个
型号：DML-084S</td></tr>
<tr><td>回风电动阀</td><td colspan="3">数量：1个
形式：电动式
操作电压：DC 24 V
关闭时间：（90±5）s</td></tr>
<tr><td>新风电动阀</td><td colspan="3">数量：2个
形式：电动式
操作电压：DC 24 V
关闭时间：（90±5）s</td></tr>
<tr><td>排气温度保护器</td><td colspan="3">数量：2个
型号：CS-74L
设定值：（135±5）°C 断开；（115±5）°C 接通
安装位置：固定在压缩机排气管处</td></tr>
<tr><td>温度传感器
</td><td colspan="3">数量：2个
型号：PT100
形式：电阻式
安装位置：回风口处1个，新风口处1个</td></tr>
</table>

续表

<table>
<tr><th>部 件</th><th colspan="2">参 数</th></tr>
<tr><td>气液分离器
</td><td colspan="2">数量：2 个
安装位置：蒸发器与压缩机回气口之间</td></tr>
<tr><td>新风过滤网</td><td colspan="2">数量：1 套共 4 个
形式：无纺布滤料
滤料厚度：8 mm</td></tr>
<tr><td>回风过滤网</td><td colspan="2">数量：1 套共 2 个
形式：尼龙编织网机
安装位置：蒸发器前</td></tr>
<tr><td>吸气过滤器</td><td colspan="2">数量：2 个
安装位置：压缩机回气管处</td></tr>
<tr><td rowspan="3">电气连接器插头</td><td>型号</td><td>说明</td></tr>
<tr><td>P48K26TY-G</td><td>主回路三相 AC380 V/50 Hz；
电磁阀 AC220 V/50 Hz</td></tr>
<tr><td>TY48K31TY-G</td><td>控制回路 DC24 V</td></tr>
</table>

四、空调机组部件及其技术参数

空调系统故障处理提示见表 4-1-3。

表 4-1-3 空调系统故障处理提示

<table>
<tr><th>故障内容</th><th>故障的原因</th><th>故障的判断方法</th><th>处理</th><th>引用代号</th></tr>
<tr><td rowspan="3">不出风</td><td>离心风机的配线方面：
① 连接器处断线；
② 配线处螺丝松弛</td><td>① 查看电路接通情况；
② 查看电路接通情况</td><td>① 修理；
② 拧紧</td><td rowspan="3">专用工具 W005</td></tr>
<tr><td>电动机烧损或断线</td><td>测量线圈电阻</td><td>更换电机</td></tr>
<tr><td>控制线路及电器故障</td><td>检查电路及电器元件</td><td>修理或更换</td></tr>
<tr><td rowspan="6">风量小</td><td>离心风机电机反转</td><td>检查离心风机转向</td><td>调换相线</td><td rowspan="6">① 专用工具 W005；
② 化学清洗剂 R001</td></tr>
<tr><td>混合风滤网堵塞</td><td>检查过滤网</td><td>清洗滤网</td></tr>
<tr><td>蒸发器结霜或结冰</td><td>检查（目视）</td><td>送风运转化冰、霜</td></tr>
<tr><td>蒸发器散热片脏堵</td><td>检查（目视）</td><td>清洗</td></tr>
<tr><td>送风道等处堵塞</td><td>检查</td><td>修理</td></tr>
<tr><td>风机叶片积垢</td><td>检查</td><td>清洁</td></tr>
</table>

续表

故障内容	故障的原因	故障的判断方法	处理	引用代号
不冷	压缩机不转： ① 电机断线、烧损； ② 高、低压压力开关动作； ③ 配线端子安装螺丝松弛； ④ 电气控制柜电器件不良； ⑤ 接触器、线圈烧毁或触头故障； ⑥ 压缩机故障； ⑦ 轴流风机热继电器； ⑧ 轴流风机电机烧损或断线； ⑨ 离心风机电机烧损或断线； ⑩ 压缩机热继电器动作	① 测定线圈电阻； ② 见第⑥、⑦项； ③ 查看接通情况； ④ 检查电气件； ⑤ 检查元件； ⑥ 检查压缩机； ⑦ 检查电机电流； ⑧ 测线圈电阻； ⑨ 测线圈电阻； ⑩ 检查压缩机电流	① 更换压缩机； ② 修理或更换； ③ 拧紧； ④ 查明原因后修理； ⑤ 修理或更换； ⑥ 修理或更换； ⑦ 修理或更换； ⑧ 修理或更换； ⑨ 修理或更换； ⑩ 修理或更换	测量和试验设备 M002
	压缩机运转：制冷剂泄漏	① 室内吸入和排出空气温差小； ② 回气温度过高； ③ 压缩机运转电流小	修理制冷循环系统 重新充注制冷剂	
冷量不足	回风滤尘网堵塞	检查滤尘网（目视）	除去筛孔堵塞物	测量和试验设备 M006
	蒸发器、冷凝器过脏	检查（目视）	清扫	
	蒸发器结冰	检查（目视）	送风化冰	
	空调设定温度过高	检查	调整或修理	
	少量制冷剂泄漏	压缩机运转电流比其他压缩机略小	修理制冷剂循环系统	
	制冷剂充注过多	电流过大	重新冲注制冷剂	
	风量不足	参见“风量小”的判断方法	参见“风量小”的处理办法	
振动噪声大	风机电机轴承异常		修理风机	专用工具 W005
	风机叶轮不平衡	检查风机的平衡性	调整或更换	
	紧固部位松弛	检查各紧固部位	拧紧	
高压压力开关动作	冷凝器过脏	检查冷凝器	清扫	① 专用工具 W005； ② 化学清洗剂 R001
	制冷剂充注过多	电流比正常值大	重新充注制冷剂	
	轴流风机反转	检查	将相序调整正确	
	排气管段堵塞	检查高压管路及配件等	修理	
	轴流风机不转： ① 电机烧损； ② 电机的轴承损伤	测定线圈电阻是否平衡检查	更换电机 更换球轴承	
	空气或不凝性气体混入系统	电流比正常值大	查明原因，修复后重新充注制冷剂	

续表

故障内容	故障的原因	故障的判断方法	处理	引用代号
低压压力开关动作	制冷剂泄漏	压缩机电流小	检查、修理制冷系统	测量和试验设备 M006
	度传感器感温不正确	电阻值与温度不对应	校准传感器或更换	
	风量不足	参见“风量小”的判断方法	参见“风量小”的处理办法	
	低压管路堵塞	检查（目视）	检查、修理制冷系统	
	蒸发器散热片堵塞	检查	清扫	
漏水	回风口漏水：回风短，风道密封不良	检查	进行正确安装、密封	化学清洗剂 R001
	出风口漏水	① 蒸发器脏堵； ② 送风面密封处漏水	① 清洗蒸发器或滤尘网修理 ② 检查送风面密封情况，正确安装机组	
	车内风道内凝露形成水珠，从出风口吹出		风道保温	

任务二　城市轨道交通车辆空调通风系统的基础知识

任务导入

有不少人可能好奇为什么每次地铁列车进站的时候，都有一股清凉的风迎面吹来。地铁隧道全封闭，这些风是怎么来的呢？为什么在地铁里不会感到憋闷呢？地铁车辆空调通风如图 4-2-1 所示。城市轨道交通车辆空调通风系统指机械强迫通风，一般由离心式通风机、滤尘装置、送风道、回风道等组成。它的作用是将经过处理的空气输送和分配到各客室并获得合理的气流组织，同时还将室内污浊的空气排出室外，以保持室内空气的清洁度和流动速度，形成车辆内部空气循环系统。本任务带领大家来学习关于车辆空调通风系统的基础知识。

图 4-2-1　地铁车辆空调通风

学习任务

一、空调通风系统基本概念

（一）通风的基本概念

通风除尘和空气调节在实际工程中起着改善工作环境、保护人们的身体健康和提高生产力的重要作用。用通风方法改善生产劳动环境，简单地说，就是把污浊的或不符合卫生标准的内部空气排至外部，把新鲜空气或经过处理的空气送入内部，不断地更换内部空气。所以，通风也称为“换气”。

（二）城市轨道车辆污染物的主要来源

（1）人新陈代谢中产生的二氧化碳、皮肤表面的代谢产物。
（2）建筑材料中挥发出的有害物，如苯类、醛类等有机物质。
（3）周围土壤中存在的氡等放射性物质。
（4）隧道中存在的灰尘、二氧化硫等。

（三）城市轨道车辆通风的任务

（1）向车辆内补充新鲜空气，满足人体对氧气的需求。
（2）通风可使车辆内空气稀释流通，减小有害气体的浓度。
（3）控制各种有害物，如过滤粉尘、调节湿度等。

（四）通风系统的分类

通风，包括从车辆内部排除污浊空气和向车辆内部补充新鲜空气。前者称为排风，后者称为送风。为实现排风和送风所采用的一系列设备、装置总体称为通风系统。通风系统按通风工作原理不同可分为自然通风和机械通风两类，按照系统作用的范围大小可以分为全面通风和局部通风两类。

1. 自然通风系统

自然通风是依靠室内外空气的温度差（实际是密度差）造成的热压，或者是室外风造成的风压，使房间内外的空气进行交换，从而改善室内的空气环境。自然通风不需要另外设置动力设备，对于有大量余热的车间是一种经济、有效的通风方法。其缺点是：无法处理进入室内的空外空气，也难于对从室内向室外排出的污浊空气进行净化处理；其次，自然通风受室外气象条件影响，通风效果不稳定。对于城市轨道车辆来说由于通风效果不稳定，影响乘客乘坐体验，故不适用自然通风。

2. 机械通风系统

通过风机提供通风的动力，风机的高速运转产生的风压强制室内空气交换流动，造成房间通风换气方法，称为机械通风。由于风机的风量和风压可根据需要确定，这种通风方法能保证所需要的通风量，控制房间内的气流方向和速度，并可对进风和排风进行必要的处理，使房间空气达到所要求的参数。因此，机械通风方法得到了广泛应用（城轨车辆上普遍使用）。

二、空调通风系统的基本组成

（一）空调通风系统的组成

车辆空调通风系统一般由风机、风管、风道和排废装置构成。

1. 风　机

风机在管路中的作用是输送空气。风机基本结构包括叶轮、电机、外壳等。

风机的性能参数如下：

（1）风量 L：单位时间内风机所输送的气体的体积。

（2）风压 P：风机产生的总压头（全压），包括静压和动压。

（3）有效功率 NY：风机在单位时间内传给空气的能量。

（4）轴功率 N：风机的输入功率。

（5）全压效率：风机有效功率与轴功率之比。

（6）机械传输功率：电机与风机机械传动的能量损失。

风机的种类包括离心风机、轴流风机、混流风机等。

1）离心风机

离心风机用于低压或高压送风系统，特别是低噪声和高风压的系统。叶轮的叶片形式有流线型、后弯叶型、前弯叶型和径向型 4 种。离心风机实物如图 4-2-2 所示。

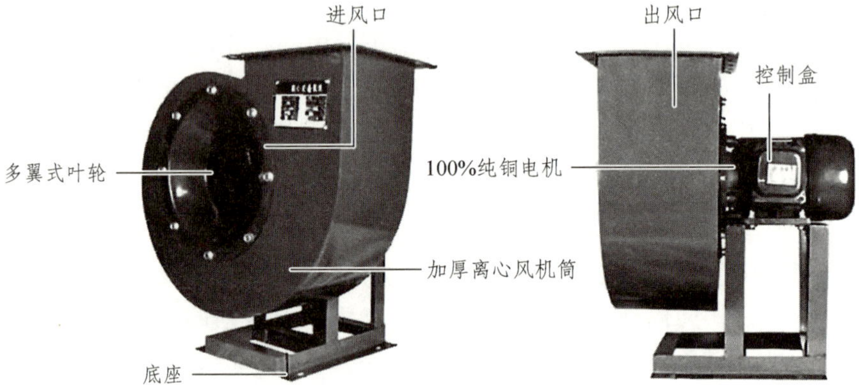

图 4-2-2　离心风机实物图

2）轴流风机

轴流风机主要由叶轮、机壳、电机等组成。叶轮由轮毂和铆在其上的叶片组成，叶片与轮毂平面安装呈一定的角度。叶片的形式有机翼形扭曲叶片或直叶片，厚板形扭曲叶片或直叶片等。它的体积小、便于维修、风压较小、风量较大，多用于阻力较小的风量系统。轴流风机实物如图 4-2-3 所示。

图 4-2-3　轴流风机实物图

3）混流风机

混流风机集中了离心风机的耐高压和轴流风机的大风量的特点。

4）建筑用风机

① 消防排烟风机。

消防排烟风机在正常情况下可用于日常的通风换气。遭遇火险时，它可抽排室内高温烟气，增强室内空气流通。它具有耐高温的特点，适用于高层建筑烘箱、车库、隧道、地铁、地下商场等场合的通风换气和消防排烟。

② 斜流风机。

该系列风机分为单速和双速两种。它具有结构紧凑、体积小、维修方便等优点。可以根据不同的使用场合，采用改变安装角度、改变叶片数、改变转速、改变机号等方法达到多方面的使用要求。

③ 屋顶侧壁排风机。

普通离心式屋顶风机，适用于厂房、仓库、高层建筑、实验室、影剧院宾馆、医院等场合的局部换气。

④ 空调通风风机。

具有性能良好、适用范围大、噪声低、质量轻、安装方便、运行可靠的优点，可以与各空调厂的组合空调机组配套。

2. 风　管

1）风管的形式

圆形风管的强度大、阻力小、耗材少，但占用空间大、不易与建筑配合。对于高流速、小管径的除尘和高速空调系统，或需要暗装时，可选用圆形风管。矩形风管容易布置，便于加工。低流速、大断面的风道多采用矩形风管。矩形风管适宜的宽高比在 3.0 以下。

2）风管的材料

一般来讲，输送腐蚀性气体的风道可用涂刷防腐油漆的钢板或硬塑料板、玻璃钢制作；埋地风道通常用混凝土板做底，两边砌砖，用预制钢筋混凝土板做顶；利用建筑空间兼作风道时，多采用混凝土或砖砌风道。

3. 风　道

为了实现整车送风均匀，常采用静压风道。其工作原理是空调机组下部送出的风进入车内主风道并沿着主风道在推进过程中进入静压箱，进行静压平衡调节，使得在主风道的不同截面上，具有不同静压的空气在静压箱中得到平衡，并形成一定的静压值，空气通过在静压箱的开口形成一定的动压喷射出去，从而达到均匀送风的目的。

回风口沿车长方向布置，保证回风滤网等设备的检修方便，同时可最大限度地保证车内造型美观。送风格栅采用铝型材，送风格栅断面结构有利于送风均匀。

4. 排废装置

考虑客室内向客室外的换气功能，应在车体适当位置设置排气口，并在车体侧墙考虑适当的风道，确保客室内向客室外的排气功能的实现，以防客室内正压过高造成新鲜空气输入量减少和关门困难。司机室回风与客室间的换气通过在司机室间壁门上开通风口，可以实现司机室送风单元在不同工作情况下的功能：在司机室送风单元风机调到高速时，由司机室向客室回风；若司机室送风单元全部关闭，可以实现司机室和客室间的压力平衡。

（二）城市轨道交通车辆空调通风系统气流组织

城市轨道交通车辆一般采用下出风下回风或下出风侧回风的气流组织方式。

1. 下出风下回风

下出风下回风气流组织为气流由空调机组产生，通过车顶送风道经送风格栅向客室竖直向下送风，客室内原有空气从客室车顶中间回风道回流到空调机组，依次循环。

2. 下出风侧回风

下出风侧回风气流组织为气流由空调机组产生，通过车顶送风道经送风格栅向客室竖直向下送风，客室内原有空气从客室侧墙设置的回风口（通常会设置在客室座椅下方）经回风道回流到空调机组，依次循环。

三、空调通风系统的基本布置

（一）系统布置和气流组织

为便于安装、维护，城市轨道车辆空调装置基本采用集中式布置，即除了一些控制部件外，将空调制冷通风系统的主要部件都集中布置于一个机箱内，整个机组箱体安装于车辆顶部。

这样的设计使机组具有结构紧凑、占用空间小、制冷管路短、可以实现快速整体更换的优点，此布置方式目前为轨道车辆普遍采用的一种形式。

如图 4-2-4 所示较为典型的轨道车辆空调机组布置方式。

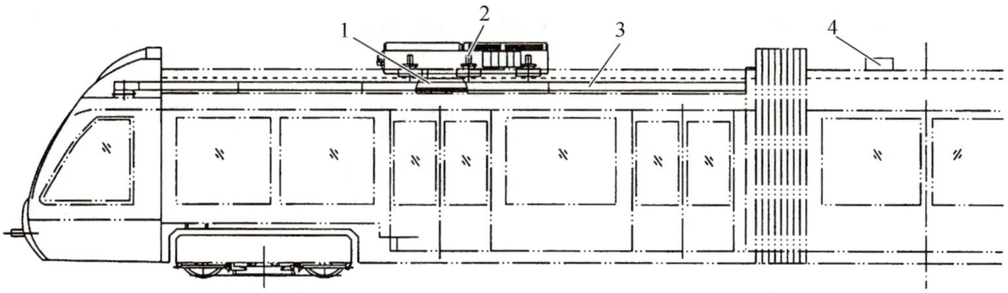

1—回风道；2—空调机组；3—送风道；4—废排装置。

图 4-2-4　轨道车辆空调机组布置方式

车顶空调机组将经过处理的空气，从一端（或两端）通过送风口送出。为保证均匀送风，车厢顶部还设置有送风通道。通过送风通道将风均匀地输送到整节车厢。而回风一般不设专门的回风通道。回风方式也没有固定的模式，目前大致有 3 种模式：通过车厢顶部中间回风、通过车厢顶部两侧回风和通过车厢（座位）底部回风。如图 4-2-5 所示为一种空调机组送风口、回风口布置三视图。

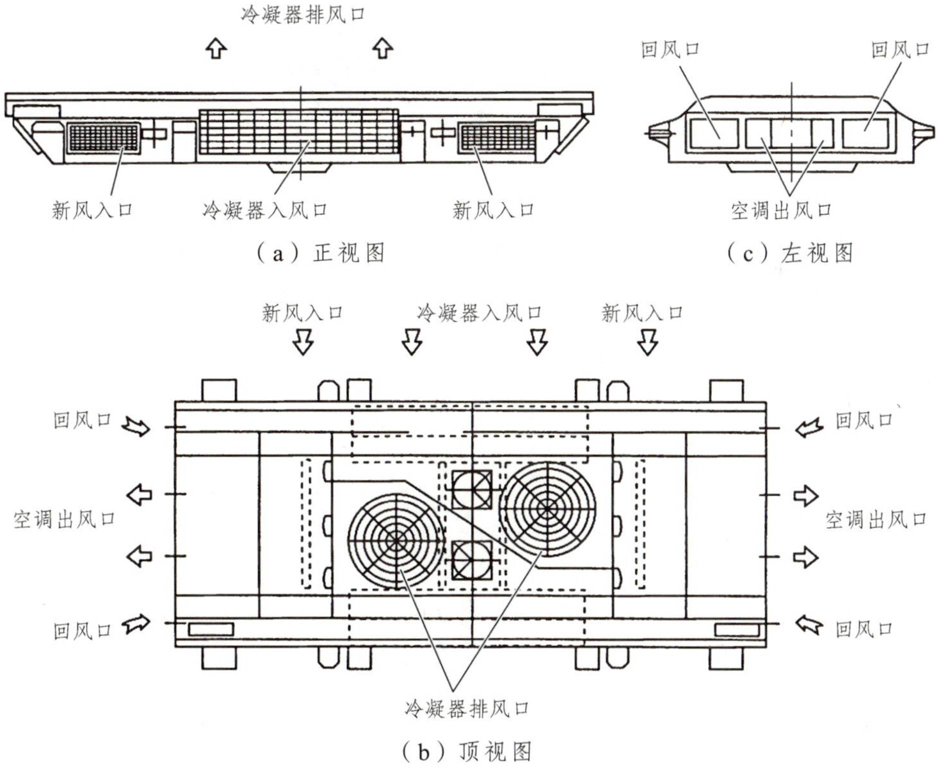

图 4-2-5　空调机组送风口、回风口布置三视图

（二）空调机组基本布置

前面提到，空调（制冷）装置主要包括压缩机、冷凝器、节流阀（膨胀阀）和蒸

发器 4 大部件，不同时期、不同厂家生产的空调机组虽然在外观形状、部件设计布局上有些不同，但其基本构造都是大同小异的。

本类机组内部包含两套独立的制冷系统，如图 4-2-6 所示。压缩机等主要部件都设置了两台；机组通过控制调节后，两套系统可以实现独立运行。本机组为两端送风、回风设置，新、回风通过风门调节不同的混合比例后进入空气处理室。经过处理的空气则由送风机送入客室。

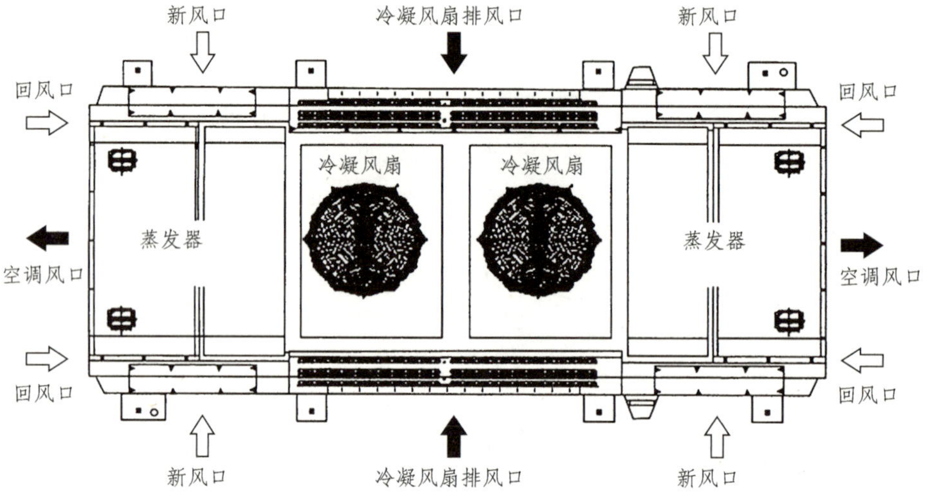

图 4-2-6　空调机组

知识拓展

一、辐流风机工作原理

叶轮在电机的驱动下高速旋转，介质在叶片的作用下获得能量，将电能转化为动能，达到通风换气的目的。

二、辐流风机作用

客室内部有时会出现一节车厢不同区域温度不同的现象，严重影响乘坐舒适性。这种现象是由于客室内空气流通不畅、气流流动性差造成的。在客室内增加辐流风机会加快客室内部空气流动，使客室内冷热气流快速融合，基本达到气温均衡，可以缓解车辆出现局部温度过高或过低的情况。

三、辐流风机用途

辐流风机是一种安装在地铁列车、轻轨列车天棚上与钢结构连接的通风换气装置。其目的是促进车厢内空气对流，为乘客提供舒适的服务。

四、辐流风机结构

辐流风机由叶轮、电机、集风器、摆头机构、轴承座、支架等组成。

1. 叶　轮

叶轮由耐腐蚀且具有良好的刚度和强度的铝合金材料经落料、压型等工艺制成。叶轮的一端传动轴与辐板铆接，与轴承配合，然后与轴承座连接，另一端固定套外部的聚氯丁橡胶套与辐板连接，然后与电机主轴配合。叶片型线经三元流理论设计，供暖用特殊结构，能获得均匀流场。

2. 电　机

电机是驱动辐流风机的动力源，与支架连接。它由主电机、摆头电机及连杆机构组成，摆头电机固定在连杆机构上。该机构与主电机轴套相连，摆头电机通过齿轮逐级变速，带动摆头机构每分钟动 5 次。主电机供暖用全封闭的轴承，能承受较大的力和扭矩，使用寿命高，故障率低。当负载扭矩增高大于规定扭矩时，输出轴出现滑动现象，可有效地保护内部减速机构。

3. 集风器

集风器的型线与叶轮相匹配，材质与叶轮相同，电机侧与连杆机构相连。

4. 摆头机构

连杆机构与集风器连接，在摆头电机的驱动下使摆头电机的圆周运动转化成往复机械运动，使风力范围覆盖广泛。

5. 轴承座

轴承座支承叶轮旋转，与支架相连。

6. 支　架

支架由优质碳素结构钢经落料、折弯、焊接等工艺制造而成，在其两侧配备把手，便于安装。

五、辐流风机维护检查

辐流风机应由具有一定专业技术水平的工程技术人员定期检查、维护保养。应按下面标准进行维护检查、保养。

（1）辐流风机工作 8 800 h 和 15 400 h 后，应进行的维护工作如表 4-2-1 所示。

（2）清扫叶轮、集风器。风机长时间运转，在叶轮、集风器表面会积污垢，如不及时清扫，会对叶轮的动平衡产生影响，风机运转时会产生振动和异常音响。当积少量灰尘时，可用软毛刷清扫，可在钢结构上进行，不必拆卸。若灰尘较多，则应把产品拆卸下来，卸下叶轮集风器，以免产生扭曲变形，产生振动和异常音响，影响设备运行。

（3）检查轴承运转是否灵活，有无异音现象，及时更换轴承，清洗时勿将油类滴到橡胶件上，以免橡胶件老化。

（4）更换摆头电机。

① 将输出轴与连杆机构安装到位。

② 连杆机构与集风器端子按接口安装到位。

③ 试验摆头机构是否正常工作，摆动是否到位。

六、辐流风机故障分析

辐流风机在使用过程中发现某部件异常时应立即排除。常见故障分析如表 4-2-1 所示。

表 4-2-1　常见故障分析表

故障	不能正常工作	振动	不摆头	异常音响	原因	处理方法
电机故障	○				线组断线 电容故障	更换电容 检查线组
		○			转子变形 轴承损坏	更换零部件
			○		轴承磨损	更换轴承
线组问题	○				检查线组	纠正
叶轮故障		○		○	积灰，变形，反向	清扫更换 重新接线
	○			○	轴承磨损	更换或清洗
摆头机构故障		○			螺栓松动 摆头电机问题 不同心	拧紧 更换 调整
				○	润滑不良	加油，严重者更换部件

任务三　城市轨道交通车辆空调制冷系统

任务导入

广州地铁 21 号线试行“同车不同温“车厢分为强冷和弱冷，在屏蔽门上清楚标识了弱冷和强冷车厢所在位置车厢分为强冷和弱冷，如图 4-3-1 所示。温度相差 2 °C 左右。2022 年 8 月 1 日起，广州地铁 21 号线试行列车车厢分区温控模式，头尾两节车厢为弱冷、其余车厢强冷，温度相差 2 °C 左右。目前，广州地铁一共 3 条线（18、21、22 号线）实施强冷、弱冷车厢。强冷、弱冷车厢只在空调季节实施，结束时间结合具体的天气情况来定。广州地铁在车辆出库前，预先将车厢的温度调节设定好。列车温度范围是按国标设置：22 ~ 27 °C，弱冷车厢温度控制在 25 ~ 27 °C，强冷车厢温度控制在 24 ~ 26 °C，强、弱冷车厢温差控制在 1 ~ 2 °C。

广州地铁相关负责人表示，为满足不同乘客对列车温度的差异化需求，提升乘客的出行舒适度，广州地铁分析了国内城市设置冷、暖车厢的做法以及广州地铁的实际条件，在 21 号线试点设置强冷、弱冷车厢（18 号线和 22 号线新线开通时已同步开展试点）。其他线路将结合试点情况和运营实际评估后再确定。

据不完全统计，北京、上海、安徽合肥、四川成都、山东青岛、陕西西安等地均有地铁线路增设弱冷车厢，同车不同温，为乘客提供舒适凉爽的环境。

大家思考一个问题：城市轨道交通车辆是如何在高温的环境下通过空调系统制冷的？本任务带领大家来学习关于城市轨道车辆空调制冷系统的基础知识。

图 4-3-1 屏蔽门上的“强冷”和“弱冷”标识

学习任务

一、空调系统制冷循环基本原理

（一）制冷的基本概念

冷却就是取出物体的热量，使物体的温度降低。冷却的过程伴随着物体本身热能的减少。自身热冷却的程度受周围介质的影响，冷却的极限温度不可能低于周围介质的温度。要想把某一物体的温度降到低于周围介质的温度，只能借助于人工冷却的方法，即人工制冷。具体来说，就是通过消耗一定的外功，利用不同的制冷方式，使被冷却的物体温度下降到低于周围介质温度的某一预定温度。人工制冷按照制取温度范围可以分为普冷和深冷两种。

利用人工制冷所制取的温度不低于 120 K（–153.15 °C）时，称为普冷技术。利用人工制冷制取的温度范围在 120 K 至绝对温度零度（–273.15 °C）的制冷技术称为深冷技术。轨道车辆空调制冷系统是对客室内环境温度进行调节的装置，其制取的温度通常高于 17 °C，属于普冷技术。在制冷状况下，通过蒸发器的空气在蒸发器外被冷却，空气中的水分冷凝成水珠，通过机组上设的排水孔排到车顶上，最终通过设在车顶两侧的排水管排到车下。

（二）城市轨道交通车辆空调制冷系统结构及原理概述

城市轨道交通车辆空调与其他车辆空调制冷方式均为蒸气压缩式制冷，主要从其方便性、安全性、经济性及维修性等方面考虑。蒸气压缩式制冷系统是由压缩机、冷凝器、节流装置、蒸发器 4 个主要部分组成，用管道依次连接，形成一个完全封闭的系统，制冷剂在这个封闭的制冷系统中以流体状态循环，通过相变，连续不断地从蒸发器中吸取热量，并在冷凝器中放出热量，从而实现制冷的目的。其中压缩机为整套系统的关键部件，节流装置为膨胀阀或者毛细管，冷凝器和蒸发器均为换热器。

国内城市轨道交通车辆空调制冷装置在结构布置上基本类似，根据各地使用环境、运行条件等差异，具体性能、参数、控制等有所不同。

用一定的方法使物体或空间的温度低于周围环境介质的温度，并且使其维持在某一范围内，这个过程称作制冷。制冷的方式大致有 5 种：蒸气压缩式制冷、半导体制冷、吸收式制冷、蒸气喷射式制冷、涡流管制冷。一般车辆空调制冷装置都采用蒸气压缩式制冷，这主要从其使用的方便性、安全性、经济性及维修性等方面考虑。

（三）蒸气压缩式制冷的基本原理

制冷循环由压缩过程、冷凝过程、膨胀过程、蒸发过程组成。它就是利用有限的制冷剂在封闭的制冷系统中，反复地将制冷剂压缩、冷凝、膨胀蒸发，不断地在蒸发器处吸热气化，进行制冷降温。根据实现压缩过程、冷凝过程、膨胀过程蒸发过程的方式不同，制冷循环系统可分为不同种类，包括压缩式制冷循环、吸收式制冷循环、蒸气喷射式制冷、声能制冷、热管式制冷、磁制冷、吸附式制冷、空气压缩制冷、地温制冷等，一般车辆空调制冷装置均采用蒸气压缩式制冷，利用制冷剂的液气两相的转变来实现人工制冷。

在各种制冷方法中，最常用的是压缩式制冷，大约占 90%。压缩式制冷的原理是利用制冷剂（一种物质）在低温下沸腾吸热，由于制冷剂的沸点低于被冷却空气的温度，所以制冷剂将吸热汽化，由于沸腾吸热时的温度低于制冷对象的温度，制冷对象的热量就传递给了制冷剂，制冷对象的温度就降低，这个降温过程一直到制冷剂全部汽化为止。

为了将汽化的制冷剂回收利用，需要通过压缩机再次冷却为液体。通过压缩机做功，使吸热后的制冷剂温度和压力升高（高于环境温度）。这时需要环境介质来冷凝制冷剂，使从压缩机出来的高压制冷剂重新冷凝为液体，制冷剂就可以把热量传递给环境。然后，通过节流降压，制冷剂重新在低温下沸腾吸热。如此不断循环制冷，达到制冷效果。大体工作原理如上所述，在实际应用中，压缩式制冷机有一套完善的设备保证制冷工作的正常进行。在制冷方法中，液体气化制冷应用最为广泛。车辆空调机组采用的是蒸气压缩式制冷，它属于液体汽化制冷。制冷剂在一个封闭的空间中，只需要消耗压缩机的功就可以反复将制冷剂由蒸气变为液体的相态变化，这种相态变化将低处的热量转移到高温处。

二、城市轨道交通车辆制冷系统组成

（一）蒸气压缩式制冷系统的组成

空调用蒸气压缩式制冷系统主要由蒸发器、压缩机、冷凝器、节流装置（膨胀阀）等部件组成，并用管道将其各部件连成一个封闭的系统，如图 4-3-2 所示。

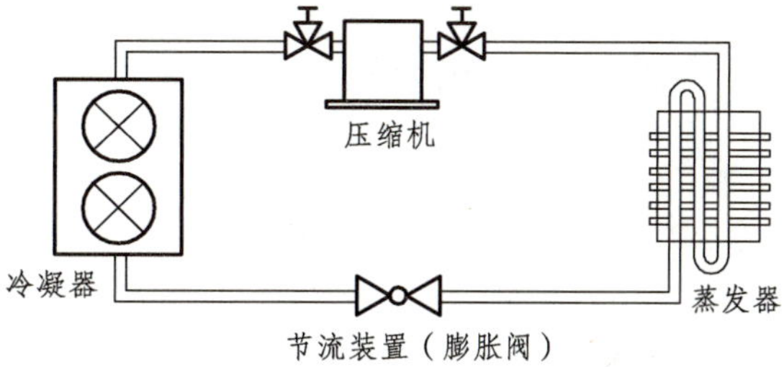

图 4-3-2　蒸气压缩式制冷循环系统原理图

1. 蒸发器

蒸发器由一组或几组盘管组成。低温液态制冷剂进入蒸发器盘管流动时，通过管壁吸收管周围介质（空气或水）的热量而沸腾气化（工程上简称为蒸发），使盘管周围的介质温度降低或保持一定的低温状态，从而达到制冷的目的。

可见，蒸发器是使低温液态制冷剂与需要制冷的介质交换热量的换热器。因此，蒸发器盘管应置于需要制冷的空间介质中。例如，电冰箱或冷库的蒸发器放在冷藏室或冷冻室内；房间空调器的蒸发器放在空调房间的墙内侧，并做空气冷却器；冷藏车的蒸发器放在需要冷却降温的货物间内等。

制冷剂在蒸发盘管内沸腾气化时保持温度和压力不变，相应的温度和压力称为蒸发温度和蒸发压力。蒸发温度随蒸发压力的增大而升高，它们有确定的对应关系。同时，通过控制或调节蒸发压力即可控制或调节蒸发温度。由于蒸发温度通常都很低，因而对应的蒸发压力也较低。相对于冷凝器，制冷剂在蒸发器中处于低温、低压状态。

制冷剂在蒸发器中沸腾汽化时从制冷空间介质吸收的热量，就是制冷系统的制冷量。

2. 压缩机

压缩机的作用就是将从蒸发器流出的低压制冷剂蒸气压缩，使制冷剂蒸发压力提高到与冷凝温度相对应的冷凝压力，从而保证制冷剂蒸气进入冷凝器后在常温下被冷凝液化。制冷剂蒸气经压缩机压缩后，温度也将会升高。因此，相对于蒸发器，经过压缩机进入冷凝器的制冷剂处于高温、高压状态。

一般压缩机是由电动机带动压缩蒸气来做功的。因此，压缩机的作用实质上是消耗外功，迫使制冷剂把从制冷空间（低温热源）吸收的热量排放给环境（相对于制冷空间为高温热源）。这与热力学第二定律是一致的。因为热力学第二定律表明，热量不能自发地从低温物体传给高温物体。

3. 冷凝器

为了使制冷剂能被反复利用，需将来自压缩机的制冷剂蒸气冷凝还原成液态。冷凝器就是使气态制冷剂向环境介质放热而冷凝液化的换热器。制冷剂蒸气在冷凝器内冷凝液化时也保持温度和压力不变，相应的温度和压力称为冷凝温度和冷凝压力。冷凝温度随冷凝压力的增大而升高，它们也有确定的对应关系。这种对应关系也可利用其饱和蒸气表或压焓图查取。

从经济和方便的角度考虑，用来使制冷剂蒸气冷凝的冷却介质应是常温的空气或水。利用流动空气来冷却的冷凝器，称为风冷式冷凝器；利用流动水来冷却的冷凝器称为水冷式冷凝器，流经水冷式冷凝器的水称为冷却水。制冷剂在冷凝器中向冷却介质排放的热量称为冷凝器的热负荷。

4. 节流装置

由于在冷凝器中用空气或常温的水来使制冷剂蒸气冷凝，冷凝温度就高于蒸发温度，对应的冷凝压力也高于蒸发压力。所以，在进入蒸发器前必须使它降温、降压。为此，让冷凝液先流经节流装置或绝热节流，将压力和温度降至所需要的蒸发压力和蒸发温度后再进入蒸发器蒸发制冷。

液态制冷剂在节流的过程中，因吸收摩擦热，将有少量液体汽化为蒸气（称为闪发蒸气），因此节流装置出口的制冷剂是干度很低的低温低压湿蒸气。常用的节流装置有手动节流阀、浮球节流阀、热力膨胀阀或毛细管。在城市轨道交通车辆空调机组制冷系统中，常用毛细管作为节流装置。

（二）蒸气压缩式制冷循环系统的工作过程

城市轨道交通车辆空调机组的制冷系统如图 4-3-3 所示，空调机组工作时，制冷系统内的低压、低温制冷剂蒸气被压缩机吸入，压缩为高压、高温的过热蒸气后送至冷凝器；同时室外风扇吸入的室外空气流经冷凝器，带走制冷剂放出的热量，使高压、高温的制冷剂蒸气凝结为高压液体。高压液体经过节流毛细管降压降温流入蒸发器，并在相应的低压下蒸发，吸取周围热量；同时室内风扇使室内空气不断进入蒸发器的肋片间进行热交换，并将放热后的冷气体送向室内。如此，室内外空气不断循环流动达到降低室温的目的。

图 4-3-3　空调机组

空调制冷原理如图 4-3-4 所示。

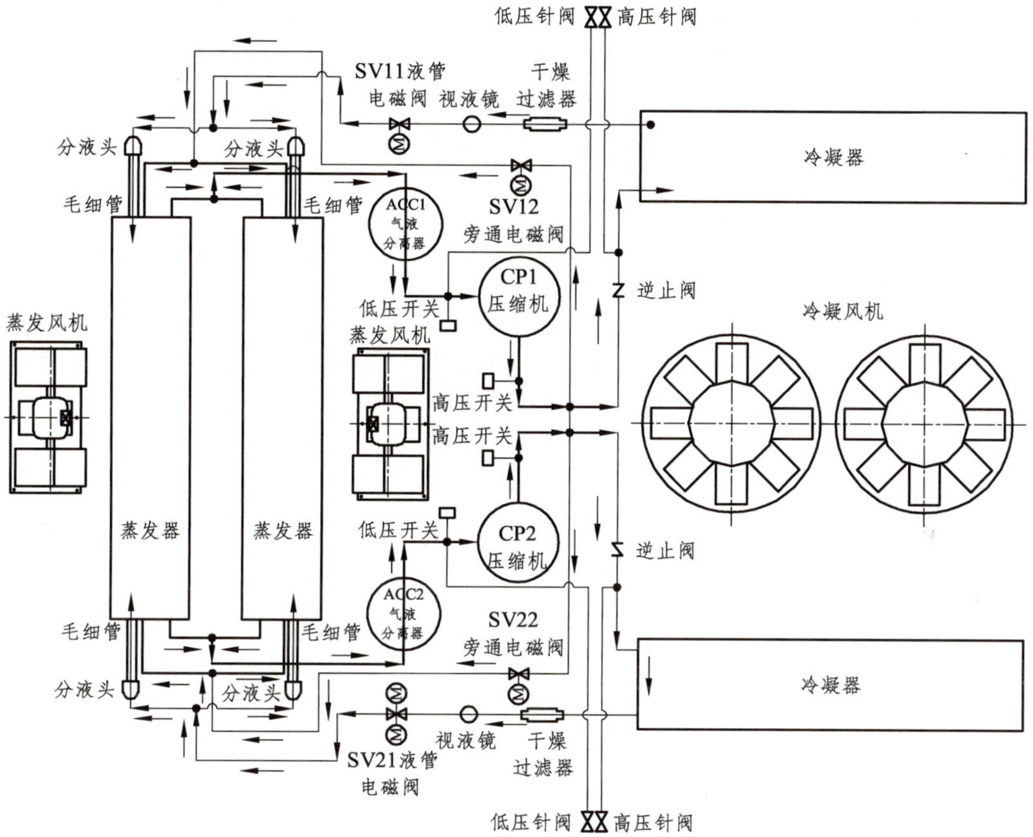

图 4-3-4　空调系统制冷原理

（三）制冷剂液体过冷和吸气过热对制冷循环的影响

1. 制冷剂液体过冷的影响

在理论循环中，我们认为从冷凝器中流出和进入节流装置的制冷剂都是饱和液体状态，而在实际制冷装置中，制冷剂在冷凝器中冷凝成液体后因继续向外放热而变成过冷液体（未饱和液体）后才流出，特别在车辆制冷装置中，冷凝器采用风冷，液体的冷凝温度总是高于环境温度，从冷凝器出来的制冷剂液体在储液器和管路中流动还要不断向外界放热而继续过冷。饱和温度与过冷液体的温度的差值称为过冷度。因此，制冷剂从冷凝器流至节流装置前总有一定的过冷度。过冷度越大，节流损失就越少，单位质量制冷量就越大，因此制冷剂液体的过冷循环将提高制冷系数。

2. 吸气过热的影响

在理论循环中，我们假定由蒸发器流出和被压缩机吸入的制冷剂都是饱和蒸气，从蒸发器出口至压缩机吸入口之间的管路不存在热交换。实际上，制冷剂的蒸气温度总是低于被冷却介质的温度，从蒸发器流出的饱和制冷剂，在通过吸气管流进压缩机时，还将从冷却介质处或外界吸收部分热量而变成过热蒸气，因此压缩机实际吸入的是过热蒸气。如果制冷装置所采用的压缩机要求低温制冷剂蒸气冷却电机（如全封闭式和半封闭式压缩机），制冷剂蒸气在到达压缩机吸气腔时的过热度就会更大。

若吸入蒸气的过热热量全部来自被制冷的室外，则会增加冷凝器的热负荷。这种过热度越大，制冷系数和单位容积制冷量降低越多，所以称为有害过热。为了减少管路的有害过热，吸气管路都必须用隔热材料包扎起来。

若吸入蒸气的过热热量全部来自被制冷的室内，则制冷剂的单位质量制冷量就应该由蒸气制冷部分和过热阶段所吸收的热量两部分组成。这时制冷系数比理论循环提高了，所以这种过热对制冷循环是有益的。

实际上，为了保证制冷装置的压缩机运转安全，总是使压缩机吸气有一定的过热度。若没有吸气过热度，压缩机吸入的蒸气就难免带入未蒸发完的少量液滴，液滴在气缸中受热产生急剧的气化，不仅会降低压缩机的实际吸气量，而且液体多时，甚至可能引起液击事故，所以压缩机吸气要有一定的过热度。

实践任务

对整个空调机组来说，制冷系统故障是其最常见的故障，并且会对城市轨道交通车辆的运行带来不良的影响。制冷系统故障较容易从表面现象体现出来，因此，检查和分析故障可以从直观的表面故障现象入手，再按制冷系统的运行规律，逐层深入有关部件的检查。

一、空调机组的正常工作状态

单元式空调机组是全封闭式压缩机以及其他部件组成的封闭制冷循环系统。由于机组采用全封闭的结构，机组上不设压力表，所以无法直接掌握系统内部的工作压力变化。要判断机组工作状态，只能通过客室降温、通风情况，机组电气控制设备的工作状态，仪表显示和指示灯显示情况等进行分析推断。

因此，必须熟练掌握机组工作中的正常状态，以区别发生故障的不正常状态，才能较为准确地判断空调机组的运行情况。

机组正常工作的特点如下：

（1）当闭合制冷工况转换开关启动机组，通风机、冷凝风机运转后，压缩机应延时启动，并且各台压缩机的启动时间应相互错开。各电动机在启动时应没有异常的震动及摩擦声响。压缩机的启动应平稳，无剧烈震动，没有敲击声或拉锯声。机组工作后应运转平稳，无特别噪声。

（2）机组启动一定时间后，客室各出风口应有冷风吹出，室内温度均匀下降。

（3）机组在“强冷”（双机组工作）时，回风口和出风口温差在 8 ~ 10 °C 范围内是正常的。

（4）机组工作电流的大小对反映压缩机组工作状态有重要参考价值，具体车型应具体分析。

（5）空调温控情况良好，外温在 36 °C 左右时，客室内温度能控制在 22 ~ 27 °C。

（6）通风系统良好，各空气滤网清洁，无堵塞现象，出风口或回风口无水滴出。

二、制冷系统故障检查的方法与步骤

制冷系统主要故障有不制冷、制冷效果差等。检查故障的方法包括看、听、摸、测。

故障检查的步骤如下：首先，排除空调机组本身问题造成的故障，如温度设定值过高或电源电压过低导致空调无法启动。其次，检查电气部分，可以从电源主回路查到控制回路，也可以从控制回路查到主回路。如果电气回路本身没有问题，故障发生原因往往在于制冷系统，则对制冷系统进行故障查找和分析。

三、制冷系统故障检查

1. 查看风机部分

观察压缩机吸气管结露程度：

（1）若压缩机的吸气管全部结露，以至压缩机外壳有小部分（吸气管进泵壳处周围）结露，则说明这时的吸气温度比较低，有利于降低排气温度，其制冷剂量也适中。

（2）若压缩机吸气管不结露，排气温度高，外壳较热（但不烫手），则说明制冷剂量偏少。

（3）若压缩机吸气管结露以至整个外壳结露或 3/4 以上外壳结露，则说明制冷剂量多。

2. 查看泄漏点

查看接管各焊接点处是否有油迹，有油迹的接头处一般可能会泄漏。

3. 空调机组的运行噪声

空调机组的主要噪声来自压缩机和风机，压缩机的噪声是由振动产生的，因压缩机经过一系列避振措施后，其运行噪声是比较低的。风机中的噪声主要是气流声，其次是电机轴承摩擦声及电磁噪声。这些噪声限制在标准规定的范围内，是允许存在的，超出这个范围的噪声，其表现为较强烈的振动，属不正常运行。

4. 节流元件的流动声

无论是毛细管或是热力膨胀阀，由于节流时的流速突然剧增（压差很大，能达到 1.1 ~ 1.5 MPa），其流动声音比较明显，可以听其流动声来辨别其流量，进而判断制冷剂量是否充足。

（1）正常的流动是气液混合体的流动（液体占 80% 以上），若其流动声比较低沉，说明制冷剂量充足。

（2）不正常的流动是气体流动（极大部或大部），若其声音比较洪亮，比正常声音大，一般说明制冷剂量不足。

5. 机组运行时有碰撞声

一般压缩机吸排气管抖动时，有与壳体碰撞声。如果压缩机振动较大而引起与底盘的共振，这种声音便不正常了。

6. 触摸压缩机的吸排气管的冷热程度

压缩机的吸气管应是凉的，一般应 15 °C 左右为好，因为有结露，摸上去是湿润的。若手摸吸气管感觉不凉，且无湿润感，说明运行不良或缺氟，引起排气温度上升。

压缩机的排气管是热的，而且温度高，甚至会达到 100 °C 左右，若排气温度过高（如超过 130 °C）也不好，会使冷冻机油结炭；若排气温度太低，手触摸不觉发烫是缺少制冷剂或有其他故障的预兆，应引起注意。因此排气温度要适中。

7. 摸压缩机外壳的冷热程度

全封闭往复活塞式压缩机，其外壳各部温度是不同的，正常情况下，吸气管周围局部地方是凉的，是湿润的，外壳上部是微热或微凉的，其温度一般在 20 ~ 30 °C 左右，外壳下部比较热。其热源是各运行件的摩擦热传给冷冻机油，冷冻机油回到壳底部而释放出的热量，其温度一般在 60 °C 以内，手在短时间内可以触摸。

8. 摸压缩机组的振动程度

手摸机组感觉振动很大，属不正常现象，应检查压缩机地脚螺栓的避振器安装是否正常，检查机组底座基础的刚性。

9. 嗅查空调机组发出的异常气味

空调机组出现故障时，有时会溢出一种气味（一般为烧焦气味），这是电气绝缘材料烧焦的缘故，也是电磁线圈烧坏的预兆（包括电机绕组、接触器线圈、变压器线圈等）。其原因：一种情况是受过高热；另一种情况是烧坏。应检查全部有绕组的电器。

10. 不正常情况

外壳上部温度过高，超过 40 °C，外壳下部温度也高，这对压缩机的润滑不利，加速了运动件的磨损，而且排气温度会上升。其原因是制冷剂少。

另一种情况是外壳上部太凉，甚至大半个外壳结露，其温度低于 20 °C；外部温度也相应低，但对运动件的润滑影响不大。其原因是制冷剂流量大，这种情况也会使空调机组的制冷量有所降低。

四、空调制冷系统的故障分析与处理

当空调制冷系统出现故障时，表现为空调装置无冷气、冷气不足或电机拖不动，这是与制冷系统有关的问题，应检查制冷系统。空调制冷系统出现问题时一般表现为以下几个方面：

（一）空调机组不工作

这类故障一般发生在供电线路与控制线路上。

1. 电源部分

（1）电源无电。用电压表测量空调机组电气控制柜电力系统输入端子的三相电压，如无电压，应检查并接通电源。

（2）电源缺相。电源缺相时，三相电机变为两相运行，电机将严重过载。此时应注意车下分线盒内各相线的连接是否松动造成缺相。

（3）电源电压过低。当电源电压低于额定值的 85%（187 V）时，欠压继电器动作，控制电路无电，则无法工作。此时应调整输入电源。

（4）电源电压过高。当输入相电压超过 253 V 时，过压继电器动作，切断控制线路，控制回路则无法工作。此时应调整输入电源。

2. 电气控制电路部分

（1）控制电路的电源线路断路。测量与检查电源线路供电电压，找出断路部位并修复。

（2）接插件接触不良。测量接插件两端接线端子，若不导通，重新接插，再测量确认接触良好。

（二）只有通风机运转

这类故障可能是电气控制线路本身的故障,也可能是制冷系统与风机系统的故障，这些故障会引起有关保护器件的动作而切断电路。它虽反映电气控制系统上，但故障可能是电气方面，也有可能发生在制冷系统等方面。

电气控制部分故障时，应检查机组控制电器和有关保护电器，最常见的是冷凝风机或压缩机电机的热继电器动作，应查找原因并处理后，将热继电器复位。除此之外还可以检查以下几点：

（1）接线端子接头接触不良：如压缩机接线端子松弛，应修复。

（2）冷凝风机和压缩机交流接触器线路断路：检查测量交流接触器线圈和两接线端子。若不导通，更换导线或接触器。

（3）压力继电器损坏：测量其接线端子不导通，应进行修复或更换压力继电器。

（4）温度控制器调节不当：整定值高于车内温度，或传感器温度修正值不对，应重新调整。

（5）温度控制器损坏：如发现其常开触点不闭合，应更换或修复温度控制器。

（6）过载保护器有故障：如测量进出接线端子不导通，处于断开位置，应检查、修复或更换过载保护器。

（三）压缩机不启动

开机后通风机、冷凝风机运转，而压缩机不运转，且电机发生“嗡嗡“的电磁噪声。这是压缩机不启动或电机作极慢速度的运转，时间稍长一点，过载保护器就会动作而切断电源。这类故障主要出在压缩机内。

（1）缺相运行，即电机三相线路断了一相，电机作两相运行。这时电流很大，噪声很大，随后保护器件动作。检查修复电源及有关电气器件。

（2）压缩机机械部分故障，造成压缩机损坏。处理办法是更换压缩机。

（3）压缩机电气部分故障，如压缩机电机绕组匝间短路或绝缘层严重老化，电机运转慢，电流极大，并发出“嗡嗡”噪声，不久保护器件动作，使压缩机停机。处理办法是更换压缩机。

（四）出风口无风

如果可以肯定是通风机没有运转，则应先检查通风机主电源回路是否有电，通风机接触器主触点是否闭合，热继电器是否动作，空气开关是否跳闸断开；然后再通过输送至通风机的三相电源线，检查通风机电机绕组绝缘情况，以判别电机是否烧损。

如果以上检查没有问题，则应检查控制回路，如工况转换开关、通风机接触器线圈回路以及有关的电器、接线等（其他各电机电器不动作故障，都可以此类推），一般可以很快找出故障点。

风量小的原因可能是通风机电源相序不对造成反转，或者是蒸发器滤网堵塞、蒸发器翅片间脏堵，造成通风不畅、结霜、结冰堵塞。

（五）空调机组在运行中突然发生故障停机

如果这类故障发生在制冷系统中，将造成制冷系统运行不正常，压缩机缺油造成拉缸、烧瓦等故障。行车中无法处理，必须运行到终点站，更换压缩机。

也可能是由于其他各种原因，引起各种电气保护器件动作，切断电源。制冷系统部分故障主要特征是吸气压力低于压力继电器整定值或排气压力高于压力整定值，引起高压或低压保护开关起跳，使压缩机停机。

（1）系统漏泄后制冷剂量不足。吸气压力过低，毛细管中流动声大（气体流动），吸气管不结露。检查补漏并补充制冷剂。

（2）过滤器阻塞（也许局部产生冰堵，部分毛细管不通）不畅通。吸气压力过低，毛细管中流动声大（气体流动），吸气管不结露，过滤器外部发凉。拆下检修或更换。如果怀疑冰堵，可停一会机组，再开后观察效果。如有部分缓解，应更换干燥剂。

（3）制冷剂过量。这种情况往往发生在刚刚对系统充氟后出现。部分管路的容积被液体占据，排气压力过高，吸气管和泵壳结露，超载运行，引起热保护器动作。应放掉部分制冷剂到规定量（吸气管结露）为止。

（4）制冷系统吸入空气。部分冷凝管被空气占据，排气压力高，排气温度特高，吸气压力也高，泵壳很热，造成保护电器动作。应停机排空气。

（5）冷凝器外部结垢，通风不畅，风量很小，进出风温差大，冷凝压力超高且外表热。用刷子、翅片梳清理或高压空气、高压水冲刷干净。

（6）车内严重超员，热量大，处于高温运行（超负荷），吸、排气压力都高，过载保护器动作。应暂停压缩机，单开冷凝风机，观察效果，如果见效，按第（5）条处理。然后开“强冷”，增大制冷量，多台空调机组同时工作。

（六）压缩机故障灯亮且机组不工作

压缩机故障灯亮，表明压缩机控制回路的保护环节中的压力继电器或温度继电器动作。通常是压力继电器动作，因冷凝温度超限、外温很高，超过压力保护动作值而动作。

（1）如果是压力继电器高压动作，即压缩机排气压力高。其主要原因是：

① 制冷剂过多或系统混入空气。

② 冷凝机组发生故障，一般是由于冷凝器排风量不足或冷凝器的散热片表面积灰太厚，从而使冷凝器的散热效率显著降低。

③ 周围环境气温过高（高于 40 °C）。

（2）如压力继电器低压动作，即压缩机吸气压力低。其主要原因是：

① 由于系统内制冷剂泄漏，造成系统中循环的制冷剂量不足，电流明显偏低。

② 干燥过滤器或毛细管堵塞（更换压缩机时，操作工艺不当易出现这种情况，而且越是反复焊修的机组越容易出现这种故障），使制冷剂流量下降。应根据机组检修档案资料，及时检修干燥过滤器。

③ 蒸发器热交换严重不良，蒸发器或滤网脏堵严重。蒸发器常见故障一般有：蒸发器表面污脏堵塞、盘管破裂、泄漏、翅片严重变形、分液器堵塞等。

（七）机组制冷效果差

（1）系统内制冷剂泄漏，机组工作电流显示偏低。国产空调机组制冷剂泄漏是较常见的故障，不容忽视。泄漏点常发生在压缩机接线栏周围、压力继电器接头、各管路焊接处等。

（2）各空气滤尘网污脏堵塞，主要是蒸发器太脏及回风滤网堵塞，造成热交换不良。及时清理干净，拿下滤网清洗，用刷子、翅片梳清理蒸发器，用压缩空气或碱性清洗剂浸一会后，再用高压水冲洗，拿下滤网清洗，保证换热效果。

（3）蒸发器结冰，主要原因是蒸发器脏堵非常严重，热交换效果极差。关闭制冷系统，打开通风机化冰，并解决通风不畅问题（临时处理时可用翅片梳刮蒸发器）。

（4）单机组运行时，压缩机组发生故障。可使用另一组制冷系统，到终点再处理故障机组。

（5）温度控制器整定温度偏高或有故障。应调整或更换温控器。采用手动控制。

（6）制冷剂充注量过多，蒸发温度高，吸气压力高，吸气管及泵壳结露很多，严重者有轻度湿冲程。应放出一部分制冷剂。

（7）系统中混入不凝气体（空气）或水分造成局部冰堵，排气压力高，泵壳温度高，压缩机运行电流高。应停机放空气及更换干燥剂。

（8）冷凝器表面脏堵而风量小，散热效果很差，排气压力和排气温度高，输液管温度也高，单位制冷量下降。应用刷子、翅片梳清理或高压空气、高压水冲干净。

（9）压缩机部分故障：如活塞与气缸严重磨损，排气量下降，制冷能力下降；或气阀泄漏严重，吸气压力上升，排气压力下降，压缩比提不高等故障。只能更换压缩机。

（八）机组振动且运转噪声大

空调机组在动行时，会产生不可避免的、有规律的运动噪声，声音比较低沉，并有节奏，这是正常噪声。若发出异常的刺耳的噪声就是有故障。若不及时发现和处理，将会损坏机件，应予重视。

（1）压缩机部分：外温低时，热负荷很小，制冷剂液与油进入气缸，活塞进行液体压缩，液体对气阀阀片的冲击声产生振动使压缩机抖动，若经常发生，应加装气液分离器。

（2）制冷剂充注过多，经常引起回液，液体对阀片的冲击，使压缩机抖动，吸气压力高，吸气管及泵壳结露。应放掉一部分制冷剂。

知识拓展

蒸气压缩式制冷的应用

在普通制冷温度范围内，蒸气压缩式制冷方式占主导地位，其他任何制冷方式都无法与之抗衡。蒸气压缩式制冷最早用来保存食品和降低房间温度，随着科学技术和社会文明的进步，它的应用几乎渗透到各个领域，在改善人类的生活质量方面发挥了巨大作用，具体的应用领域如下。

一、商业及人民生活

食品冷冻冷藏和舒适性空气调节是制冷产品应用最为广泛的领域。商业制冷主要用于对各类食品冷加工、冷藏储存和冷藏运输，使之保质保鲜，满足各个季节市场销售的合理分配，并减少生产和分配过程中的食品损耗。现代化的食品工业，从生产储藏到销售，有一条完整的“冷链”。所使用的制冷装置有：各种食品冷加工装置、大型冷库、冷运汽车、冷藏船、冷藏列车、分配性冷库，供食品零售商店、食堂、餐厅使用的小型装配性冷库、冷藏柜、各类冷饮设备、食品冷陈列柜，直至家庭用的电冰箱。

舒适性空气调节为人们创造适宜的生活和工作环境，如家庭办公室用的局部空调装置或房间空调器；车站、机场、宾馆、商厦、影剧院、办公楼等使用的集中式空调系统；各种交通工具，如轿车、客车、飞机、火车、船舱等的空调设施；文物档案保藏馆室的空气调节装置等。体育馆、游乐场所除采用制冷提供空气调节之外，还用制冷建造人工冰场。

二、工业生产及农牧业

许多生产场所需要用制冷提供生产性空气调节系统。例如，纺织厂、造纸厂、印刷厂、胶片厂、精密仪器车间、精密加工车间精密计量室、计算机房等的空调系统，为各生产环境提供其所必需的恒温恒湿条件，以保证产品质量或机床、仪表的精密度及精密设备的正常特性。

机械制造中，对钢进行低温处理（－90～－70 °C）可以改变其金相组织，提高强度和硬度。在机器的装配过程中，利用低温方便地进行零件间的过盈配合。化学工业中，借助于制冷，使气体液化、混合气分离，带走化学反应中的反应热。盐类结晶、润滑油脱脂需要制冷；石油裂解、合成橡胶、合成树脂、燃料生产化肥生产需要制冷；天然气液化、脱水、储运也需要制冷。在钢铁工业中，高炉鼓风需要用制冷的方法先将其除湿，再送入高炉，以降低铁水的焦化比，保证铁水质量。

三、建筑工程与隧道交通

利用制冷实现冻土法开采土方。在挖掘矿井、隧道，建筑江河堤坝时，或者在泥沼、沙水中掘进时，采用冻土法保持工作面，避免坍塌和保证施工安全。拌和混凝土时，用冰代替水，借冰的熔化热补偿水泥的固化反应热。这在制作大型独柱混凝土构件时十分必要，可以有效地避免大型构件因散热不充分而产生内应力和裂缝等缺陷。目前我国城市发展规模是以大城市发展为中心的城市群或城市带。伴随而来的是城市轨道交通，最重要的是地下交通的发展。地下或海底隧道中，随地铁运行隧道内温度逐渐上升，隧道内的环境控制问题和车内的空气调节都将靠蒸气压缩式制冷来解决。

四、科学实验研究

各种环境模拟装置中，用制冷创造人工环境，为科学研究和生产服务。例如，国防工业领域中，高寒条件下工作的发动机、汽车、坦克、大炮等的性能需要先在相应环境条件下做模拟实验；航空、航天仪表，火箭、导弹中的控制仪，也需要在地面做模拟高空环境下的性能实验。低压、低温环境实验装置为这些研究提供了条件。

气象科学中，综合云雾室的制冷系统可提供 35～45 °C 的温度条件。云雾室用于人工气候的实验中，研究雨滴、冰雹的增长过程，冷暖催化剂和各种催化剂作用方法及扰动对云雾的宏观微观影响，模拟云的物理现象等。

五、医疗卫生领域

制冷在医疗卫生方面发挥日益重要的作用。冷冻医疗是可靠、安全、有效易行和经济的治疗方法；用局部冷冻配合手术有很好的治疗效果，如肿瘤、扁桃体切除，心脏、皮肤眼球移植等；手术中采用低温麻醉；疫苗、药品需要冷冻保存；骨髓、胎肝和外周血干细胞的深低温冷冻；诸多的医疗器械，如治疗仪、诊断仪（如基因扩增仪）等都使用了制冷手段，其中多采用蒸气压缩式制冷。

任务四 城市轨道交通车辆空调采暖系统

任务导入

每当天气变冷，城市轨道交通车辆就会做好全面换季整备，切换至冬季模式。每趟列车在上线运行前，司机都提前打开了电暖开关，不锈钢座椅开启电加热模式，让出行乘客感受到温暖。为了能让乘客乘车觉得非常舒适，城市轨道交通车辆会开启供暖模式，不仅车厢内十分温暖，连不锈钢的座椅，坐上去也丝毫没有冰凉的感觉。如图 4-4-1 所示为司机检查车厢供暖情况。

城市轨道交通车辆是如何在冬天的低温环境下通过空调系统采暖的？本任务将带领大家学习关于城市轨道交通车辆空调采暖系统的基础知识。

图 4-4-1 司机检查车厢供暖情况

学习任务

一、城市轨道车辆空调采暖系统的常见形式

车辆采暖系统为司机室和客室提供暖风和新鲜空气，以提高司机驾驶和乘客乘坐的舒适性。由于城市轨道交通车辆实际运行区域气候条件的不同，一般在我国南方城市运行的城市轨道交通车辆基本上未设置采暖系统，如广州、深圳、上海等；而在北方各大城市运行的城市轨道交通车辆上都设置有相应的采暖系统，如北京、天津、西安等。

城市轨道交通车辆基本上都采用车顶送风方式，为了保持车内一定温度和减少送风温度与室内温度差，城市轨道交通车辆的采暖系统有两个作用：对送入车内空气进行预热和对车内空气进行补偿加热。空气的预热是使空调机组的空气处理室内的空气流过空气预热器来实现的。根据热媒不同，空气预热器可分为温水空气预热器和电热空气预热器两种。空气的补偿加热由设在车辆内两侧地板面上的加热器来完成。根据热媒不同，地面加热器也分为温水加热器和电加热器两种。

目前国内城市轨道交通车辆采暖系统，主要有以下几种形式：

（1）单纯使用电加热器装置，如西安地铁车辆空调系统。

（2）单纯使用电热空气预热器，如南京地铁 1、2 号线地铁车辆空调系统。

（3）电热空气预热器和电加热器配合使用，如北京地铁一些线路的地铁车辆空调系统。

（4）热泵供热，如长春轻轨车辆空调系统和南方温暖地区运用的铁路空调客车。

二、城市轨道车辆电加热装置的认知

（一）管状电热元件

当前国内城市轨道车辆使用的电加热器一般采用管状电热元件，根据电流热效应原理，让电流通过电阻丝而产生热量，然后把热量传给流过的空气。它具有表面温度均匀、热量稳定、结构紧凑、控制方便等特点。

管状电热元件的基本结构如图 4-4-2 所示，是在金属管内沿轴线方向放入一根螺旋形的电阻丝（镍铬丝），在其空隙部分均匀地填满具有良好导热性和电气绝缘性的结晶氧化镁粉，并用缩管机将管径轧小，以增加氧化镁粉的密度而提高导热系数。同时，还要保证管内螺旋状电热丝不致因电热元件经受弯曲或碰撞发生而碰及管壁。在电热丝引出棒出口处浇以硼酸钡的混合物密封，以避免空气中的水分和液体介质浸入氧化镁粉中而引起绝缘不良。

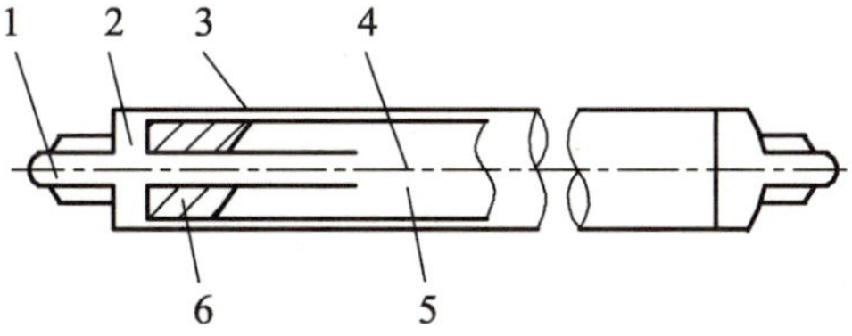

1—连线端子；2—绝缘垫；3—金属套管；4—电热丝；5—结晶氧化镁粉；6—封口材料。

图 4-4-2　管状电热组件基本结构

（二）电热空气预热器

电热空气预热器结构如图 4-4-3 所示，它由电热元件和框架组成，由新风口引入的新鲜空气及车内循环空气被机组的通风机吸入并在电热空气预热器前混合，通过电热空气预热器加热，温度升高，再由通风机送入车内风道各格栅，向车内送热风，使温度徐徐上升，使车内维持在一定舒适温度。使用时与通风机实现电气连锁，与制冷机实现电气互锁。电热元件一般分为 2 组，通过空调温度控制器根据室内空气温度自动控制其一组工作、两组工作或停止工作。与电热空气预热器相接部分的风道应采用不易燃烧的耐热保温材料制成。

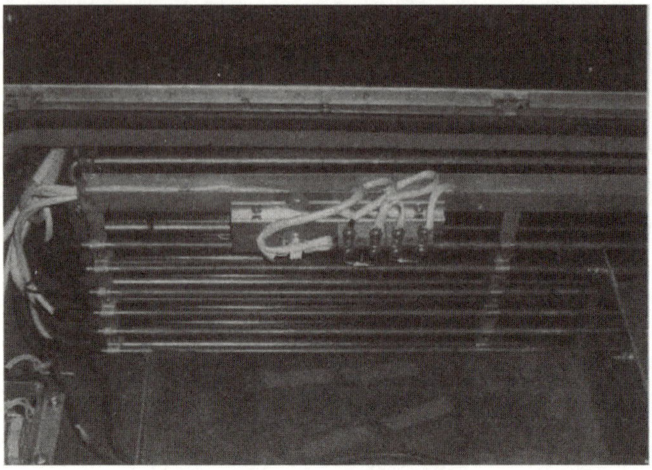

图 4-4-3　电热空气预热器

为了防止电热空气预热器在缺风时工作而导致表面温度过高，一般设置两道缺风保险：温度超过 70 °C，继电器跳开；温度超过 1 399 °C，熔断器熔断，从而切断控制电路和主回路，使电热空气预热器停止工作。

（三）电加热器

电加热器是让电流通过电阻丝发热来加热空气的设备。它具有加热均匀、供热量稳定、结构紧凑、效率高、反应灵敏和便于实现自动控制等特点。常用的电加热器主要有裸线式和管状式两种。车辆经常采用的是由管状电热元件组成的电热空气预热器。

1. 裸线式

裸线式电加热器是由裸露在空气中的电阻丝构成的，流过电阻丝的空气与灼热的电阻丝直接接触而被加热。电加热器的外框采用双层钢板，中间垫以绝缘层，在钢板上装固定电阻丝的瓷绝缘子，根据需要电阻丝可以做成单排或多排组合，在定型产品中，常把电加热器做成抽屉式，检修更为方便。

2. 管状式

管状电热元件的结构是在金属管内，沿管子的轴线方向放入一根螺旋形的电阻丝，在其空隙部分均匀填满具有良好导热性和电气绝缘性的结晶氧化镁粉，并用缩管机将管径轧小，以增加氧化镁粉的密度而使导热系数提高，同时还要保证管内螺旋状电阻丝不致因电热元件经受弯曲或碰撞发生偏移而碰及管壁。在电阻丝引出棒出口处浇以硼酸钡的混合物密封，以避免空气中的水分和其他液体介质侵入氧化镁粉中引起绝缘不良。

由于电阻丝是埋在紧密的、导热性较高的氧化物介质中，不与空气接触，其单位负载功率较裸露式电阻丝可大大增加，寿命也相应提高。另外，为了保证安全运行，电热空气预热器必须与风机实现联锁控制，即风机启动后电加热器才工作。为了提高管状电热元件的换热效果，可在金属管外表面缠上不锈钢绕片。在特别需要防腐的地方（如厕所等），在不锈钢管上缠不锈钢绕片。

电加热器外罩的作用是防止乘客触电、烫伤并保护电热管。电加热器在使用过程中应进行定期检查，使电热管表面保持干燥和清洁。电加热器一般在环境温度 – 20 ~ 40 °C、空气相对湿度≤90%的条件下使用。每年冬季使用前，应在保证电热管干燥、清洁、绝缘良好和接线紧固的前提下进行试验，必须在符合电气标准要求和电热管性能要求时才可正常使用。如有下列情况时应及时更换：

（1）电热管绝缘值下降且低于标准。

（2）电热管通电不发热或发热量不符合要求。

（3）电热管表面发红、温度过高，不符合要求。

（4）通电后电热管有闪落等现象发生。

三、热泵的种类

凡是可以在外界低温环境下吸取热量，并将其热量“泵”入室内的装置称为热泵。热泵技术是近年来在全世界备受关注的新能源技术。人们所熟悉的“泵”是一种可以提高位能的机械设备，比如水泵主要是将水从低位抽到高位。而“热泵”是一种能从自然界的空气、水或土壤中获取低品位热能，经过电力做功，提供可被人们所用的高品位热能的装置，通常按照热源的不同可分为水源热泵、地源热泵、空气源热泵 3 种类型。

1. 水源热泵

水源热泵技术的工作原理是通过输入少量高品位能源（如电能），实现低温位热能向高温位转移。水体分别作为冬季热泵供暖的热源和夏季空调的冷源。即在夏季将建筑物中的热量“取”出来，释放到水体中去，由于水源温度低，所以可以高效地带走热量，以达到夏季给建筑物室内制冷的目的；而在冬季，则是通过水源热泵机组，从水源中“提取”热能，送到建筑物中采暖。水源热泵工作原理如图 4-4-4 所示。

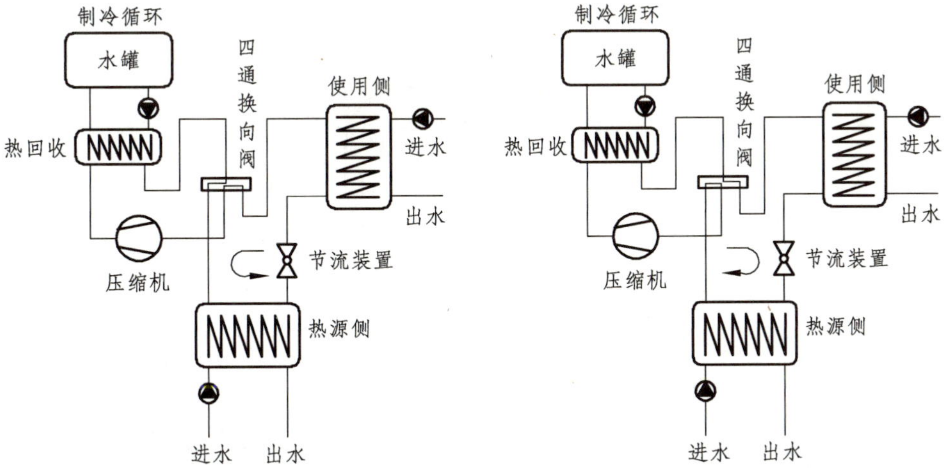

图 4-4-4　水源热泵工作原理图

2. 地源热泵

地源热泵是一种利用浅层地热资源（也称地能，包括地下水、土壤或地表水等），既可供热又可制冷的高效节能空调设备。地源热泵通过输入少量的高品位能源（如电能），实现由低温位热能向高温位转移。地能分别在冬季作为热泵供热的热源和夏季制冷的冷源，即在冬季，把地能中的热量取出来，提高温度后，供给室内供暖；在夏季，把室内的热量取出并释放到地能中去。通常，地源热泵消耗 1 kW·h 的能量，用户可以得到 4 kW·h 以上的热量或冷量。地源热泵工作原理如图 4-4-5 所示。

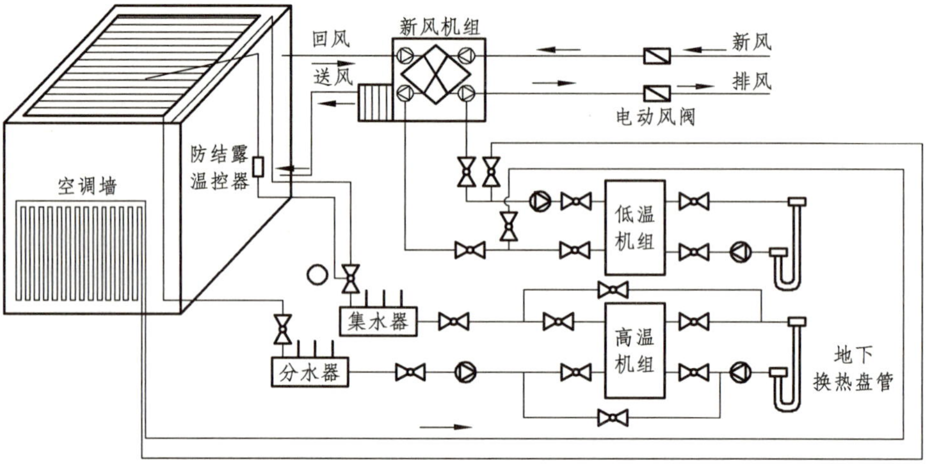

图 4-4-5 地源热泵工作原理

3. 空气源热泵

空气源热泵在运行中，蒸发器从空气中的环境热能中吸取热量以蒸发传热工质，工质蒸气经压缩机压缩后压力和温度上升，高温蒸气通过永久黏结在储水箱外表面的特制环形管冷凝器冷凝成液体时，释放出的热量传递给空气源热泵储水箱中的水。冷凝后的传热工质通过膨胀阀返回到蒸发器，再被蒸发，如此循环往复。空气源热泵工作原理如图 4-4-6 所示。

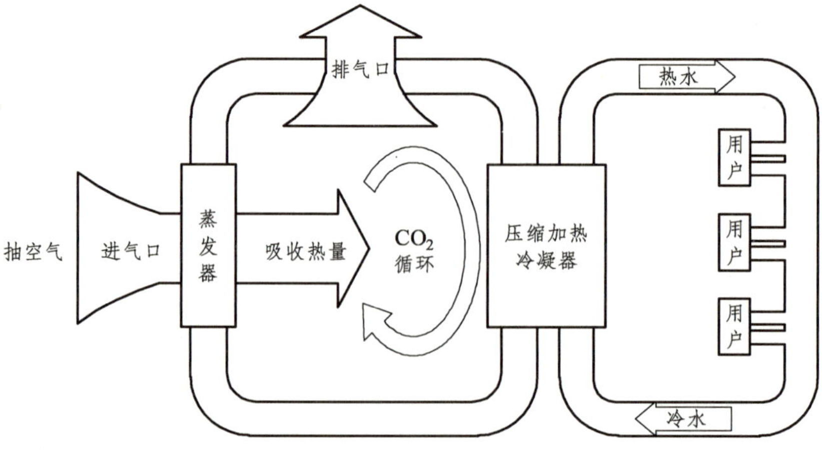

图 4-4-6 空气源热泵工作原理

四、热泵循环的工作原理

（一）热泵的工作原理

制冷循环是利用吸取热量而使被冷却对象的温度低于环境温度，达到制冷目的的。热泵循环与制冷循环的原理是一致的，其区别仅在于工作的温度环境不同，其目的也有所不同。它是利用某种工质的状态变化，从较低温度的热源吸取一定热量，通过一个消耗功或热量的补偿过程，向较高温度的热源放出热量。在热泵循环过程中，按热力学第二定律，向高温热源的放热量 Q_H 等于从低温热源吸取的热量 Q_0 加上所消耗的功 W 之和，即

$$Q_H = Q_0 + W$$

因为 $Q_H > W$，所以利用制冷剂从低温室外空气中吸热，而在温度较高的室内空气中放热，比直接利用电能加热所能获得的热量大得多，所以热泵能够节省电能。

热泵循环的性能系数称为制热系数（供热系数），用 ε_H 表示。供热系数是评价热泵性能好坏的指标，为供热量与消耗功之比值，该值恒大于 1，表明其经济效果好。

如图 4-4-7（a）所示为夏季制冷工况，置于空气处理室内的蒸发器吸收空气中的热量，从而冷却了车内的空气；图 4-4-7（b）所示为冬季热泵工况，它通过四通换向阀，来转换制冷剂流向。室内蒸发器作为冷凝器使用，而室外冷凝器作为蒸发器使用，于是通过制冷剂就将室外空气中的热量转移到了室内。热泵系统中，作为蒸发器的换热器（制冷系统中的冷凝器）有可能表面结霜，以致堵塞空气通路，影响换热，所以在系统中应采取适当的融霜措施。

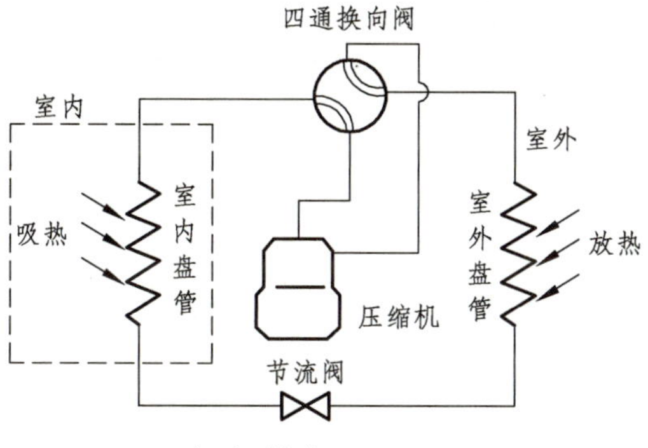

（a）制冷工况　　　　（b）制热工况

图 4-4-7　制冷与制热系统原理

（二）四通转换阀基本结构

四通转换阀是将电磁阀和四通阀用毛细管连接而成的一个换向系统，其结构如图 4-4-8 所示。四通阀有 4 根接管 1、2、3、4 和 3 根毛细管 C、D、E。阀体内装有滑块和活塞，它们利用支架构成一体，两端活塞上各有小孔，以使活塞两端能互相通气。1 号管与蒸发器出口连接，2 号管与压缩机吸气管连接，3 号管与冷凝器进口连接，4 号

管与压缩机排气管连接，而滑块好像一个三通阀门，可以将 1 与 2 连通，也可以将 2 与 3 连通。当 1、2 连通时，3、4 就通过四通阀体而连通；当 2、3 连通时，1、4 就通过四通阀体而连通。3 根毛细管中，C、D 管接在四通阀两端，E 管接在管 2 中。电磁阀由阀体，阀芯 A、B，弹簧 1、2，衔铁及电磁线圈组成。阀芯 A 和 B 与衔铁组成一体并一起移动。当线圈接通电源而产生磁场时，衔铁被磁场吸引而动作，使阀芯向右移动，阀芯 B 关闭左阀孔，而右面阀孔被阀芯 A 打开。当线圈断电而衔铁复位时，阀芯 A 关闭右阀孔，而左面阀孔被阀芯 B 打开。

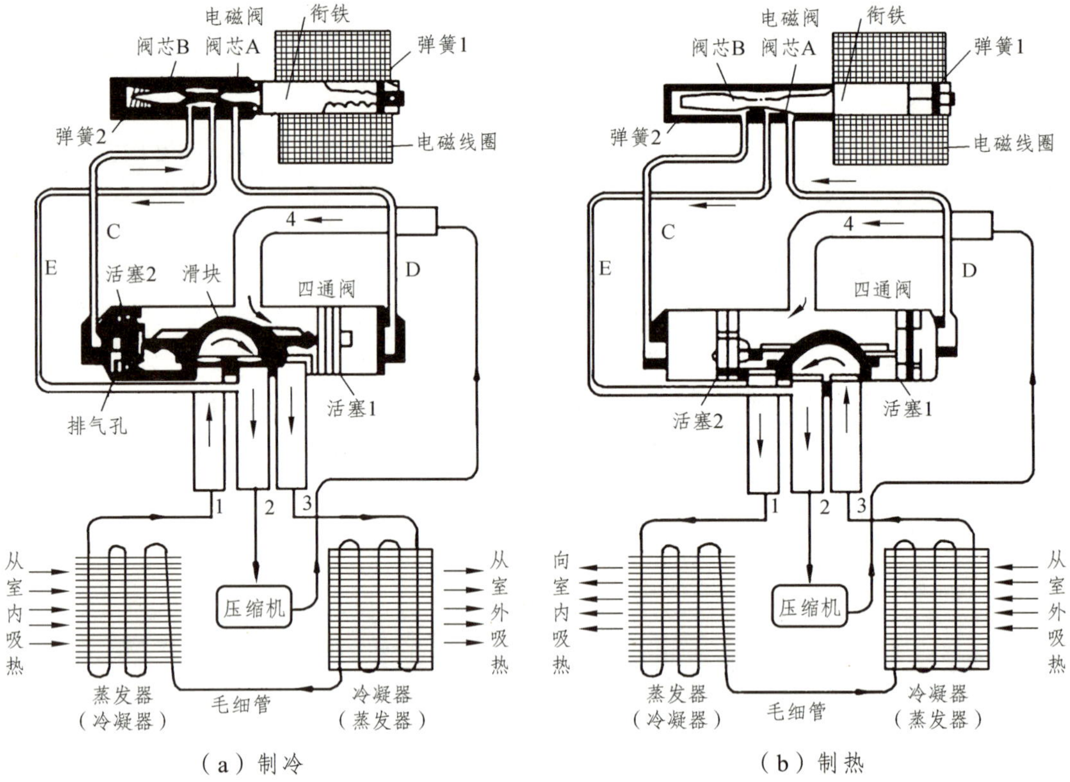

图 4-4-8　四通转换阀制冷/制热时的工作原理

（三）四通转换阀在制冷时的工作原理

如图 4-4-8（a）所示，系统制冷时，由于受电源换向开关的控制，四通换向阀电磁铁线圈的电源被切断，衔铁在弹簧 1 推动下左移，使阀芯 A 将右阀孔关闭，而左阀孔就打开。此时 C 与 E 管被接通，而 D 管被关闭而不通。四通阀体内，除滑块盖住的部分是低压气体外，其他部分都是高压气体。在 D 管堵住不通的情况下，阀体内的高压气体通过活塞 2 的小孔，向四通阀左端盖内充气。因为 C 管与 E 管是接通的，而毛细管孔径又比活塞上的小孔大数倍，故从小孔流过去的气体迅速涌向压缩机吸气管。因此，在活塞 2 的左面不能建立起高压力，滑块左、右端活塞就形成一个压力差，把滑块与活塞组推向左端位置。此时管 1 与管 2 连通，即制冷剂气体从蒸发器流出被压缩机吸入；而管 4 与管 3 连通，即压缩机排出的高压气体进入冷凝器，这就是热泵系统在制冷位时的四通阀的状态。

（四）四通转换阀在制热时的工作原理

如图 4-4-8（b）所示，系统制热时，电源换向开关将四通换向阀的电磁线圈的电源接通，线圈产生磁场，衔铁被磁场吸引向右移动，阀芯 A 打开右边阀孔，阀芯 B 关闭左边阀孔，E 管与 D 管连通；C 管被堵住不通。四通阀右端盖内高压气体从 D 管经 E 管流向压缩机吸气管；使右端盖内压力等于吸气压力。而左端盖内；由于 C 管被堵住不通，高压气体从活塞小孔向左端充气，使压力升至排气压力而平衡。这样，左、右两端产生压力差，活塞就带动滑块一起向右移动，滑块将管 2 与管 3 接通；管 1 与管 4 接通；压缩机排气从管 4 经过管 1 进入冷凝器（即制冷运行时的蒸发器）；然后经毛细管进入蒸发器（即制冷运行时的冷凝器）。从蒸发器流出的蒸气经管 3 与管 2 而进入压缩机吸气管，通过四通换向阀对管路的转向，使原来制冷运行时的蒸发器成为冷凝器，而冷凝器则成为蒸发器，从而实现从室外吸热而向室内放热。

（五）城市轨道交通车辆空调加热系统

城市轨道交通车辆加热功能由客室电加热器和司机室电加热器等组成的加热设备实现。电加热器为提高车辆内部的温度及空气质量，采取以下措施来保证冬天客室和司机室的舒适性：在车体中采用优质的防寒保温材料，减小车体的传热系数，降低车内向车外的热传递。

由于司机长时间在司机室工作，同时穿的衣服比乘客少，所以司机室的温度要比客室的温度稍高才能满足司机的舒适性要求。一般在司机室中设置带风机的强迫通风电加热器，以满足司机室舒适性要求。

实践任务

通风与供暖系统是靠电机的带动来进行空气输送，它可以对输送的空气进行增压，以便将空气输送到需要的区域，因而在空调系统中是一个十分重要的系统。例如通风量降低时，就会直接影响到空气处理的效果，使车间内的空气状态达不到设计要求。因此，对通风机应加强日常保养和定期检查维修。在检修作业中必须注意人身及设备的安全。要遵守安全操作规程，不得随意触动带电部分。

一、通风系统的检查

通风系统故障检查可以从看、听、摸、测 4 个方面入手。

1. 查看风机部分

（1）查看风机的转动方向。

（2）查看风机的风扇叶是否打滑。

（3）查看风机转速是否有下降。
（4）查看风机电机是否转动。

2. 听风机运行声

（1）听风机运行是否有碰撞声。
（2）听风机电机噪声。

3. 触摸风机有关部位

（1）触摸风机电机温升情况。
（2）触摸风机的抖动情况。
（3）手感风量大小。

4. 测试风机

（1）接通电源。
（2）试运行 10 min，测试风机运行是否正常。
（3）关闭电源。

二、通风与供暖系统故障判断与处理

1. 震动及噪声

通风机在工作时，若出现震动或超过正常工作的声音，说明有故障发生，应从以下几方面进行及时检查。

（1）叶轮旋转时碰撞外壳，此时会发出异常的声音和激烈的振动。

原因是安装、使用过程中风机外壳或叶轮部件发生变形、制动螺钉松动导致叶轮移位或安装时叶轮与外壳间的位置未调好。

处理方法：及时对叶轮和螺钉进行调整、检修。

（2）风机支撑轴承严重磨损，导致转轴跳动，产生振动和噪声。

处理方法：可断电后径向摇动转轴，若有明显跳动则说明是轴承磨损，应及时更换轴承。

（3）皮带损坏发出“噼啪“声。

处理方法：立即更换皮带。

（4）通风机地脚螺栓未拧紧导致通风机运转时产生振动。

处理方法：应及时检查并拧紧。

（5）通风机的进出风管安装不正确而产生振动。

处理方法：连接风管采用人造革制作的软风管以减低振动。

2. 风量不足

风量不足是指通风机的风量比正常情况下有显著减少。一般可通过用手感受风对着吹的感觉来判断，也可用风速仪测量风口的平均风速来计算其风量。风量不足时，可从以下几个方面进行检查和处理。

（1）传动皮带因长期使用而松弛，使皮带轮打滑，风机叶轮转速显著下降。
处理方法：可调整电机位置，拉紧皮带或更换新皮带。
（2）风机叶轮与驱动轴间紧固的制动螺钉松动，使轴空转。
处理方法：查清原因后拧紧制动螺钉。
（3）叶轮反向旋转导致风量不足。
处理方法：查明原因后改变电机转向。
（4）空调器进风口处的滤尘器，因长期工作积满灰尘导致风量不足。
处理方法：应定期清洗。
（5）冷凝器灰尘堵塞导致风量不足。
处理方法：查明原因后用压缩空气吹洗。
（6）通风管路法兰漏风致风量不足。
处理方法：查明原因后堵漏或更换法兰。
（7）蒸发器上结霜过厚引起风阻增加，使风量下降。
处理方法：应定期除霜。

3. 电机电流过大或升温过高

电机电流过大或升温过高，应从以下几方面进行检查处理。
（1）车辆运行时进气管内闸门未关严。
处理方法：对未关严闸门重新关严。
（2）流量超过规定值，或风管漏气。
处理方法：查找漏气处并进行处理。
（3）电机输入电压过低或电源单相断电。
处理方法：查找电压过低或断电原因并处理。
（4）皮圈过紧或间歇不均。
处理方法：重新调整皮圈松紧度。
（5）受轴承箱振动激烈的影响。
处理方法：检查轴承箱并对震动的原因进行处理。

4. 通风机的电机不转

通风机的电机不转，应从以下几方面查找原因并处理。

（1）电机轴承严重磨损，使转子与定子单边摩擦。当发生这种故障时，电机发出“嗡、嗡”噪声，电流猛升，关电源后用手转动电机转轴稍重，并有摩擦声。

处理方法：此时应拆开电机检查确认后调换轴承。

（2）电机线圈烧毁。

处理方法：用兆欧表检测电气绝缘是否被击穿而碰壳体，并检测每相电阻值是否很接近（相等），若有一相电阻特别小，则是这相绕组烧毁或匝间短路，应重绕线圈。

（3）电机轴承抱轴。

处理方法：此故障一般因缺润滑油而使轴承抱轴，可拆开电机检查，确认后换轴承。

（4）电机控制线路有故障。

处理方法：排除线路故障。

（5）电机的运转电容被击穿。

处理方法：检查时可将电容的两根接线拆下，直接接通电源几秒钟，断电后立即将两接线端碰一下，若有放电火花并有爆炸声，则表明电容器没有被击穿；否则便是被击穿了，需更换新的电容器。

5. 轴承升温过高

通风机轴承温度异常升高的原因有3类：润滑不良、安装不当、轴承损坏。

（1）润滑不良。

首先检查加油是否恰当，应当按照定期工作的要求给轴承加油，轴承加油后有时也会出现温度高的情况，主要是加油过多。这时现象为温度持续不断上升，到达某点后（一般比正常运行温度高10～15 °C）就会维持不变，然后逐渐下降。其次检查润滑油质量是否不良、变质，或填充过多粉尘黏砂、污垢等杂质。

处理方法：更换适量的优质润滑油。

（2）安装不当。

安装轴承时，拧紧轴承箱盖座连接螺栓的力过大或过小，或轴承安装歪斜、前后两轴承不同心等，导致轴承摩擦加强、温度升高。

处理方法：重新按要求安装好轴承。

（3）轴承损坏。

由于轴承疲劳磨损出现脱皮、麻坑、间隙增大引起的温度升高，一般可以通过听轴承声音和检测振动等方法来判断。

处理方法：更换轴承。

6. 客室不出热空气或热风温度过高过低

（1）电加热管故障导致不出热空气。

处理方法：检查线路，如无问题则更换电加热器。

（2）温控回路断路，电热管不能启动。

处理方法：常温下检查温控器及连线回路，消除温控器触点不闭合、连线开路等故障。如无问题则更换温控器。

（3）热风温度过高。

处理方法：检查55 °C时的温控器，如连线无问题则更换温控器。

（4）热风温度过低。

处理方法：检查电加热器是否缺相或更换失效电热管元件。

知识拓展

空气加湿系统

空气加湿系统仅在某些对车内相对湿度要求较高的客车内安装。在冬季，由于车外空气温度很低，含湿量很小，当空气被加热而温度提高之后，其相对湿度就更低了，而某些客车由于定员少，所以旅客的散湿量也小。这样，有可能使车内空气的相对湿度较低，不满足舒适性的要求。为此，必须对空气进行加湿处理。

对空气加湿可以采用直接喷水蒸气加湿、直接喷水雾加湿、水表面自然蒸发加湿和电热加湿等方法。这些加湿方法可归纳成两类：一类是将水蒸气混入空气进行加湿，即等温加湿；另一类是由于水吸收空气中的热而汽化进入空气进行加湿，即等焓加湿。

一、蒸气加湿器

常用的蒸气加湿器有电极式加湿器、干式蒸汽加湿器、红外加湿器等。在小型空调设备中，电极式加湿器应用得最为广泛。电极式加湿器的结构如图 4-4-9 所示，在金属或耐裂陶瓷做成的圆筒中盛有一定高度的水，将 3 根不锈钢棒或镀铬铜棒插入其中作为电极，与三相电源连接。电极棒接通电后，就有电流从水中通过。水相当于电阻，水被加热而产生蒸汽。蒸汽由排出管引致欲加湿的空气中去，直接与空气混合。显然，水位越高，导电面积越大，电阻越小，电流越强，发热量越大。因此，水位的高低决定了产生蒸汽量的多少，水位高度可由溢水管的高低来调节。电极也可以采用两根电极棒，或利用两个同心的不同直径的金属作为电极。

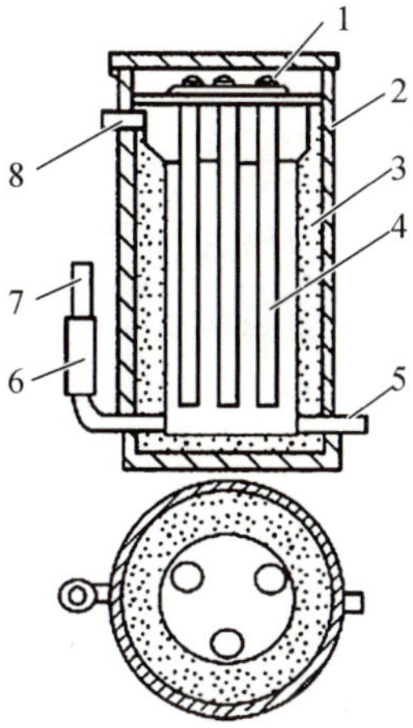

1—接线柱；2—外壳；3—保温层；4—电极；5—进水管；
6—橡皮短管；7—溢水管；8—蒸气出口。

图 4-4-9　电极式加湿器

电极式加湿器在圆筒内无水时电流切断，因此，相对于电容式更加安全，加湿器也容易控制。其缺点是容易积水垢，电极易腐蚀。

二、喷水加湿器

喷水加湿器常用于某些余热量较大、余湿量较小，又要求保持较高温度的室内加湿。这类加湿器是直接将常温水雾化，利用水雾吸收室内空气热量蒸发成水蒸气来加湿空气。常用的喷水加湿器有高压喷水加湿器、离心式加湿器、超声波加湿器等。

1）高压喷水雾加湿器

高压喷水雾加湿器是将经过高压泵加压的高压水喷嘴小孔向空气中喷出，形成粒径细小的水雾，并与周围空气进行热湿交换而汽化蒸发实现加湿的。

为防止杂质堵塞喷水小孔，要求水质清洁、无异味，最好用软化水。高压喷水加湿器的优点是体积小、质量轻、加湿量大、耗电量少等。但当被处理空气温度较低时，喷出的水雾蒸发困难，加湿效果将受影响。

2）离心式加湿器

离心式加湿器是依靠离心力作用将水雾化成细小水滴，水滴在空气中蒸发进行加湿的。这种加湿器有一个圆筒状外壳，封闭电机驱动一个圆盘和水泵管高速旋转。水泵管从储水器中吸水并送到旋转的圆盘上面形成水膜，水由于离心力作用被甩向破碎梳，形成细小水滴。干燥空气从圆盘下部进入，吸收雾化了的水滴而被加湿。

离心式加湿器具有结构简单，安装、维修方便，体积小，使用寿命长等优点，可用于较大型的空调系统。但由于水滴颗粒较大，不能完全汽化蒸发，因此需设置排水设备。

3）超声波加湿器

超声波加湿器的主要部件是超声波发生器，是由装置水箱底部的振动子将发振回路产生的超声波发射到水中。由于超声波发生器以每秒 170 万次的高频电振动超声波将水雾化进行加湿，具有能耗少、发湿量大、喷雾粒子较细、加湿快等特点。超声波喷雾加湿不仅增湿效果好，同时还会产生大量的负氧离子。

分组训练

请同学们以小组为单位完成相关知识学习和任务实施，利用校内、外实训基地、线上教学资源等，通过实训实践、调研参观、查阅资料、咨询专家等途径，掌握城市轨道交通车辆低压电器的相关知识并完成以下练习。

一、知识练习

1. 填空题

（1）通风系统一般由通风机组、__________、新风口、送风口、回风口、回风道及__________等组成。

（2）车辆空调系统一般具有小型轻量化、自动化程度高、可靠性高、_________和等特点。

（3）根据空调机组的出风方式，城市轨道交通车辆出风一般可分______和______两种形式。

（4）城市轨道车辆空调机组内的主要部件包括______、蒸发器、冷凝器、______。

（5）通风系统按通风工作原理不同可分为________和________两类，按照系统作用的范围大小可以分为________和________两类。

（6）城市轨道车辆空调装置基本采用________布置。

（7）城市轨道交通车辆空调与其他车辆空调制冷方式均为________制冷。

（8）城市轨道交通车辆的采暖系统的作用有________进行预热和________进行补偿加热。

（9）通常按照热源的不同可分为水源热泵、________、________三种类型。

（10）一般在司机室中设置_________的强迫通风电加热器，以满足司机室舒适性要求。

2. 判断题

（1）制冷压缩机的主要功能为使空气流通。（　　）

（2）车辆空调的冷凝风机通常使用轴流式风机，且吹风方向与风扇主轴方向相反。（　　）

（3）空调制冷管路上没有电磁阀。（　　）

（4）城市轨道交通车辆空调系统应具备的特点当中不包括小型轻量化。（　　）

（5）我国采用的轨道车辆空调类型仅有传统的单冷型。（　　）

（6）启动电流小并不是新型变频空调的优点。（　　）

（7）全面通风是对整个房间进行通风换气。（　　）

（8）在车辆空调通风系统中，一般由风机、风管、风道和排废装置构成整个通风系统。（　　）

（9）轴流风机主要由叶轮、机壳、电机等组成。（　　）

（10）制冷循环由压缩过程、冷凝过程、膨胀过程组成。（　　）

3. 选择题

（1）城市轨道交通车辆空调装置是控制客室内空气温度、（　　）、含尘浓度和气流速度等参数。

A. 湿度　　　B. 含硫量　　　C. 光照

（2）空调房间的冷热负荷全部由经过处理的空气来承担，这种系统称为（　　）。

A. 全水系统　　　B. 全空气系统

C. 制冷剂式系统　　　D. 间接冷却式系统

（3）客车冷却系统（也称制冷系统）一般采用（　　）制冷设备。

A. 压缩式　　　B. 较小电路

C. 短路电路　　　D. 蒸气压缩式

（4）风压和热压共同作用的结果是（　　）。

A. 有时相互加强，有时相互抵消　　B. 相互加强

C. 相互抵消

（5）电加热器是让电流通过（　　）发热来加热空气的设备。

A. 电感元件　　B. 电容元件

C. 电阻丝

二、技能练习

（1）在城市轨道交通车辆空调系统中找出制冷压缩机、冷凝风机、蒸发器、通风机、新风引入口、冷凝器。

（2）按照要求填写题表 4-1。

题表 4-1　设备的作用及工作原理

序号	设备名称	作用	工作原理
1	制冷剂		
2	高/低压压力开关		
3	送风机、冷凝风机		
4	干燥过滤器		
5	湿度指示器		
6	空气压力开关		
7	电磁阀		
8	温度传感器		
9	风门		
10	紧急逆变器		
11	空调控制器		

（3）运用所学知识，完成以下问答：

① 如何分析制冷系统的故障？

② 如何处理制冷系统的故障？

③ 通风与供暖系统故障判断与处理的过程与步骤是怎样的？

（4）进行小组成绩核定并记入题表 4-2。

题表 4-2

组别	知识练习			技能练习			合计
	第 1 题	第 2 题	第 3 题	第 1 题	第 2 题	第 3 题	
1							
2							
3							
4							
5							
6							

项目五　车门系统电器认知

项目描述

城市轨道交通车辆车门系统是轨道交通车辆车体的重要组成部件，与运营安全有着密切的关系。城市轨道交通大运量、高效率、低污染的特点决定了城市轨道交通车辆车门必须具备数量多、分布均匀、开度大、开关动作频繁、工作安全可靠等基本要求。轨道交通车辆车门是乘客及司机上下车辆的通道，是车身外形的一个组成部分，它不仅与列车的动力性、经济性、综合性能密切相关，而且对协调列车的整体造型起着重要的作用。门系统的外形设计、开合方式以及加工制造与控制方式都影响列车外形的美观与动感，而且直接影响城市轨道车辆的安全运营状况。因此，车辆门系统的重要地位是其他任何部件所不能取代的。

本项目主要介绍城市轨道交通车辆车门系统的分类与特点、结构与原理、操纵与显示、控制单元（EDCU）等，同时在实践任务中开展车门系统的日常检修及维护保养。

知识目标

1. 了解城市轨道交通车辆车门系统的分类和特点。

2. 掌握城市轨道交通车辆车门系统的结构与原理、操纵与显示及控制单元（EDCU）。

3. 掌握城市轨道交通车辆车门系统的日常维护保养。

能力目标

1. 对标城市轨道交通车辆检修岗和乘务岗位技能要求，能正确地识别车门系统各主要部件，并能够叙述出车门系统的结构组成。

2. 对接 1＋X 总体要求，能识读车门系统结构图，并叙述各部件的工作原理，完成车门系统的安装与调试。

3. 对接全国职业院校轨道车辆技术项目的技术文件，能够按照作业指导书完成车门系统各部件的日常维护保养。

素养目标

1. 培养发现问题、分析问题、解决问题的能力。
2. 培养严谨的工作态度和精益求精的工匠精神。
3. 培养学生认真、仔细的学习态度。
4. 树立安全意识，做到安全第一。

项目索引

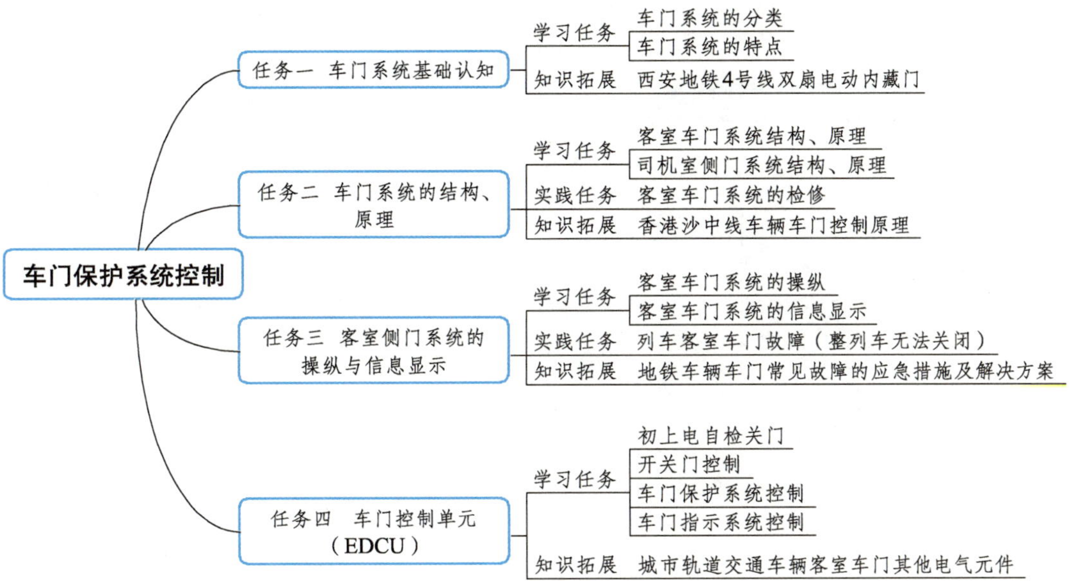

图 5-1　项目五索引

岗位达成目标

职业能力目标

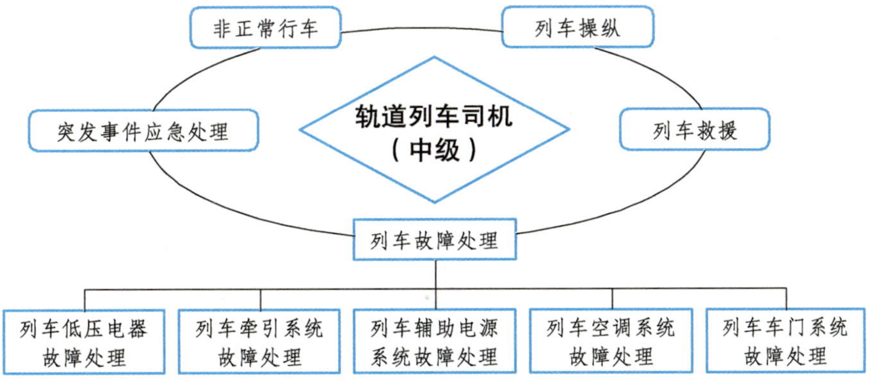

图 5-2　岗位达成目标（1）

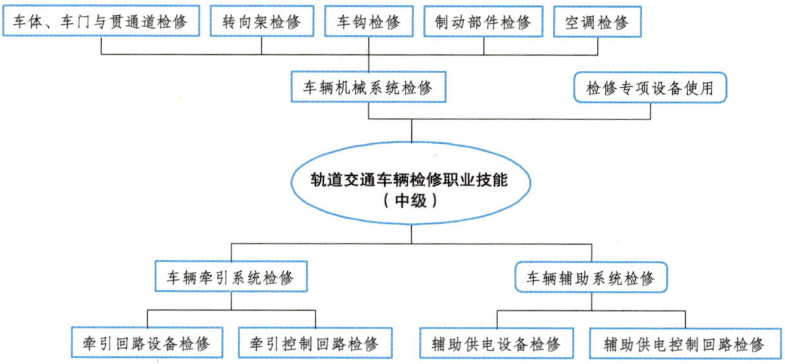

图 5-3　岗位达成目标（2）

职业技能大赛达成目标

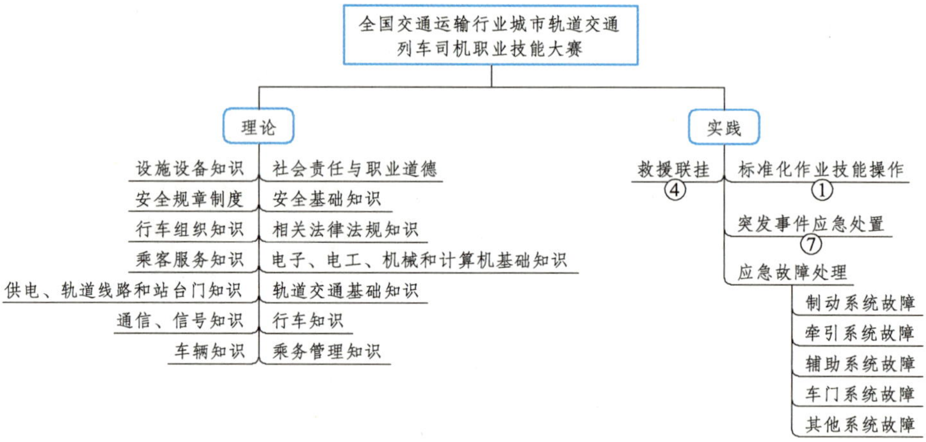

图 5-4　职业技能大赛达成目标（1）

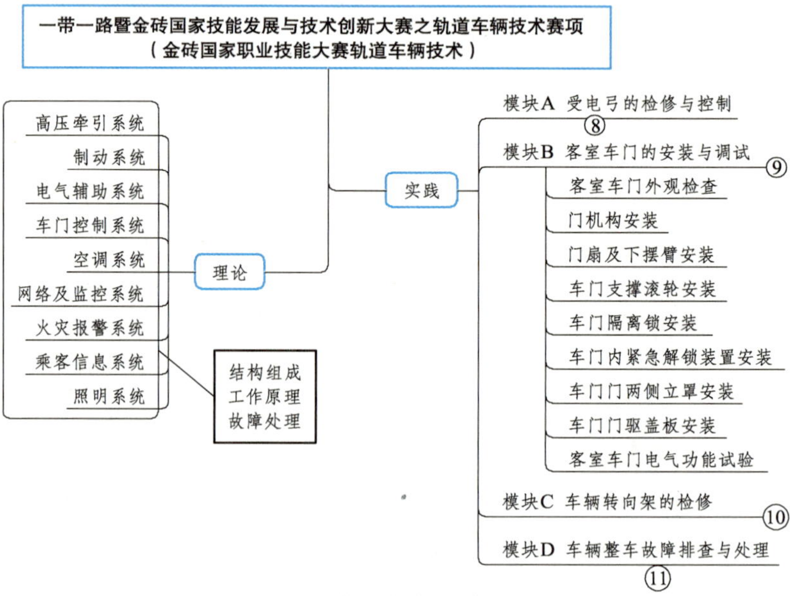

图 5-5　职业技能大赛达成目标（2）

1 + X 证书达成目标

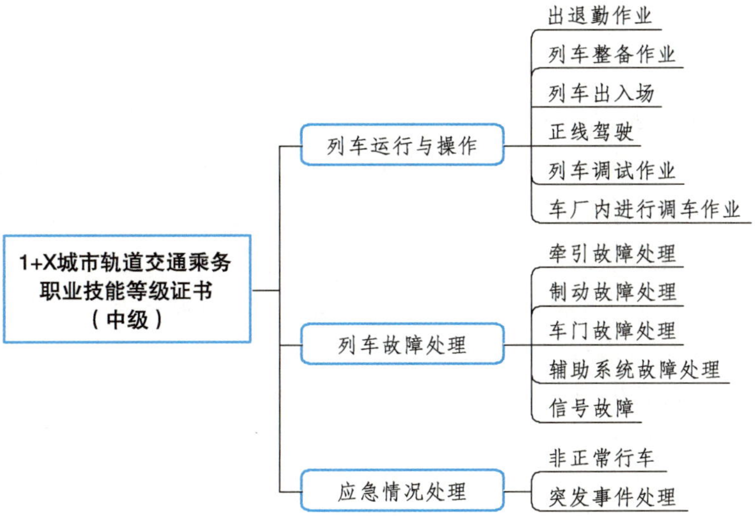

图 5-6　1 + X 证书达成目标（1）

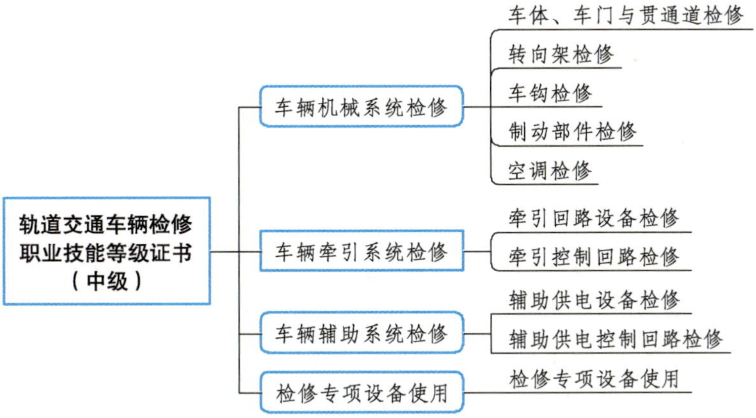

图 5-7　1 + X 证书达成目标（2）

任务一 车门系统基础认知

任务导入

车门是安装在车体上的重要部件，车门因其数量多（每列车有几十个车门）、操作频繁（运营中平均每 2 min 就须开关门 1 次）而成为车辆至关重要的部件。车门的结构和控制要安全可靠，否则将会影响运营，有的甚至直接危害乘客的人身安全。地铁公司十分重视车辆客室车门的安全性和可靠性。

德国、奥地利和日本的铁路工业是世界的佼佼者，在轨道车辆门系统方面同样具有优势，由于起步早，相对国内而言，技术较成熟。国外的车辆门系统的厂家包括：德国 BODE、奥地利 IFE、日本纳博克（Nabco）、法国法维莱（Faiveley Transport）等。目前，我国通过原始创新、集成创新和引进消化吸收再创新，已在南京等地建立起了国内一流的轨道交通装备研发制造基地。自主知识产权的城轨车辆门系统已占据国内城轨市场的 50%以上，研发制造的城轨车辆电动双开塞拉门、城轨车辆外挂密闭门等产品已受到国内外用户的广泛青睐。以康尼车门为代表的国产车门系统已成为国际著名车辆生产商阿尔斯通、西门子、庞巴迪公司城轨车辆生产的配套首选。

学习任务

一、车门系统的分类

目前运用于城市轨道交通车辆的车门种类较多。按功能可分为客室车门、司机室侧门、司机室与客室之间的隔间门（通道门）和紧急疏散门。按驱动方式可分为以压缩空气作为动力的气动门和采用电机驱动的电动门两种。从实际应用中得到，电动门与气动门相比，具有结构简单、易于控制、故障率低、维修少等优点。目前电动门普遍用于各城市轨道车辆中。车门系统按照开启及结构形式主要可分为内藏门、外挂门、塞拉门。目前，我国城轨交通车辆多采用电控气动塞拉门。

（一）内藏门

车门开、关时，门扇在车辆侧墙的外墙板与内饰板之间的夹层内移动，故而称之为内藏式平移电动门。内藏式平移电动门是地铁和轻轨列车普遍采用的车门系统，如图 5-1-1 所示。

内藏门的优点：结构简洁、可靠，占用空间小；对车辆与站台之间的距离要求低，有利于车站建设成本的降低；平移的轨迹具有较高的抗乘客挤压能力；维护成本相对较低。

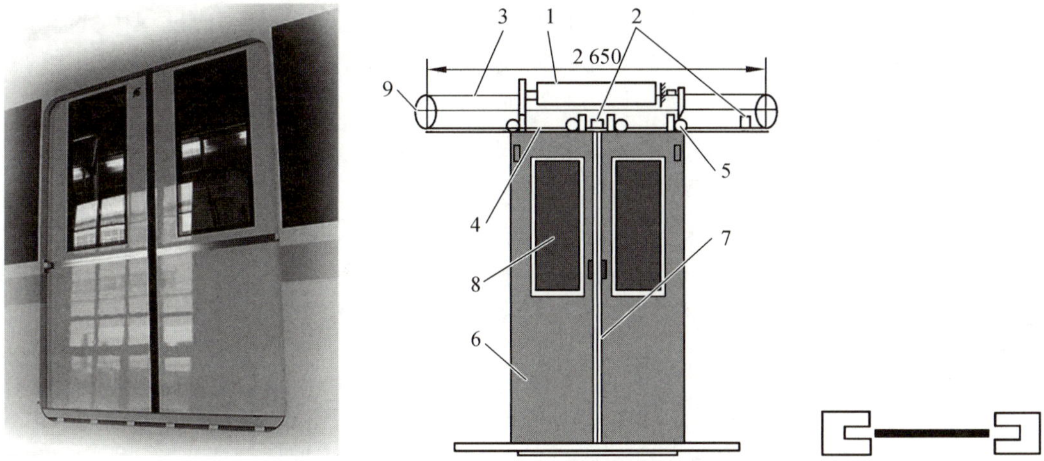

1—气缸；2—行程开关；3—钢丝绳；4—导轨；5—小滚轮；
6—门页；7—橡胶密封条；8—车门玻璃；9—定滑轮。

图 5-1-1 内藏门

（二）外挂门

外挂门因其门扇和上下导轨均设置在轨道车辆的车外侧，门扇通过移动机构挂在外部导轨上而得名。外挂密闭电动门系统，是在传统外挂移动门系统的基础上，增加了微小的塞拉行程，使得该门系统具有塞拉门良好的密闭性能，同时保持了外挂移动门结构简单、重量轻，易安装调整的特点，是传统外挂移动门系统的升级和替代产品。外挂门如图 5-1-2 所示。

外挂门的优点：结构简洁、可靠，占用车辆的空间小；密封性能好，极大地提高了乘客的舒适度；能最大限度地保证在乘客拥挤状态下实现正常开、关门功能。

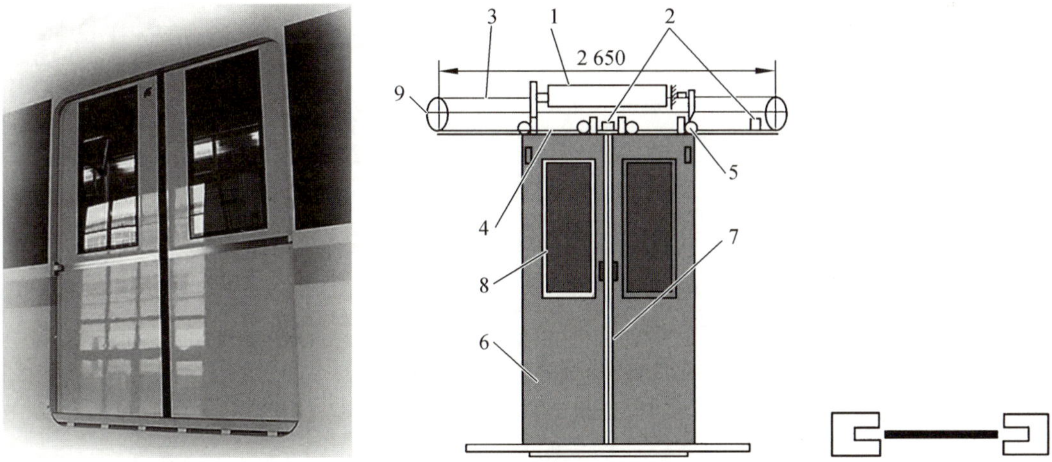

图 5-1-2 外挂门

（三）塞拉门

塞拉门如图 5-1-3 所示。塞拉门车门关闭时，车门外表面与车体外表面平齐，在开门过程中，车门门扇沿车体运行方向和车外方向复合运动，在运动过程中具有塞和拉两种动作而得名。塞拉门开启时，由锁闭位置向车外方向摆出，车门即打开；塞拉门关闭时，由开门位置向车内方向塞拉，车门即关闭。塞拉门分为内塞拉门和外塞拉门两种，分别由车内或车外塞入门口处。塞拉门是地铁和轻轨列车普遍采用的车门系统。

塞拉门结构较复杂，与传统的内藏式车门和外挂式车门相比较具有如下优点：密封性能良好，可较好地屏蔽传入客室内的噪声，同时可降低客室空调的能耗；由于车门在关闭状态时，门扇外表面与车体侧墙成同一平面，利于列车在高速运行时减小空气阻力；可靠性高，控制智能化；列车外观平滑，整体和谐美观。

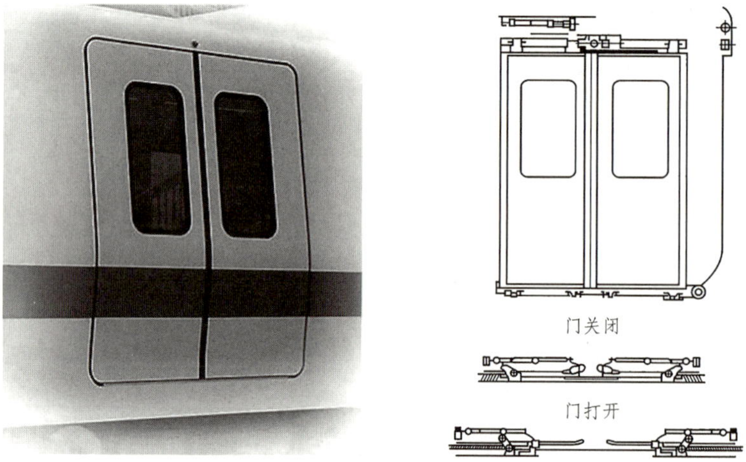

图 5-1-3　塞拉门

二、车门系统的特点

以上类型车门各具自身特点，虽然形式各不相同，但实现的功能却大同小异，性能差别不大，3 种常用类型车门的性能比较见表 5-1-1。

表 5-1-1　三种常用类型车门的性能比较

序号	项目	外挂门	内藏门	塞拉门
1	气密性	密封比较简单，车门的密封部件直接暴露于气流中，且车门与车体的密封只有一对密封条	密封性能较外挂门好，因为： 1. 车门不直接暴露于气流中； 2. 从车体外到车厢内部有两组密封，气流不容易进入客室	气密性好，但是容易过压
2	关门时间	关门时间较短，实际关门时间主要依赖于车门的净开度，通常≥2.5 s	关门时间较短，实际关门时间主要依赖于车门的净开度，通常≥2.5 s	关门时间由关和塞两个时间组成，因此，较移动门的关门时间长 1 s

续表

序号	项目	外挂门	内藏门	塞拉门
3	外观	车门位于车体侧墙外侧	门页藏于车体侧墙的外墙与内护板之间的夹层内	当门完全关好后与车体外墙成一平面
4	车辆限界及对限界的影响	由于车门是悬挂于侧墙的外侧，为满足车辆限界要求，在一定的程度上减少了车体的宽度。然而车门之间有效空间最大	由于藏于侧墙内，在一定的程度上减少了车辆内部的宽度，同时也会减少载客量	车辆内部宽度最大，但是由于塞拉门有立柱，因此乘客站立面积没有外挂门大
5	维修	结构简单，维修工作量和维修时间较少，可以快速更换门页，而且可以从外部维修	结构简单，维修工作量和维修时间较少，门页更换较外挂门复杂，可以从内部对车门维修和调整	结构复杂，维修量较多，维修时间长。可以从内部对车门维修和调整
6	隔噪能力	隔噪效果主要取决于门页与车体的接口面	隔噪效果较外挂门好	密封性好，具有较好的隔噪效果
7	关门过程中可能出现的问题	由于关门过程为直线运动，且关门时间较短，因此，关门受阻的可能性较小	由于关门过程为直线运动，且关门时间较短，因此，关门受阻的可能性较小	由于内部过压，最后一个门在关门的时候可能较难关上。门在塞的过程中可能由于乘客堵在车门口，关闭的方向受阻，尤其在大客流的情况下
8	开门过程中可能出现的问题	开门时车门可能会碰到站台上靠近列车的乘客，从而进入障碍物探测状态。如果站台上安装屏蔽门则不会出现这种问题	如果门槛中有异物，在开门的过程中可能受阻	开门时车门可能会碰到站台上靠近列车的乘客，从而进入障碍物探测状态。如果站台上安装屏蔽门则不会出现这种问题
9	可靠性	外挂门和内藏门不减少，可靠性高	外挂门和内藏门不减少，可靠性高	部件数量多，而且机构的运动较复杂，可靠性较低
10	质量	较塞拉门轻	较塞拉门轻	较重（加上车体接口等）比前两种重约 40 ~ 50 kg/门
11	窗	与客室窗无干涉，窗户的宽度可达到最大	由于内藏门需要在侧墙内滑动，因此，客室窗的宽度将受到影响	与客室窗无干涉，窗户的宽度可达到最大
12	费用	较塞拉门低很多，和内藏门差不多	较塞拉门低很多，和外挂门差不多	较外挂门和内藏门造价高很多
13	操作环境	适用于大客流环境，不适用于高速车辆	适用于大客流环境，不适用于高速车辆	不适用于大客流环境，适用于高速车辆（120 ~ 140 km/h）

知识拓展

西安地铁 4 号线车门配置

西安地铁 4 号线列车最高运行速度 80 km/h。在每节车厢内的每个车门驱动装置均配备一独立门控器，实现对每一车门的单独控制；在整个车厢内，有 2 个带 MVB 通信接口的门控器，其中 1 个 MVB 主门控器，另 1 个为作为冗余的 MVB 从门控器。MVB 门控器通过 CAN 总线和本车厢的其他门控器通信，并通过 MVB 总线与该车厢的中央控制系统和监控系统相连接，实现整列车门的集中控制和车门状态及故障的监控和显示。其中门控器负责根据开启与关闭指令来控制门扇开启与关闭动作。在动作过程中，门控器负责监视门扇的关闭与开启动作方向以及电机电流的变化判断是否有障碍物存在，并控制电机做出开关门动作，从而能可靠避免夹伤人。

客室门的电控电动装置采用微处理器控制，具有自诊断功能和故障记录功能，具有与列车总线网络进行通信的功能，并可通过列车硬线对客室门进行控制。客室门控制系统可以根据顾客的需要满足不同的控制功能，使用便携式电脑通过 USB 服务接口加载北京博得软件程序。

通过 USB 服务接口还可将电子门控器的状态信息和诊断信息传送给使用北京博得公司诊断软件的便携式电脑，以便更好地了解双扇电控电动内藏门的工作状态，然后进行软件系统优化。

1. 环境条件

（1）车辆运行的环境温度：－25～＋45 °C。

（2）振动和冲击的要求：ISO2631、UIC513、IEC61373—2010 标准。

（3）门控器的 IP 等级：不低于 IP32。

（4）防火等级：符合 DIN5510 或更高标准的相应等级。

（5）一致性测试：IEC61375-2-2、IEC61375-2-3、IEC61375-3-2、IEC61375-3-3 及相关国际和国内最新标准执行。

（6）电磁兼容：遵守 EN50121-3-2、GB/T 24338.4—2009、GB/T 25122.1—2010 相关标准。

2. 车门主要性能

（1）开/关门功能，包括车门开、关状态显示。

（2）未关闭好车门的再开闭功能，已关好的车门不再打开。

（3）开关车门的二次缓冲功能。

（4）障碍物探测重开门功能（防夹人/物功能）。

（5）车门故障切除功能。

（6）车门紧急解锁功能（每辆车每侧两个车门从车内）。

（7）车门旁路功能。

（8）乘务员钥匙开关功能（每辆车每侧各一个车门）。
（9）故障指示、诊断和记录功能并可通过读出器读出记录数据。
（10）零速保护。
（11）单门维护调试功能。
（12）上电初始化自诊断功能。
（13）车门开、关、切除状态指示灯功能。

3. 车门主要参数

（1）客室门系统数量：每辆车每侧 4 个双扇电动内藏门。
（2）净开宽度：≥1 300 mm。
（3）净开高度：≥1 850 mm。
（4）供电电压：DC 110 V；波动范围：77 ~ 121 V。
（5）开门时间：（3 ± 0.5）s（从车门开始开门动作起至车门完全打开）。
（6）关门时间：（3 ± 0.5）s（从车门开始关门动作起至车门完全关闭）。
（7）开、关门延时时间：0 ~ 3.0 s（可调）。
（8）隔热性能：≤4.6 W/m^2。
（9）隔音性能：≥25 dB（A）。
（10）开关门噪声级别：≤68 dB（A）。
（11）探测最小障碍物：≤25 × 60 mm（宽 × 高）。
（12）车门关紧力：≤150 N（有效力，可调整节范围 100 ~ 300 N）。
（13）车门控制方式：全列车门的开/闭满足人工驾驶和 ATO 自动驾驶模式。

任务二　车门系统的结构、原理

任务导入

客室车门系统是地铁列车的重要组成部分，是乘客上下的唯一通道，是影响列车安全正点运行的关键性系统。客室车门为带双层安全玻璃的双开电动或气动式车门。一般 A 型车每侧有 5 对车门，B 型车每侧有 4 对车门，同一节车辆的客室车门沿车辆长度方向等间隔分布。

学习任务

一、客室车门系统结构、原理

（一）电动客室车门的结构与动作原理

电动门由电动机、传动装置（轴、磁性离合器、带轮和同步带）、控制器、闭锁装置和紧急开门装置组成。目前我国城市轨道交通车辆中使用的电动门主要有外挂门和塞拉门两种类型。

1. 外挂门

外挂门主要由门页、驱动机构、车门悬挂机构、丝杠螺母机械传动机构和电子门控单元（EDCU）等组成。外挂门的门页、车门悬挂机构以及传动机构的部分部件安装于车体侧墙外侧，电子门控单元和驱动电动机装于车体侧墙的内侧。

目前国内地铁车辆尚未广泛采用外挂门，只有广州地铁 2 号线采用。该型车门与内藏门相似，传动机构也设在车内门上方，不同的是无论是开门或关门状态，门翼总是挂在车体的侧墙外侧，通过一个吊装机构，穿过车体与驱动机构相连。系统通过电动机驱动丝杠和螺母的机械传动机构实现门页的开关动作。

此外，车门还装有车门关闭行程开关 S2、锁闭形成开关 S1、切除开关 S3 以及紧急解锁开关 S4，用于控制、显示车门状态。如车门关闭后，触发限位开关 S2 和锁闭开关 S1，给出“门锁闭”信号。如果车门出现故障，可以通过方孔钥匙作用于行程开关 S3 将该车门切除。当紧急手柄动作后，触发限位开关 S4，门被紧急解锁，当列车静止或输出零速信号时，车门才可以手动打开。

1）外挂门驱动装置

电控外挂门驱动装置由驱动电动机、丝杠螺母系统、传动带和滑轮组成。

驱动电动机为一直流永磁电动机。电动机由于转速低，电刷寿命可达 300 万次以上。驱动电动机包含了一个齿式联轴器及两个安装座。

丝杠螺母系统是车门系统中的传动部件，它通过一个弹性或齿式联轴器并通过带轮与电动机相连接。门页的同步动作是由丝杠和球形螺母组成的系统来实现的，其结构外形如图 5-2-1 所示。系统的主要部件是丝杠和螺母组件。丝杠由大螺距不锈钢的特制丝杠，采用特殊的工艺方法制成，保证丝杠有较长的寿命，即图中左旋螺杆 1 和右旋螺杆 2。螺母用高强度工程塑料制成，用以连接门页，见图中左旋螺母 5、右旋螺母 6。丝杠和球形螺母通过 3 个支承部件（即左支承 3、右支承 4、中间支承 7）安装在主梁上。这种丝杠一半是右旋螺纹，另一半是左旋螺纹，螺纹旋转方向在安装时是任意的。两个球形螺母安装在丝杠上（每一半丝杠用一个球形螺母），螺母与不锈钢丝杠的配合工作，使丝杠螺母副具有阻力小、无噪声和维护量小的特征。丝杠传动具有传动准确、平衡，扭力大的特点，通过丝杠螺母系统，当每一门页向一个方向移动，则引起另一门页向相反方向移动，从而实现了门页的同步运动。

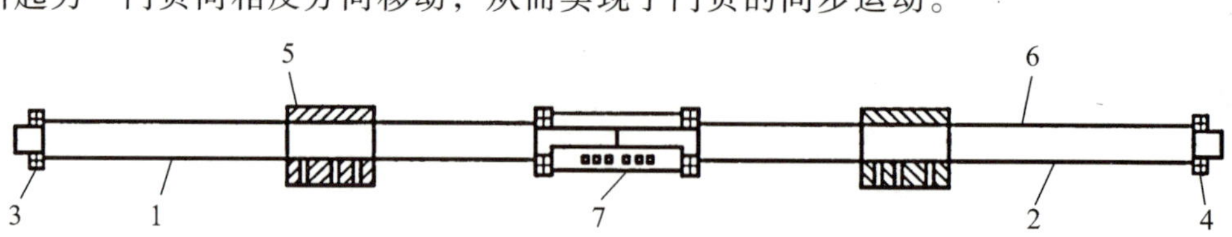

1—左旋螺杆；2—右旋螺杆；3—左支承；4—右支承；5—左旋螺母（连接门页）；6—右旋螺母（连接门页）；7—中间支承。

图 5-2-1 外挂门丝杠螺母系统结构

2）外挂门悬挂装置

悬挂装置用以支承车门重量。该机构由一个 U 形钢轨、一个铝型材构件及两个钢制滑块组成。U 形钢轨塞入铝型材构件，两个钢制滑块（每个门页一个）在两排由轴承罩隔离的硬质钢球之间运动。门页直接用螺栓固定在滑块上。其安装采用简单的“螺栓与螺母”装置，目的是便于调整门页相对于车体的平行度。铝型材（型材上有滑轨）有中心及横向支承，整个装配用螺栓安装在车体上。在装置及车体间垫有薄垫片，这样即使车体不是完全平整，钢轨也能保持平直，有利于车门的开关平滑。

2. 塞拉门

塞拉门与外挂门类似，采用对开式，在开启状态时车门移动到侧墙的外侧，但在关闭状态时车门外表面与车体外墙成一平面。

1）塞拉门技术参数

塞拉门的技术参数如表 5-2-1 所示。

表 5-2-1　塞拉门技术参数

门宽/mm	1 400	关闭时间/s	3.5 ± 0.5
门高/mm	1 860	供给电压/V	DC 110 V
开启时间/s	3.5 ± 0.5	关闭和锁紧力/N	200

2）塞拉门结构

塞拉门主要由驱动机构、机械执行机构、门页、垂直协调杆、制动组件、紧急解锁机构、车门旁路系统以及电子门控单元（以下简称 EDCU）等组成；塞拉门开关的平移动作是通过电动机驱动与门页相连的传动机构，装有导轮的门页沿着门页上方的导轨滑移；其关门的塞拉动作可以是导轨的导向，也可以通过摆杆摆动来实现。我国城市轨道交通车辆从上海地铁 3 号线车辆后基本采用电动塞拉门，由于供货商不同，具体结构也有差异，其驱动 2 装置有螺杆和同步带传动两种，而传动装置分为有旋转立柱和无旋转立柱两种。

以深圳地铁 1 号线地铁车辆客室电控塞拉门为例，它由门页、驱动装置、机械执行机构、旋转立柱等组成，结构示意图如图 5-2-2 所示。

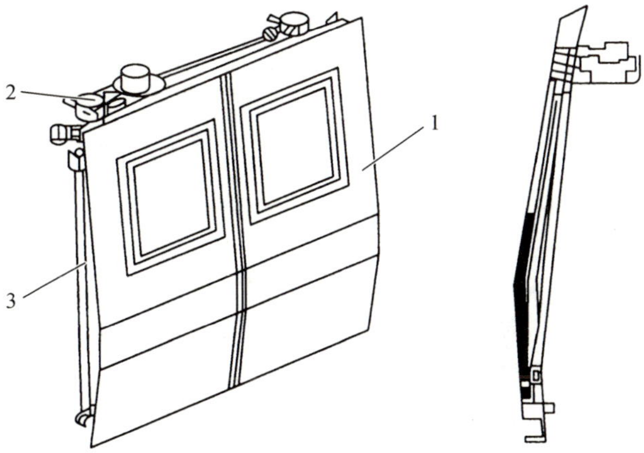

1—门页；2—驱动装置；3—旋转立柱。

图 5-2-2　电控塞拉门结构示意图

（1）驱动装置。

驱动装置设在门的上方，门两边设有可旋转的垂直协调杆，它们共同完成塞紧、外推和直线平移运动，保证关门后车门外表齐平，由门控器对驱动装置进行控制。每个门的两个门页使用一套驱动装置，使左、右门页呈相反方向运动。驱动装置主要由电动机、驱动带轮、解锁滑轮、关门控制开关和锁闭开关等组成。

（2）机械执行机构。

机械执行机构由可伸缩导轨、横轴、滚轮箱 3 个部件组成。伸缩导轨使门页能够平行移动，它通过两个横向的滚轮箱连接到车体做塞拉运动。两个滚轮箱各由一组滚轮导向，如图 5-2-3 所示。

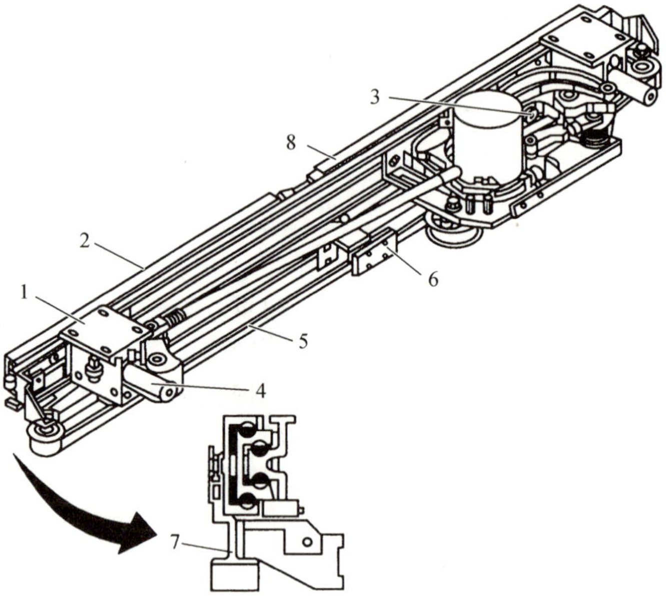

1—滚轮箱；2—可伸缩导轨；3—电动机；4—横轴；5—驱动带；
6—驱动臂；7—上部导轨；8—固定横梁。

图 5-2-3　机械执行机构

（3）固定横梁。

固定横梁是电动机驱动装置、机械执行机构以及门控器的安装座，也是门驱动执行装置与车体的连接件。

（4）旋转立柱。

旋转立柱由上臂（带有 2 个滚轮）、下臂（带有 1 个滚轮）、上支架、下支架、直杆组成，如图 5-2-4 所示。每个车门有两个旋转立柱，安装于车门两侧，滚轮安装在门板的上下导轨内，滚轮通过驱动臂与直杆相连，通过支架固定在门框上。门页的上部与下部的联系通过立柱，它们的功能是在门页塞拉运动期间给门页导向以及在门页后提供支撑点，它们通过上支架和下支架与车体连接。其上臂滚轮和下臂滚轮在门页的相应导轨内运动。门页的运动轨迹由上臂运动决定。

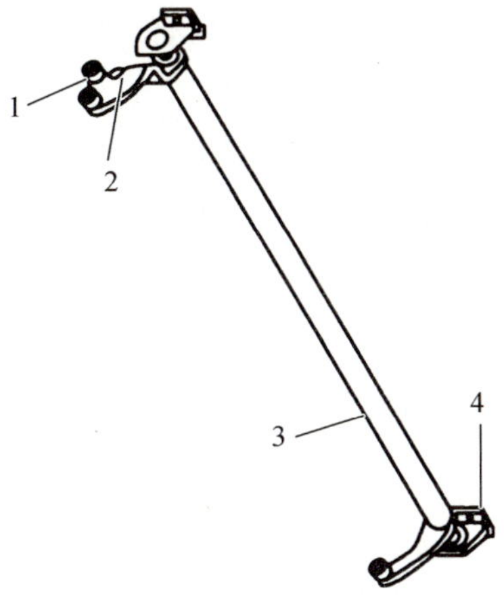

1—滚轮；2—驱动臂；3—直杆；4—支架。

图 5-2-4 旋转立柱

（5）门控器（EDCU）。

门控器安装在客室车门的上方，其功能是控制车门的开与关、调整车门开关速度（开关门时间的调节范围为 3 ~ 4 s，开关门设定时间为（3.5 ± 0.5）s）、调整车门关门压力（峰值压力不超过 200 N，关门最后 200 mm 范围内不超过 150 N）、确定车门位置。门控器与列车诊断、控制系统联网。

（6）车门锁闭装置。

在车门关闭后连接处的下部安装防止车门外移的定位装置。

（7）紧急解锁装置。

每个客室侧门门口内侧的红色盒内设有一个紧急解锁装置。一旦列车已经启动运行，若列车关门夹到乘客而驾驶员又未察觉，或者遇到紧急情况等，工作人员或乘客可拉下紧急解锁装置的红色手柄，就能立即切断车门锁紧装置的控制系统，列车开始惰行，并向驾驶员报警，可手动打开客室门（手动操作门的向外推力不超过 200 N，平移速度为 50 mm/s 时，平移力为 150 N）。紧急解锁装置有自保作用，一旦使用完后，必须用钥匙将手柄推回原来的工作位置。在采用机械方式打开锁闭装置时，列车控制回路中将显示开门信息。

（8）门切除装置。

门切除锁设在车门的上方，为机械式；门切除时，车门被锁闭，并脱离控制系统。

（9）DCS、DLS 和 LOS。

车门关闭开关（Door Closed Switch，DCS），通过电动机转动，关闭触块被激活，EDCU 接收到塞入运动信号，电动机电流增大，电动机转矩增大，车门开始做塞拉运动，控制车门的关闭状态。车门锁闭行程开关（Door Locked Switch，DLS），当车门完全关闭到位时，转动中的电动机体触块将碰到 DLS，DLS 触块被激活，电动机断电，车门被锁闭。LOS 是门锁闭到位开关。DCS、DLS、LOS 和 EDCU 复位开关 S4 配合实现对车门的电气控制。

3）塞拉门的工作原理

塞拉门的工作有开门和关门两种情况。驾驶员发出开关门指令，控制系统将指令传递给 EDCU，EDCU 得到指令后，接通驱动电动机的电源，电动机带动车门驱动装置工作，完成车门开关门运动。塞拉门的机械工作原理分为 3 个步骤。

① 平移运动电动机轴转动驱动齿轮转动，齿轮带动同步带运动，同步带的运动通过连接同步带和门页的连接件驱动门页做平移运动。

② 塞拉运动杆件系统连续驱动共同的伸缩导轨两端，转动电动机机体来驱动车门门页做塞拉运动。

③ 门的锁闭控制杆件塞拉运动达到驱动机构的死点，杆件锁定获得。

（二）气动客室门的结构与动作原理

1. 内藏对开式滑门概述

城市轨道交通车辆气动车门系统主要由控制系统、驱动系统、机械传动系统、悬挂和导向系统、锁闭机构、门页以及负责检测的各种行程开关组成。

内藏对开式滑门又称内藏门，主要由门页、导轨、传动组件、门机械锁闭机构、紧急解锁机构、气动控制系统以及电气控制系统等组成。其结构如图 5-2-5 所示，车门上方设置有一套气动机构，由解锁气缸 5、定滑轮 1、（铝合金）导轨 4、钢丝绳 2 等组成，地板上设有导槽 8，使车门在气缸的驱动下，沿上下导轨平滑运动。开关门的速度及压力可以通过调节节流阀来实现。气缸内设有大小两种活塞，开始关门时大活塞起作用，压力大、速度高；接近关闭时，小活塞起作用，压力小、速度慢。滑轮轴承均采用球轴承，以降低开关门噪声，车门上方还设置一套紧急解锁装置，以便在紧急情况下，能从客室内直接打开车门。门页由铝框架和夹层铝板制成，门窗采用单层玻璃，两门之间采用氯丁橡胶条双层密封，四周采用单层密封，门板具有足够的强度与刚度。

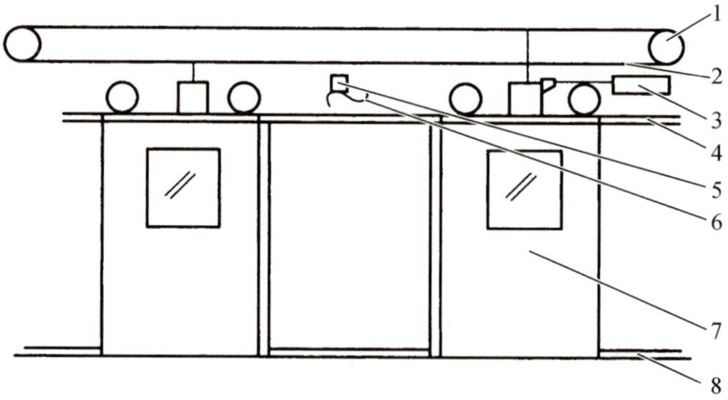

1—定滑轮；2—钢丝绳；3—气缸；4—导轨；5—解锁气缸；6—锁钩；7—门页；8—导槽。

图 5-2-5 气动式内藏门结构示意图

车门开关时，压缩空气动力推动气缸活塞，通过由钢丝绳、转轮和驱动支架等组成的机械传动机构，使门页在车辆侧墙的外墙板与内饰板之间的夹层内移动，完成车门的开关动作。车门关闭后，锁闭系统动作，保证车门安全可靠地锁闭。车门系统装有车门锁闭行程开关 S1，车门关闭行程开关 S2，车门切除开关 S3，紧急解锁行程开关 S4，实现对车门的电气控制。车门系统通过中央控制阀控制压缩空气的流向和流量，实现双作用驱动气缸前进和后退。

2. 内藏门驱动及锁闭装置

气动式内藏门驱动装置的核心部件是双向作用的驱动气缸。压缩空气经过中央控制阀的分配进入驱动气缸推动活塞运动，使车门实现开启和关闭。

机械传动系统由钢丝绳及滑轮组成。当驱动气缸活塞杆带动左门页运动时，作用为通过连接在左门页上的钢丝绳、导轨两端的钢丝绳滑轮以及连接到右门页上的钢丝绳带动右门页动作，从而实现左右门页的同步动作。

锁闭系统主要由锁钩、门页上的锁销、解锁气缸组成。当车门关闭时，锁钩下落至水平位置，钩住两门页上的锁钩，实现机械锁闭。车门在锁闭位置时，两门页之间的关紧力靠进入驱动气缸右腔的压缩空气来保持。当开门时，压缩空气经中央控制阀进入解锁气缸，使之动作将锁钩顶开，同时驱动气缸活塞向左运动，打开车门。当紧急情况下需要打开客室车门时，可以拉下紧急解锁手柄，这时驱动气缸内的空气排往大气，用手可以轻易将两门页推开。

3. 气动式内藏门结构与原理分析

以广州地铁 1 号线车辆客室车门为例。客室车门的基本结构如图 5-2-6 所示。

车辆客室车门为电控气动门，由压缩空气驱动车门的驱动气缸，通过机械传动系统和电气控制系统完成车门的开关动作。控制系统采用 DC 110 V 有节点电路，通过整车、单节车、单个门各级继电器控制车门的中央控制阀内部 3 个电磁阀的动作，实现对驱动气缸的供气、排气控制，从而使车门按要求开关。同时，依靠每个门上的行程开关检测车门状态，并将信息返回诊断系统及控制系统，实现对车门的监测。

驱动系统主要为双向作用的驱动气缸，压缩空气经过中央控制阀的分配进入驱动气缸推动活塞运动，使车门实现开启和关闭。

机械传动系统由钢丝绳及滑轮组成。当驱动气缸活塞杆带动左门页运动时，作用力通过连接在左门页上的钢丝绳、导轨两端的钢丝绳滑轮以及连接到右门页上的钢丝绳带动右门页动作，从而实现左右门页的同步动作。

锁闭系统主要由锁钩、门页上的锁销、解锁气缸组成。当车门关闭时，锁钩下落至水平位置，钩住两门页上的锁钩，实现机械锁闭。当开门时，压缩空气经中央控制阀进入解锁气缸，使之动作，将锁钩顶开，同时驱动气缸活塞向左运动，打开车门。车门在锁闭位置时，两门页之间的关紧力靠进入驱动气缸右腔的压缩空气来保持。当紧急情况下需要打开客室车门时，可以拉下紧急解锁手柄，这时驱动气缸内的空气排往大气，用手可以轻易将两门页推开。

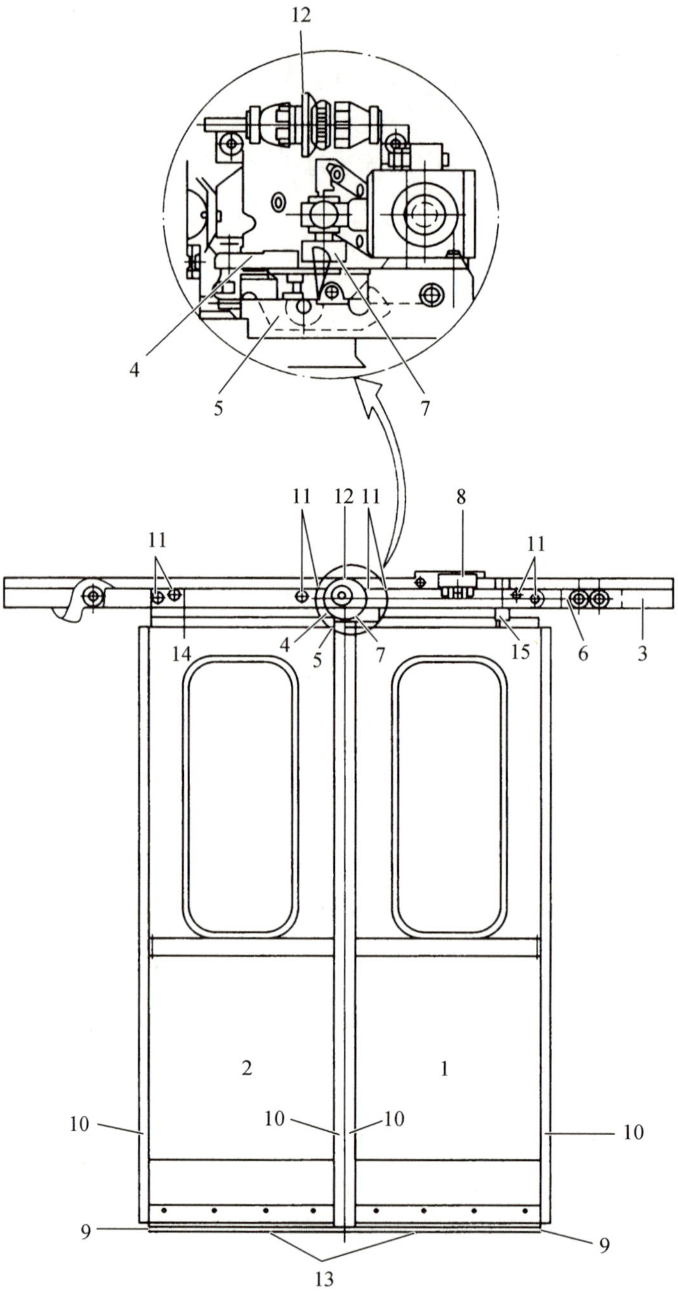

1—右门页；2—左门页；3—导轨；4—锁钩/紧急手柄；5—左门驱动连杆；6—驱动气缸；
7—解锁气缸；8—中央控制阀；9—导向衬块；10—橡胶密封条；
11—防跳轮/支撑滚轮；12—锁闭行程开关 S1；13—密封毛刷；
14—钢丝绳；15—关闭行程开关 S2。

图 5-2-6 广州地铁 1 号线车辆客室车门组成

在车门的基本结构中，中央控制阀集成（见图 5-2-7）是车门控制的关键部件，它由“车门开门”“车门关门”“车门解锁”3 个二位三通电磁阀，以及“关门速度节流阀”“开门速度节流阀”“关门缓冲节流阀”“开门缓冲节流阀”4 个气阀所集成。

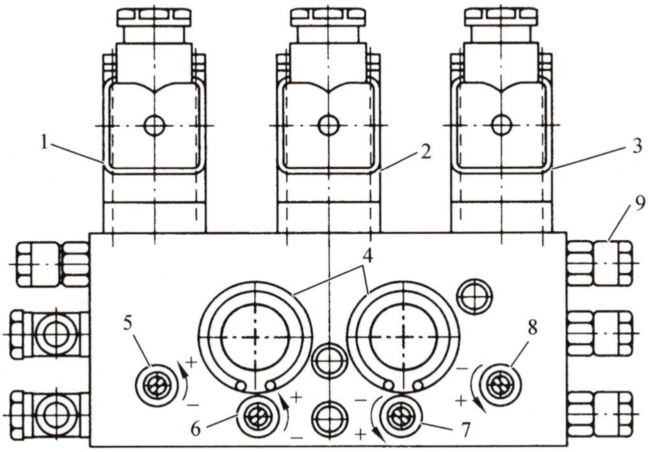

1—关门电磁阀 Y2；2—解锁电磁阀 Y3；3—开门电磁阀 Y1；4—排气孔/消声片；
5—关门速度节流阀；6—开门缓冲节流阀；7—关门缓冲节流阀；
8—开门速度节流阀；9—气路连接头。

图 5-2-7 中央控制阀集成

二、司机室侧门系统结构、原理

司机室的两侧都设有司机室侧门（见图 5-2-8），司机室侧门通常采用单门页，手动开启和关闭，常用的形式有内藏门、塞拉门和折页门等。在门页上方配有可上下移动开启的玻璃窗。侧门内外都能锁定和打开（外侧只能用钥匙锁定）。司机室侧门的两侧设置相应的扶手和防滑脚蹬，以便司机进入司机室，扶手和脚蹬不会侵入限界。下面以单页手动塞拉门为例进行介绍。

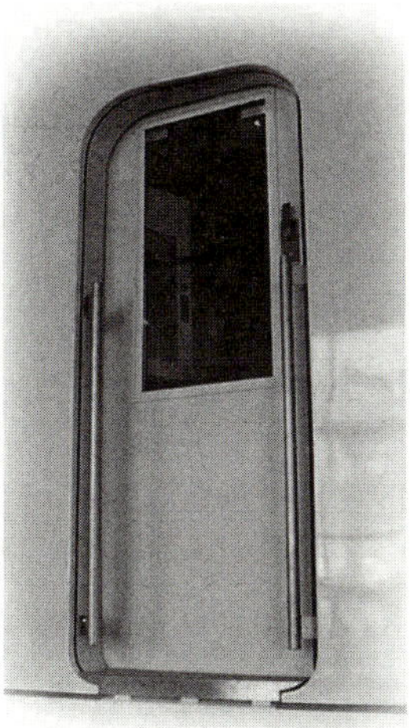

图 5-2-8 司机室侧门

（一）单页手动塞拉门的组成

单页手动塞拉门系统适用于最高时速不大于 100 km/h 的地铁、轻轨客车。如图

5-2-9 所示，单个门系统由基础安装部分、驱动装置、门页、门页附件、锁闭装置等组成。

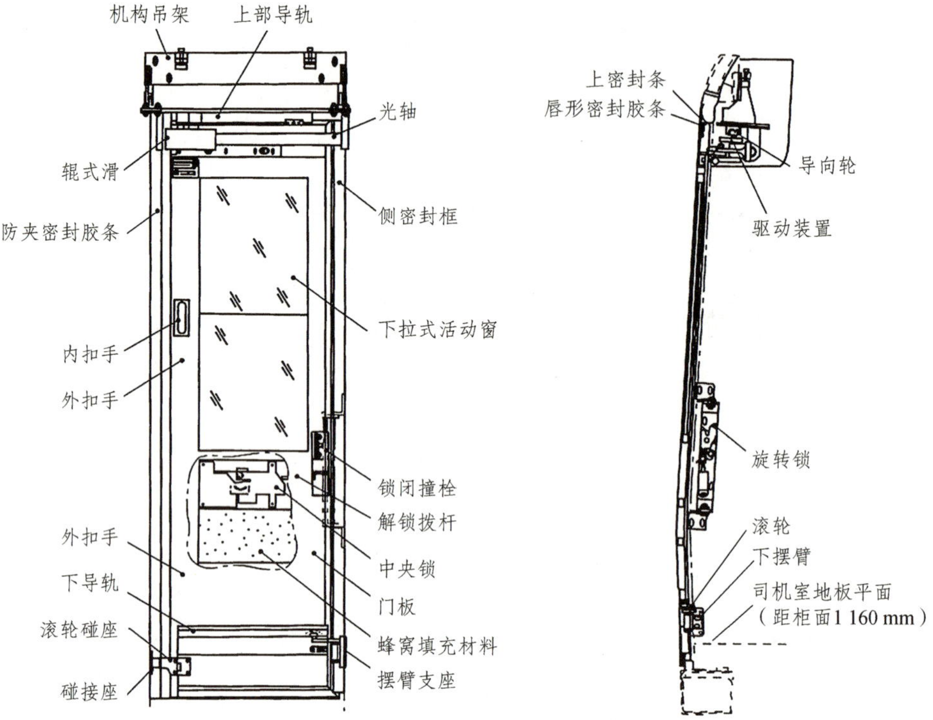

图 5-2-9　单页手动塞拉门

（二）单页手动塞拉门的基本参数

单页手动塞拉门的基本技术参数见表 5-2-2。

表 5-2-2　单页手动塞拉门的基本技术参数

入口宽度/mm	725 ~ 727	水平净通宽度/mm	560
入口高度/mm	1 991 ~ 1 995	水平净通高度/mm	1 760
每套门质量/kg	≤101	应用环境	温度 350 ~ 420 °C，湿度 ≤95%

（三）司机室侧门系统结构（以单个左门为例）

1. 基础安装部分

基础安装部分主要包括门框密封角铝、C 形嵌条、门框密封胶条、下摆臂、碰接座等。其主要作用是用于门页与车体的安装过渡和密封。

1）密封装置

基础部分密封装置由门框密封角铝、C 形嵌条、门框密封胶条等组成。在门关闭时，门框密封角铝和门框密封胶条与门页密封胶条贴合，起到密封作用。

2）下摆臂

在每个门框架的侧面安装一个下摆臂，下摆臂的 3 个导向轮在门页下导轨的内、外运动（一个在导轨内、两个在导轨外），如图 5-2-10 所示。

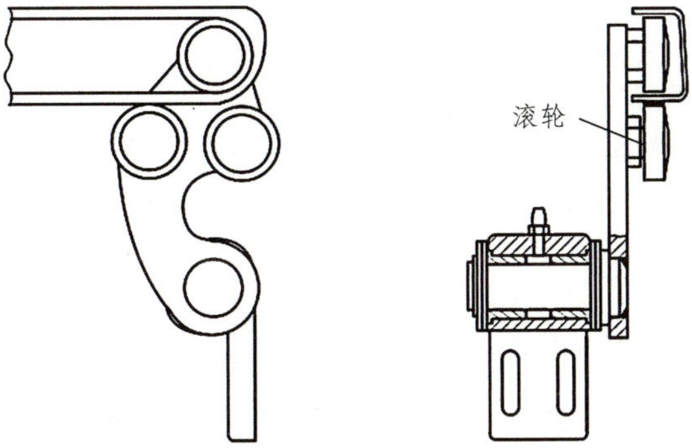

图 5-2-10　下摆臂

3）碰接座

在每个门框的下部安装一碰接座，其作用是在关门动作中通过安装在门页上的滚轮碰座借助关门力给门页一横向（相对客室）的机械保持力，防止门向外脱开。

2. 驱动装置

驱动装置安装在车厢门口上部，主要由辊式滑车、机构吊架、上部导轨等组成，如图 5-2-11 所示。滑车在一根导向光轴上运行，并通过一组平行四连杆机构与门页连接，平行四连杆机构使门页向外摆动，同时这一运动又受到导向轨的控制，在外摆运动中导向轮的运动范围是导轨的弯曲段。

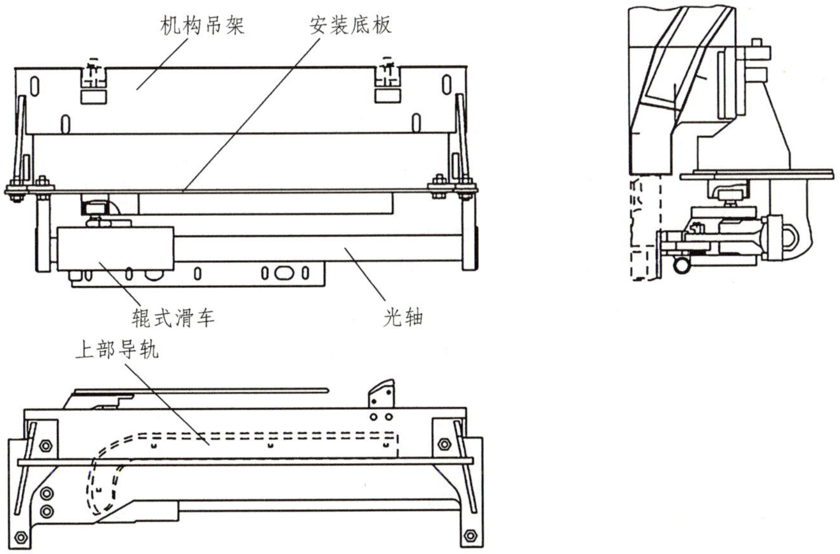

图 5-2-11　驱动装置

当导向轮到达导轨的直段时，外摆运动过程结束。此时门页开始与列车外壁平行运动。滑车在导向光轴上做推移运动。

单页手动塞拉门的行程分为平行转向装置的回转运动和导向光轴上滑车的平移运动。在门框架宽度为 725 mm 的情况下能够保障使单页手动塞拉门的登车净宽为 560 mm。

1）辊式滑车

辊式滑车是驱动装置中动力传递的主要部件，安装在机构吊架光轴上。它通过连接板与门页固定。辊式滑车沿光轴做直线运动，并将重力负荷传递给机构吊架。此外，辊式滑车上的平行圈连杆机构，通过装在其上的导向滚轮与上部导轨配合，实现门页直线、曲线运动的转换。

2）机构吊架

机构吊架主要作用是重力承载和安装其他部件。它通过 4 个 M10 × 60 的螺栓安装在车体上部安装支架上。门页及驱动装置的重力负荷通过这 4 个螺栓传给车体。

3）上部导轨

上部导轨作用是与下部导轨一起使门按一定的轨迹运动，它安装在机构吊架的安装底板上。

3. 门　页

如图 5-2-12 所示，门页由门页框架、内外面板、蜂窝填充材料等组成，厚度 32 mm。门页框架是由铝制型材拼焊而成。外门皮为 1 mm 厚不锈钢，表面拉丝处理、内门皮为 1 mm 铝板，表面喷漆处理。在门页框架内部添加具有阻燃防水性能的蜂窝填充材料，以保证门页有足够的平面抗压强度。

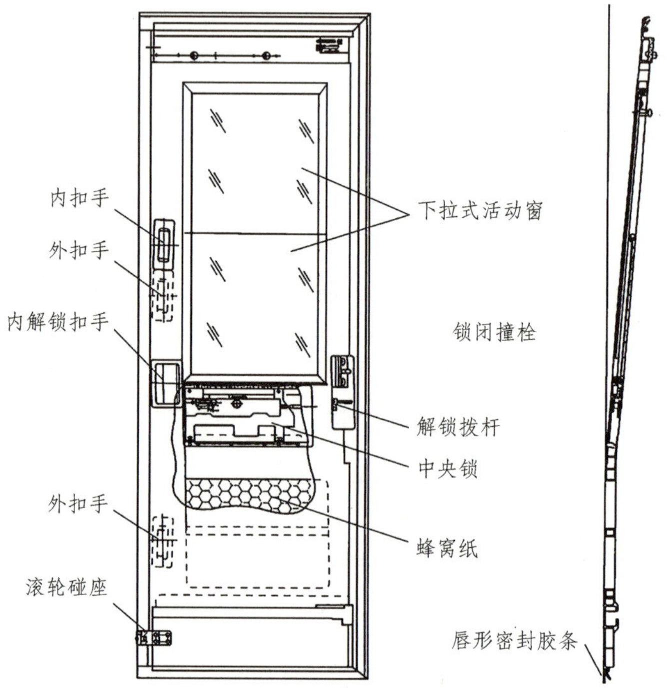

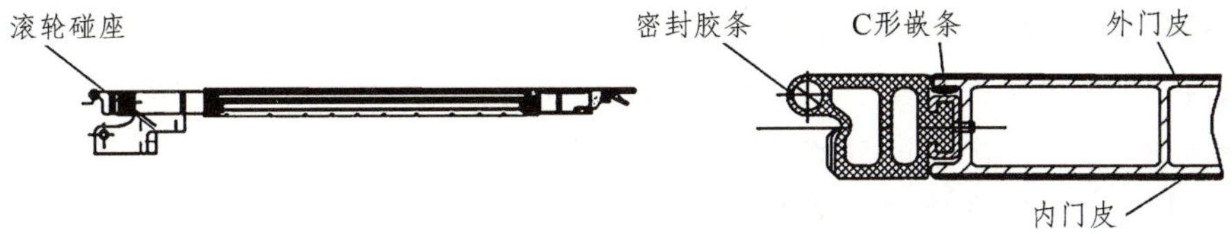

图 5-2-12 门页

4. 门页附件

门页附件主要包括下拉式活动窗、操作装置、密封装置、下部导轨、止挡定位装置等。

1）下拉式活动窗

下拉式活动窗只能在列车停止时才能打开。

每一门页的上部均装有由安全镀膜玻璃组成的下拉式活动窗。活动窗整体嵌入门框内，并用螺钉固定。活动窗可分为上下两部分，上半部为下拉式活动窗，下半部为固定窗。

2）操作装置

操作装置包括内扣手、外扣手、内解锁扣手、中央锁机构、解锁拨杆、锁闭撞栓等。内扣手安装在门页内面窗口侧，两个外扣手分别安装在门页外面窗口侧和门板下部下导轨与中央锁之间。

中央锁机构安装在门页内部，位于窗口下方，其上设有一个贯通式四角钥匙锁芯。当门关闭后，门内或门外均不能通过内外扣手将门手动打开，需要开门时可由门内或门外通过四角钥匙拧动锁芯，经中央锁机构带动解锁拨杆的压头拨动旋转锁机构上的解锁拨片，使锁定凸轮转动，将门解锁。此门页在旋转锁弹簧的作用下自动弹开，然后可在门内或门外通过扣手手动开门。为开关门解锁方便，还有一个内解锁扣手可以直接实现开关门的动作。

解锁拨杆也安装在门页内部，位于侧面，与中央锁机构相连。其作用是拨动旋转机构上的解锁拨片，使旋转锁的锁定凸轮转动到开启位置，以实现门在关闭状态下的手动解锁功能。

锁闭撞栓安装在门板后边，其作用是在关门时撞击旋转锁机构的拨叉，使之由开启位恢复到二级锁闭位，实现门的锁闭功能。

3）密封装置

门板密封装置由门板周边的唇形胶条与防夹胶条组成。在门板与门板前侧通过防夹密封胶条来实现双重密封。其他 3 面装有唇形密封胶条，在门关闭时，门板唇形密封胶条与门框密封角铝贴合，起到密封作用。

4）下部导轨

下部导轨与上部导轨一起组成门板运动的导向装置。下部导轨安装在门板下部，与装在侧门框上的下摆臂配合作用。下摆臂一端装有 3 个尼龙滚轮，可沿下导轨的双面导轨滚动。这样门板运动时，在横向既不会向外摆脱，也不会向内挤压车体侧墙，始终保持与侧墙面平行。

5）止挡定位装置

滚轮碰座装在门板下部，与门框的碰接座配合。其作用是使门在关闭时有一个横向的机械保持力，防止门向外脱开。

门的其他止挡装置还包括驱动装置处的橡胶头止挡螺栓、碰接座处的止挡缓冲垫，在关门时起止挡缓冲作用。

5. 锁闭装置

门的锁闭装置主要由安装在侧门框上的旋转锁机构组成。拨叉、锁定凸轮、拉杆固定在一个安装板上组成旋转锁机构。它再通过安装支架安装在侧门框上。旋转锁机构安装板和安装支架的位置都可调节，以使旋转锁机构上的拨叉、解锁拨片与门板上的锁闭撞栓、解锁拨杆准确配合，如图 5-2-13 所示。

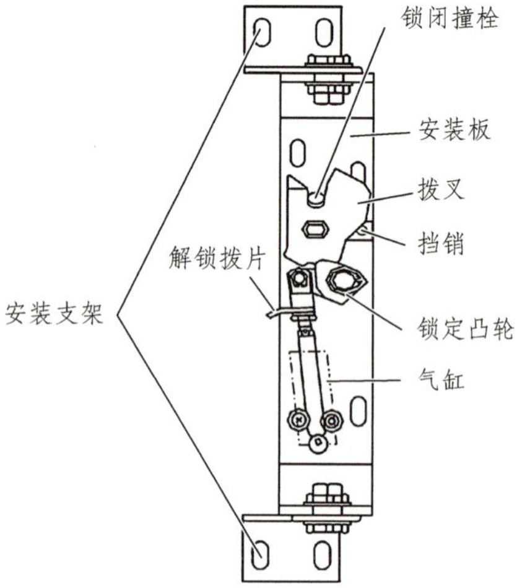

图 5-2-13　旋转锁

（四）司机室侧门系统的工作原理

1. 开　门

只有在车辆处于静止状态时才能进行开门操作。

门的解锁装置主要由安装在门板上的解锁拨杆和中央锁组成。

需要开门时可由门内或门外通过四角钥匙拧动贯通式四角锁芯，如图 5-2-14 所示。经中央锁机构带动解锁拨杆的压头拨动旋转锁机构上的解锁拨片，使锁定凸轮转动，将门解锁（四角锁芯在没有外力的情况下自动复位）。此时门板在旋转锁弹簧的作用下自动弹开，然后可在门内或门外通过扣手手动开门。开右门时拧动四角锁芯的方向与开左门时的拧动方向相反。

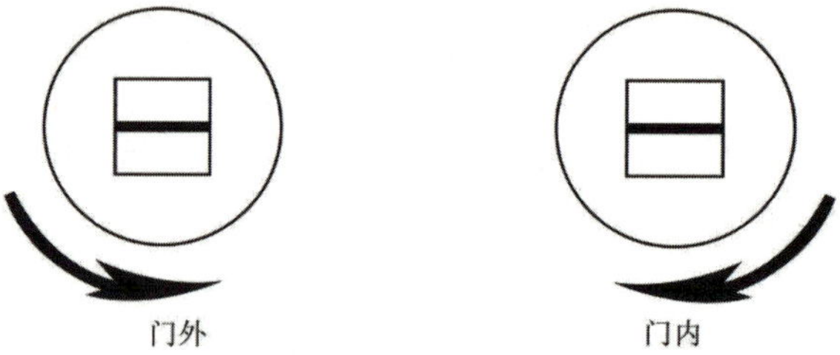

图 5-2-14　开左门时拧动四角锁芯方向

2. 关　门

通过门内外的扣手可手动将门关闭。门的锁闭主要是通过安装在侧门框上的旋转锁机构来实现的。门在关闭过程中拨叉与锁定凸轮的相对位置（见图 5-2-15）从开启位、一级锁闭位直至二级锁闭位。也就是说，门关闭后拨叉与锁定凸轮的相对位置必须处于二级锁闭位。是否处于二级锁闭位可通过两种方法来判断：一是通过听声音；二是通过门板与门框架的相对位置。

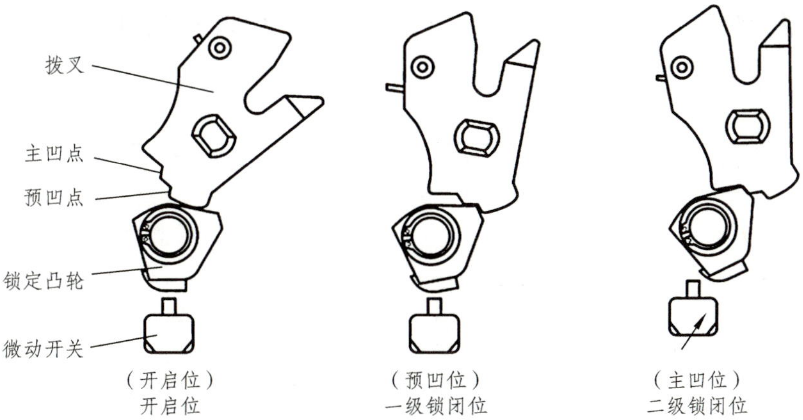

图 5-2-15 旋转锁拨叉和锁定凸轮的配合位置

3. 门的锁闭

门的锁闭装置主要是安装在侧门框上的旋转锁机构。在关门动作中门扇上的锁闭撞栓撞击旋转锁上的拨叉，使拨叉转动，当拨叉与锁定凸轮的相对位置处于二级锁闭位时即达到了门的锁闭目的，如图 5-2-16 所示。

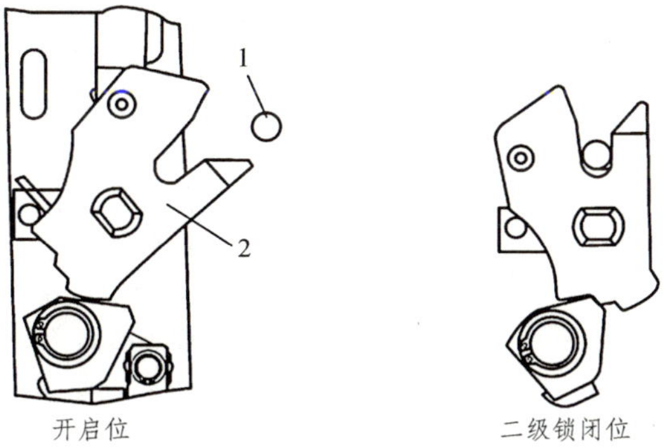

1—锁闭撞栓；2—旋转锁拨叉。

图 5-2-16 锁闭撞栓与旋转锁拨叉的配合位置

实践任务

（1）根据客室门系统日常检修作业内容，完成客室门系统的检修并填写检修结果，如表 5-2-3 所示。

表 5-2-3 客室门系统日常检修表

序号	维修项目	技术要求	检查结果
1	定期检查各种安装螺钉是否松动（观察螺钉上的防松标记）	检查结构与车体之间的连接螺栓是否有松动；检查机构内部各零部件的安装螺钉是否有松动，如有松动需要重新紧固螺钉	
2	门控装置螺钉和插头检查	检查安装门控器的螺钉是否松动，如有松动需重新紧固螺钉；检查与门控器连接的各个插头插接是否牢靠，如有松动重新插接牢固	

（2）根据客室门系统月检修作业内容，完成客室门系统的检修并填写检修结果，如表 5-2-4 所示。

表 5-2-4　客室门系统月检修表

序号	维修内容	技术要求	检修结果
1	辊式滑车组成润滑	每隔3个月对滑车进行一次润滑使用专用的油枪和嘉德士锂基润滑 2#，每套滑车加注 20 mL	
2	密封框与门板胶条润滑	每隔 1 个月进行一次润滑用干净的刷子在前、后侧密封框及上密封框涂上一层低黏度液态硅油。如发现关门阻力过大或前部胶条压紧时发生扭曲变形则需在密封框上涂硅油	
3	转臂架体滚轮运动灵活性检查、更换	每隔 3 个月检查一次机构上导轨内的滚轮是否能随门板的开启与关闭灵活转动，如果有卡滞，或不能转动，或者有破损，需要更换新滚轮	
4	旋转立柱与车体连接的螺钉的检查	检查旋转立柱与车体之间的连接螺钉是否松动，如果有松动需重新紧固螺钉；如果旋转立柱下部移位，影响到了门的正常动作。需要参照安装 调试说明书重新调整	
5	周边密封框安装螺钉的检查	检查周边密封框与车体之间的连接螺钉是否松动，如有松动需要重新紧固螺钉	
6	周边密封框外观检查（是否变形）	检查周边密封框是否扭曲变形，或者损坏，如果变形或损坏严重，影响门板的正常开关，或者密封，需要更换新的密封框	
7	内部紧急解锁功能检查	把门关到锁闭位置，拉动内解锁扣手到解锁位置，看门板是否能被正常解锁，如果不能正常解锁按照安装调试说明书进行调整	
8	外部紧急解锁功能检查	把门关到锁闭位置，用 7×7 四方钥匙转动紧急锁芯，到解锁位置，看门板是否能被正常解锁，如果不能正常解锁按照安装调试说明书进行调整；如果钢丝绳有损坏，或者折断需要更换，按照安装调试说明书进行更换安装	
9	门控装置螺钉和插头检查	检查安装门控器的螺钉是否松动，如有松动需重新紧固螺钉；检查与门控器连接的各个插头插接是否牢靠，如有松动重新插接牢固	

知识拓展

香港沙中线车辆车门控制原理

目前国内大多数城市的轨道交通车辆的车门控制更趋于简单直接，仅设置了列车级的 控制回路，而香港沙中线车门控制原理较其他城市轨道交通车辆的车门控制电路上侧重的是采用了大量的继电器搭建列车级和车辆级两层控制逻辑。列车级别的电路建立后才能保证车辆级控制电路的建立。车门控制原理根据控制功能类别分为车门互锁控制电路、车门使能控制电路、开门控制电路、关门控制电路、车门列车线电路、车门控制网络电路。

一、列车级控制

1. 车门互锁控制

车门互锁电路通过牵引系统继电器、零速继电器及司机控制器的触点进行逻辑配合搭建了车门互锁电路。车门互锁电路贯穿整列车，从车头到车尾所有车厢级的门关好并锁闭继电 器触点闭合形成回路后，反馈到头车后才会令继电器的线圈得电工作。从而完成了列车级别 的控制回路。这是车门控制回路建立的先决条件。

2. 车门使能控制

车辆在 ATO（Automatic Train Operation）模式下，ATC（Automatic Train Control）系统将会自动送出车门使能信号，该使能信号控制车辆左/右门使能继电器，左/右门使能继电器与辅助继电器进行逻辑配合搭建门使能电路。若在非 ATO 控制模式时，门使能指令则由司机 给出。门使能回路建立后，将由左/右侧门使 能列车线将门使能信号送往每节车厢的门使能 继电器。

3. 车门打开控制

开门控制电路是要在关门电路已断开 的情况的才能建立。在 ATO（Automatic Train Operation）控制模式下，ATC（Automatic Train Control）系统将会自动给出开左/右侧门指令，该指令信号控制车辆左/右门开门继电器。若在非 ATO 控制模式时，开左/右侧车门由司机通过按压开门按钮将开门指令发出。开左/右侧车门回路建立后，将由开左/右侧车门列车线将指令送往每节车厢的开门继电器。

4. 车门关闭控制

关门指令直接由司机按下关门按钮发出，由列车关门列车线将关门指令送往每节车厢的关门继电器。

5. 与站台屏蔽门控制

现代城市轨道车辆为了更好地保障乘客的安全，在轨道车辆的站台设置了屏蔽门。当列车驶入站台停止后，列车的车门与站台的屏蔽门要同步打开与关闭。国内大部分的城市轨道车辆的车门开关的时间与屏蔽门同步控制一般是在门控器内进行逻辑控制。香港沙中线则是通过时间继电器在开关门的控制电路中进行配合实现的。

二、车辆级控制

每节车厢均设置了车门控制。每节车厢均设置了门使能继电器、开门继电器、关门继电器及零速继电器。这些继电器从相应的列线上取来对应的控制指令后，将指令再发送给每个车门的控制器，车门控制器根据送来的这些指令再进行逻辑判断，一旦具备了开门或关门的逻辑后，就会执行相应的动作。

任务三　客室侧门系统的操纵与信息显示

任务导入

门机系统具有自诊断功能和故障记录功能，故障诊断功能由系统控制单元集中完成。在门机系统工作时，集控开关门必须在零速信号列车线和开门允许列车线同时有效的条件下，司机可以在操纵端通过开、关按钮控制或者车载 ATO 才能控制整列车车门开、关状态，但每次仅能开、关一侧车门。当在正线时，门机无法正常开、关门，其硬件和软件故障都能通过诊断系统检测到，并且所有诊断信息以及故障信息自动提供给列车监控系统。司机从信息管理系统接收到车门传来附带相关数据和相应时间的故障信息，进而采取应急故障处理措施。

学习任务

一、客室车门系统的操纵

（一）气动门的操纵

车门既可在 ATO 模式下自动开关，也可以由驾驶员操纵开关。无论哪种模式，气动门的控制电路都采用 110 V 有节点电路。另外为保证人员安全，采取了必要的保护措施，确保当车门没有关闭好时列车无法启动。考虑到安全因素，有两种不同的门控信号：

（1）门开使能。

（2）“开门”指令和“重开门”指令。

通常车门打开可以由 ATP 来使能，即当列车静止且在站台正确的位置时，ATP 系统给出使能信号，在非受限人工驾驶（URM）模式下，可以通过操作驾驶室的按钮实现开门使能，此时车门使能与牵引控制单元的 0 km/h 信号互锁，或用乘务员钥匙也可以单独打开局部车门。

门的电气动作通过控制中央控制阀进行，依靠一个单向作用的气缸去使锁钩打开。

1. 开关门

当满足驾驶台激活、列车速度为“0”、ATP 给出门使能信号后，按下开门按钮，经过整列车、单节车、单个门的相关继电器，控制单个门的中央控制阀状态，控制车门打开。停站时按下“关门”按钮，经时间继电器延时，中央控制阀控制（详见车门气动控制部分）使车门关闭。

2. 车门的监测

由于车门的状态关系到乘客及运营安全，为确保列车运行过程中车门正确锁闭，系统只要检测到有一个车门没有正确锁闭，列车将无法启动；而在运行过程中，如果有乘客将紧急解锁手柄拉下，列车将触发紧急制动并停车。

3. 重开门

当单个或多个车门没有完全关上时，可以按下“重开门”按钮重新把门打开并关闭[驾驶操作台：右侧按钮（8S06）开右侧门；副驾驶操作台：左侧按钮（8S05）开左侧门]。若按钮一直按下，车门将一直打开直至松开按钮。已锁闭车门将不会被打开。

4. 自动折返门操作

如果驾驶操作台在自动折返线时已锁，在 ATP 控制启动之前，开门命令一直保持有效。如果指令输出“列车控制已开”，则开门指令被尾端驾驶室控制取代。尾端驾驶操作台启动激活后，车门就可以由该操作台控制打开。

5. 用乘务员钥匙开门

只要列车已通电（蓄电池连接上）且压缩空气可以利用，则每节车的 19/17 门和 20/18 门可以局部打开。乘务员可操纵门上的旋转钥匙开关（车内或车外均可）局部打开车门。同时此开门命令存储下来，车门一直开着，直到以下 3 种情况出现时车门才关闭。

（1）车门上的一个旋转钥匙开关给出局部关门命令。

（2）列车给出该侧“开门/关门”命令。

（3）列车给出了该侧“重开门”命令。

注意：用乘务员钥匙进行局部开门不受 ATP 的释放或者在非受限人工驾驶（URM）操作模式下速度为 0 km/h 的限制，即使列车在驾驶时也可以进行局部开门。但当门被切除时此项功能失效。

（二）电控电动门的操纵

操纵设在驾驶室的开关门按钮，同一侧所有的客室车门可同时打开和关闭。开门时，门页先作朝向侧墙外侧的横向运动，再沿车辆侧墙进行纵向运动至完全打开的位置。车门关闭后与车体为同一平面。门页四周安装的密封橡胶条在门页与侧墙间起密封作用。车门操纵设备布置如图 5-3-1 所示，车门操纵原理框图如图 5-3-2 所示。

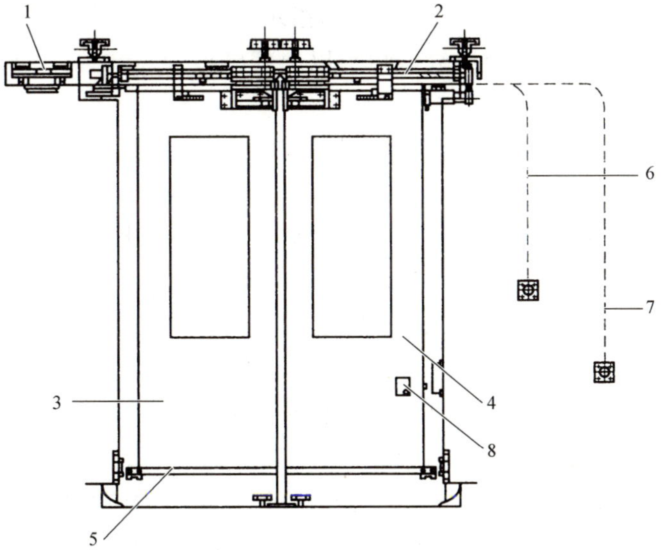

1—EDCU；2—丝杠；3—左门页；4—右门页；5—导轨；6—紧急解锁开关；7—乘务人员开关（两对车门左/右）；8—门切除开关。

图 5-3-1　车门操纵设备布置

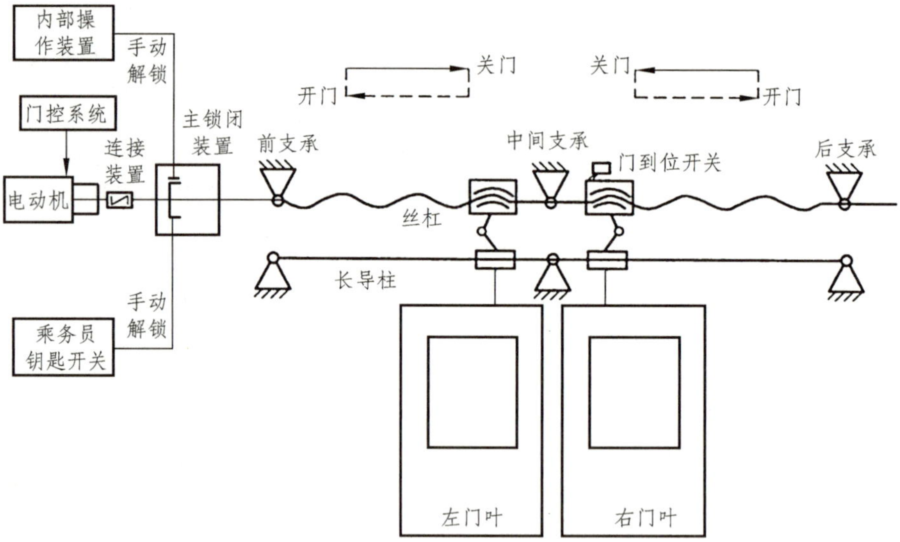

图 5-3-2　车门系统操纵原理框图

1. 开关门

整个门系统的运动由电子门控单元（EDCU）控制，电动机驱动。电动机通过传动系统驱动丝杠螺母系统，丝杠上的螺母通过铰链与门页相连，驱动门页开关。丝杠螺母机构保证了门页的同步性。

通常开关门是驾驶员操纵开关门按钮实现的，开关安装在驾驶室内，驾驶室内每侧一套开关门按钮，单独电路。当驾驶员用主控钥匙启动驾驶台时，开关门按钮得电。当所有车门关闭和锁闭时，关门按钮灯亮，若任一车门保持在打开状态，所有关门按钮均不亮。这样为驾驶员提供了车门的状态指示。

车门既可在 ATO 模式下自动开关也可以由驾驶员操纵开关。考虑到安全因素，也有两种不同的门控信号：

（1）门开使能。

（2）“开门”指令。

在通常的操作中车门打开可以由 ATP 来使能，电子门控单元控制开关门。

只有当列车静止且在站台正确的位置时，ATP 系统才能给出使能信号。在 URM 模式下操作，可以通过驾驶室的按钮来实现开门使能。在这种情况下，车门使能与牵引控制单元的 0 km/h 信号互锁。车门只有在驾驶操纵台启动下才能打开。当列车控制只连接着 ATP 系统时，中央开门及关门是不可能实现的。

当驾驶员按下关门按钮后，关门信号通过列车线向每个车门发出，每个车门的电子门控单元收到关门信号后将控制电动机驱动丝杠，从而使门页关闭并锁好。

单个车门的开关还可以通过乘务员钥匙开关来实现。在每辆车上的两个车门内外侧都安装有乘务员钥匙开关。当车门关闭锁上且蓄电池电源可用时，乘务员钥匙开关可被授权人员使用。钥匙开关有 3 个挡位，即“开”“断”和“关”。只有当开关处于

“断”位时，钥匙才能被插入和拔出。当该装置处于“开”位时，车门解锁并部分打开，手动全部打开。打开车门将会断开车辆的安全回路。将钥匙重新设定在“断”位不会影响车门的状态。将钥匙旋转至关闭位置将使车门关闭并锁上。一旦锁上，列车安全回路将重新形成。当所有车门接收来自驾驶室开关门按钮的指令开门时，操纵该装置将不起作用。

2. 零速度保护

车速为“0”时，车门控制器得到“零速”信号，开门功能起作用。当车速大于 5 km/h 且车门仍然开启时，将启动自动关门。

3. 安全回路

锁闭开关检测到车门完全关闭后，其常开触点闭合，同一节车同侧所有车门的锁闭开关常开触点串联，形成关门安全联锁电路。一列车的关门安全联锁电路形成环路，所有车门关好后，驾驶室内“门已锁闭”指示灯亮，列车方可启动。列车左右侧安全联锁电路相互隔离。由于车门状态关系到乘客及运营安全，为确保列车运行过程中车门正确锁闭，只要检测到有一个车门没有正确锁闭，列车将无法启动；而在运行过程中，如果有乘客将紧急解锁手柄拉下，安全回路断开，列车将可能触发紧急制动并停车。

4. 紧急开门

在紧急状态下，乘客扳动某个车门的紧急开门手柄后，EDCU 根据“零速”监控回路的信息做出下述决定：

（1）当列车速度大于 3 km/h 时，车门关闭，锁闭线路不中断，车门无法打开。

（2）当列车速度小于 3 km/h 时，列车的“零速”监控回路被激活，“零速”信号直接激活 EDCU 的内部安全继电器，此时车门可手动开关。

（3）若将紧急装置复位，车门的开关恢复正常。内部紧急装置可通过手柄复位，外部紧急装置只能通过方孔钥匙复位。

5. 车门的切除

当单个车门出现故障时，为了不影响列车的运行，通过专用钥匙将该车门进行电隔离称为切除车门。切除车门后，安全回路将通过“门切除”行程开关组成安全回路。门切除后，该车门将不再受开关门指令控制，可以通过专用钥匙将该车门复位。

6. 障碍物探测

如果关门时碰到障碍物，最大关门力最多持续 0.5 s，然后车门可以重新打开一段距离，再重新关闭或保持这个位置进行一段时间的调节，再完全关上。如果障碍物一直存在，经过几次探测后，门将处于打开状态。障碍物探测的次数及障碍物的大小由电子门控单元设定。

气动门的障碍物探测通过压力传感器测定关门阻力来实现；电动门的障碍物探测通过测定电动机电流值实现，关门时序中，每一时序的额定电动机电流曲线存储并可自动调整，如果电动机电流实际值超过额定值，则启动障碍物探测功能。

二、客室车门系统的信息显示

1. 车门指示灯

每个客室门的上方都有一个橙色指示灯。亮灯表示该门开启；闪烁表示已发出关门指令，有车门尚未关上或尚未锁住；灯灭指示车门全部关好。在连续 3 次关门过程中均检测到障碍物，指示灯持续亮，直到任何开门或关门指令重新将门启动。当门被切除，该指示灯不再闪烁。城市轨道交通车辆车门指示灯如图 5-3-3 所示。

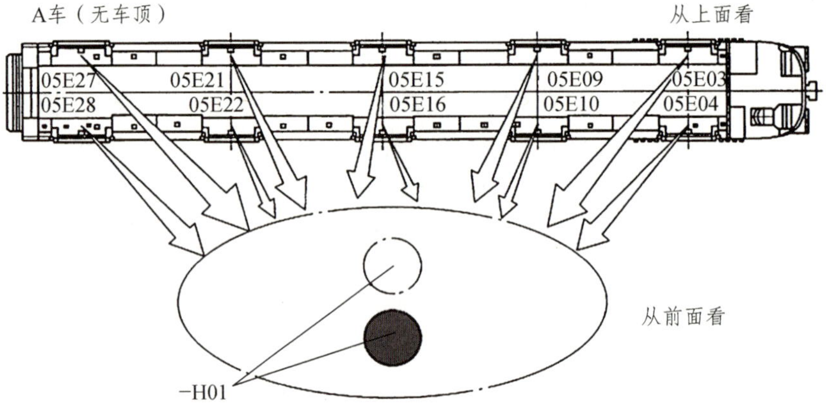

图 5-3-3　城市轨道交通车辆车门指示灯

2. 车门切除指示灯

每个客室门的内侧上方都设有一个红色指示灯，该灯亮表示该车门已切除。但当 EDCU 故障或该门处于关闭情况下，切除时该灯不亮，此时可通过切除开关是否在切除位，反推确认车门机械锁死。驾驶室内显示屏打叉，全关闭灯亮可判断车门切除到位。当车门与电子门控器隔离后，列车内侧红色的门状态指示灯亮，提示乘客“此门发生故障，驾驶员无法对其进行中央控制”。城市轨道交通车辆车门切除指示灯如图 5-3-4 所示。

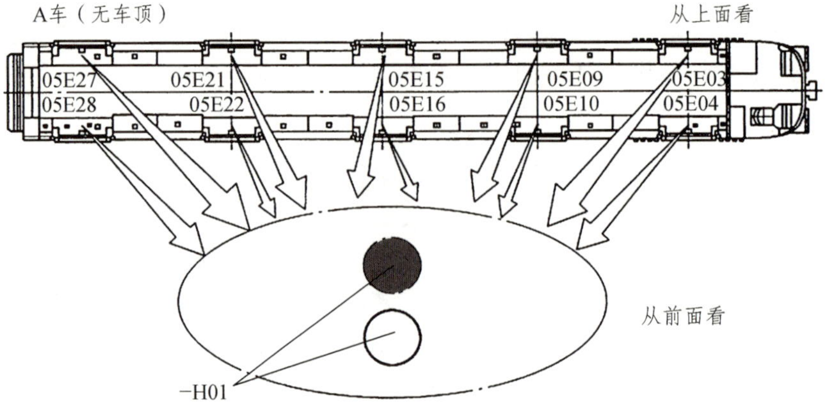

图 5-3-4　车辆车门切除指示灯

3. 外侧车门指示灯

在每个车门口的上方外侧墙上，各设有一个橙色指示灯，该灯亮表示车门开启，关门后该灯灭。城市轨道交通车辆外侧车门指示灯如图 5-3-5 所示。

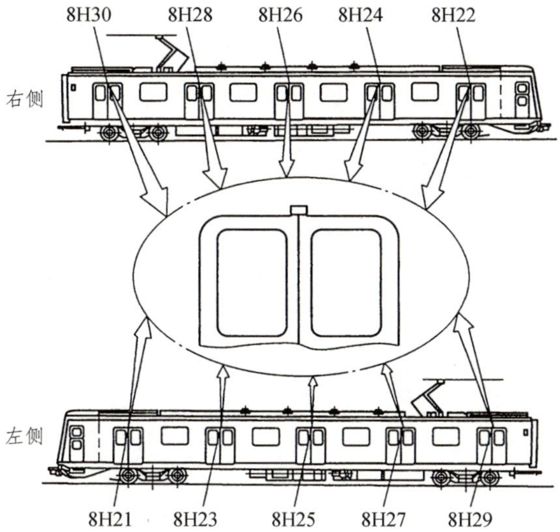

图 5-3-5　车辆外侧车门指示灯

4. 蜂鸣器

每个客室侧门的上方均设有一个蜂鸣器。当蜂鸣器鸣响时，表示已发出关门指令，有关的车门尚未关上或尚未锁住。车门全部关好后蜂鸣器停止鸣响。如果操作了紧急入口/出口装置，蜂鸣器持续鸣响，该装置复位后蜂鸣器停止鸣响。

5. 车辆运行状态指示灯

运行状态指示灯设置在车体外墙 19、20 号门页附近（如图 5-3-6 的右侧），每侧有 5 盏指示灯，显示每车不同的运行状态和紧急情况。指示灯的颜色从上到下为绿、橙、白、红、蓝，橙色指示灯对应的是车辆车门信息，如果橙色指示灯亮表示此车该侧至少有一扇门没锁闭。

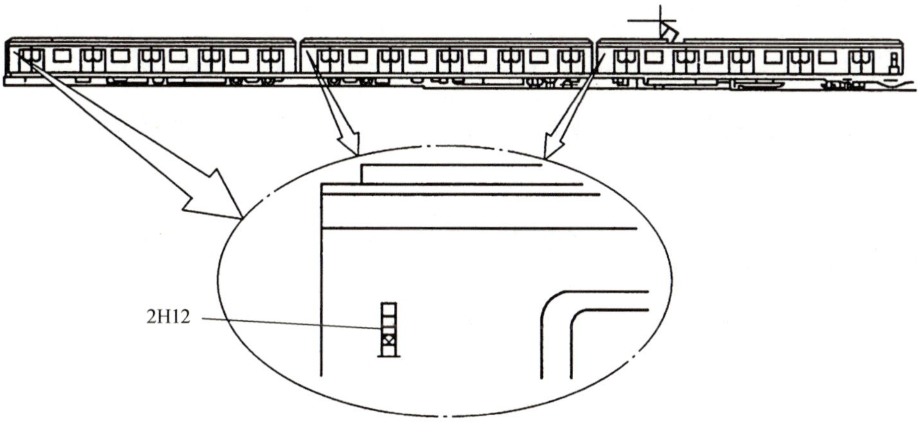

图 5-3-6　车辆运行状态指示灯

6. 驾驶室车门指示灯

当所选车侧的车门均关闭并锁紧时，所选车侧的联锁安全回路闭合，所选车侧的驾驶室侧墙上车门关好，绿灯亮。当左侧和右侧的联锁安全回路均闭合时，驾驶台上的车门关好，绿灯亮。列车只有在驾驶台上的车门关好绿灯亮时才可以开动，否则列车无法开动。

7. 驾驶操作显示屏车门状态显示

在驾驶操作显示屏上有反映车辆车门状态的显示信息图标，该信息图标用不同的颜色来表示车门状态，具体表示见表 5-3-1。

表 5-3-1　车门状态显示信息图标

车门位置及状态	显示信息图标颜色	车门位置及状态	显示信息图标颜色
门处于打开位置	黑色	门防夹	深蓝色
门处于关闭位置	底色	门紧急解锁	浅蓝色
门故障	红色	门切除	黄色

实践任务

对列车客室车门故障（整列车无法关闭）进行分析及处理。

一、故障概况

（1）设备名称：列车客室车门。

（2）故障现象：关门作业时，按下“关门”按钮后，整列车门无动作，车辆屏仍显示车门打开。

（3）故障影响：列车无法动车。

二、故障处理流程

1. 故障信息收集及判断

确认按压关门按钮后，列车车门无响应，车辆屏仍显示所有客室车门打开。

2. 故障处理

（1）重新按压开门按钮后，再按压一次关门按钮 2～3 s，若门关好则继续运营；若门仍不能关闭，则执行下一步。

（2）将开关门控制切换开关打至“网络控制”，再尝试操作关门按钮关闭车门。若成功则继续运营；若仍无法关闭车门，则执行下一步。

（3）复位一次主控钥匙等待 1 s。若成功则继续运营；若无法关闭则清客，操作门关好旁路动车后退出服务。

三、故障原因分析

电气控制系统发生故障是导致整列车门关不上的主要原因。电气控制系统发生控制电路故障、门控器故障、门驱动电机故障、接线不良等故障时，将影响车门的关闭功能。电气系统中影响列车关门作用的设备主要包括 110 V 控制电源、车门控制断路器、门模式开关、关闭按钮、连接线等。

四、风险提示

（1）发现整列车门无法关闭时，应首先确认列车对标精度和开门使能信号，确认门模式在“AM（自动开/手动开）”模式。

（2）操作门关好旁路动车，必须清客，确认车厢内无人员遗留。

知识拓展

地铁列车在实际过程中，车门是乘客能够直接接触的最初部件。客门系统是地铁列车在载客中涉及行车安全和乘客生命、财产的重要系统。车门作为城市地铁车辆故障率较高的组成部件，据不完全统计，在地铁车辆各个系统中，车门故障约占整车故障的 6%。根据故障现象，司机能采取适当的应急措施，技术人员能快速地找到故障源，采取正确的解决措施，优化车门维护保养，是当前地铁列车检修领域的重要研究方向。

一、地铁车辆车门常见故障的应急措施

1. 车门不能正常开启

1）车门不能开门

列车到站后，司机在操纵端按下司机台上的开门按钮，如果“门全开”灯未亮，则可通过观察发现有车门未能打开。为了避免车门误开，发生安全事故威胁乘客生命财产安全，司机可以在车内采取四角钥匙操作驱动机构组成上隔离锁的方式将该车门进行隔离，直至下线回库进行检修。被隔离锁锁闭的车门，门控器对该门的任何电控信号均失效。

2）车门开启状态不正常

列车到站后，司机按下司机台上开门按钮，通过侧拉门车窗观察车门开启状态。一旦发现有车门开启状态不正常，比如开关门速度太慢，门在接近全开时无减速、缓冲功能，开、关门没有防挤压等，司机可以在车内用四角钥匙操作驱动机构组成上的隔离锁，将该车门进行隔离。

2. 车门不能正常关闭

当乘客进入车厢后，司机按下司机台上的关门按钮，可将一侧的车门全部关闭。如果出现“门全关”灯未亮，则可通过侧拉门车窗观察发现有车门未正常关闭。司机

应先检查门道、门板、下导轨等部位是否有障碍物，若有则进行清除；如发现车门还是不能正常关闭，司机在车内用四角钥匙操作驱动机构组成上的隔离锁将该车门隔离。

3. 开、关门时蜂鸣器不响、开关门指示灯或隔离指示灯不亮

当列车停靠在车站时，司机可通过操纵司机台上开、关门按钮开、关整列车车门。车门开启、关闭时，车门开、关状态正常，但出现蜂鸣器不响、开关门指示灯或隔离指示灯不亮等不影响安全的故障。列车继续正常运行，司机可在后续过程中注意观察开门、关门状态是否恢复正常。

二、地铁车辆车门常见故障的解决方案

1. 车门不能开启的分析及解决方案

开门正常信号流程：列车发出开门指令，门控器接收到指令后，提供驱动电源给电机，电机驱动丝杆打开车门，门机位置传感器将门机位置反馈给门控器，门控器反馈信号给 TMCS。

1）车门不能开启

对于单侧单个车门不能开启，因其他车门能正常开启，说明列车开门信号是正常发出。通过故障现象、硬件故障排查及故障数据分析，从理论上锁定故障源头。硬件故障排查方法如下：

（1）可检查该车门后部密封胶条与侧墙是否有干涉，有干涉导致车门不能正常开启，可采用向车内调整车门或者对密封胶条进行调整位置、更换的方式。

（2）对硬件设备进行检查，检查各线路和设备，外观、功能是否正常，有无故障现象，如有异常进行调整或更换。

（3）检查门控器、电磁铁、电机、丝杆等，若电机轴断裂，处理措施为更换电机；丝杆断裂，处理措施为更换丝杆；门控器出现无电源、电源开关故障等故障，处理措施为更换门控器；电磁铁出现故障，处理措施为更换电磁铁，部件更换后，必须进行多次开关门功能试验。

（4）下载门控器数据，对数据进行分析：门控器接收到开门指令→门控器提供驱动电源给电机→电机驱动丝杆打开车门→在门机还未打开→门控器停止供电→车门处于关闭状态→门机位置传感器将门机异常开启信号反馈给门控器→门控器故障信号反馈 TMCS。通过数据记录，查看车门出现故障时，开门信号、门全开信号是否处于正常状态，由此判定门控器是否故障。

车门隔离锁恢复正常后，多次试验车门功能，故障未重现，车门能正常开启。判定该故障为偶发故障。

2）车门开启状态不正常

列车回库后，将车门隔离锁恢复正常，多次车门功能试验。如果开、关门速度太慢、门在接近全开时无减速、缓冲功能，没有防挤压等故障仍重现，可通过更换门控器解决此类故障。

2. 车门不能关闭的分析及解决方案

（1）检查下导轨是否存在变形或损伤。如下导轨存在损伤或变形，导致车门无法正常关闭，直接更换变形或损伤下导轨。

（2）检查该车门后部密封胶条与侧墙是否有干涉，有干涉导致车门不能正常开启，可采用向车内调整车门或者对密封胶条进行调整位置、更换的方式。

（3）检查门关到位开关、锁到位开关位置等机械部件有无松动、部件分离或者故障。该类故障，会导致解锁装置非正常位，关门后无法触发锁到位开关。这种情况下可通过调整紧固开关等机械部件的位置或者直接更换解决。经过排查，发现门控器、电机、丝杆等部件损坏，直接更换门控器、电机、丝杆等部件，并进行多次门机功能试验。

（4）下载门控器数据，对数据进行分析：门控器接收到关门指令→门控器提供驱动电源给电机→电机驱动丝杆关闭车门→在门机还关闭→门控器停止供电→车门处于开启状态→门机位置传感器将门机异常关闭信号反馈给门控器→门控器故障信号反馈TMCS。通过数据记录，查看车门出现故障时，关门信号、门全关信号是否处于正常状态，由此判定门控器是否故障。

3. 开关门时蜂鸣器不响、开关门指示灯或隔离指示灯不亮等故障分析及解决方案

司机按下司机台上、关门按钮，对应侧车门开始运动，开、关门指示灯就一直闪烁，直到车门开到位或者关到位才会停止，频率 0.5 Hz。当门控器收到开门信号，蜂鸣器开始鸣叫（共 2 声，频率为 1 Hz）；当门控器收到关门信号，蜂鸣器开始鸣叫（共 3 声，频率为 1 Hz）。如果关门时门没有被锁闭，门未关好指示灯就会亮，直到门完全关好了才会熄灭。列车回库后，多次进行开关门试验，如蜂鸣器不响、开关门指示灯或隔离指示灯不亮等故障重现，判定为部件损坏，直接更换，并做门机功能试验。

任务四　车门控制单元（EDCU）

任务导入

客室车门系统由电子门控器（EDCU）控制。其中，每辆车左侧 1/3 号门和右侧 2/4 号门的门控器为主电子门控器（MDCU），其余门的门控器为本地电子门控器（LDCU）。主电子门控器与 MVB 列车总线相连，本地电子门控器与 RS-485 车辆总线相连。通过 MVB 总线和 RS-485 总线，电子门控器与列车控制系统进行信息交换。电子门控器可传送门的不同状态信息（例如“紧急装置工作”）和诊断信息（例如“门位置传感器失灵”）。

门控器在整个列车门控制系统中，起着承上启下的关键作用，一方面接收、检测来自司机室控制单元的控制信号和命令，根据当前状态条件执行相应的动作控制流程，另一方面时时检测车门状态和故障信息并向 TMS 汇报。

一、初上电自检关门

（1）门控器上电自检时间控制在 10 s 左右。

（2）门控器初上电时，先检测门是否关到位，如果门没有关好，即门板到位开关和闭锁开关未都到位（2 个门板到位开关，1 个闭锁开关），车门将自动关门到位；若门关闭则保持关闭状态不动。

（3）上电自检关门时，若超过时限（约 5 s）门不能完全关闭，则该门开关指示灯常亮。此时可继续对该门进行开关操作，操作时伴有蜂鸣提示（开 2 声、关 3 声）。经过再次关门操作后，只要门完全关闭（门板到位开关和闭锁开关都动作），该开关门指示灯即灭。

（4）上电关门并完全关闭好后，门控器即处于待命状态。

二、开关门控制

1. 电控开门

（1）只有在车辆处于静止状态下（车速<5 km/h 时），隔离锁未锁闭、无紧急解锁时，才可以进行电控开门操作。

（2）可通过集控开门或服务按钮来打开相应的门，开门信号为脉冲信号（信号宽度大于 200 ms）。门控器收到开门信号后蜂鸣器开始鸣叫（共 2 声，频率为 1 Hz），门控器收到开门信号后延时 0 ~ 3 s（通过修改程序可调，暂定 1.5 s），门开始动作，开关门指示灯闪烁，车门开好后开关门指示灯常亮。开门是否到位是门控器依据编码器输入的两路脉冲信号及对电机电流的实时监控来判断的，调整门的定位止挡，可随时调整门的净开度（可在 1 300 ~ 1 304 mm 间调整净开度）。

（3）开门信号生效后，超时（如超过 5 s）门没有打开（闭锁信号不消失），则该门的广播控器报警，这时仍可对该门再进行开关操作。

（4）被隔离锁锁闭的门，门控器对该门的任何电控信号均失效。

（5）开门操作需保持 200 ms，开门信号才能生效，操作时间短暂会被忽略。

（6）电控打开的车门，应保持一定的力，使车门不能轻易手动关闭。

2. 电控关门

（1）只有在车辆处于静止状态即有零速信号（车速<5 km/h）下，隔离锁未锁闭、无紧急解锁时才可以进行电控关门操作。

（2）关门操作可通过集控关门、服务按钮之一来关闭相应的门，关门信号为脉冲信号（信号宽度大于 200 ms）。门控器收到关门信号蜂鸣器开始鸣叫（共 3 声，频率为 1 Hz），门控器收到关门信号延时 0 ~ 3 s（通过修改程序可调，暂定 1.5 s），门开始动作，车门关闭。同时，门控器接收到关门指令后，橙色指示灯开始闪烁，直至门完全关闭灯才会灭。

（3）在门扇正常关闭的过程中，如果发生受阻信号，0.5 s 后门会停止关闭并自动开启（此时没有蜂鸣声响），车门在原有开度基础上再打开 200 mm，1 s 后车门自动再次关闭（关闭前和关闭时有蜂鸣器提示）。若障碍物仍然存在，该门重复上述过程，重复 1 次。车门保持打开，门控器报警，这时仍可对该门进行关门和再开门操作。

（4）门关闭时没有受阻信号且门被关闭，但是门控器没有收到完全关闭信号，又超过时限（约 8 s），此时门控器将停止该次关门动作，门控器报警。但对该门可继续再进行电控开关门操作。

（5）关门操作需保持 200 ms，关门信号才能生效，操作时间短暂会被忽略。

三、车门保护系统控制

1. 列车行驶自动锁闭功能（零速信号保护功能）

列车运行时，当没有零速信号时，没有完全关闭的车门将自动关闭，关好的车门保持关闭状态。车门完全关好并锁闭后，此时门控器不再响应任何开关门信号对车门的操作。

2. 障碍物探测功能

防夹功能最小检测障碍物大小为 25 mm × 60 mm（宽 × 高），在正常关门时如果遇到障碍物，触发关门受阻操作程序。

3. 服务按钮功能

服务按钮是为车辆检修和维护准备的，可以不经过集控直接操作门的开关。使用这个开关时也需要 200 ms 以上的信号。

4. 紧急解锁功能

只要隔离锁未锁上，就可以操作紧急解锁实现机械手动开门操作。当有零速信号（车速 ≤ 5 km/h）时，电机断电，门可自由开启，此时手动开门力为车门的机械阻力；当没有零速信号（车速 ≥ 5 km/h）时，电机应保持一定的维持电流，此时需要克服电机的阻力（阻力 ≥ 200 N），才能实现手动开门，此时，开门力 = 电机闭锁力 + 断电时的开门力。当开门力消失后，门将自动关闭。

5. 隔离功能

当某车门不投入运行或车门出现故障无法及时修理时，可锁闭隔离锁，将车门机械锁闭，同时将隔离信号传至门控器。门控器自动切断该车门的控制回路，同时隔离开关输出 DC 110 V，点亮隔离指示灯，并向车辆计算机报告该车门退出服务，以保证车辆的正常运行。

6. 门自适应调节开关门力功能

为适应每个门机械上的不同造成的开关门力不同，门控器自动调节并记录好开关门力，使各个门动作统一稳定。

四、车门指示系统控制

1. 开关门指示灯

当门在运动的时候，开关门指示灯就会闪，直到开门到位或者关门到位才会停止，频率 0.5 Hz。

2. 蜂鸣器

门控器收到开门信号蜂鸣器开始鸣叫（共 2 声，频率为 1 Hz）;
门控器收到关门信号蜂鸣器开始鸣叫（共 3 声，频率为 1 Hz）。

3. 门未关好指示灯

如果关门时门没有被锁闭，这个指示灯就会亮，直到门完全关好才会熄灭。

五、门控器故障自动诊断与显示

客室侧门系统故障诊断功能由系统控制单元集中完成。客室侧门系统工作时，其硬件和软件故障在任何时候都能通过诊断系统进行检测，并且所有诊断信息以及故障信息自动提供给列车监控系统。在该系统中，对于每个控制单元，系统可以诊断到最小可更换单元。监控系统通过列车总线控制系统接收从客室侧门系统传来的故障信息，并附带一定的相关数据和相应的时间。

双扇电动内藏门控制系统具有故障自动诊断功能和车门状态指示功能。故障诊断功能用数码管显示，不同数值和字母代表不同的车门状态、动作、门控器响应的指令及故障。

另外，在线诊断软件可通过 RS-232 端口与计算机连接，从而对车门的状态和故障实现在线诊断或程序刷新。诊断软件可在 Windows 2000/Windows XP 操作系统下运行，对计算机无特殊要求。

所有的故障信息可断电保存在存储器里，可方便地下载。其容量为 1 MB。

重要故障信息包含的相关数据，可通过相应的专家分析软件和专门通信线下载并还原成可用于分析故障的故障记录表，分析过程可以在通用的 PC 上完成。该专家诊断软件可在 Windows 2000/ Windows XP 操作系统下运行，对计算机无特殊要求。

门控器在执行相关操作的过程中，对各个机械及开关零部件执行机构的响应时间、开关状态、电压、电流、压力温度等多项参变量进行检测、分析，从而判断出不同类型的故障或状态，并报知列车信息系统。

每次电机故障的信息都会被记录下来并存储在芯片中。发生电机故障时，LED 显示屏中显示“E”。

知识拓展

城市轨道交通车辆客室车门其他电气设备/装置

一、门控器

每套客室门都配置一套门控器，门控器是整个客室门的控制系统。门控器安装在客室门机构上，响应各种指令，控制着车门动作蜂鸣器和指示灯。门控器上设有 8 段码的数码管，可以通过数码管的显示判断出门控器在响应何种指令及车门处于什么状态。

二、各种电气开关

（1）门锁闭开关。

此开关检测锁钩是否锁到位。这个开关设有常开和常闭两组触点，分别提供给门控器和车门锁闭硬线环路。

（2）门板到位开关。

此开关检测门板是否到位。分为门板开关 1 和门板开关 2，这两个开关都有常开和常闭两组触点，分别提供给门控器和车门锁闭硬线环路。

（3）紧急解锁开关。

此开关是在操作紧急解锁操作后触发的。这个开关可以提供两个常开和两个常闭触点。紧急解锁开关动作后一般是给门控器提供一个信号，同时切断车门锁闭硬线环路。

（4）隔离锁开关。

此开关是在操作隔离锁后触发的。这个开关设有常开和常闭触点，分别提供给门控器、隔离指示灯和车门锁闭环路。

（5）蜂鸣器。

蜂鸣器在开关门及紧急解锁操作后，提供声音提示。蜂鸣器由门控器控制输出。

（6）指示灯。

① 车门指示灯（橙黄色）。在每个客室侧门的上方均设有一个橙黄色的 LED 指示灯，指示灯亮表示该门开启；指示灯闪烁，表示已发出关门指令，相关的车门尚未关上或尚未锁住。该灯由门控器控制输出。

② 隔离锁指示灯（红色）。在每个客室侧门内侧上方均设有红色显示灯，该灯亮表示相关车门已切除，不能操作。该灯由隔离锁开关控制。

（7）驱动电机。

客室门驱动电机采用直流电机。

分组训练

一、知识练习

1. 选择题

（1）司机室车门，在司机室两侧墙上各有一扇单页的（　　）。

A. 外挂式车门　　B. 内藏嵌入或气动车门

C. 内藏式滑动移门　　D. 塞拉门

（2）当列车速度大于 5 km/h 时，列车上任何与外界联系的车门都不允许正常打开，一旦被强行打开，列车将执行（　　）。

A. 停车制动　　B. 紧急制动

C. 保压制动　　D. 快速制动

（3）以下驾驶模式叙述错误的是（　　）。

A. ATO——列车自动驾驶系统　　B. RM——受限制人工驾驶模式

C. SM——自动折返　　D. URM——非限制人工驾驶模式

（4）地铁自运营以来，（　　）的故障率一直居车辆故障首位。

A. 弹簧减振装置系统　　B. 车门系统

C. 牵引连接装置系统　　D. 传动装置系统

（5）S1/S2 各有一对常开触点，（　　）在一起检测单个门的关闭和锁闭状态，一对常闭触点（　　）在一起用于整节车的车门状态检测。

A. 并联　串联　　B. 并联　并联

C. 串联　串联　　D. 串联　并联

（6）车门的故障不包括以下哪一方面的问题（　　）。

A. 车门气动系统　　B. 机械减速装置

C. 机械传动　　D. 电气控制及信息检测系统

（7）RM——受限制人工驾驶模式时，列车运行由司机驾驶，列车的运行速度不能大于（　　）。如果列车的速度超过极限速度，则列车产生紧急制动而停车。

A. 10 km/h　　B. 20 km/h　　C. 25 km/h　　D. 5 km/h

（8）（　　）为可伸缩的套节式踏级板，两侧设有扶手栏杆，中间铝合金踏板上涂有防滑漆，故乘客在上面行走时不会滑跌。

A. 司机室车门　　B. 司机室通道门

C. 客室车门　　D. 紧急疏散门

（9）广州、上海地铁车辆的车门既可在（　　）驾驶模式下自动打开也可以由司机进行开关。

A. SM　　B. RM　　C. ATO　　D. AR

（10）每个客室车门上方的内外侧均有一个（　　）指示灯——车门未锁时亮；内侧均有一个（　　）指示灯——车门切除时亮。

A. 蓝色　橙色　　B. 红色　橙色

C. 橙色　红色　　D. 绿色　红色

2. 判断题

（1）一般城市轨道交通车辆共有四种车门，即客室车门、司机室车门、紧急疏散门、司机室通道门。（　　）

（2）电气控制系统的作用是将传动气缸活塞杆的运动传递至车门，使车门动作。（　　）

（3）电气驱动车门由电动机、传动装置、控制器、闭锁装置和紧急开门装置组成。（　　）

（4）内藏嵌入式车门开关车门时，门翼在车辆侧墙的外墙与内护板之间的夹层内移动，传动装置设于车厢内侧车门的底部。(　　)

（5）客室车门是通过操作电气控制系统中央控制阀上 3 个三位二通电磁阀 MV1（开门）、MV2（关门）、MV3（解锁）的通、断来实现车门的开、关及锁定。(　　)

（6）车载 ATP 列车自动保护系统具有停车保护、速度监督与超速防护、列车间隔控制、测速与测距、车门监督控制、紧急停车、给发车信号和列车倒车控制功能。(　　)

（7）车门机械故障主要分两种，一种是零故障，一种是子部件损坏故障。(　　)

（8）列车在站停车开门时发现某一节车厢有一个或多个车门不能打开或关闭，相应车门显示屏不会显示闪烁。(　　)

（9）车门气路故障主要表现在气动元件调节功能失效、漏气。(　　)

（10）车门电路故障有继电器卡滞、烧损，行程开关内部弹簧老化造成触头接触不到位等，可通过车门电路分析查出并处理。(　　)

二、技能练习

（1）在车辆车门系统中找出 EDCU、门锁闭开关、门板到位开关、紧急解锁开关、隔离锁开关、蜂鸣器、指示灯和驱动电机。

（2）按照表格内容要求填题表 5-1。

题表 5-1　设备及其相关内容

序号	设备名称	安装位置	功能	结构组成
1	EDCU			
2	门锁闭开关			
3	门板到位开关			
4	紧急解锁开关			
5	隔离锁开关			
6	蜂鸣器			
7	指示灯			
8	驱动电机			

（3）运用所学知识，完成以下问答。

① 简述电控气动门动作过程。

② 城市轨道车辆车门的分类及驱动形式有哪些？

③ 城市轨道车辆车门常见故障的应急措施有哪些？

④ 城市轨道车辆车门常见故障的解决方案有哪些？

⑤ 城市轨道交通车辆客室车门电气元件有哪些？

（4）进行小组成绩核定并记入题表 5-2。

题表 5-2

组别	知识练习		技能练习			合计
	第 1 题	第 2 题	第 1 题	第 2 题	第 3 题	
1						
2						
3						
4						
5						
6						
…						

参考文献

[1] 华平，唐春林. 城市轨道交通车辆电气控制[M]. 第 2 版. 北京：机械工业出版社，2015.

[2] 王新铭. 城市轨道交通车辆电气系统[M]. 北京：北京理工大学出版社，2017.

[3] 康鹏，苗吉祥. 城市轨道交通车辆电气结构与维修[M]. 北京：机械工业出版社，2012.

[4] 刘敏. 城市轨道交通车辆电气设备检修[M]. 北京：人民交通出版社股份有限公司，2015.

[5] 徐彦. 城市轨道交通车辆驾驶控制系统[M]. 北京：中国铁道出版社，2016.

[6] 陈廷凤，廖海峰. 城市轨道交通车辆电器[M]. 第 2 版. 成都：西南交通大学出版社，2015.

[7] 张龙，祁冠峰. 城市轨道交通车辆电机电器[M]. 北京：中国铁道出版社，2016.

[8] 刘海梅，蔡海云，聂辉. 城市轨道交通车辆控制[M]. 成都：西南交通大学出版社，2016.

[9] 李江涛. 城市轨道交通电客车司机[M]. 北京：人民交通出版社股份有限公司，2017.

[10] 许翏. 电机与电气控制技术[M]. 北京：机械工业出版社，2015.